U0477160

专利劫持行为法律规制论
Legal Regulation Against Patent Hold-up

李晓秋 著

中国社会科学出版社

图书在版编目（CIP）数据

专利劫持行为法律规制论 / 李晓秋著 . —北京：中国社会科学出版社，2017.12

（中国社会科学博士后文库）

ISBN 978 – 7 – 5203 – 1785 – 6

Ⅰ.①专… Ⅱ.①李… Ⅲ.①专利法—研究—中国 Ⅳ.①D923.424

中国版本图书馆 CIP 数据核字（2017）第 325823 号

出 版 人	赵剑英
责任编辑	王 琪
责任校对	胡新芳
责任印制	王 超

出 版	中国社会科学出版社
社 址	北京鼓楼西大街甲 158 号
邮 编	100720
网 址	http://www.csspw.cn
发 行 部	010 – 84083685
门 市 部	010 – 84029450
经 销	新华书店及其他书店

印刷装订	北京君升印刷有限公司
版 次	2017 年 12 月第 1 版
印 次	2017 年 12 月第 1 次印刷

开 本	710×1000 1/16
印 张	19.5
字 数	326 千字
定 价	79.00 元

凡购买中国社会科学出版社图书，如有质量问题请与本社营销中心联系调换
电话：010 – 84083683
版权所有 侵权必究

第六批《中国社会科学博士后文库》编委会及编辑部成员名单

(一) 编委会

主　任：王京清
副主任：马　援　张冠梓　俞家栋　夏文峰
秘书长：邱春雷　姚枝仲　刘连军
成　员（按姓氏笔画排序）：
　　　卜宪群　邓纯东　王建朗　方　勇　史　丹
　　　刘丹青　刘跃进　孙壮志　孙海泉　张车伟
　　　张宇燕　张顺洪　张星星　张　翼　李　平
　　　李永全　李向阳　李　林　李国强　杨世伟
　　　吴白乙　杨　光　陈众议　陈星灿　何德旭
　　　房　宁　郑秉文　卓新平　赵天晓　赵剑英
　　　胡　滨　高　洪　高培勇　黄　平　朝戈金
　　　谢寿光　潘家华　冀祥德　魏后凯

(二) 编辑部（按姓氏笔画排序）：

主　任：高京斋
副主任：刘丹华　曲建君　李晓琳　陈　颖　薛万里
成　员：王　芳　王　琪　刘　杰　孙大伟　宋　娜
　　　陈　效　苑淑娅　姚冬梅　郝　丽　梅　枚

序　言

　　博士后制度在我国落地生根已逾 30 年，已经成为国家人才体系建设中的重要一环。30 多年来，博士后制度对推动我国人事人才体制机制改革、促进科技创新和经济社会发展发挥了重要的作用，也培养了一批国家急需的高层次创新型人才。

　　自 1986 年 1 月开始招收第一名博士后研究人员起，截至目前，国家已累计招收 14 万余名博士后研究人员，已经出站的博士后大多成为各领域的科研骨干和学术带头人。这其中，已有 50 余位博士后当选两院院士；众多博士后入选各类人才计划，其中，国家百千万人才工程年入选率达 34.36%，国家杰出青年科学基金入选率平均达 21.04%，教育部"长江学者"入选率平均达 10% 左右。

　　2015 年底，国务院办公厅出台《关于改革完善博士后制度的意见》，要求各地各部门各设站单位按照党中央、国务院决策部署，牢固树立并切实贯彻创新、协调、绿色、开放、共享的发展理念，深入实施创新驱动发展战略和人才优先发展战略，完善体制机制，健全服务体系，推动博士后事业科学发展。这为我国博士后事业的进一步发展指明了方向，也为哲学社会科学领域博士后工作提出了新的研究方向。

　　习近平总书记在 2016 年 5 月 17 日全国哲学社会科学工作座谈会上发表重要讲话指出：一个国家的发展水平，既取决于自然科学发展水平，也取决于哲学社会科学发展水平。一个没有发达的自然科学的国家不可能走在世界前列，一个没有繁荣的哲学社会科学的国家也不可能走在世界前列。坚持和发展中国特色社会主义，需要不断在实践和理论上进行探索、用发展着的理论指导发展着的实践。在这个过程中，哲学社会科学具有不可替代的重要地位，哲学社会科学工作者具有不可替代的重要作用。这是党和国家领导人对包括哲学社会科学博士后在内的所有哲学社会科学领域的研究者、工作者提出的殷切希望！

中国社会科学院是中央直属的国家哲学社会科学研究机构，在哲学社会科学博士后工作领域处于领军地位。为充分调动哲学社会科学博士后研究人员科研创新积极性，展示哲学社会科学领域博士后优秀成果，提高我国哲学社会科学发展整体水平，中国社会科学院和全国博士后管理委员会于2012年联合推出了《中国社会科学博士后文库》（以下简称《文库》），每年在全国范围内择优出版博士后成果。经过多年的发展，《文库》已经成为集中、系统、全面反映我国哲学社会科学博士后优秀成果的高端学术平台，学术影响力和社会影响力逐年提高。

下一步，做好哲学社会科学博士后工作，做好《文库》工作，要认真学习领会习近平总书记系列重要讲话精神，自觉肩负起新的时代使命，锐意创新、发奋进取。为此，需做到以下几点：

第一，始终坚持马克思主义的指导地位。哲学社会科学研究离不开正确的世界观、方法论的指导。习近平总书记深刻指出：坚持以马克思主义为指导，是当代中国哲学社会科学区别于其他哲学社会科学的根本标志，必须旗帜鲜明加以坚持。马克思主义揭示了事物的本质、内在联系及发展规律，是"伟大的认识工具"，是人们观察世界、分析问题的有力思想武器。马克思主义尽管诞生在一个半多世纪之前，但在当今时代，马克思主义与新的时代实践结合起来，越来越显示出更加强大的生命力。哲学社会科学博士后研究人员应该更加自觉坚持马克思主义在科研工作中的指导地位，继续推进马克思主义中国化、时代化、大众化，继续发展21世纪马克思主义、当代中国马克思主义。要继续把《文库》建设成为马克思主义中国化最新理论成果的宣传、展示、交流的平台，为中国特色社会主义建设提供强有力的理论支撑。

第二，逐步树立智库意识和品牌意识。哲学社会科学肩负着回答时代命题、规划未来道路的使命。当前中央对哲学社会科学愈发重视，尤其是提出要发挥哲学社会科学在治国理政、提高改革决策水平、推进国家治理体系和治理能力现代化中的作用。从2015年开始，中央已启动了国家高端智库的建设，这对哲学社会科学博士后工作提出了更高的针对性要求，也为哲学社会科学博士后研究提供了更为广阔的应用空间。《文库》依托中国社会科学院，面向全国哲学社会科学领域博士后科研流动站、工作站的博士后征集优秀成果，入选出版的著作也代表了哲学社会科学博士后最高的学术研究水平。因此，要善于把中国社会科学院服务党和国家决策的大智库功能与《文库》的小智库功能结合起来，进而以智库意识推动品牌意识建设，最终树立《文库》的智库意识和品牌意识。

第三，积极推动中国特色哲学社会科学学术体系和话语体系建设。改革开放30多年来，我国在经济建设、政治建设、文化建设、社会建设、生态文明建设和党的建设各个领域都取得了举世瞩目的成就，比历史上任何时期都更接近中华民族伟大复兴的目标。但正如习近平总书记所指出的那样：在解读中国实践、构建中国理论上，我们应该最有发言权，但实际上我国哲学社会科学在国际上的声音还比较小，还处于有理说不出、说了传不开的境地。这里问题的实质，就是中国特色、中国特质的哲学社会科学学术体系和话语体系的缺失和建设问题。具有中国特色、中国特质的学术体系和话语体系必然是由具有中国特色、中国特质的概念、范畴和学科等组成。这一切不是凭空想象得来的，而是在中国化的马克思主义指导下，在参考我们民族特质、历史智慧的基础上再创造出来的。在这一过程中，积极吸纳儒、释、道、墨、名、法、农、杂、兵等各家学说的精髓，无疑是保持中国特色、中国特质的重要保证。换言之，不能站在历史、文化虚无主义立场搞研究。要通过《文库》积极引导哲学社会科学博士后研究人员：一方面，要积极吸收古今中外各种学术资源，坚持古为今用、洋为中用。另一方面，要以中国自己的实践为研究定位，围绕中国自己的问题，坚持问题导向，努力探索具备中国特色、中国特质的概念、范畴与理论体系，在体现继承性和民族性，体现原创性和时代性，体现系统性和专业性方面，不断加强和深化中国特色学术体系和话语体系建设。

新形势下，我国哲学社会科学地位更加重要、任务更加繁重。衷心希望广大哲学社会科学博士后工作者和博士后们，以《文库》系列著作的出版为契机，以习近平总书记在全国哲学社会科学座谈会上的讲话为根本遵循，将自身的研究工作与时代的需求结合起来，将自身的研究工作与国家和人民的召唤结合起来，以深厚的学识修养赢得尊重，以高尚的人格魅力引领风气，在为祖国、为人民立德立功立言中，在实现中华民族伟大复兴中国梦征程中，成就自我、实现价值。

是为序。

中国社会科学院副院长
中国社会科学院博士后管理委员会主任
2016 年 12 月 1 日

摘 要

　　一国的科技创新与专利制度相互依存、相互支撑。良好的专利制度是一国科技创新发展的"生命线"。在知识经济时代，新一轮科技革命和产业革命的发展在给专利制度带来发展机遇的同时，也带来了巨大的挑战。专利劫持行为是专利制度的伴生物，它严重损害了科技创新、市场竞争、社会公众福祉，打破了利益平衡机制，加剧了专利危机，动摇了专利制度存在之根基，需要矫正。法律是矫正专利劫持行为的重要方式之一。随着创新国际化、经济全球化、专利权交易扩大化的进一步推进，如何运用法律规制专利劫持行为，消解技术创新与专利制度之间的"摩擦和罅隙"，这是国内外学术界和实务界共同关注的重要命题。

　　本书主要以美国实践为研究样本，遵循创新之理念，采用伦理分析法、法经济分析法、比较分析法、案例分析法等研究方法，系统地阐述了专利劫持行为的法律规制问题，其中重点研究了我国专利劫持行为法律规制的基本路径，指出我国法律规制专利劫持行为应在国家创新驱动战略背景下，秉承创新理念，遵循利益平衡原则，以维护产业利益和国家利益为重，不断精进立法、改进司法、增进行政执法。

　　本书共分为七章：第一章"导论：专利劫持行为的勃兴——并非偶然的专利危机"，简要介绍研究问题的背景、研究的理论价值与现实意义、国内外的研究文献等；第二章"专利劫持行为的法律界说"，主要阐述专利劫持行为的基本内涵、主要特征、法律定性、产生原因、带来的正负效应等；第三章"专利劫持行为法律规制的理论基础"，主要从伦理学、经济学、管理学、法学的视角出发，论证法律规制专利劫持行为的正当性；第四章"专利劫持行为法律规制的路径选择"，重点介绍法律规制专利劫持行为的三种路径；第五章"专利劫持行为法律规制的比较法考察及启示——以美国为例"，全面描述和解读了美国应对专利劫持行为的立法、司法和行政执法实践；第六章"专利劫持行为法律规制的中国化"，通过对我国法律规制专利劫持行为的背景、现状及存在问题的分析，从观念维度、模式选择和具体对策三个方面提出了完善我国专利劫持行为法律规制的建议；第七章"结语：专利劫持行为的衰微——专利法律制度的祛魅与复魅"，扼要概括了研究结论。

关键词： 专利权　专利劫持行为　专利权滥用　规制路径　完善建议

Abstract

A country's scientific and technical innovation and patent system interdepend on each other as well as supporting each other. A favorable patent system is considered as the "lifeline" for the development of scientific and technical innovation in a country. In the era of knowledge economy, a new round of development in the revolution of science and technology and the industrial revolution brings both development opportunities and tremendous challenges to patent system. Patent hold-up, as the by-product of patent system, causes serious damages to scientific and technological innovation, market competition and welfare of the public, as well as intensifies patent crisis, undermines the foundation of patent system and breaks benefit balance mechanism. It needs to be rectified. Law is one of important means for the rectification of patent hold-up. With the further promotion of the internationalization of technological innovation, the globalization of economy and the trading of patent rights, the academia and practice circles abroad and domestic share a common concern regarding an important proposition, which is how to regulate "patent hold-up" by law and eliminate "tension and rift" between technological innovation and patent system.

Abiding by the theory of "innovation", this book mainly takes American practice as the study sample and adopts some analytical methods, including ethnical analysis, jurisprudential economics analysis, comparative analysis and case study to systematically elaborate legal regulations of patent hold-up, especially the focus on how to regulate patent hold-up in China. The conclusion is that China's legal regulations for patent hold-up should be shaped in the context of National Innovation-Driven Strategy, holding onto innovative ideas as well as abiding by the principle of balance of interests, highlighting the industry interest and national interest, basing on improving legislation and judicature and administration.

The contents is divided into seven parts as follows: chapter 1 is about "Introduction: Prosperous Patent Hold-up—Patent Crisis Without by Chance", which briefly introduces the research background, the theoretical value and practical significance of the study, the domestic and international research literature, etcetera; chapter 2 is about "Connotation of Patent Hold-up". To define patent hold-up is the primary proposition of this research, which mainly sets forth the basic connotation, the typical features of patent hold-up, the causes of patent hold-up, the effects by patent hold-up, etcetera; chapter 3 is about "Theoretical Foundation for Legal Regulation of Patent Hold-up", which argues the justification of patent hold-up from the perspectives of ethics, economics, management and the science of law; chapter 4 is about "Approaches to Legal Regulation of Patent Hold-up", which focuses on the three paths for regulating patent hold-up; chapter 5 is about "Practices and Enlightenment of Legal Regulation on Patent Hold-up—Exampled as American Experience", which gives a comprehensive description and interpretation of legislation, judicature and administrative law enforcement for regulating patent hold-up in the United States; chapter 6 is about "Legal Regulation of Patent Hold-up in China", which puts forward suggestions for regulating patent hold-up in China from the three aspects, including the dimensions of concept and mode selection, as well as specific countermeasures through analyzing the background of legal regulations of patent hold-up and the existing problems; chapter 7 is about "Conclusion: The Declination of Patent Hold-up—Disenchantment and Enchantment of Patent Legal System", which briefly summarizes the research conclusion.

Key words: patent right, patent hold-up, abuse of patent, regulation approaches, suggestions for perfection

目 录

第一章 导论：专利劫持行为的勃兴
　　——并非偶然的专利危机 …………………………… (1)
　　一 研究问题的缘起 ……………………………………… (1)
　　二 选题意义 ……………………………………………… (9)
　　三 国内外研究现状综述 ………………………………… (11)
　　四 研究思路和主要研究方法 …………………………… (28)
　　五 主要研究内容 ………………………………………… (31)

第二章 专利劫持行为的法律界说 …………………………… (33)
　第一节 专利劫持行为概念的界定与解读 ……………… (34)
　　一 劫持行为的语义考察 ………………………………… (34)
　　二 不同语境中的"劫持行为" ………………………… (36)
　　三 本书中的劫持行为——力图廓清的专利劫持行为 …… (41)
　　四 专利劫持行为的主要特征 …………………………… (44)
　　五 专利劫持行为的法律定性 …………………………… (46)
　第二节 专利劫持行为的产生原因 ……………………… (50)
　　一 法律制度设计的诱因 ………………………………… (51)
　　二 经济发展的副产品 …………………………………… (56)
　　三 技术变革的衍生物 …………………………………… (57)
　第三节 专利劫持行为的效应 …………………………… (58)
　　一 专利劫持行为带来的负效应 ………………………… (58)
　　二 专利劫持行为带来的正效应 ………………………… (63)

第四节　专利劫持行为与其他概念的辨析 ……………………（65）
  一　与"专利怪客"等表达之区别 ………………………（66）
  二　与专利经营实体等表达之区别 ………………………（67）
  三　与专利主张实体等表达之区别 ………………………（68）
  四　与专利恶意诉讼之区别 ………………………………（69）

第五节　专利劫持行为运行的实证分析 ……………………（71）
  一　专利劫持行为运行的基本轨迹 ………………………（72）
  二　专利劫持行为运行的样态实例 ………………………（73）

本章小结：定义迷思与真相 ………………………………（75）

第三章　专利劫持行为法律规制的理论基础 ………………（78）

第一节　伦理学中的公平、正义原则 ………………………（78）
  一　公平、正义是法律制度的伦理基础 …………………（79）
  二　专利劫持行为打破了专利制度的公平、正义生态 ……（81）
  三　法律规制专利劫持行为能够恢复专利制度的公平、
    正义价值 …………………………………………………（82）

第二节　经济学中的交易成本理论 …………………………（83）
  一　交易成本理论的外观与内核 …………………………（84）
  二　专利劫持行为增加交易成本 …………………………（85）
  三　法律规制专利劫持行为与交易成本的降低 …………（86）

第三节　管理学中的管理效益原则 …………………………（87）
  一　管理效益原则的释义 …………………………………（88）
  二　专利劫持行为违背了管理效益原则 …………………（88）
  三　法律规制专利劫持行为与管理效益的提升 …………（89）

第四节　法学视角的解读
    ——以法哲学、民法学、专利法学、反垄断
    法学为基点 ………………………………………………（90）
  一　法哲学中的权利限制原则 ……………………………（90）
  二　民法学中的诚实信用原则 ……………………………（93）
  三　专利法学中的利益平衡原则 …………………………（96）

四　反垄断法学中的竞争原则 …………………………………… (103)

本章小结：正当性之追问与辨识 ……………………………………… (107)

第四章　专利劫持行为法律规制的路径选择 …………………… (109)

第一节　以民法、专利法和反垄断法为主体的规制路径 ……… (109)
　　一　民法规制 ………………………………………………………… (110)
　　二　专利法规制 ……………………………………………………… (112)
　　三　反垄断法规制 …………………………………………………… (123)

第二节　民事诉讼程序的规制路径 ………………………………… (127)
　　一　对专利劫持行为人提起诉讼的审查许可机制 ……………… (127)
　　二　专利劫持行为人承担诉讼费用机制 ………………………… (128)
　　三　专利劫持行为人承担罚款机制 ……………………………… (129)

第三节　立体化体系的法律规制路径：最优选择 ………………… (129)
　　一　单一法律规制专利劫持行为的局限性 ……………………… (130)
　　二　立体化体系法律规制专利劫持行为的优越性 ……………… (134)

本章小结：规制路径的可能划定与应然选择 ……………………… (137)

第五章　专利劫持行为法律规制的比较法考察及启示
　　　　——以美国为例 ………………………………………… (139)

第一节　立法规制 …………………………………………………… (140)
　　一　"世纪专利法改革"成果：《美国发明法》 ………………… (140)
　　二　首个遏制专利劫持行为的州立法：《恶意主张
　　　　专利侵权》 ……………………………………………………… (145)
　　三　2013—2017年提交至美国国会的主要法案 ……………… (148)

第二节　司法规制 …………………………………………………… (152)
　　一　谨慎核发永久禁令：以 eBay 案为拐点 …………………… (153)
　　二　胜诉方律师费不移转的例外：奥克滕健康有限责任
　　　　公司案的确认 ………………………………………………… (155)
　　三　侵权赔偿计算规则更加精细和多元：Uniloc 美国公司
　　　　案中对"重要规则法"适用的限制 …………………………… (157)

四　FRAND原则的明晰：微软公司诉摩托罗拉
　　　　公司案的尝试 ………………………………………………（159）
　　五　继续廓清商业方法的可专利性标准：Alice金融公司
　　　　案的努力 ……………………………………………………（161）
第三节　行政规制 ……………………………………………………（164）
　　一　白宫政府的专利新政 ……………………………………（165）
　　二　联邦贸易委员会的推动 …………………………………（166）
　　三　国际贸易委员会的发力："337条款"中的
　　　　公共利益测量 ………………………………………………（170）
　　四　专利商标局的积极跟进：发布《基于联邦最高法院
　　　　Alice金融公司案判决的初步审查指南》 ………………（172）
　　五　司法部的推进：标准必要专利及FRAND原则的
　　　　最新法律意见 ………………………………………………（173）
第四节　专利劫持行为法律规制的创新与创新的专利劫持行为
　　　　法律规制：美国实践的简要评介及启示 ………………（175）
　　一　美国实践的特点 …………………………………………（175）
　　二　美国实践的启示 …………………………………………（177）
本章小结：美国样本的检视与镜鉴 ……………………………（180）

第六章　专利劫持行为法律规制的中国化 ………………（182）

第一节　我国专利劫持行为法律规制的背景 ………………（184）
　　一　专利劫持行为的来袭与"走出去"企业的困境 ………（184）
　　二　专利劫持行为在我国衍生的可能性和现实性 ………（185）
　　三　专利劫持行为与创新驱动战略扞格不入 ………………（191）
第二节　我国专利劫持行为法律规制的现状及面临的问题 （195）
　　一　主要现行法律 ……………………………………………（195）
　　二　既有司法实践 ……………………………………………（198）
　　三　已有的行政管理和执法经验 ……………………………（206）
　　四　面临的主要问题 …………………………………………（210）
第三节　我国专利劫持行为法律规制的完善建议 …………（220）

一　观念维度 ·· (220)
　　二　模式选择 ·· (223)
　　三　具体对策 ·· (225)
本章小结："中国问题"的共识与期冀 ·················· (241)

第七章　结语：专利劫持行为的衰微
——专利法律制度的祛魅与复魅 ·················· (243)

参考文献 ··· (246)

索　引 ·· (270)

后　记 ·· (275)

Contents

Chapter One Introduction: Prosperous Patent Hold-up
—Patent Crisis Without by Chance ······················ (1)

1. Origin of Research Topic ································· (1)
2. Research Significance ···································· (9)
3. Research Summary ······································· (11)
4. Research Route and Main Methods ······················ (28)
5. Research Contents ······································· (31)

Chapter Two Connotation of Patent Hold-up ················ (33)

Section 1 Definition and Interpretation of Patent Hold-up ········ (34)
1. Semantic Study of Hold-up ······························ (34)
2. Hold-up in Context of Different Context ················ (36)
3. Hold-up in The Research—Clarifying Patent Hold-up ········ (41)
4. Main Features of Patent Hold-up ························ (44)
5. Natures in Law of Patent Hold-up ······················ (46)

Section 2 Causes of Patent Hold-up ························· (50)
1. Legal Systems as Inducement ··························· (51)
2. By-Product of Economic Development ··················· (56)
3. Outcome of Technology Advancement ··················· (57)

Section 3 Effects by Patent Hold-up ························ (58)
1. Negative Effect of Patent Hold-up ······················ (58)
2. Positive Effect of Patent Hold-up ······················· (63)

Section 4　Differentiation Between Patent Hold-up in
　　　　　Standardization with Others ……………………………（65）
1. Difference with Patent Troll ………………………………（66）
2. Difference with Non-Practicing Entity ……………………（67）
3. Difference with Patent Assertion Entity ……………………（68）
4. Difference with Frivious Litigation …………………………（69）
Section 5　Emergence Process and Empirical Analysis of
　　　　　Patent Hold-up ……………………………………（71）
1. Basic Behavior Route of Patent Hold-up …………………（72）
2. Conducting Modes of Patent Hold-up ……………………（73）
Summary: Myth and Truth of the Definition of
　　　　　Patent Hold-up ……………………………………（75）

Chapter Three　Theoretical Foundation for Legal Regulation of
　　　　　Patent Hold-up ……………………………………（78）

Section 1　Principles of Fairness and Justice in Ethnics …………（78）
1. Fairness and Justice is the Ethnical Foundation in
　 Legal System ……………………………………………（79）
2. Patent Hold-up Breaks Fairness and Justice of
　 Patent System ……………………………………………（81）
3. Legal Regulation Helps Recovery of Values of Fairness
　 and Justice ………………………………………………（82）
Section 2　Transaction Cost Theory in Economics ………………（83）
1. Connotation and Essence of Transaction Cost Theory ………（84）
2. Patent Hold-up Promoting Transaction Cost ………………（85）
3. Decline of Transaction Cost and Legal Regulation of
　 Patent Hold-up ……………………………………………（86）
Section 3　Principle of Effectiveness of Management in
　　　　　Management ………………………………………（87）
1. Implication of Effectiveness of Management Principle ………（88）
2. Patent Hold-up in Standardization Breaches Principle

of Effectiveness of Management ……………………………………… (88)
3. Legal Regulation and Increase of Effectiveness of
   Management ……………………………………………………………… (89)
Section 4　Interpretations from Legal Perspective
   —Based on Legal Philosophy and Civil Law and
   Patent Law and Monopoly Law ……………………………………… (90)
1. Limitation of Right in Legal Philosophy ………………………………… (90)
2. Good Faith Principle in Civil Law ………………………………………… (93)
3. Principle of Interest Balance in Patent Law …………………………… (96)
4. Competition Theory in Anti-Monopoly Law …………………………… (103)
Summary: Questioning and Identification ………………………………… (107)

Chapter Four　Approaches to Legal Regulation of Patent Hold-up ……………………………………………………………… (109)

Section 1　Regulations Based on Civil Law and Patent Law and
   Anti-Monopoly Law as the Main Body ……………………………… (109)
1. Regulation in Civil Law ……………………………………………………… (110)
2. Regulation in Patent Law …………………………………………………… (112)
3. Regulation in Anti-Monopoly Law ………………………………………… (123)
Section 2　Regulation of Procedural Law ………………………………… (127)
1. Examination and Approval System in Lawsuit Against
   Patent Hold-up …………………………………………………………… (127)
2. System of Litigation Fee Borne by Patent Hold-up Doer …………… (128)
3. Fine System Against Patent Hold-up Doer …………………………… (129)
Section 3　Legal Regulation in Stereo-System:
   The Best Choice ………………………………………………………… (129)
1. Limitation of Unitary Legal Regulation on Patent Hold-up ………… (130)
2. Superiority of Stereo-System on Patent Hold-up ……………………… (134)
Summary: Possible Delineation and Sollen Choice of Approches
   to Legal Regulation ……………………………………………………… (137)

Chapter Five Practices and Enlightenment of Legal Regulation on
Patent Hold-up—Exampled as American Experience ············ (139)

Section 1 Legislative Regulation ································· (140)
1. The Achievements of the Reform of Patent Law in the 21th
   Century: The Leahy-Smith America Invents Act ················ (140)
2. The First State Legislation to Curb Patent Hold-up:
   Bad Faith Assertions of Patent Infringements ················ (145)
3. The Main Bills Submitted to Congress in 2013—2017 ············ (148)
Section 2 Judicail Regulation ··································· (152)
1. Cautious Issuance of Permanent Injunction:
   Ebay Case as the Turning Point ······························ (153)
2. Winning Party Fees Without Transferring Exceptions:
   Confirmation in the Case of Octane Fitness ·················· (155)
3. Refining Compensation Calculation Rules: Limitation of
   "Rule of Thumb" in the Case of Uniloc USA ··················· (157)
4. Clarity of the Principle of FRAND: Attemptation in the
   Case of Microsoft Corp V. Motorola Case ····················· (159)
5. Continuous Clearance of the Standard of Patentability
   of Business Methods: Great Efforts in the Case of Alice ······ (161)
Section 3 Administrative Regulation ······························ (164)
1. Patent Deal Adopted by White House Government ················ (165)
2. Promotion by Judicial Federal Trade Commission ················ (166)
3. Pulling Through International Trade Commission's Force:
   Measurement of Public Interest in the Article of "337" ······· (170)
4. Following Up Actively Through Patent and Trademark Office:
   The Release of Preliminary Examination Instructions in View of
   the Supreme Court Decision in Alice Corporation Pty.
   Ltd. V. CLS Bank International, et. al. ····················· (172)
5. Advancement From Department of Justice:
   The Latest Legal Advice on the Standard Essential

Patents and FRAND Principles ……… (173)

Section 4　Innovation of the Legal Regulation of Patent Hold-up:
Brief Review and Enlightenments of American Practice ……… (175)
1. Features of American Practice ……… (175)
2. Inspirations of Practice in America ……… (177)
Summary: Viewing on American Sample and Reference ……… (180)

Chapter Six　Legal Regulation of Patent Hold-up in China ……… (182)

Section 1　Background of Legal Regulation of Patent
Hold-up in China ……… (184)
1. Enterprises Going Abroad and the Attacking
by Patent Hold-up ……… (184)
2. Possibility and Reality of Patent Hold-up in China ……… (185)
3. Odds Between Patent Hold-up and the Strategy
of Innovation-Driven Development ……… (191)
Section 2　Status Quo and Encountered Problems of Legal
Regulation on Patent Hold-up in China ……… (195)
1. Main Existing Sources of Law ……… (195)
2. Actual Judicial Practice ……… (198)
3. Established Administrative Management and Enforcement
Experience ……… (206)
4. Encountered Problems ……… (210)
Section 3　Suggestions About the Improvement of Legal
Regulation of Patent Hold-up in China ……… (220)
1. Dimensions of Concept Through the Regulation on
Patent Hold-up ……… (220)
2. Mode Selection ……… (223)
3. Specific Countermeasures ……… (225)
Summary: Consensus and Anticipation for "Chinese Issues" ……… (241)

Chaper Seven　Conclusion: The Declination of Patent Hold-up
　　—Disenchantment and Enchantment of Patent
　　Legal System ………………………………………………（243）

References ………………………………………………………（246）

Index ……………………………………………………………（270）

Acknowledgement ………………………………………………（275）

第一章 导论：专利劫持行为的勃兴
——并非偶然的专利危机

知识产权自产生之日起，就是一种必要之恶。①

——[美] 马克·勒姆利

一 研究问题的缘起

在知识产权时代，无形财产已远远超过了有形财产成为现代社会最重要的财产类型。② 知识产权法律制度是一种典型的利益调节机制，它通过依法确认知识财产的归属，保护知识财产所有人在一定期限的专有权，以鼓励创新、促进知识转化为现实生产力，不断推动科技进步、经济发展和文化发展。专利法律制度是知识产权制度的重要组成部分，是一种利用法律和经济手段来推动技术创新的制度。它是实施商品经济和推动现代科学技术发展的需要，是知识经济时代社会进步的重要保证。专利法律制度通过明确赋予发明创造人专有权，让其对该发明技术享有在一定期限内的独占权，从而刺激这种发明创造活动持续进行。对于企业，现行的专利法律制度为它们提供了掘金的绝好机会。③ 正如美国总统林肯（Abraham Lincoln）所说："专利给天才之火添加了利益之油。"美国高通公司（Qualcomm Inc.，以下简称高通公司）和美国基因泰克公司（Genentech Inc.，以下简称基因泰克公司）就是其中的典范。根据高通公司2014年度报告，该公司的专利许可费收入高达75.69亿美元，几乎是公司营业总收入80.3

---
① See Lemley, Mark A., "Ex Ante versus Ex Post Justifications for Intellectual Property", *U. Chi. L. Rev.*, Vol. 71, No. 1, 2004, p. 129.
② 吴汉东主编：《中国知识产权制度评价与立法建议》，知识产权出版社2008年版，序。
③ 梁志文：《论专利危机及其解决路径》，《政法论丛》2011年第3期。

亿美元的全部。① 其中专利许可费主要集中在公司研发并享有专利权的码分多址技术（Code Division Multiple Access，简称 CDMA）和长期演进技术（Long Term Evolution，简称 LTE）。1978 年成立的基因泰克公司与高通公司相似，是一家典型的研发公司，它并不制造也不销售任何有形产品。专利权的保护是这两家公司成为商业传奇的法宝。对于国家而言，良好的专利法律制度无疑是提升核心竞争力的重要工具和举措。马克·吐温（Mark Twain）曾借用小说《亚瑟王朝的美国人》中的人物摩根（Hank Morgan）之口，声称："一个国家没有专利局和良好的专利法律制度，就像一只螃蟹，它不能再前行，而只能侧行和后退。"② 由此可见，专利权不仅仅是一种激励创新和维护公正的民事权利，还是企业的一种竞争工具，更是维护国家利益与竞争优势的战略手段。③

在经济危机催生的新一轮科技革命和产业革命发展趋势下，电信、软件、音像技术、光学以及智能手机和平板电脑等包含"复杂技术"的行业专利申请增长迅速。根据 2014 年 12 月 16 日世界知识产权组织（World Intellectual Property Organization，简写 WIPO）发布的《2014 年世界知识产权指标》，世界各国在 2013 年总共提交了 257 万件专利申请，其中，大约 82 万件来自中国，占 32.1%；大约 57 万件来自美国，占 22.3%；大约 32.8 万件由日本提出，占 12.7%。④ 这些专利多集中在计算机技术、电气、机械、测量、数字通信和医疗技术领域。⑤ 与此同时，世界上专利权交易活动更加频繁。比如，2011 年 7 月，来自加拿大的北电公司（Nortel Net-

---

① Qualcomm Incorporated Annual Report Pursuant to Section 13 or 15 (d) of the Securities Exchange Act of 1934 for the fiscal year ended September 28, 2014, Available at http://investor.qualcomm.com/secfiling.cfm? filingID = 1234452 - 14 - 320&CIK = 804328. Also see https://www.stock-analysison.net/NASDAQ/Company/Qualcomm-Inc/Analysis/Revenues. （最后访问日期：2015 - 07 - 22）.
② 原文为 "for I knew that a country without a patent office and good patent laws was just a crab and couldn't travel anyway but sideways and backwards"。See Twain, Mark, *Charpter* 9: *The Tournament from a Connecticut Yankee in King Arthur's Court*, New York: Random House, 1983, p. 33.
③ 王先林：《从个体权利、竞争工具到国家战略——关于知识产权的三维视角》，《上海交通大学学报（哲学社会科学版）》2008 年第 3 期。
④ 数据来源于世界知识产权组织：《2014 年世界知识产权指标》，Available at http://www.wipo.int/ipstats/zh/wipi/（最后访问日期：2015 - 07 - 22）。
⑤ World Intellectual Property Organization, "World Intellectual Property Indicators", 2014, Available at http://www.wipo.int/edocs/pubdocs/en/wipo_pub_941_2014.pdf（最后访问日期：2015 - 06 - 23）。

works Inc.）与苹果公司（Apple Inc.）、微软公司（Microsoft Corporation）、黑莓公司（Black Berry Inc.）、易安信公司（Tetra Tech EMC, Inc.，简称 EMC）、爱立信公司（Ericsson Inc.）、索尼公司（Sony Group Company）六家公司达成协议，以 45 亿美元转让其 6000 件专利；2011 年 8 月，佩奇（Larry Page）领导的谷歌公司（Google Inc.）出资 125 亿美元将摩托罗拉公司（Motorola Inc.）纳入麾下，其中摩托罗拉公司拥有授权专利 17000 件，尚未授权的专利申请 7500 件；2012 年 4 月，微软公司以约 10.6 亿美元购买美国在线（American Online，简称 AOL），获得了美国在线近 800 件的授权专利和正在申请的专利；同年 7 月，世界上著名的芯片制造商英特尔公司（Intel Inc.）与交互数字公司（Inter Digital Inc.）达成协议，后者将其 1700 件专利以 3.75 亿美元转让给前者；同年 12 月，高智公司（Intellectual Ventures LLC.，简称 IV 公司）和 RPX 公司（RPX Corp.）则以 5.25 亿美元购买了由柯达公司（Eastman Kodak Company）持有的 1100 件专利；2013 年 9 月，诺基亚公司（Nokia Inc.）以 71.6 亿美元的价格将其设备与服务业务出售给微软公司，其中也包括诺基亚公司的商标使用权、所有实用新型专利的 10 年许可使用权以及超过 8500 件外观设计专利。联合安全信托公司（Allied Security Trust，以下简称 AST）多个成员相互之间也转让专利权，比如，高通公司从惠普公司（HP Inc.）购买了 1408 件通信专利；推特公司（Twitter Inc.）有偿获得了国际商业机器公司（International Business Machines Corp.，简称 IBM 公司）的 943 件软件专利；松下公司（Panasonic Corp.）将其 857 件专利转让给知识产权桥公司（IP Bridge Inc.）；光学设计公司（Optics Inc.）与爱立信公司达成转让 777 项通信专利的协议；美国运通公司（American Express Company）向高智公司转让 685 件软件专利。同时，来自加拿大的专利授权公司（Wi-LAN Inc.）出价 3300 万美元，收购了德国英飞凌公司（Infineon Technologies AG）的子公司——奇梦达公司（Qimonda AG）由 7000 件专利和专利申请组成的专利组合。根据专利交易经纪公司（IPOfferings LLC.）2014 年和 2015 年第二季度的《专利价值商数》公布的统计数字，2012 年专利交易中每件专利的平均价格为 366811 美元，中间价格为 211212 美元；2013 年专利交易中每件专利的平均价格为 228306 美元，中间价格为 170000 美元；2014 年专利交易中每件专利的平均价格为 251007 美元，中间价格为 123144 美元；2015 年前四个月所发生的 10 件专利交易中每件专利的平均价格为

318931美元，中间价格为315022美元。① 有学者也曾对2012—2014年的专利交易总额、售出专利数量进行了统计，② 结果如表1—1所示：

表1—1　　　　2012—2014年专利交易总额、售出专利数量（单位：美元/件）

年份	交易总额	售出专利数量	平均价格
2012	2949666000	6985	422286
2013	1007902750	3731	270143
2014	467731502	2848	164232

可见，在2012—2014年期间，专利权交易频繁，专利技术的价值获得认可。这与专利技术在企业间竞争越来越激烈的环境中发挥着重要作用有关。但是，世界上任何事物都有它的两面性，专利权、专利技术也如此。如同"赞同专利制度的论述像山河一样古老"③，对具有垄断性的专利权及其制度的不满声音也在学者、立法者、专利审查部门、产业实践者乃至专利权人中不断回荡。有学者提出，"自19世纪中叶实施起，专利是经济增长进程的心脏，但现在这个进程患了影响巨大的心脏病，20多年来的法律变革正将该系统从一个创新激励器转变为一个威胁创新过程本身的诉讼和不确定性发生器，严重损害创新者、企业的利益和经济生产率"④。专利法律制度被批评为专利失灵⑤或者专利危机⑥。专利制度面临的危机主要包括：专利商业化程度不足、专利劫持行为（patent hold-up）、累积创新

---

① See IPOfferings LLC： Patent Value Quotient（Second Quarter 2015），Available at http：//www.ipofferings.com/drawings/July2015/PVQ－2Q－2015.pdf.（最后访问日期：2015－07－22）.

② 宋海宁：《论近年全球专利交易的统计和趋势分析》，http：//www.sipo.gov.cn/zlssbgs/zlyj/201507/t20150723_1148810.html（最后访问日期：2017－07－16）。

③ [美]劳伦斯·莱斯格：《思想的未来：网络时代公共知识领域的警世喻言》，李旭译，袁泳审校，中信出版社2004年版，第212页。

④ [美]亚当·杰夫、[美]乔希·勒纳：《创新及其不满：专利体系对创新与进步的危害及对策》，罗建平、兰花译，中国人民大学出版社2007年版，第1页。

⑤ Bessen，James，and Michael J. Meurer，*Patent Failure：How Judges，Bureaucrats，and Lawyers Put Innovators at Risk*，Princeton，PA：Princeton University Press，2008，pp.1－260.

⑥ Burk，Dan L.，and Mark A. Lemley，*The Patent Crisis and How the Courts Can Solve It*，Chicago：University Of Chicago Press，2009，p.5；Baker，Scott，"Can the Courts Rescue Us from the Patent Crisis"，*Texas L. Rev.*，Vol. 88，2010，pp. 595－599.

（cumulative creation）领域的创新受阻、专利丛林（patent trash）、专利竞赛（patent arms race）导致的资源浪费、专利授权质量太差、专利制度的人权困境和发展鸿沟、专利权滥用（如拒绝许可行为）。①

专利劫持行为主要发生在美国，但随着经济全球化的纵深发展，它已在全球蔓延，并吸引了世界上众多国家实务界和学术界的目光。专利劫持行为通常产生于存有大量专利权的"复杂技术"行业，特别是标准化产品生产领域，其主要表现为专利权人通过向法院提起专利侵权诉讼，或者提起专利侵权诉讼以获取永久禁令威胁侵权企业，从而获取超额的许可使用费，旨在攫取超越法律的不当利益。专利劫持行为对市场和消费者的不良影响是巨大的，它不仅妨碍了各种资源的有效利用，而且增加了社会成本，减少了社会福利，加剧了专利危机。根据原 Patent Freedom 网站的统计，与专利劫持行为密切相关的专利诉讼在 2013 年达到 3174 件。如图 1—1 所示。

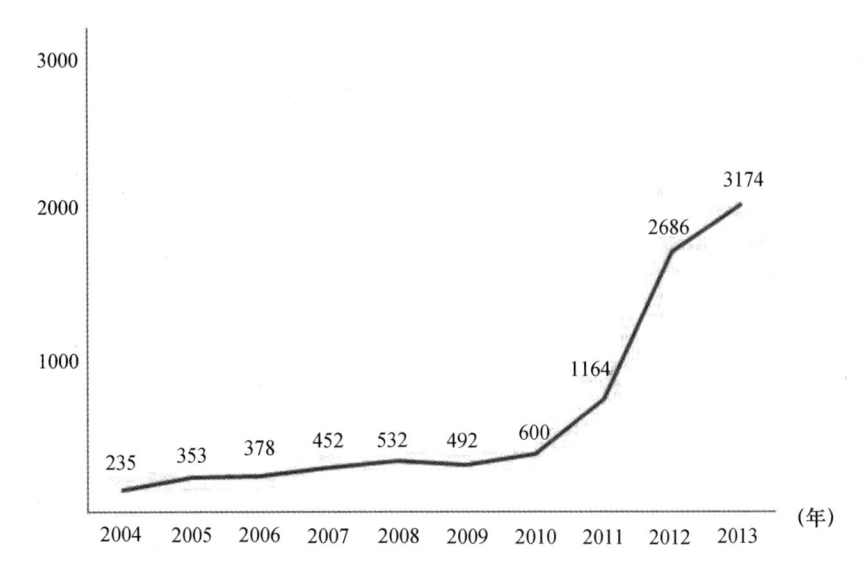

图 1—1　2004—2013 年涉及专利主张实体的专利诉讼②（单位：件数）

资料来源：Patent Freedom，Data captured as of July 14, 2014。

---

① See Burk, Dan L., and Mark A. Lemley, *The Patent Crisis and How the Courts Can Solve It*, Chicago：University Of Chicago Press, 2009, pp. 70 – 71.
② 数据来源于：https：//www.patentfreedom.com/about-npes/litigations/（最后访问日期：2015 - 01 - 22）。需要说明的是，该网站已被 RPX 公司收购，目前该网页已不可再查。

诺贝尔经济学奖获得者贝克尔（Gary Becker）曾指责道："正是千疮百孔的专利制度为劫持和过度诉讼打开了大门。"[1] 经济学学者为此主张取消专利制度。[2] 专利劫持行为甚至引起了美国前总统奥巴马（Barack Hussein Obama Jr.）的忧虑，他在2013年2月14日发布《专利主张与美国创新》（Patent Assertion and U. S. Innovation）报告时曾指出："当不生产产品的专利权人利用专利劫持他人的想法产生时，即看是否能够从中榨取钱财以及何种钱财时，这就不仅仅是劫持专利，而是劫光他们的财产。"[3] 因此，法律规制专利劫持行为十分必要。

近年来，美国通过司法、立法和行政相结合的立体化机制正努力寻找阻断"专利劫持行为"的出口，确保美国创新领头羊的地位不被撼动。在司法方面，美国对以判例的方式核发永久禁令的原则、计算专利侵权赔偿金的方式、承担律师费的规则等进行了一系列的改革尝试；在立法方面，国会委员在2005—2015年期间提出了重新采用技术贡献度计算赔偿金规则、加强专利审查以提升专利品质、设定专利权人提起诉讼的条件、限制选择诉讼地点、完善专利权无效程序等专利改革法案。白宫还在2013年发布了针对专利劫持行为的多项行政措施和立法建议。欧盟、韩国以及我国台湾等国家和地区都对美国专利劫持行为的新动向给予了极大的关注，欧洲设立统一专利法院以确保专利侵权纠纷案件处理的同一性，韩国设立"知识发现"、我国台湾地区设立"知识银行"以抵御美国专利劫持行为者发起的劫持行为，确保本国或者本地区企业的利益。

在专利化生存[4]的今天，知识产权（尤其是专利权）和技术标准等非关税壁垒已经取代关税壁垒和行政壁垒，成为我国企业在参与国际经济竞

---

[1] See Becker, Gary, On Reforming the Patent System, The Becker-Posner Blog (July 21, 2013, 2: 38 PM), Available at http://www.becker-posner-blog.com/2013/07/on-reforming-the-patent-system-becker.html（最后访问日期：2015-01-22）.

[2] See Boldrin, Michele, and David K. Levine, The Case Against Patents (Fed. Reserve Bank of St. Louis Research Div. *Working Paper Series*, No. 2012-035A, 2012), Available at http://research.stlouisfed.org/wp/2012/2012-035.pdf（最后访问日期：2015-06-23）.

[3] See Exec Office of the President, Patent Assertion & U. S. Innovation 2 (2013), Available at http://www.whitehouse.gov/sites/default/files/docs/patent report.pdf (quoting statements made by President Obama on February 14, 2013)（最后访问日期：2015-06-23）.

[4] 王晋刚、张铁军：《专利化生存——专利刀锋与中国企业的生存困境》，知识产权出版社2005年版，"前言"。

争中面临的主要壁垒。近10年来，我国企业在走向国际市场的过程中遭遇了越来越多的专利侵权诉讼。技术密集型企业，如华为技术有限公司（以下简称华为公司）、联想集团、中兴通讯股份有限公司（以下简称中兴公司）更是深受专利劫持行为之扰。根据原Patent Freedom网站的统计，2009—2013年，这三家中国企业分别遭遇与专利劫持行为有关的68起、66起和61起诉讼，在世界上遭受专利劫持行为者提起诉讼的公司中排列第20、24、29位。[1] 能否有效应对专利劫持行为，关系着"走出去"的中国企业能否走得更远、更稳。与此同时，美国专利劫持行为者的触角已经不可阻挡地延伸至我国，悄然布局。有学者指出，中国面临专利劫持行为者提起大规模诉讼的风险。[2] 遏制专利劫持行为，保护国内企业免受专利劫持行为之痛，已经迫在眉睫。再者，在推进《国家知识产权战略纲要》和"创新驱动发展战略"实施的过程中，我国不仅要重视专利权的创造，更须重视专利权的实施、保护和运用，大力发展专利中介服务产业。2015年3月23日，中共中央、国务院发布了《关于深化体制机制改革 加快实施创新驱动发展战略的若干意见》（以下简称《意见》），其中再次强调要重视知识产权的运用。截至2015年5月，我国授权发明专利1684866件，[3] 但实际利用率极低，仅占到0.41%。[4] 可见，重视专利权运营、加强专利商业化是当前的重中之重。但不容忽视的是，目前中国存在专利劫持行为发生和发展的基础和条件。[5] 中国的专利制度立法中尚未规定专利权滥用的规制手段，专利申请的审查和专利纠纷司法处理还存在诸多不足。比如，获得专利权容易，导致大量无效专利；在法院决定是否发布诉前禁令和判决被指控人承担停止侵权责任时，未考虑请求人是否存在专利劫持行为；尚未确立判定专利恶意诉讼的标准以及采取何种制裁措施。同

---

[1] 数据来源于：https://www.patentfreedom.com/about-npes/pursued/（最后访问日期：2015 - 01 - 22）。
[2] 易继明：《遏制专利蟑螂——评美国专利新政及其对中国的启示》，《法律科学》（西北政法大学学报）2014年第2期。
[3] 数据来源于国家知识产权网站：http://www.sipo.gov.cn/ghfzs/zltj/tjyb/2015/201506/P020150609366750172597.pdf（最后访问日期：2015 - 10 - 22）。
[4] 赵记伟：《中国专利全球数量第一背后》，《法人》2014年1月3日电子版（http://news.hexun.com/2014 - 01 - 03/161125592.html，最后访问日期：2015 - 01 - 22）。
[5] 程永顺、吴莉君：《"专利地痞"在中国的现状评述及对策研究》，《知识产权》2013年第8期。

时，企业知识产权战略意识不强，存在较大的专利侵权风险且应对专利侵权诉讼风险的能力较弱。当前，我国正在进行《中华人民共和国专利法》（以下简称《专利法》）的第四次修改。2015年4月1日和12月2日分别公布的《中华人民共和国专利法修改草案（征求意见稿）》（以下简称《专利法征求意见稿》）和《中华人民共和国专利法修订草案（送审稿）》（以下简称《专利法送审稿》），增设专门规定专利权的行使必须遵循诚实信用原则。① 对于标准必要专利，《专利法征求意见稿》新增设了第X9条规定。根据该条规定，在标准制定过程中参与国家标准制定的专利权人，如果不披露其拥有的标准必要专利，将被视为自动许可标准技术使用者使用其专利技术。对于专利许可费，专利权人和标准技术使用者可协商；协商不成，由地方人民政府的专利行政部门裁决；如果对裁决不服，则可以在规定时间内向人民法院提起诉讼。该规定在《专利法送审稿》中变更为第八十五条。② 本次修改案中的内容能否最后通过，即便通过，能否应对国内外的专利劫持行为者实施的专利劫持行为，尚需深入论证。最后，我国理论界和实务界对于此问题的关注还只是近几年的事情，理论研究还不够深入。基于此，深入分析防备"专利劫持行为"出击中国，已非纸上谈兵，而是与我国在"专利劫持行为"来袭之时如何从容面对密切相关。

在知识经济时代，专利制度带给一国科技创新的影响犹如狄更斯（Charles J. H. Dickens）在《双城记》中的开篇名言："这是最美好的时代，也是最糟糕的时代。"③ 专利劫持行为是专利制度的伴生物，其对创新、竞争、消费者和社会造成了严重损害，加剧了专利危机。随着创新国际化、经济全球化、专利权交易扩大化的进一步推进，如何运用法律规制专利劫持行为，消解专利危机，是国内外学术界和实务界必须关注的一个重要命题。如何借鉴、学习发达国家特别是美国规制专利劫持行为的经验

---

① 《专利法修改草案（征求意见稿）》第X1条："行使专利权应当遵循诚实信用原则，不得损害公共利益，不得不正当地排除、限制竞争，不得阻碍技术进步。"《专利法修订草案（送审稿）》第十四条："申请专利和行使专利权应当遵循诚实信用原则。不得滥用专利权损害公共利益或者不合理地排除、限制竞争。"

② 《专利法修订草案（送审稿）》第八十五条："参与国家标准制定的专利权人在标准制定过程中不披露其拥有的标准必要专利的，视为其许可该标准的实施者使用其专利技术。许可使用费由双方协商；双方不能达成协议的，可以请求国务院专利行政部门裁决。当事人对裁决不服的，可以自收到通知之日起十五日内向人民法院起诉。"

③ [英] 查尔斯·狄更斯：《双城记》，孙法理译，译林出版社2008年版，序言篇。

与教训，建构"中国本土化"制度，服务我国创新目标的建设，是国家知识产权战略实施过程中推进全国专利战略事业的题中应有之义，也是本书的要旨所在。

二 选题意义

专利制度诞生至今，已经近四百年，其对鼓励发明创造、促进经济发展和技术进步起到了重要作用。但伴随着专利制度的发展，质疑的声音开始出现，从未停止。专利劫持行为加重了专利制度质疑者的忧虑。在知识经济时代，特别是在复杂技术和标准化时代，该问题被彻底放大，对它的深入研究将有以下理论价值和实践价值。

（一）理论价值

一般认为，专利制度是随着技术的发达而建立起来的。它作为确认权利归属的一种基本规则，通过赋予发明者以一定期限的独占权，激励发明创造，从而确保发明人的创造热情。随着"复杂技术"行业的产生和标准化时代的到来，专利权已经成为衡量企业竞争力高低和国家话语权有无的核心标志。但专利权也是一把双刃剑，它在给专利权人带来利益、促进技术创新、发挥新技术的社会价值的同时，也会产生专利劫持行为等风险，加剧专利危机。这表明专利法律制度遭遇了前所未有的挑战。这种挑战不仅发生在技术发达的国家，也发生在技术尚不发达的国家。所以，建构合理的专利法律制度，防止专利权人剑走偏锋、利用专利权劫持生产者或者服务商，是确保科技创新领先之本。

本研究将有助于法律规制专利劫持行为的体系化研究。没有体系化的研究，该领域的成果将显得孤立和变得支离破碎，难以实现整体上的统一性和法律规范配置上的合理性，将会扼制我国专利法律制度功能的实现。当代法学大师拉德布鲁赫（Gustav Radbruch）指出："面对法律，法学家的任务有三：解释、构造、体系。"[①] 科学的体系将避免法律中的矛盾，实现统一性和合理性。鉴于此，本研究将对这一问题进行较为全面、系统和深入的体系化研究。在宏观上，我们必须首先思考专利劫持行为问题产生

---

① ［德］拉德布鲁赫：《法学导论》，米健、朱林译，中国大百科全书出版社1997年版，第169页。

的动因是什么？其次，专利劫持行为过去、现在、未来的情势如何？最后，专利劫持行为会给一国的政策带来哪些变革？在微观上，首先，我们要诠释什么是专利劫持行为，专利劫持行为与专利运营实体、"专利流氓"、"专利蟑螂"等概念和现象有着什么样的纠葛，专利劫持行为有哪些样态，专利劫持行为的法律性质是什么，专利劫持行为的负效应如何描述。其次，在揭开专利劫持行为的面纱后，我们需要深入论证法律规制专利劫持行为的理据，即从法哲学、经济学、专利法学等层面阐释法律规制专利劫持行为的正当性。再次，我们要探寻法律规制专利劫持行为的路径。通过梳理美国规制模式，结合我国实际，审慎提出法律规制专利劫持行为的进路。同时，我们还要强调法律规制应避免造成"专利劫持行为的反劫持"，这亦是法律规制专利劫持行为之路径中不可缺少的部分。

这些问题旨在解决如何通过法律控制专利劫持行为，廓清法律规制专利劫持行为理论上的模糊表述，消除法律规制专利劫持行为理论认识的疑虑，纠正法律规制专利劫持行为的单向性认识偏差，弥补既有研究的不足，充实、丰富或完善已有的研究成果，为我国的立法、司法、执法实践夯实理论基础，提供理论上的指导。

（二）实践价值

专利劫持行为是在专利权人运用专利、管理专利的过程中出现的现象，是一种典型的专利权滥用行为。专利劫持行为阻碍创新、限制竞争、增加社会成本、损害消费者福祉，与专利法律制度的宗旨相悖，造成专利危机，应予以法律规制。本书的实践价值主要体现在以下四个方面：

第一，与《国家知识产权战略纲要》和《国家创新驱动发展战略纲要》契合，有助于推动创新。2008年6月公布的《国家知识产权战略纲要》指出，"制定相关法律法规，合理界定知识产权的界限，防止知识产权滥用，维护公平竞争的市场秩序和公众合法权益"。其后公布的《全国专利事业发展战略（2011—2022年）》中规定："研究规制专利权滥用实体和程序性规定。密切关注专利权转让、许可、质押等过程中出现的新问题，适时予以规范。"党的十八大做出了实施创新驱动发展的重要战略抉择，其核心点在于中国未来的发展依靠科技创新。这表明，"专利劫持行为的法律规制"课题符合实施我国国家知识产权战略的需要，可以服务于我国创新目标的建设。

第二，有助于我国的立法、司法和执法完善。凡事"预则立，不预则废"。本书将有针对性地对我国法律规制专利劫持行为的立法、司法、执法等方面提出一孔之见，为有关部门在面对专利劫持行为时有统一态度、有可用之政策提供参考。

第三，有助于"走出去"的企业优化战略部署。专利劫持行为目前在市场上已经广泛存在，特别是在美国等海外市场，它已经威胁到我国实体企业如中兴、华为、联想等众多企业"走出去"的战略部署，也严重影响到我国产业特别是战略性新兴产业的安全，客观上阻碍了科学技术的进步和产业化的发展。本书旨在打开了解之窗，在一定程度上可以帮助我国企业，特别是帮助那些企业在"走出去"的过程中了解熟悉专利劫持行为的形成机理和运行路线，找到应对海外市场中专利劫持行为的有效策略。

第四，有助于国内专利运营公司的健康运营，推动专利商业化。当前，一大批知识产权运营基金、知识产权管理公司和技术转移中心陆续成立。[①] 但是否可能出现专利劫持行为、发生专利运营的异化，业内的认识差异较大，因此对专利劫持行为的研究在我国具有现实的紧迫性。

三 国内外研究现状综述

技术创新被视为推动现代经济发展的引擎之一，专利制度为技术创新提供法律保障。但是，专利劫持行为已成为技术创新过程中最为棘手的问题。针对此问题，国内外学者特别是国外学者已展开研究，并有丰富的成果。较之于国外学者的研究而言，我国的研究开始较晚。如何借鉴、学习域外国家和地区在法律规制专利劫持行为方面的经验与教训，并提出中国化的法律规制模式，目前理论界尚无全面和具体的论述。

（一）国内研究回顾

关于专利劫持行为的法律规制问题，我国《专利法》没有单独做出相应的规定。《中华人民共和国反垄断法》（以下简称《反垄断法》）第五十五条规定了知识产权权利人非法垄断的问题，但专利劫持行为是否属于知识产权垄断，以及第五十五条本身的适用还存在诸多争议，如何适用尚未

---

① 比如，北京知识产权运营管理有限公司、深圳中科院知识产权投资有限公司、北京智谷睿拓技术服务有限公司、中国专利技术开发公司、赢在知行（上海）咨询机构、上海科威国际技术转移中心有限公司等。

厘清，这对于解决专利劫持行为问题仍然不够清晰，目前尚没有司法解释援引以进一步澄清该条的适用。国家工商行政管理总局（以下简称国家工商总局）于 2015 年 4 月 7 日出台了《关于禁止滥用知识产权排除、限制竞争行为的规定》，这是《反垄断法》的第六个配套规章，对指导反垄断执法实践具有重要意义。但该规定如何适用于专利劫持行为，有待实践验证。《中华人民共和国民法通则》（以下简称《民法通则》）虽有规定民事责任，可是该规定也没有很好地发挥作用，实践中尚未根据此条文来主张法律救济。《中华人民共和国合同法》（以下简称《合同法》）和《中华人民共和国对外贸易法》（以下简称《对外贸易法》）对技术合同、技术对外交易有规定，然而这些规定与专利劫持行为的关系并不清楚，是否能发挥作用尚无法预测。可见，虽然专利劫持行为已悄然出击，但相关立法对于专利劫持行为的法律规制还尚付阙如。

在司法层面，2013 年 10 月 28 日上午，广东省高级人民法院就世界通信终端生产商华为技术有限公司与全球通信标准专利运营商美国交互数字技术公司（Inter Digital Technology Corporation）、交互数字通信有限公司（Inter Digital Communications, Inc.）、交互数字公司（以下对这三家公司合并简称为 IDC 公司）的专利纷争做出终审判决：维持深圳市中级人民法院的一审判决，判定 IDC 公司构成垄断，并赔偿华为公司 2000 万元人民币。① 在该案中，法院依据《反垄断法》的规定，分析技术标准组织制定 FRAND 条款（fair, reasonable, and non-discriminatory terms，即公平、合理、无歧视原则）、标准必要专利的"市场支配地位"和"必要专利滥用"的行为，也结合了 IDC 公司特殊的"非生产经营"背景，认定 IDC 公司滥用必要专利权，已构成垄断。主审法官、广东省深圳市中级人民法院知识产权庭副庭长祝建军分析了标准必要专利权人如何利用标准必要专利实施专利劫持行为以及产生的危害。他认为专利权与标准不同，专利权是一种垄断权，标准则是一种强制性规范。当具有垄断性的专利权与由强制性规范组成的标准相结合，则会产生标准必要专利。而标准必要专利权人总是处于强势地位，有着根深蒂固的追逐利益的动机，由此，标准必要专

---

① 具体案情参见广东省高级人民法院（2013）粤高法民三终字第 306 号民事判决、广东省深圳市中级人民法院（2011）深中法知初字第 858 号民事判决（http://www.gdcourts.gov.cn/ecdomain/framework/gdcourt/jndbijapddnebboelcfapbecpepdnhbe.jsp?wsid=LM4300000020140417030902158689&sfcz=0&ajlb=5，最后访问日期：2015-02-02）。

利权人很有可能会滥用标准必要专利，而向标准技术实施人索要高额的专利许可费，从而严重危害市场的公平自由竞争秩序，破坏良好的竞争环境。① 该案被称为"中国标准必要专利第一案"，审理该案的法院也是世界范围内首个适用 FRAND 原则直接确定许可费率的法院。知识产权法专家、北京大学法学院张平教授评价该案："不仅是我国在该领域的开创性判决，而且在国际上也具有深远的意义。"② 该案无疑也是我国司法规制专利劫持行为的第一案。但作为第一案，这也表明我国司法控制专利劫持行为的探索才刚刚开始，还不够成熟。

完善的立法与成熟的司法实践需要理论的进一步探索。基于此，理论界应对何为专利劫持行为、专利劫持行为的法律性质、法律规制专利劫持行为的进路、专利劫持行为者应承担何种法律责任以及这些责任的法律构成要件等进行深入的研究。在我国，专利制度与著作权、商标权法律制度一样，属于移植制度。我国第一部《专利法》从 1985 年 4 月实施至今，已经修订 3 次。三十多年来，我国学者对专利制度进行了大量富有成效的研究，但对于专利劫持行为的关注却是近几年的事情。随着 1999 年日本、美国、法国、荷兰等 DVD（Digital Video Disk，简称 DVD）专利联盟与中国 DVD 企业的专利许可费大战（DVD 事件）的爆发，2003 年 1 月"思科公司诉华为公司侵犯知识产权案"事件的出现，我国学者开始从理论上研究专利联盟，但并未对专利劫持行为的概念、类型、形成机理、防范机制等方面进行体系化的涉猎。由于专利诉讼不断增多，"专利圈地"现象愈演愈烈，国内企业在"走出去"的战略实施过程中对于专利劫持行为不胜其扰，学界从 2007 年开始关注发端于美国的日益凸显的"专利劫持行为"现象。这些学者不仅有知识产权法学者和反垄断法学者，也有管理学学者、经济学学者。研究主要集中在专利劫持行为的危害、专利劫持行为的类型、标准化过程中专利劫持行为的法律规制路径等问题。相当部分的学者还对于专利劫持行为的实施者——"专利流氓"（patent troll，也翻译成"专利蟑螂""专利怪客""专利地痞""专利海盗""专利钓饵""专利诱饵""专利渔翁""专利楚奥""专利投机者""专利聚合"等）或者专利

---

① 祝建军：《标准必要专利使用费条款：保密抑或公开——华为诉 IDC 标准必要专利案引发的思考》，《知识产权》2015 年第 5 期。
② 高建荣、白全案、吴芳：《一场跨洋官司，判决影响深远——深圳中院首次独家披露华为诉美国 IDC 公司案件审理过程》，《深圳特区报》2014 年 1 月 13 日第 A14 版。

经营实体（Non-Practicing Entity，也翻译为非专利实施体，简称NPE）或者专利主张实体（Patent Assertion Entity，也译为专利操控实体，简称PAE）或者专利货币化实体（Patent Monetization Entity，简称PME）进行了深入研究。下面分别述之。

1. 关于专利劫持行为的基本理论及其规制对策研究

专利劫持行为的基本理论研究为法律规制专利劫持行为的具体选择奠定了基础，而规制对策则是研究专利劫持行为的依归。阳东辉教授可能是学术界最早关注专利劫持行为的学者。他在《专利阻滞的负效应及其法律规制》一文中将 patent hold-up 翻译为"专利阻滞"，并对专利阻滞进行了界定，随后介绍了专利阻滞的负效应：阻碍后续创新投入、产生巨大社会成本、导致高昂的专利使用费叠加。鉴于强制许可不能很好地解决此问题，他指出，"应参照国外的先进立法例，采取有效措施解决专利阻滞问题：一是建立专利集中许可制度；二是采用下降型专利使用费计算规则；三是完善专利强制实施许可制度"[1]。吴广海副教授针对标准设立组织中的专利劫持行为，阐释了发生之原因，论述了规制的必要性，提出了标准组织自身的应对之策。[2] 丁道勤研究员和杨晓娇女士将 patent hold-up 翻译为"专利挟持"，两位作者以标准化过程为研究范畴，着力探讨了专利挟持的内涵和表现形式，主张完善标准制定机构的专利许可政策、运用专利法和反垄断法规制专利挟持。[3] 黄国群博士认为，专利挟持策略主要有三种：临时禁令、损害赔偿、转换成本策略。防范专利挟持的观点集中在企业层面和宏观层面。[4] 管理学领域王艳平、肖延高、陆璐三位学者首次对专利劫持形成机理与规制研究进行了述评，并同时指出这些研究的不足在于未能考虑技术差距和成本优势因素，无法从理论上解释外国领先企业与后发企业之间专利许可的劫持现象，[5] 但行文非常简略，观点的得出稍显突兀，

---

[1] 阳东辉：《专利阻滞的负效应及其法律规制》，《知识产权》2008年第4期。
[2] 吴广海：《标准设立组织对专利权人劫持行为的规制政策》，《江淮论坛》2009年第1期。
[3] 丁道勤、杨晓娇：《标准化中的专利挟持问题研究》，《法律科学》（西北政法大学学报）2011年第4期。
[4] 黄国群：《专利鲨鱼及其专利挟持问题研究》，《情报杂志》2012年第8期。
[5] 王艳平、肖延高、陆璐：《专利劫持形成机理与规制研究述评》，《管理观察》2015年第15期。

缺乏细腻的论证。

另外,还有部分硕士选择"技术标准化中的专利劫持"或者"专利投机行为"进行研究:来自重庆大学的张儒雅在本书作者的指导下于2012年完成的《论技术标准化中的专利劫持》一文剖析了技术标准与专利的结合遭遇的法律问题,专利劫持行为的定义、形成原因、特征、类型,初步分析了规制专利劫持行为的必要性和正当性,介绍了域外地区规制专利劫持行为的实践,最后结合我国实际提出了完善规制专利劫持行为的建议。① 尽管该论题比较集中,但作者对于专利劫持行为的基本理论分析还是浅尝辄止,对法律规制路径的梳理不够深入。华中科技大学的王晨以基本相同的题目《技术标准中"专利劫持"的法律问题研究》完成的硕士论文详尽地考察了美国、欧盟地区、日本规制技术标准中的专利劫持行为的实践,同时以较为深入的笔触对我国法律规制技术标准中的专利劫持行为对策进行了描述。② 但本文中对于欧盟地区和日本规制技术标准中的专利劫持行为的介绍,内容有些偏移,针对性不强。来自中南大学的肖文祥的《专利投机行为的法律规制研究》一文以较多笔墨分析了专利投机行为的产生原因、运营模式、利弊,比较全面地列出了规制的对策。③ 但作者将patent troll 等同于专利投机行为,对主体和主体的行为混杂为一个问题,这影响了该文结论的可信服性。遗憾的是,这种研究范式却在该领域有泛化之趋势。

2. 关于专利劫持行为的实施主体及其规制路径研究

如前所述,学界对于专利劫持行为的研究更多地指向"专利流氓"、专利经营实体、、专利主张实体,这三者称谓有异,但指称对象具有同一性。这些研究主要集中在介绍什么是"专利流氓"、专利经营实体或者专利主张实体,多采用比较法的视角分析美国规制模式,个别学者则对中国的"专利地痞"进行了论述。知识产权法专家、北京大学易继明教授详尽介绍了美国遏制"专利蟑螂"的专利新政,评析了美国白宫于2013年6月4日发布的旨在打击"专利蟑螂"、提高专利质量、促进专利创新的5

---

① 张儒雅:《论技术标准化中的专利劫持》,硕士毕业论文,重庆大学,2012年。
② 王晨:《技术标准中"专利劫持"的法律问题研究》,硕士毕业论文,华中科技大学,2013年。
③ 肖文祥:《专利投机行为的法律规制研究》,硕士毕业论文,中南大学,2011年。

项行政措施和7项立法意见,以及美国国会2012年和2013年两度提出的旨在遏制"专利蟑螂"恶意诉讼的《保护高技术创新者免遭恶意诉讼法案》,并针对我国实际,提出6项建议:(1)建立知识产权危机预警机制;(2)提高专利审查质量;(3)跟踪专利实施情况;(4)健全专利服务体系;(5)加强知识产权领域反垄断规制;(6)限定专利诉讼主体资格。①国家知识产权局保护协调司副司长张志成表达了对专利经营实体的关注,分析了专利形态及其许可模式的演变,提出了应对专利经营实体带来的挑战的对策。②这无疑代表了中国高层对于专利经营实体的态度。原国家知识产权局条法司司长尹新天较早将实施专利劫持行为的实施主体介绍到国内,体现出他领先的国际视野。③原国家知识产权局条法司副司长、现国务院反垄断委员会专家咨询组成员文希凯教授则从反垄断法的视角,提出了规制"专利蟑螂"的具体对策。④原北京高级人民法院知识产权庭副庭长、现北京务实知识产权研究中心程永顺主任携同吴莉娟副主任着力分析了"专利地痞"在中国的现状,深入剖析"专利地痞"在中国能够得以生存和发展的原因及其未来的发展趋势,并对在现有的制度框架下如何应对"专利地痞"行为提出对策和建议。⑤国家知识产权局专利管理司综合处副处长姜伟和其同事赵露泽则根据对"专利海盗"的分析,探究政府专利管理工作现状并对明确改进政府专利管理工作应遵循的原则和可以实施的举措提出建议。⑥和育东副教授并不认同美国法院试图通过限制禁令救济来对付"专利渔翁"的做法,认为此种做法不符合专利制度的内在规律。他提出,我国抵御"专利渔翁"的盾牌应从国家利益视角出发,重视我国法

---

① 易继明:《遏制专利蟑螂——评美国专利新政及其对中国的启示》,《法律科学》(西北政法大学学报)2014年第2期。
② 张志成:《专利形态及许可方式演变对创新的影响及政策应对——兼论NPE等现象的发生》,《电子知识产权》2014年第6期。
③ 尹新天:《美国专利政策的新近发展动向》,载刘春田主编《中国知识产权评论》(第三册),商务印书馆2008年版,第256页。
④ 文希凯:《"专利蟑螂"的反垄断法规制》,《知识产权》2014年第6期。
⑤ 程永顺、吴莉娟:《"专利地痞"在中国的现状评述及对策研究》,《知识产权》2013年第8期。
⑥ 姜伟、赵露泽:《专利海盗现象引发的思考》,《知识产权》2012年第9期。

院在专利停止侵权救济方面的灵活性。① 梁志文副教授认为，专利劫持行为的根治之源在于化解专利危机。② 同济大学张韬略副教授则认为"专利流氓"具有地域性，美国 IT 产业"专利流氓"诉讼有其自身的制度根源，并介绍了美国的新发展趋势，③ 其关于"'专利流氓'具有地域性"的观点虽未获得多数学者的赞同，但他对于美国"专利流氓"诉讼的制度根源探究，具有务实意义。南京大学徐棣枫教授近年从专利权的不确定性出发，探讨专利诱饵的法律规制研究，视角比较独特。④ 笔者自 2009 年撰写博士毕业论文《商业方法可专利性研究》以来，一直关注专利劫持行为的实施主体，曾发文指出大学不是"专利怪客"⑤；还指出，专利经营主体对我国而言，有危机，但在《国家知识产权战略纲要》推行过程中，也有机遇，应辩证对待。⑥ 而针对专利法修改中引入的惩罚性赔偿制度，笔者表达了对该制度可能导致"专利流氓"产生的隐忧。⑦ 知识产权法学、管理学双栖学者余翔教授和张玉蓉副教授多年前就关注了金融商业方法专利引起的困扰——专利钓饵，并对其提出了防范的对策。⑧ 袁晓东教授等近年也对"专利钓饵"或者专利主张实体进行了深入研究，他们不仅研究了企业专利钓饵对中国专利制度的挑战及其防范措施，还讨论了美国专利主张实体的商业模式、危害及其对策等问题。⑨

图书方面，目前尚无有关专利劫持行为的法律规制的专门论著。但部分研究知识产权反垄断法规制或者技术标准化的反垄断法规制，以及专利

---

① 和育东：《专利渔翁现象引发的思考》，载国家知识产权局编：《专利法研究 2010》，知识产权出版社 2011 年版，第 347—360 页。
② 梁志文：《论专利危机及其解决路径》，《政法论丛》2011 年第 3 期。
③ 张韬略：《美国 IT 产业"专利流氓"诉讼的制度根源和最新发展趋势》，《中国知识产权》2014 年第 3 期。
④ 徐棣枫：《权利不确定性和专利法制度创新初探》，《政治与法律》2011 年第 10 期。
⑤ 李晓秋：《美国〈拜杜法案〉的重思与变革》，《知识产权》2009 年第 3 期。
⑥ 李晓秋：《危机抑或机遇：专利经营实体是非置辩》，《中国科技论坛》2012 年第 11 期。
⑦ 李晓秋：《专利侵权惩罚性赔偿制度：引入抑或摒弃》，《法商研究》2013 年第 4 期。
⑧ 余翔、张玉蓉：《金融专利新战略："专利钓饵"及其防范》，《研究与发展管理》2008 年第 3 期。
⑨ 贺宁馨、袁晓东：《专利钓饵对中国专利制度的挑战及其防范措施研究》，《科学学与科学技术管理》2013 年第 1 期；袁晓东、高璐琳：《美国"专利主张实体"的经营模式、危害及其对策》，《情报杂志》2015 年第 2 期；朱雪伟、梁正、巩侃宁：《企业专利钓饵战略：内涵、构成、发展与启示》，《科学学与科学技术管理》2007 年第 8 期。

池中的法律问题等学者的著述中或多或少地提及了该问题。①

在学位论文类的文献中,以"专利流氓"、专利经营实体或者专利主张实体等作为研究主题者不在少数,在此不一一赘述。

在介绍完大陆地区的研究现状后,本书还想简略提及我国台湾地区的学者对于专利劫持行为的研究状况。孙远钊教授在此领域的研究具有代表性,他曾介绍美国应对"专利蟑螂"的研究分析与动向。② 该文与易继明教授的研究有异曲同工之妙,二位学者都对美国应对"专利蟑螂"的情况做了详尽的描述、深入的分析,对于了解美国治理"专利蟑螂"具有重要的参考作用。

(二) 国外研究现状

国外对于专利劫持行为的研究,时间上要早于中国,数量上要多于中国。由于专利劫持行为缘起并繁荣于美国,逐渐扩展至他国,所以国外的研究文献主要集中在美国、欧洲、韩国、日本等国家和地区,其中以美国的文献量最为丰富。受语言能力的限制,国外部分的研究成果主要撷取自美国。

专利劫持行为的雏形要追溯至 1835 年。当时有一位拥有用于锻造过程的一种煤技术的专利权人,但他并不真正使用该技术,而是以此要求使用该项技术的铁匠支付使用费,其理念在于让使用此项技术的人支付几美元,从而有效防止竞争。一位来自宾夕法尼亚的起诉者在其诉讼中针对专利权人利用专利制度的行为指出:"这样的专利制度易于遭致滥用,是一

---

① 代表性著作有高华的《国际贸易中的知识产权滥用及我国应对研究》,科学出版社 2015 年版;吕明瑜的《知识产权垄断的法律控制》,法律出版社 2013 年版;李艳的《从私法的角度规制知识产权滥用问题》,法律出版社 2013 年版;韩其峰的《专利池许可的反垄断法规制》,中国政法大学出版社 2013 年版;吴广海的《专利权行使的反垄断法规制》,知识产权出版社 2011 年版;吴太轩的《技术标准化的反垄断法规制》,法律出版社 2011 年版;谢可训的《知识产权滥用的法律规制》,上海社会科学院出版社有限公司 2011 年版;陈剑玲的《对外贸易中的知识产权滥用及其规制》,对外经贸大学出版社 2011 年版;武长海的《知识产权滥用研究》,知识产权出版社 2010 年版;费安玲的《防止知识产权滥用法律机制研究》,中国政法大学出版社 2009 年版;张冬的《专利权滥用认定专论》,知识产权出版社 2009 年版;王先林的《知识产权滥用及其法律规制》,中国法制出版社 2008 年版;张伟君的《规制知识产权滥用法律制度研究》,知识产权出版社 2008 年版;李建伟的《创新与平衡:知识产权滥用的反垄断法规制》,中国经济出版社 2008 年版。
② 孙远钊:《专利诉讼"蟑螂"为患?——美国应对"专利蟑螂"的研究分析与动向》,《法治研究》2014 年第 2 期。

种不公正、苛刻的法律制度。"① 在 18 世纪晚期，一些被称作"专利鲨鱼"的专利权人要求那些向其购买某项农业技术的农民支付专利费。他们的行为被一些国会人员表述为"威胁、恐吓，或者敲诈"，并"给农民带来极度不便和巨大成本"②。为此，国会通过举行听证会提出法律修改议案，最后通过立法清除某些专利。③ 1990 年，知识产权法学者墨杰斯（Robert P. Merges）教授和勒尔森（Richard Nelson）教授提及专利劫持行为④，之后专利劫持行为无疑成为近 30 年来美国法学、管理学、经济学学术界的研究热点，而美国联邦最高法院（Supreme Court of the United States）2006 年对于 eBay 案⑤的审结则将专利劫持行为的研究推向一个高潮。2011 年美国国会通过的《美国发明法》（Leahy-Smith America Invents Act）及至 2013 年美国白宫出台治理专利劫持行为的新政，美国国会众议院（United States House of Representatives）通过的《创新法案》⑥（Innovation Act），说明美国学界对于专利劫持行为的研究达到一个新阶段，并延续至今，势头不减。

美国学者对于专利劫持行为的研究主要涉及专利劫持行为的一般原理、专利劫持行为与反专利劫持行为（patent hold out）的区别与联系、法院针对专利劫持行为采取的应对措施、美国联邦贸易委员会（United States Federal Trade Commission，简称 FTC）和美国国际贸易委员会（United States International Trade Commission，简称 ITC）对专利劫持行为的影响、标准化中如何防范专利劫持行为、与专利劫持行为相关的专利流氓、专利实施主体、专利主张实体等领域存在的法律问题。研究方法突出实证研究，研究结论呈现多样化。加州大学伯克利分校的夏皮罗（Carl J. Shapiro）教授在 2000 年首次对专利许可合同中产生的"劫持行为"问

---

① See Lubar, Steven, "The Transformation of Antebellum Patent Law", *Tech. & Culture*, Vol. 32, 1991, p. 941.
② *8 Cong. Rec. 1371* (1879).
③ See Chien, Colleen, V., "Reforming Software Patents", *Hous. L. Rev.*, Vol. 50, 2012, pp. 346 – 350.
④ See Merges, Robert, P., and Richard Nelson, "On the Complex Economics of Patent Scope", *Colum. L. Rev.*, Vol. 90, 1990, p. 839.
⑤ "eBay Inc., et al. v. MercExchange, L. L. C.", 547 U. S. 388 (2006).
⑥ H. R. 3309 —*Innovation Act* [Engrossed in House (Passed House) -EH], Available at http://thomas. loc. gov/cgi-bin/query/D? c113: 5: ./temp/~c113yIGxzz（最后访问日期：2015 – 03 – 03）.

题进行了深入分析。① 他的开创性研究迅即引起经济、管理学界和知识产权学界的共同关注和激烈讨论,并成为专利许可行为理论课题前沿。来自波士顿大学法学院的本森(James Bessen)教授早年也对专利劫持行为给予了关注,他采用实证分析法阐述了在累积性创新过程中,先期发明人可以劫持后续发明人。在完全信息情形下,这种情形可以避免。但由于私人信息的存在,事前许可也许是一种避免专利劫持行为的次优选择,能够保证防止专利许可中的专利劫持行为发生。② 随着2005年美国正式启动"世纪专利法修改",夏皮罗教授和斯坦福大学的勒姆利(Mark A. Lemley)教授针对专利劫持行为共同撰写了扛鼎之作。他们运用法律经济学的分析方法,全面分析了专利劫持行为的形成、危害以及防治措施,其中指出法院在决定是否支持专利权人关于发布"永久禁令"时应辨识请求人是否属于"非竞争性专利持有人"(non-competing patent holders),该文成为经典之述。③ 除此之外,勒姆利教授还单独撰文指出防御标准化组织中的专利劫持行为可以从两条路径入手:第一种路径从标准化组织自身出发,即采用RAND④许可原则,达成许可协议,采用事前RAND许可原则,规定违约罚金,与专利聚合组织进行交易;第二种路径来自法律:竞争法可以帮助标准化组织参与者更好地协商许可费、限制再续申请的滥用、提高专利法中"故意"的认定标准、合理许可费比率和损害赔偿计算、重新限制禁令的发布。但他强调竞争法不适合规制专利劫持行为。⑤ 2007年,夏皮罗教授还和加州大学伯克利分校的经济法学家法雷尔(Joseph Farrell)等人采用经济学研究方法共同撰文对专利劫持行为进行分析,提出专利劫持行为和机会主义的经济学主义为消费者福利减少提供了解释的依据,从有效控

---

① Shapiro, Carl, J. "Navigating the Patent Thicket: Cross Licenses, Patent Pools", and Standard-Setting, In Jaffe, Adam B. et al., *Innovation Policy and the Economy 1*, Cambridge: MIT Press, 2000, pp. 119 – 150.
② See Bessen, James, "Holdup and Licensing of Cumulative Innovations with Private Information", *Economics Letters*, Vol. 82, No. 3, 2001, pp. 321 – 326.
③ Lemley, Mark A., and Carl Shapiro, "Patent Holdup and Royalty Stacking", *Tex. L. Rev.*, Vol. 85, 2007, p. 2163.
④ RAND 是 Reasonable and No-discriminatory 的简写。在形式上,RAND 比 FRAND 虽然少 "公平"原则,但两者在多数情况下可以互换。一般来说,欧洲更倾向于使用 FRAND 一词,北美更倾向于使用 RAND 一词。
⑤ Lemley, Mark A., "Ten Things to Do about Patent Holdup of Standards (And One Not to)", *Boston College Law Review*, Vol. 48, 2007, pp. 149 – 168.

制专利劫持行为的角度来看,竞争法的介入有其必要性。

但前述提及的夏皮罗、勒姆利等人的文章在收获溢美之词时,也引起了部分学者的质疑。来自得克萨斯大学法学院的高登(John M. Golden)教授指出,勒姆利教授和夏皮罗教授针对实施专利劫持行为的"专利蟑螂"提出的"区别对待专利权人"的观点是美国专利法的禁忌,专利权人将自己的专利许可给他人使用早在19世纪就发生了。实际上,由于专利权价值很难估计、专利权的执行也存在困难,专利权人得到的回报常常可能少于其本身所值。专利侵权或者有效性主张尤其脆弱,因为侵权诉讼成本远高于禁令的发布。他还认为两位作者从理论层面和实证层面得出的"过度赔偿专利权人"结论并不令人信服。法院发布禁令有其自身的优势:当侵权发生时,法院必然就侵权产品的价值进行估量、可以解决赔偿低导致的创新受阻,对于寻求资本的小公司而言可以有效阻止大公司对其发明的复制。① 哈佛大学法学院的厄尔和吉(Einer Elhauge)教授也对此表示质疑,他以 FRAND 承诺为研究对象,提出否认发布禁令同样有可能会导致反向劫持行为(reverse hold up)问题,应对该原则保持中立场。② 乔治梅森大学法学院的格拉丁(Damien Geradin)教授及其研究团队的观点与勒姆利、夏皮罗教授的也并不完全相同。他们认为有关专利劫持的诸多研究夸大了其危害性,专利劫持并未导致许可费的过度甚或剥削式获取,他们重申目前标准化组织制定的 FRAND 规则是合理的。格拉丁教授还指出要防止反专利劫持行为的风险。③ 美国经济标准协会创始人兼主席、荷兰蒂尔

---

① Golden, John M., "'Patent Trolls' and Patent Remedies", *Texas Law Review*, Vol. 85, 2007, pp. 2111 – 2161.

② Elhauge, Einer, "Treating RAND Commitments Neutrally", *Journal of Competition Law and Economics*, Vol. 11, No. 1, 2015, pp. 1 – 22.

③ Geradin, Damien, and Miguel Rato, "Can Standard-Setting Lead to Exploitative Abuse: A Dissonant View on Patent Hold-up, Royalty Stacking and the Meaning of FRAND", *Euro. Competition L. J.*, Vol. 3, No. 1, pp. 101 – 162. Also see Geradin, Damien, and Anne Layne-Farrar, et al., "Elves or Trolls? the Role of Non-Practicing Patent Owners in the Innovation Economy", *Industrial and Corporate Change*, Vol. 21, No. 1, 2011, pp. 73 – 94; Geradin, Damien, "The Meaning of 'Fair and reasonable' in the Context of Third-Party Determination of FRAND Terms", *George Mason Law Review* 21, 2014, pp. 919 – 956; Geradin, Damien, "Reverse Hold-Ups: The (Often Ignored) Risks Faced by Innovators in Standardized Areas". 2010, Available at http: //www.konkurrensverket.se/global-assets/english/research/presentation-by-damien-geradin-reverse-hold-ups-theften-ignored-risks-faced-by-innovators-in-standardized-areas.pdf(最后访问日期:2015 – 2 – 26)。

伯格大学法学院经济学和法学教授西达克（J. Gregory Sidak）表达了基本类似的观点，他认为标准化组织中的事前许可政策可以有效解决专利劫持行为问题，先前对于标准化组织中的专利劫持行为的分析和事实列举具有不确定性，而这种不确定性将影响到高科技企业的发展。他认为，对于标准化组织而言，专利劫持行为并不可怕，最可怕的是寡头垄断。① 同样来自乔治梅森大学法学院的怀特（Joshua D. Wright）教授等对竞争法规制专利劫持行为的妥适性表示怀疑，他认为治理专利劫持行为最好依据美国专利法和美国合同法。② 2012 年，他们再次就竞争法是否规制专利劫持行为进行了阐述。③

明尼苏达大学法学院柯特（Thomas F. Cotter）教授的观点与前述作者均不完全相同。他指出法院在适用专利法时应注重最初设定的目标，考虑社会成本和社会收益的平衡，对专利权人的保护不应过多，也不应过少。对于确认为专利侵权行为的侵权人，应发布禁令，在特殊情况下可以支持专利赔偿的请求；但对于专利劫持行为造成的社会成本，法院可以考虑不发布禁令，而是优先考虑选择许可费的承担。最后他还提出，对于欺骗性的专利劫持行为，竞争法可以加以规制。④ 美国国际贸易委员会具有一定的司法权力，它有权针对某些不公平贸易措施，如专利、商标或版权等的侵权行为，制定并实施一些对策。美国联邦最高法院在 eBay 案中重申了发布禁令必须遵循的原则，这意味着包括专利劫持行为人在内的诉讼主体在法院渠道获得禁令的难度增大。但该原则并不约束美国国际贸易委员会，且它不能授予金钱赔偿，只能授予申请人以禁令，这导致更多专利劫持行为者更愿意选择国际贸易委员会以获得禁令支持。针对此种现象，来自圣塔克拉拉大学法学院、现美国白宫政府高级知识产权专家齐恩（Colleen

---

① See Sidak, J. Gregory, "Patent Holdup and Oligopsonistic Collusion in Standard-Setting Organization", *Journal of Competition Law & Economics*, Vol. 5, No. 1, 2009, pp. 123 – 188.
② Kobayashi, Bruce H., and Joshua D. Wright, "Substantive Preemption, and Limits on Antitrust: An Application to Patent Holdup", *Journal of Competition Law and Economics*, Vol. 5, 2009, pp. 469 – 516; also see Wright, Joshua D., and Aubrey N. Stuempfle, "Patent Holdup, Antitrust and Innovation: Harness or Noose?", *Alabama Law Review* 61, 2010, pp. 559 – 570.
③ Kobayashi, Bruce H., and Joshua D. Wright, "The Limits of Antitrust and Patent Holdup: A Reply to Cary et al.", *Antitrust Law Journal*, Vol. 78, No. 2, 2012, pp. 505 – 526.
④ Cotter, Thomas F., "Patent Holdup, Patent Remedies, and Antitrust Responses", *Iowa J. Corp. L.*, Vol. 34, 2009, pp. 1151 – 1207.

V. Chien）教授和勒姆利教授共同提出，国际贸易委员会应基于公共利益的需要，充分利用其自由裁量权，对于专利劫持行为者加以控制，比如延迟发布排除令、运用奖励和惩罚条款确保专利权人在受侵害的临时保护期间得到足够赔偿。[1] 2011年3月，美国联邦贸易委员会发布《发展中的知识产权市场》[2] 报告，专门提及专利劫持行为对于技术创新的危害。纽约大学法学院的爱泼斯坦（Richard A. Epstein）教授等人针对此报告中关于修改专利侵权等方面的规定的建议提出反对意见，认为这将导致司法成本飙升，造成政府劫持替代私人合作。[3] 布鲁克（Roger G. Brooks）指出，该报告提出的建议并不正确，解决专利劫持问题应更多地依赖于私力的标准化组织，而非国家公权力机构，否则只会将国家营造为最大的标准化组织。[4] 可是，来自加利福尼亚和哥伦比亚地区律师委员会的卡瑞（George S. Cary）等人对此表示坚决的反对，认为竞争法调适专利劫持行为，自属理所当然。[5]

齐恩教授在2014年发表的《劫持行为与反劫持行为》中采用独特的视角，深度分析专利劫持行为产生的原因，指出专利劫持行为吸引了学者和实务界人士太多的目光，而反专利劫持行为却遭到忽视。她认为专利劫持行为和反专利劫持行为密不可分，专利劫持行为的产生可从反专利劫持行为中找到依据，在阻止专利权人利用手中专利要挟大公司时，也要注意大公司利用优势地位反劫持个人发明者，不尊重专利权人

---

[1] Chien, Colleen V., and Mark A. Lemley, "Patent Holdup, the ITC, and the Public Interest", *Cornell Law Review*, Vol. 98, No. 1, 2012, pp. 2–44.

[2] FTC, The Evolving IP Marketplace: Aligning Patent Notice and Remedies with Competition 8, 50 (2011), Available at http://www.ftc.gov/sites/default/files/docu ments/reports/evolving-ip-marketplace-aligning-patent-notice-and-remedies-competition-re port-federal-trade/110307patentreport.pdf.

[3] Epstein, Richard A., and F. Scott Kieff & Daniel F. Spulber, "The FTC, IP, and SSOs: Government Hold-Up Replacing Private Coordination", *Journal of Competition Law & Economics*, Vol. 8, No. 1, 2012, pp. 1–46.

[4] Brooks, Roger G., "Patent 'Hold–Up,' Infringement Remedies, and the Operation of Standards–Setting Organizations: How the FTC's Ill–Advised Campaign Against Innovators Threatens Incentives", 2011, Available at https://ssrn.com/abstract=1923735（最后访问日期：2017–03–06）.

[5] Cary, George S., and Mark W. Nelson & Steven J. Kaiser, et al., "The Case for Antitrust Law to Police the Patent Hold-up Problem in Standard Setting", *Antitrust Law Journal*, Vol. 77, No. 3, 2011, pp. 913–954. Also see Cary, George S., and Larry C. Work-Dembrowski & Paul S. Hayes, "Antitrust Implications of Abuse of Standard-Setting", *GEO. MASON L. REV.*, Vol. 15, 2008, pp. 1241–1263.

的利益。①

  专利劫持行为的发生常与"专利怪客"有关，所以研究专利劫持行为的学者也对"专利怪客"倾注了饱满的学术热情，其研究进路基本相似，只是在对于"专利怪客"应该如何定位、是否属于法律调整的范畴等问题上，美国学者们的观点出现了分歧。对这些典型的不同观点的梳理，有利于深入对专利劫持行为的认识。第一种，以墨杰斯教授②、勒姆利教授③、本森教授等④、齐恩教授⑤为代表的学者坚定地反对"专利怪客"，指出其行为无疑是专利劫持，增加了社会成本，浪费了司法资源，阻碍了创新；第二种，麦克唐纳Ⅲ律师等人指出，"专利怪客"的行为并非专利劫持行为，其是市场上拓展专利交易不可缺少的主体，其行为无可厚非，法律不应予以斥责；⑥ 第三种观点，则较为温和，维拉诺瓦大学法学院的里奇（Michael Risch）教授认为，"专利怪客"的行为究竟是专利劫持行为抑或专利投资行为，彻底否定抑或彻底肯定目前尚缺乏令人信服的证据。⑦来自

---

① Chien, Colleen V., "Holding Up and Holding Uut", *Mich. Telecomm. L. REV.*, Vol. 21, No. 1, 2014, pp. 3 – 41.
② Merges, Robert P., "The Trouble with Trolls: Innovation, Rent-Seeking, and Patent Law Reform", *Berkeley Technology Law Journal*, Vol. 24, No. 4, 2009, pp. 1583 – 1614.
③ Lemley, Mark A., "Are Universities Patent Trolls?", *Fordham Intell. Prop. Media & Ent. L. J.*, Vol. 18, 2008, pp. 611 – 631. Also see Lemley, Mark A., A. Douglas Melamed, "Missing the Forest for the Trolls", *Columbia Law Review*, Vol. 113, 2013, pp. 2117 – 2188.
④ Bessen, James, and Michael J. Meurer, "The Direct Costs from NPE Disputes", *Cornell Law Review*, Vol. 99, No. 2, 2014, pp. 387 – 424. Bessen, James, and Jennifer Ford & Michael J. Meurer, "The Private and Social Costs of Patent Trolls", *Regulation*, Vol. 34, No. 4, 2011, pp. 26 – 35. 此外，本森教授近三年还针对"patent troll"在美国知名网络媒体（USAToday）、专利研究博客（如Patently-O）等资源上发表了很多文章。
⑤ Chien, Colleen V., "Startups and Patent Trolls", *STAN. TECH. L. REV.*, Vol. 17, 2014, pp. 461 – 506; Chien, Colleen V., "From Arms Race to Marketplace: The Complex Patent Ecosystem and Its Implications for the Patent System", *HASTINGS L. J.*, Vol. 62, 2010, pp. 297 – 356; Chien, Colleen V., Patent Assertion Entities: Presentation to the Dec. 10, 2012 FTC/DOJ Hearings on PAEs, Available at http://ssrn.com/abstract = 2187314（最后访问日期：2015 – 01 – 26）；Chien, Colleen, Patent Trolls by the Numbers, 2013, Available at http://digitalcommons.law.scu.edu/facpubs/609（最后访问日期：2015 – 01 – 25）.
⑥ McDonough III, James F., et al., "The Myth of The Patent Troll: An Alternative View of The Function of Patent Dealers in an Idea Economy", *Emory Law Journal*, Vol. 56, 2006, pp. 189 – 228.
⑦ Risch, Michael, "Patent Troll Myths", *Seton Hall Law Review*, Vol. 42, 2012, pp. 457 – 499. Also see Risch, Michael, "Framing the Patent Troll Debate", *Expert Opinion*, Vol. 24, No. 2, 2014, pp. 127 – 130.

西北大学法学院的施瓦兹教授（David L. Schwartz）和来自伊利诺斯大学法学院的科桑（Jay P. Kesan）则针对本森和莫雷尔（Michael J. Meurer）对于 NPE 纠纷所产生的直接成本的论证表示质疑，两位作者以实证研究方法对专利经营实体在专利法系统中的角色进行了分析，指出法院不应关注专利权人是不是 NPE，而应考虑如何减少专利诉讼中的交易成本。① 两位作者还和来自里士满大学法学院的克措皮耶（Christopher A. Cotropia）共同完成了 NPE 的相关数据调查。② 黑斯廷斯大学法学院的费尔德曼教授（Robin Feldman）等人以详尽的数据考证了美国《创新法案》公布 500 天后对专利货币化实体的影响。③ 另外，美国重要的知识产权法学者西谢曼教授（Ted M. Sichelman）、莫索夫教授（Adam Mossoff）、欧森加教授（Kristen Jakobsen Osenga）都对"专利怪客"表示了关注，他们的研究也非常有意义。④

图书方面，本森与莫雷尔教授撰写的《专利失灵：法官、当局者和律师如何将创新推向风险》翔实地解析了创新处于风险之中和专利制度失灵的理由，认为这源于法院、行政部门和律师的共同"努力"。⑤ 而对专利制度相似的担忧和反思也反映在伯克（Dan L. Burk）和勒姆利教授撰写的

---

① Schwartz, David L., and Jay P. Kesan, "Analyzing the Role of Non-Practicing Entities in the Patent System", *Cornell Law Review*, Vol. 99, No. 2, 2014, pp. 425 – 456.

② Cotropia, Christopher A., and Jay P. Kesan & David L. Schwartz, NPE Patent Data Program, 2013, Available at http://npedata.com/（最后访问日期：2015 – 03 – 22）. Also see Cotropia, Christopher A., and Jay P. Kesan &David L. Schwartz, "Unpacking Patent Assertion Entities (PAEs)", *Minnesota Law Review*, Vol. 99, 2014, pp. 649 – 703.

③ Feldman, Robin, and Thomas Ewing & Sara Jeruss, "The AIA 500 Expanded: The Effects of Patent Monetization Entities", *UCLA Journal of Law & Technology*, Vol. 17, No. 2, 2013, pp. 1 – 108. Also see http://www.lawtechjournal.com/articles/2013/041024-Feldman.pdf（最后访问日期2015 – 02 – 26）.

④ Sichelman, Ted M., "Are Patent Trolls 'Opportunistic'?", 2014, Available at http://papers.ssrn.com/sol3/papers.cfm?abstract_id=2520125（最后访问日期：2015 – 01 – 22）. Also see Mossoff, Adam, "Patent Licensing and Secondary Markets in the Nineteenth Century", *George Mason Law Review*, Vol. 22, No. 4, 2015, pp. 959 – 971; Osenga, Kristen J., "Formerly Manufacturing Entities—Piercing the 'Patent Troll' Veil", *Connecticut Law Review*, Vol. 47, No. 2, 2014, pp. 435 – 479.

⑤ Bessen, James, and Michael J. Meurer, *Patent Failure: How Judges, Bureaucrats and Lawyers Put Innovators at Risk*, Princeton: Princeton University Press, 2008.

《专利危机和法院的解决之道》中。① 这两本著作对于研究专利劫持行为等诸多现象无疑是不可多得的佳作。罗格斯大学法学院的卡尔雷尔教授（Michael A. Carrier）则论述了在21世纪的创新过程中，如何利用知识产权法以及竞争法规制"专利怪客"。②

相对而言，来自欧洲和其他国家或者地区的学者对于专利劫持行为的研究文献还不太多。需略微提及的是普度大学克兰特管理学院经济学教授希伯特（Ralph Siebert）和英国东英吉利大学诺里奇商学院的高级讲师格里夫尼兹（G. Von Graevenitz）博士运用动态面板数据模型对标准组织中的许可协议进行分析，指出许可规则是防止专利劫持行为的一种有效措施。③ 柏林大学经济学学者珀何曼因（Tim Pohlmann）教授等人对"专利怪客"进行了类型划分，强调此种专利权人的行为在带来负面影响的同时也带来了积极效应。④ 英国南安普度大学的托蒂（Valerio Torti）博士探析了如何结合知识产权法和竞争法治理标准化组织中的专利劫持行为。⑤ 日本东京大学机械工程学院创新技术管理系研究员权（Seok-beom Kwon）等采用实证研究方法对专利经营实体进行分析，以求相应的规制之策。⑥

（三）研究简要述评

以上的研究回顾表明，近二十年来，国外学者对于专利劫持行为的理论问题给予了充分关注、展开了深入的研究，已经认识到规制特别是法律

---

① Burk, Dan L., and Mark A. Lemley, *The Patent Crisis and How the Courts Can Solve It*, Chicago: The University of Chicago Press, 2009. 该书已有中文译本。参见［美］丹·L. 伯克、［美］马克·A. 莱姆利《专利危机与应对之道》，马宁、余俊译，中国政法大学出版社2013年版。

② Carrier, Michael A., *Innovation for the 21st Century: Harnessing the Power of Intellectual Property and Antitrust Law* (1st ed.), Oxford: Oxford University Press, 2011, pp. 1–420.

③ Siebert, Ralph, and Georg Von Graevenitz, "Jostling for Advantage or Not: Choosing Between Patent Portfolio Races and Ex Ante Licensing", *Journal of Economic Behavior & Organization*, Vol. 73, No. 2, 2010, pp. 225–245.

④ Pohlmann, Tim, and Marieke Opitz, "Typology of the Patent Troll Business", *R&D Management*, Vol. 43, No. 2, 2013, pp. 103–120.

⑤ Torti, Valerio, "IPRs, Competition and Standard Setting: In Search of a Model to Address Hold-Up", *European Competition Law Review*, Vol. 33, No. 9, 2012, pp. 387–397.

⑥ Kwon, Seokbeom, and Kazuyuki Motohashi, "Effect of Non-Practicing on Innovation Society and Policy: An Agent Based Model and Simulation", 2014, Available at http://pari.u-tokyo.ac.jp/unit/iam/outcomes/pdf/papers_140526.pdf（最后访问日期：2015-07-22）。

规制专利劫持行为对于技术创新和产业发展具有重要意义。但学术界对于专利劫持行为的相关理论证成和结论尚未达成一致，对于建构模式也未趋向同一，其提出的专利劫持行为的产生原因、解决方案和机制并非也与中国实际相宜。

相较于国外特别是美国学者的研究，我国学者对专利劫持问题的关注较晚。虽有部分研究成果，但总体上看，这些研究尚存有以下不足：

第一，研究内容比较零散，系统性不强，且尚存部分缺失，不够全面。主要表现在以下方面：目前，国内学者对于"专利劫持行为"的称谓、内涵还存在较大分歧；大部分学者在探讨该问题时，局限于简单介绍美国、欧洲以及国际标准组织在某一个特定时期或者特定事件中的实践；主要文献中没有对专利劫持行为的成因，专利劫持行为的类型，专利劫持行为对企业创新、社会发展、公众利益的影响，专利劫持行为的法律性质，专利法遭遇专利劫持行为的变革，反垄断法是否适合调整专利劫持行为，法律规制专利劫持行为的过程中如何防止"反专利劫持行为"等问题进行系统化的论述。

第二，研究对象不够清楚。尽管专利劫持行为本身与专利劫持行为的实施主体有着不可分割的联系，但专利劫持行为与"专利怪客""专利流氓"或者"专利蟑螂"还是有区别的。我国目前大量的研究文献将这两组概念混同，造成研究主题的偏移；与此同时，我国学者对于专利劫持行为的研究多限于标准化组织，对更大范畴内存在的专利劫持行为缺乏关注。

第三，研究视野不够开阔。一方面，在既有的研究文献中，国内学者主要以竞争法、经济学的视野研究该问题，而从民法学、管理学的视角来论证法律规制专利劫持行为的正当性的笔墨并不多；另一方面，在既有研究文献中对于以立法、司法和行政执法综合之模式规制专利劫持行为的论述比较缺乏。

第四，研究方法比较单一。实证研究方法是研究专利劫持行为的最佳方法之一，也是国外学者在研究这个问题上采用的常态方法，但我国既有文献基本未有涉足。

第五，研究结论比较仓促，难以实现中国本土化。专利劫持行为发端于美国、繁荣于美国、困扰于美国，然后逐渐扩散至其他国家和地区，所以借鉴美国经验必不可少，但这并不等同于规制模式的美国化，中国化、本土化才是本书研究的落脚点。中国国内学者对于专利劫持行为问题的研究缺乏对他国详尽的考察，比较分析不够细致，其结论并非完全建立在"求同存异"的基础上，从而降低了它的借鉴价值。

四　研究思路和主要研究方法

（一）研究思路

专利劫持行为主要发生在美国。"他山之石，可以攻玉。"为此，本书采取了法经济学分析、比较分析、案例分析、伦理学分析、文献分析等方法，紧紧围绕"专利劫持行为"这一主题展开，在梳理国内外文献的基础上，深入分析专利劫持行为的内涵、表现、成因、实质、带来的正负效应，域外国家和地区特别是美国对专利劫持行为的态度、法律对策，最后立足于中国实际，深入分析专利劫持行为在中国的现状以及法律治理措施，进而提出我国的应对之策。总体思路是提出问题—分析问题—解决问题，即首先指出技术标准化过程中遭遇专利劫持行为的窘境，然后探析该问题的成因和实质，继而考察他国治理经验，最后提出我国的对策。

具体思路用技术路线图如图1—2所示。

（二）主要研究方法

笔者在研究过程中注重研究视域的开放性和研究方法的综合性，主要运用伦理学分析、法经济学分析、比较分析、案例分析等研究方法，对所提出的问题进行分析和论证，以使本书的研究更具有系统性和科学性。

第一，伦理学分析法。伦理是关于人的内在价值认同或者人的外在行为法则，它是道德的基础和前提，是伦理学中的核心概念。而法律是最低层次的道德，这决定了法律和伦理存在着密切的联系。在法律领域中采用伦理学分析法，可从两个维度展开：一是探寻制度的伦理基础，证成制度的伦理正当性，揭示法律的应然性和价值目标，从道德视角对实证法进行批判与反思；二是对现有法律涉及的具体道德问题进行论证，为立法者和司法者提供伦理学的答案。[①] 法律规制专利劫持行为的正当性是本书的重要理论问题，因此，有必要采用伦理学分析方法研究专利劫持行为法律规制的伦理基础。运用伦理学方法分析专利劫持行为法律规制的正当性，有助于揭示法律规制专利劫持行为与实现公平正义的关系，从而为规制专利

[①]　胡波：《专利法的伦理基础》，华中科技大学出版社2011年版，第10页。

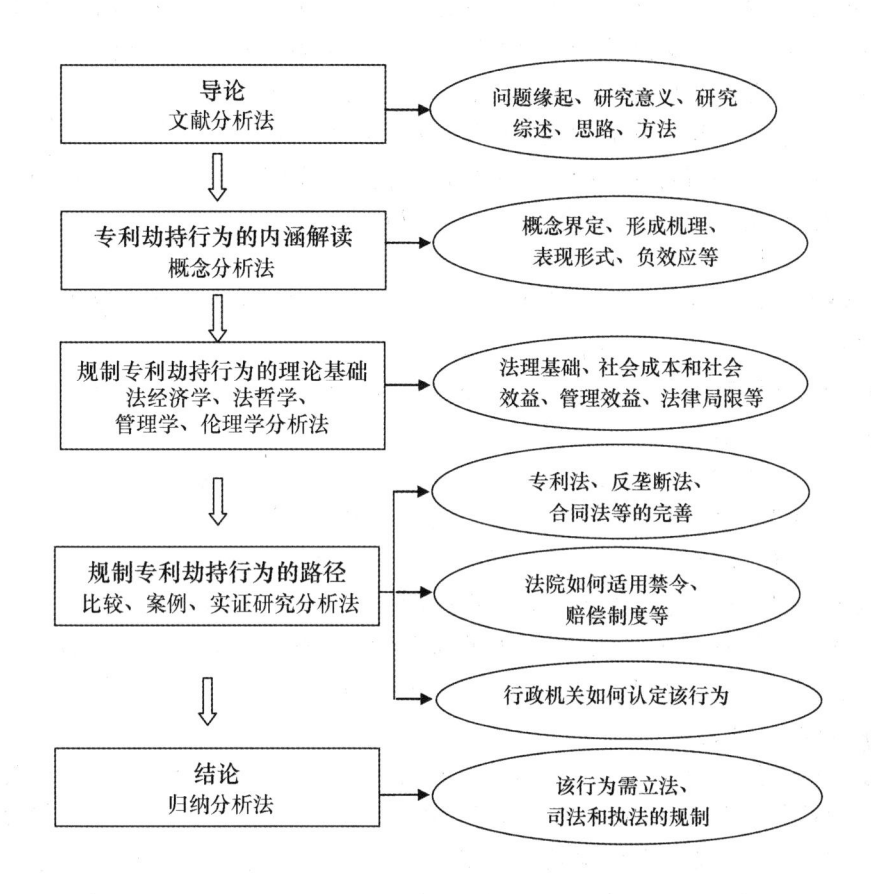

```
┌─────────────────┐      ╭──────────────────╮
│    导论         │─────▶│问题缘起、研究意义、研究│
│  文献分析法      │      │ 综述、思路、方法    │
└────────┬────────┘      ╰──────────────────╯
         ▼
┌─────────────────┐      ╭──────────────────╮
│专利劫持行为的内涵解读│─────▶│概念界定、形成机理、│
│   概念分析法     │      │ 表现形式、负效应等 │
└────────┬────────┘      ╰──────────────────╯
         ▼
┌─────────────────┐      ╭──────────────────╮
│规制专利劫持行为的理论基础│──▶│法理基础、社会成本和社会│
│  法经济学、法哲学、 │      │效益、管理效益、法律局限等│
│  管理学、伦理学分析法│     ╰──────────────────╯
└────────┬────────┘      
         ▼               ╭──────────────────╮
┌─────────────────┐      │专利法、反垄断法、 │
│规制专利劫持行为的路径│──▶│合同法等的完善    │
│ 比较、案例、实证研究分析法│  ╰──────────────────╯
│                 │      ╭──────────────────╮
│                 │─────▶│法院如何适用禁令、 │
│                 │      │赔偿制度等        │
│                 │      ╰──────────────────╯
│                 │      ╭──────────────────╮
│                 │─────▶│行政机关如何认定该行为│
└────────┬────────┘      ╰──────────────────╯
         ▼
┌─────────────────┐      ╭──────────────────╮
│    结论         │─────▶│该行为需立法、    │
│  归纳分析法      │      │司法和执法的规制   │
└─────────────────┘      ╰──────────────────╯
```

图1—2 研究思路的技术路线图

劫持行为的立法、司法、行政执法提供坚实的伦理基础。

第二，法经济学分析法。法经济学分析法是指采用经济学分析法，特别是微观经济学分析法研究法律现象，从而为实现社会资源的优化配置与效益最大化的目标设计法律制度、实施法律制度。专利法律制度是赋予发明创造者对其发明创造这一具有稀缺性的知识财产享有独占权的法律制度，其目的在于鼓励社会对发明创造这一特殊资源的创造、运用、管理和保护，从而合理配置资源。有学者曾感言："建立在经济激励理论基础之上的专利法更是天然地适宜于运用法律经济学方法。"① 规制专利劫持行为有利于发明人葆有创新热情，也有利于专利权商业化价值的实现，因此采用法经济学分析法研究法律规制专利劫持行为，必不可少，它让研究结论更加理性、更加符合社会发展的需要。本书拟从法经济学的视角研究该论题，探讨专利劫持行为的社会成本与社会收益之间的关系，论证法律规制专利劫持行为的必要性和重要性，为专利劫持行为的法律规制奠定理论基础。

第三，比较分析法。现代社会，经济全球化正以不可阻挡之势向全世界推进，其影响不仅扩展至一国的政治、经济、文化，也扩及一国的科技发展和法律制度设计。就法律制度而言，虽然有差异，甚至存在矛盾或冲突，但融合、借鉴早已显露端倪。在这个融合的过程中，比较分析法之目的在于"力求深入，并对运作于不同法系内的不同法律制度进行功能的比较"②。由于各国在立法中所面临的社会情境及法律体系背后的法律理念并不完全相同，同时各国法律制度得以生成、运行和发展变化的社会基础也存在着差异，这就需要我们立足于本国国情，研究与我国国情相适应的制度架构。美国是包含专利法律制度的知识产权法律制度设计的领先者，专利劫持行为最早产生于美国，活跃于美国，所以本书的研究，毋庸置疑，应关注美国实践。

第四，案例分析法。此种研究方法由1870年的美国哈佛大学法学院院长兰德尔（Christopher C. Langdell）创立，它不仅是一种基本的法律理论研究方法，也是一种教学技法。作为一种理论研究方法，它通过对个案的分析，寻求法学理论与司法实践的连接点，发现司法实务中的理论之需，为理论研究提供素材和方向，有助于"借此丰富对法律的解释、总结法律适用的经验、探求法律的精神，为立法和司法提供经验"③。我国虽属于成文法国家，但通过案例分析进行的研究对我国司法实践所起的作用正在逐步增强，尤其是对典型的、有社会影响的案例进行分析，可以有力地推动法学理论研究的纵深发展。本书选择美国和我国的部分案例进行了较为深入的探讨、分析，丰富了论据，增强了论证，提升了本书结论的说服

---

① 和育东：《美国专利侵权救济》，法律出版社2009年版，第8页。
② [美]格伦顿·戈登·奥萨魁：《比较法律传统》，米健、贺卫方、高鸿钧译，中国政法大学出版社1993年版，第6页。
③ 王利明主编：《判解研究》（2006年第1辑），人民法院出版社2006年版，第211页。

力和客观性。

五 主要研究内容

本书共分为七章。

第一章为"导论：专利劫持行为的勃兴——并非偶然的专利危机"。此部分中，主要对本书的研究缘起，研究的理论价值与实践价值，国内外研究现状，研究的主要思路、结构、方法、内容以及创新点进行了介绍。

第二章是"专利劫持行为的法律界说"。什么是专利劫持行为？这是本书的元命题。然而既有研究中的定义并未揭示专利劫持行为的真正面相。本书认为，专利劫持行为是指行为主体利用自己研发申请，或从破产公司及个人等发明人处购买的专利，以提起专利侵权诉讼相威胁等手段，向技术使用者主张高额专利许可费的行为。它是一种基于专利权滥用的违法行为。专利劫持行为的产生源于法律制度设计的诱因、经济的发展、技术的发达。专利劫持行为虽能带来一定的正效应，但其带来的负效应将正效应湮没其中：破坏专利制度功能、阻碍后续创新投入、浪费了社会资源、遏制专利技术标准化发展、妨碍市场竞争、损害社会公众利益等。在此部分，本书还对学界关于专利劫持行为的表述和界定进行了比较，认为专利劫持行为与专利经营主体、"专利流氓"、"专利恶意诉讼"等并不相同。另外，还采用实证分析的方式对专利劫持行为的运行进行了描述。

第三章是"专利劫持行为法律规制的理论基础"。法律规制专利劫持行为是矫正此种"异象"的一种方式，但应如何证成法律的导入？在此部分中，本书采用伦理分析、法经济学分析、管理学分析、法哲学分析等研究方法，分析了法律规制专利劫持行为符合公平正义的伦理品性，有利于降低交易成本、实现最大程度的管理效益化、契合权利限制的要义、塑造诚实信用的专利权交易市场法则、确保利益失衡的重新回复、推动市场的有序竞争。

第四章是"专利劫持行为法律规制的路径选择"。如何划定和选定法律规制专利劫持行为的路径，这是本书的核心议题，它为中国路径的设定奠定了基础。本书认为，专利劫持行为的法律规制路径有三种：其一是以民法、专利法、反垄断法为主体的实体法律规范规制路径；其二是民事程序法律规范规制路径；其三是综合模式，以克服各自内生缺陷，相互借力，在立法、司法和实体法中发挥合力，遏制专利劫持行为，重新回复一种精妙的利益平衡机制。这也是最优选择。

第五章是"专利劫持行为法律规制的比较法考察及启示——以美国为例"，以案例研究和比较研究等方法对美国的立法、司法和行政执法进行全面描述和解读。本书认为，美国是专利劫持行为的发生地、繁荣地、困扰地、规制典范地，其国会、最高法院、联邦巡回上诉法院及各级法院、白宫政府、联邦贸易委员会、国际贸易委员会、专利商标局、司法部等对专利劫持行为的合力规制模式正在对美国经济和科技创新产生深刻影响，这些影响也随着经济全球化而波及世界上其他各国。

第六章是"专利劫持行为法律规制的中国化"。该部分首先分析了我国法律规制专利劫持行为的背景："走出去"企业频频遭遇专利劫持行为的来袭、本土存在专利劫持行为衍生的可能性和现实性、专利劫持行为与创新驱动战略扞格不入。随后，本书对我国专利劫持行为的立法、司法和行政规制现状进行分析，并指出其存在的问题：现行立法资源不敷使用、司法实践缺乏、行政执法经验不足。基于此，本书提出完善建议：我国法律规制专利劫持行为应在国家创新驱动发展战略背景下，以美国为镜鉴，结合中国语境，执持创新理念，在遵循利益平衡原则的基础上，凸显产业利益和国家利益，在立法、司法和行政三个维度上精心设计专利劫持行为的法律规制对策。在立法上，完善强制许可制度、在《专利法》中增设权利不得滥用条款、暂缓引入惩罚性赔偿、明确反垄断规制的专门执法机关、协调《关于禁止滥用知识产权排除、限制竞争行为的规定》和即将出台的《滥用知识产权反垄断规制指南》的适用、重新塑造专利恶意诉讼制度、制定《专利交易市场法》；在司法中，重视停止侵权责任的自由裁量权、完善专利侵权赔偿的计算和举证责任、细化反垄断法民事责任制度、适度限制合并审理、确立败诉方承担合理开支规则；在行政方面，提升授权专利质量、建立诉讼风险预警机制、要求披露真正的专利权主体、开展专利服务业建设、适时介入对技术标准化中专利信息不披露行为的垄断审查。

第七章为"结语：专利劫持行为的衰微——专利法律制度的祛魅与复魅"，指出"经由立法者、司法者和行政执法者的合力回调，祛魅与复魅后的专利制度将使专利劫持行为逐渐式微"，从而与导论形成呼应，连成一体。

第二章 专利劫持行为的法律界说

> 一切之中最容易的事情是反驳定义,但最困难的事情则是构造定义。[①]
> ——［古希腊］亚里士多德

专利劫持行为是研究法律规制专利劫持行为的核心词语。日常生活和经济学、法律研究特别是刑法研究中常会用到"劫持"这个术语。人们不禁要问:什么是专利劫持行为?尽管"劫持行为"早已成为刑法学家们的研究主题,但要回答专利法领域的专利劫持行为则存在一定的困难。因为专利劫持行为只是一个模糊的流行词汇,并非一个严谨的法律术语,它也不是精准的专业名词,更不是确切的事实界定。在本书中,虽然我们从既有的文献中尚没有找到权威定义,而且还知道亚里士多德(Aristotle)的法言"给事物下定义是危险的事"[②],但"法律概念分析的目的是揭示并说明法律这类事物所具有的独特性,以深化人们对法律的理解"[③]。据此,本书认为,研究专利劫持行为的法律规制必须回到逻辑的起点:解读什么是专利劫持行为。

[①] ［古希腊］亚里士多德:《形而上学》,吴寿彭译,商务印书馆1997年版,第518页。
[②] "法律中的所有定义都是危险的"是一句西方法谚,其拉丁文为 Omnis definition in lege periculosa,英文通常表述为 All definitions in law are hazardous (dangerous)。这种危险可以追索到亚里士多德时代,因为他的传统逻辑将定义简单地看作"属加种差(per genus et differentiam)"。定义的优点在于简便明了,然而,属加种差这种简洁的形式下却隐藏有恣意的危险,其原因在于事物有无限多的属性,而识别事物的本质属性难以确定。
[③] 刘叶深:《法律概念分析的性质》,《法律科学》(西北政法大学学报)2011年第1期。

第一节　专利劫持行为概念的界定与解读

要阐释什么是专利劫持行为,我们需要先回答:什么是劫持行为? 与之相关的问题还包括:不同语境中的"劫持行为"的异质性和同质性、专利劫持行为的特征、专利劫持行为的法律定性、专利劫持行为的危害、专利劫持行为的运行机理等。这些问题必须借助概念分析的方法才能回答。概念分析是现代分析法学的主要研究方法,比克斯(Brian Bix)在《法律理论词典》一书中指出:"概念分析通过区分观念(ideas)和范畴的逻辑结构或必然的(necessary)、本质的(essential)属性来探求我们的世界的某些方面的真(truth)。"[1]在法学研究中,"是真的"不仅是认识的要求,而且是正确认识的标准。[2] 但求"真"恐怕是法律领域研究人员著书立说时最为审慎和艰难的。哈特(Herbert L. A. Hart)曾指出:"作为文字上的启示,定义是利用一个独立的词来给出语言上的解说,它主要是标明界限或者是一个事物与其他事物区别开来的问题。但是,有时,大家都会陷入一种窘境,就像说'我认识大象,但我不能给大象下一个定义'这句话的人一样。"[3]此番表述说明了哈特对传统法学中的定义方法并不苟同,他主张"要把语义分析方法移植到法学中以改善法学的研究方法,解决法学领域的混乱和难题"[4]。

一　劫持行为的语义考察

考察劫持行为的语义,先从"劫持"开始。"劫持"在现代汉语中等同于"要挟、挟持",《现代汉语辞海》中将其解释为"用暴力威逼挟持"[5]。"劫持"在古代汉语中已有应用,如《汉书·赵广汉传》:"司直萧望之劾奏:'广汉摧辱大臣,欲以劫持奉公。'"北齐颜之推《颜氏家训·省事》:"或有劫持

---

[1] [美]布赖恩·比克斯:《牛津法律理论词典》,邱昭继等译,法律出版社2007年版,第40页。
[2] 王路:《"是"与"真"——形而上学的基石》,人民出版社2003年版,第377页。
[3] [英]哈特:《法律的概念》,张文显等译,中国大百科全书出版社2003年版,第15页。
[4] 张文显、于莹:《法学研究中的语义分析方法》,《法学》1991年第10期。
[5] 翟文明、李治威主编:《现代汉语辞海》,光明日报出版社2002年版,第570页。

宰相瑕疵,而获酬谢,或有谊聆时人视听,求见发遣。"就"要挟"而言,它的基本含义是扬言要惩罚、报复或危害某人而强迫他答应自己的要求或者利用对方的弱点,仗势自己的实力,胁迫对方满足自己的要求。如蒋一葵在《长安客话·女直》中写道:"腥膻野性,或乘虚而零窃,或纠众而跳梁,或执词而要挟。"清朝林则徐的《会谕义律》中也有"伊欲要挟而求,岂本大臣、本部堂反不能宽间以待乎?"之表述。"挟持"有两个义项:第一,从两旁抓住或架住被捉住的人,如《汉书·萧望之传》:"吏民当见者,露索去刀兵,两吏挟持。"第二,倚仗权势或抓住别人的弱点,强使其服从,如宋苏辙《历代论二·邓禹》:"听禹坚守北道时出挠之,而使别将挟持其东。"在普通英语中,劫持被翻译成"kidnap""abduct""hijack""seize""hold up or hold-up or keep or place or put or take under duress",它主要用于描述一种外力压榨下的不法行为。[1]《牛津袖珍英语词典》中对于劫持的解释有四个义项:一是延迟进展,二是使用暴力威胁进行抢夺,三是提供范例,四是保持强壮。在法律英语中,"劫持"具有如下含义:大陆法系和英美法系的刑法所规定的某种犯罪行为;私法中在签订合同过程中不自由、不真实的意思表示。《布莱克法律词典》将"劫持"翻译成"hold up""stick up",其基本含义是"一种武力抢夺,主要采用武器威胁被害人"[2]。可见,"劫持"在普通英语、现代汉语中的意思相同,但法律英语中的"劫持"则被限定了范围。再谈行为。行为的基本含义是举止行动,指受思想支配而表现出来的外在活动,如做出动作,发出声音等。《现代汉语辞海》中将其解释为"人的有意识的活动"[3],这与普通英语和法律英语中的意思基本一致。

通过对"劫持行为"一词进行的语义考察可以发现,"劫持行为"一词的核心义项是外力胁迫下的一种非自愿行为。具体表现为:"劫持"主体有自己的实力或者权势,被"劫持"者具有自身弱点,"劫持"的方式表现为武力、威逼、挟制,"劫持"的目的是让被"劫持"者服从,"劫持"者的主观状态表现为"故意",意指"劫持"行为的发生,多表现为积极主动,"劫持"的效果违背被"劫持"者的愿望。

---

[1] [英]Catherine Soanes Edited:《牛津袖珍英语词典》(英语版,Ninth Edition),外语教学与研究出版社2004年版,第431页。
[2] Garner, Bryan A., ed., *Black's Law Dictionary* (8th Edition), St. Paul, MN: Thomson West, 2004, p. 1454.
[3] 翟文明、李治威主编:《现代汉语辞海》,光明日报出版社2002年版,第1305页。

二 不同语境中的"劫持行为"

从劫持行为的语义分析可以知道,该词不仅在社会生活领域中使用,也在经济领域和法律领域中生根发芽,还陆续出现在网络空间安全学、金融学等领域。实际上,经济学、社会学、法学早已对劫持行为给予了极大关注,本书也仅讨论"劫持行为"在这三类学科领域中的不同面相。

(一)社会学视野中的"劫持行为"——社会行为失范的一种表现

"失范"(anomic)最早是由法国社会学家涂尔干(Emile Durkheim)于18世纪提出的,他眼中的失范即一种不安的状态。社会行为失范,或称之为社会失范行为,指的是:"某一社会群体的成员判定违反其准则或价值观念的任何思想、感受和行动。"[1]在社会学的研究中,社会失范行为是重要的研究对象。不仅如此,社会失范行为还是社会学研究的一个重要范畴。一般认为,社会生活中出现的一些反常行为,如违法犯罪行为、与众不同的行为等都被认定为失范行为。根据不同的标准,可将社会失范行为进行分类。以对社会的发展效应方向为标准,社会失范行为可分为积极失范行为及消极失范行为。就消极失范行为而言,其具体表现为经济生活领域的"不正当竞争行为"、政治生活领域的"权力的寻租"和"权力的资本化"、社会生活领域的集体无意识行为和去社会化行为。"劫持行为"主要表现为一种依靠强力达成需求的行为,比如社会上出现的劫持人质、劫持网络流量、劫持新闻自由等现象,其中心点都在于规范缺乏、含混或社会规范变化多端以致不能给社会成员提供指导的社会情境。[2] 所以,社会学研究中的劫持行为更多地凸显出其"失范"性。

(二)经济学视野中的"劫持行为"——契约人逐利的表现

"劫持行为"是经济生活中最普遍的现象,在经济学中又被称为"敲竹杠""投机行为""套牢"或者"要挟行为"等。"敲竹杠"问题是现代微观经济理论的热点问题之一,是新制度经济学的中心议题。在新制度经济学家特别是交易费用学派的视野里,契约是分析交易最基本的方法,一切经济关

---

[1] [美]杰克·D. 道格拉斯、弗兰西斯·C. 瓦克斯勒:《越轨社会学概论》,张宁、朱欣民译,河北人民出版社1987年版,第11—12页。

[2] 任亮:《社会转型期的社会失范行为——基于社会共享价值观的分析》,《理论学刊》2007年第6期。

系问题都可以转化为或理解为契约问题并用其契约方法来研究。交易成本经济学中假设的"经济人"与古典经济学、新古典经济学的"经济人"并不相同,前者建立在"契约人"的基础上。而"契约人"的行为表现不同于"经济人"的理性行为,区别在于前者存在有限理性(bounded rationality)与可能产生机会主义(opportunism)行为。契约人第一个特征表明,由于人的有限理性,交易双方要想签订一个完全契约(complete contract)是不可能的;契约人第二个特征表明,仅仅相信缔约者的口头承诺无法保证契约会自动履行。由于机会主义的存在,缔约各方都会采取各种策略行为来谋取自己的利益,因此不可避免地会出现拒绝合作、失调、成本高昂的再谈判等危及契约关系持续下去的情况。[1] 经济学家据此认为,由于当事人的有限理性和机会主义行为,在资产专用性条件下容易产生"可占用的专用性准租"(appropriable specialized quasi-rents),出现事后的机会主义,进而形成"锁定效应"(lock-in),最后导致"敲竹杠"。克莱茵(Benjamin Klein)认为,"'敲竹杠'行为是一方利用交易伙伴已经做出了专用性投资并且治理交易关系的契约是不完全的这一事实,来侵占来自关系专用性投资的准租金"[2]。由此可知,"敲竹杠"行为成立的前提有:一方做出了专用性投资,且专用性投资产生了准租金;除此之外,契约并不完全。由于"敲竹杠"行为的存在,市场不再具有竞争性,单纯的市场力量无法实现"帕累托最优"(Pareto Optimality)[3],这时就需要依靠其他机制安排。[4] 由此可见,经济学中的"劫持行为"或者"敲竹杠",源于资产专用性与契约不完全性。当然,资产专有性并不一定产生"敲竹杠",[5]其还取决于确定性及交易频率。一般来说,资产专用性越高、不确定性越大、交易越频繁,则"敲竹杠"的可能性就越大。

---

[1] 卢现祥、朱巧玲主编:《新制度经济学》(第2版),北京大学出版社2012年版,第172页。
[2] Klein, Benjamin, Fisher—General Motors and the Nature of the Fisher, *Journal of Law and Economics*, Vol. 43, No. 1, 2000, pp. 105—141.
[3] 帕累托最优,也称为帕内托效率(Pareto efficiency),是由意大利经济学家帕累托(Vilfredo Pareto)进行广泛的统计研究后得出的结论,是指资源分配的一种理想状态,被称为公平与效率的"理想王国"。
[4] 戴菊贵:《敲竹杠问题的本质及其解决方法》,《中南财经政法大学学报》2011年第4期。
[5] 聂辉华、李金波:《资产专有性、敲竹杠和纵向一体化——对费雪—通用汽车案例的全面考察》,《经济学家》2008年第4期。

(三) 法学视野中的"劫持行为"

1. 刑法学中的"劫持行为"——部分犯罪的构成要件之一

无论是在英美法系国家还是在大陆法系国家,劫持行为都是刑法规制的犯罪行为之一。主要表现为未经监护人同意且违背他人意志,劫持一定年龄的未成年人或者为索取赎金而实施的劫持人质的行为;也指为达到某种目的而劫持飞机等交通运输工具的行为。根据劫持行为的对象不同,各个国家的刑法设定了不同的刑罚。比如《加拿大刑法》第二百八十条、第二百八十一条分别针对16岁和14岁以下的受害人规定了"诱拐罪"(abduction),并采用不同的刑罚。此种犯罪行为,主要指以非法剥夺父母的监护权或者其他有权监护人的监护权,用劫持、欺骗、拘留、隐藏等方式,违反他人意志而拐走16岁以下未结婚的人或14岁的人,实施第一种行为将承担不超过5年监禁刑罚,实施第二种行为将承担不超过10年监禁刑罚。① 我国《刑法》明确规定了劫持航空器罪,劫持船只、汽车罪。犯罪行为人如果实施了以暴力、胁迫或者其他方法劫持航空器行为,将被判处十年以上有期徒刑或者无期徒刑,如果致人重伤、死亡或者使航空器遭受严重破坏,将被判处死刑。② 第一百二十二条则规定以暴力、胁迫或者其他方法劫持船只、汽车的犯罪行为人,将被处以五年以上十年以下有期徒刑,如果造成严重后果,将对犯罪嫌疑人处以十年以上有期徒刑或者无期徒刑。③

劫持行为构成犯罪,必须具有犯罪行为的特征。作为一种犯罪行为,它包括犯罪的主观要件和客观要件,具体是指行为主体基于其意志,为达到某种目的和欲望而实施的侵害法律保护的利益的各种外部举动。其特征表现

---

① R. S. ,c. C-34,s. 280. (1), "Every one who, without lawful authority, takes or causes to be taken an unmarried person under the age of sixteen years out of the possession of and against the will of the parent or guardian of that person or of any other person who has the lawful care or charge of that person is guilty of an indictable offence and liable to imprisonment for a term not exceeding five years". R. S. ,c. C-34, s. 281. (1), "Every one who, not being the parent, guardian or person having the lawful care or charge of a person under the age of fourteen years, unlawfully takes, entices away, conceals, detains, receives or harbours that person with intent to deprive a parent or guardian, or any other person who has the lawful care or charge of that person, of the possession of that person is guilty of an indictable offence and liable to imprisonment for a term not exceeding ten years."

② 《中华人民共和国刑法》第一百二十一条:"以暴力、胁迫或者其他方法劫持航空器的,处十年以上有期徒刑或者无期徒刑;致人重伤、死亡或者使航空器遭受严重破坏的,处死刑。"

③ 《中华人民共和国刑法》第一百二十二条:"以暴力、胁迫或者其他方法劫持船只、汽车的,处五年以上十年以下有期徒刑;造成严重后果的,处十年以上有期徒刑或者无期徒刑。"

为行为的意志自由性、行为的主体存在性、行为的举止性、行为的实行性、行为的危害性。尽管这两种犯罪规定了劫持行为的具体表现是暴力、胁迫或者其他方法，但何为暴力、何为胁迫，哪一种程度的暴力和胁迫指向了刑法中的"劫持"，此处的"暴力、胁迫"与我国刑法规定的其他罪名如抢劫罪、强奸罪等中的"暴力、胁迫"有什么区别，其他方法究竟包含哪些方法，我国并无相关的司法解释，理论界对此也有不同的认识。比如张明楷教授认为"暴力"的含义在不同场合会发生变化，为此，他根据"暴力"的内涵和外延之不同，将"暴力"区分为"最广义的暴力""广义的暴力""狭义的暴力""最狭义的暴力"。在他看来，劫持航空器中的"暴力"应是指"最狭义的暴力"，即"只要是对机组成员等人不法行使有形力，并达到足以抑制其反抗的程度，便属于本罪的暴力"[1]。康树华、张小虎教授也主张对暴力按照不同的标准加以分类：依照暴力的属性可分为犯罪学中的暴力和刑法学中的暴力；按照暴力作用于人体的程度分为一般的暴力、造成轻伤的暴力、造成重伤和死亡的暴力；等等。[2] 谢望原、刘艳红教授对于"劫机"中的"暴力"、"胁迫"、"其他方法"有另一番见解。按照他们的分析，"暴力"是一种采用力量造成侵害的方式，这种力量可能有形，也可能无形；可能直接，也可能间接；可能及于人，也可能及于物。而"胁迫"主要表现为行为人采取以前述暴力或其他任何危险恐吓之内容对他人进行逼迫挟持，实行精神强制，使人产生恐惧心理而不敢反抗。至于"其他方法"，则是指犯罪行为人实施前面两种手段以外的任何能排除他人反抗的手段。[3] 由此可见，准确认定"劫持行为"还有赖于刑法学者、刑事立法者、司法者在解读与重新建构中的良性互动。

2. 民法学中的"劫持行为"——意思表示瑕疵的体现

在民法学中，"劫持行为"或者"劫持"并非专门术语，其替代词为"胁迫"（duress）或"要挟"[4]。胁迫制度可追溯至罗马法，后被两大法系不同程度地继受。在理论上，民法学者柳经纬教授等人提出，胁迫是意思表示瑕疵中三大著名瑕疵之一。[5] 就"胁迫"的内涵而言，梁慧星教授主要强调这种不

---

[1] 张明楷：《刑法学》（第4版），法律出版社2011年版，第619页。
[2] 康树华、张小虎主编：《犯罪学》（第3版），北京大学出版社2011年版，第226页。
[3] 谢望原、刘艳红：《论劫持航空器罪及其惩治》，《法制与社会发展》2003年第1期。
[4] 最高人民法院《关于贯彻执行〈中华人民共和国民法通则〉若干问题的意见》第六十九条："以给公民及其亲友的生命健康、荣誉、名誉、财产等造成损害，或者给法人的荣誉、名誉、财产等造成损害为要挟，迫使对方作出违背真实的意思表示的，可以认定为胁迫行为。"
[5] 柳经纬、李茂年：《论欺诈、胁迫之民事救济——兼评〈合同法〉之二元规定》，《现代法学》2000年第6期。

法加害使他人产生了恐惧心理,他人基于该恐惧心理而做出了某种意思表示;①史尚宽先生说,"因胁迫之意思表示,谓表意人因他人之胁迫发生恐怖之念,而为之意思之表示"②,简而言之,胁迫是一种有瑕疵的意思表示。在理论上,一般认为"胁迫"的构成要件包含:一是存在胁迫行为;二是有胁迫故意;三是胁迫之事由应为非法,这又包括手段非法、目的合法,手段合法、目的非法,手段、目的皆为非法;四是被胁迫人因被胁迫而产生恐惧心理;五是被胁迫人基于恐惧而为的意思表示。具备这五个条件,可以认定实施的行为属于"胁迫"。③ 被胁迫当事人做出的意思表示属于意思表示不自由,法律行为的效力会受到影响。无论是英美法系的契约法,还是大陆法系的合同法,都规定受胁迫人因"胁迫"签订的合同可以请求撤销,也可以按照契约或者合同规定履行相应义务。④ 我国立法规定略显不同。根据《民法通则》的相关规定,基于对方的胁迫,一方当事人违背自己真实意思而为的民事行为应被认定为无效。⑤ 而《合同法》区分胁迫条件下签订的合同是否损害国家利益,如是,则被认定为无效;如不是,当事人可以请求人民法院或仲裁机构变更或撤销该合同。⑥ 由此可见,受胁迫订立的合同的法律效力有三种:无效合同、可撤销合同、有效合同。这不同于《法国民法典》(*Code civil des Français*)、《意大利民法典》(*Codice Civile Italiano*)的相关规定,其中法国规定此种合同应无效,意大利则规定可以撤销。⑦

据此看来,民法领域虽未采用"劫持行为"之表述,但"胁迫"或者"要挟"已经具备其外观,这种行为是研究"私法秩序下绝大多数法律关系的起

---

① 梁慧星:《民法总论》,法律出版社 1996 年版,第 171 页。
② 史尚宽:《民法总论》,中国政法大学出版社 2000 年版,第 433 页。
③ 郑玉波:《民法总则》,中国政法大学出版社 2003 年版,第 360—361 页。
④ 杨桢:《英美契约法》,北京大学出版社 1997 年版,第 240 页。
⑤ 《民法通则》第五十八条第一款第三项:"对于以胁迫的手段使对方在违背真实意思的情况下所为的民事行为无效。"
⑥ 《合同法》第五十二条规定:"有下列情形之一的,合同无效:(一)一方以欺诈、胁迫手段订立合同,损害国家利益……"第五十四条第二款规定:"一方以欺诈、胁迫的手段或乘人之危,使对方在违背真实意思的情况下订立的合同,受损害方有权请求人民法院或仲裁机构变更或撤销。当事人请求变更的,人民法院或仲裁机构不得撤销。"
⑦ 《法国民法典》第一千一百一十一条:"对缔结债务的人实施的胁迫,构成契约之无效原因;即使由为其利益订立契约的人以外的第三人实施的胁迫,亦同。"《意大利民法典》第一千四百三十四条:"胁迫是合同被撤销的原因,尽管其是由第三人实施的。"

点——意思表示"①的重要内容。但需要说明的是,胁迫或者要挟的性质、程度、法律效力、第三人胁迫的法律效力等问题依然没有一致的回答。

三 本书中的劫持行为——力图廓清的专利劫持行为

专利劫持行为,又称为专利要挟、专利挟持、专利阻滞(专利阻抑)、专利拦劫,该用语由墨杰斯和勒尔森首次采用。② 在两位作者撰写的《论专利保护范围的复杂经济学》中,他们将经济学中的"劫持行为"用于阐述专利法领域的现象:为避免专利保护范围太宽,法院在认定是否侵犯专利权时可以采用"逆向等同原则(reverse doctrine of equivalent)"③来阻止先期专利权人的侵权指控,劫持在后改进发明人,从而保护改进发明人的利益,确保累积性创新的实现。在该文中,两位作者并未对专利劫持行为的内涵做出注解,但为人们描述了专利法领域中的"劫持行为"图景:在典型的累积性创新产业中,如计算机和电子通信产业、生物产业等,获得专利权的专利保护宽度大,容易对后续专利权人的创新和应用造成障碍。这一点也为本森所赞同。④经济学领域和法学领域的著名学者夏皮罗教授是第一个真正对专利劫持行为进行界定的学者,他将经济学中的"劫持行为"引入专利法领域,指出:"专利劫持行为是指在标准和专利相结合的环境中,一个上游的专利权人对一个下游的使用者(用户)强制索取远高于正常合理许可费(a greater-than-reasonable royalty)的现象。"⑤夏皮罗对专利劫持行为的解读已为标准化中的专利劫持行为研究人树立了标杆。勒姆利教授也针对标准和专利相结合后出现的劫持问题进行了阐释,他认为在专利侵权诉讼中,单个专利权人要求侵

---

① 米健:《意思表示分析》,《法学研究》2004年第1期。
② See Merges, Robert P., and Richard Nelson, "On the Complex Economics of Patent Scope", *Colum. L. Rev.*, Vol. 90, 1990, p. 865.
③ 逆向等同原则,我国台湾地区学者称之为逆均等原则,我国大陆学者称之为逆向等同原则,也有称之为逆等同原则,或者相反等同原则。当被控侵权物再现了专利权利要求中记载的全部技术特征时,本应属于字义侵害,但如果被控侵权物与专利技术相比,已经发生了根本变化,是以与专利技术实质不同的方式实现了与专利技术相同或基本相同的功能或效果,被控侵权行为人可据此否认相同侵权,应不被判定为侵权。
④ Bessen, James, "Holdup and Licensing of Cumulative Innovations with Private Information", *Economics Letters*, Vol. 82, No. 3, 2004, p. 321.
⑤ Shapiro, Carl, "Navigating the Patent Thicket: Cross Licenses, Patent Pools Standard Setting", In Jaffe, Adam, and Joshua Lerner & Scott Stern (eds.), *Innovation Policy and the Economy*, Vol. 1, 2000, p. 125.

权人交纳产品价格1%的专利费看似合理,也易于得到法院支持,但问题在于侵权产品并非由单一专利组成,这意味着侵权人支付总专利费后可能所剩无几,根本无利可图,从而出现的结果就是:专利权人的不合理要求阻碍生产商推广标准、妨碍产品市场化。①

专利劫持行为研究卓越的齐恩教授则将专利劫持行为放大,她同样以经济学中的"劫持行为"为参照,指出"当产品开始制造或者制造完毕的时候,有人主张其拥有该产品上的某种专利。提出主张的专利权人利用这种优势:不是因为专利技术本身的经济价值,而是担心为避免专利侵权而改换产品所带来的高昂成本。更为糟糕的是,因为专利诉讼耗费的成本巨大,产品制造人即被告公司不得已支付基于和解协议的滋扰费用"②。原美国司法部反垄断局(Antitrust Division of Department of Justice)的副总检察长、现墨里森 & 美富律师事务所(Morrison & Foerster LLP.)律师梅尔(David L. Meyer)在2008年春天参加由美国律师协会反托拉斯部(ABA Section of Antitrust)举行的一次有关"专利劫持行为"的会议中阐述了其内涵,他把关注的目光集中在必要专利权人在标准制定前不披露专利,而在标准制定完成后才履行披露义务的情形。梅尔认为在这种情况下,基于经济成本的考虑,不可能推翻已有标准再制定新标准。而这样的考虑也让核心专利权人具备了对现有标准的挟持地位。③

我国学者多援引夏皮罗的观点来阐释专利劫持行为,但各自的解释均有差异,比如阳东辉教授认为,"专利劫持行为是指上游专利权人对下游主体的技术革新或产品开发设置专利障碍或者下游专利权人阻碍上游专利权人使用基础专利或进行进一步创新的行为"④。梁志文教授针对知识产权领域的要挟现象作了总体诠释,他将"知识产权要挟"描述为"利用知识产权'敲竹杠'",即知识产权权利人以行使或以即将行使请求权为由,要挟生产涵盖其权利的产品的无过错侵权人(innocent infringer),要求其支付高于正

---

① See Lemley, Mark A., "Ten Things to Do about Patent Holdup of Standards (And One Not to)", 2014, *Boston College Law Review*, Vol. 48, 2007, pp. 149 – 155.
② Chien, Colleen V., "Holding up and Holding out", *Mich. Telecomm. L. REV.*, Vol. 21, No. 1, 2014, p. 9.
③ Meyer, David L., "How to Address 'Hold Up' in Standard Setting Without Deterring Innovation: Harness Innovation by SDOs", Available at http://www.justice.gov/atr/speech/how-address-hold-standard-setting-without-deterring-innovation-harness-innovation-sdos(最后访问日期:2015 – 01 – 22).
④ 阳东辉:《专利阻滞的负效应及其法律规制》,《知识产权》2008年第4期。

常市场条件下的知识产权许可费用。而被要挟方由于已经投入了大量属于沉没成本的资金,在谈判中往往处于劣势,因此不得不接受专利权人的不合理要求。[①] 可见,何为专利劫持行为,学界和实务界尚存有不同看法。但本书认为,齐恩教授对于专利劫持行为的界定更加客观、全面,令人信服。

专利劫持行为确非专利法中的既定术语,它是专利法研究人员针对专利权人在许可专利权的过程中出现的一种现象的描述,这种现象伴随专利制度的产生即存在,发展于累积创新[②]环境,发达于标准与专利相结合的情景。由此可以看出,如果认为专利劫持行为只是一个"经济问题"那就错了,实际上,专利劫持行为涉及复杂的法律问题,专利劫持人和被劫持人在法律框架下利用法律和双方各自的实力展开利益博弈。作为一种经济现象,专利法领域中的"劫持行为"与经济学研究领域中的"劫持行为"具有相通性,它是经济学中的"劫持行为"在累积创新环境或者专利标准化情景的再现,是专利权人对专利技术使用者特别是产品制造者的技术革新或产品开发设置的专利障碍(主要表现为以提起诉讼要求法院发布禁令为威胁、发送律师函等),以获得超额许可费,达到非法之目的。进一步说,本书所指的专利劫持行为,具体是指行为主体自己从事技术研究并申请获得专利,或从其他公司尤其是破产公司或者小公司,以及从个人发明人等处购买专利,以向技术使用者提起专利侵权诉讼相威胁等手段,主张高额专利许可费的行为。该定义与齐恩教授的观点基本一致,但不同于墨杰斯和本森的界定,他们强调专利劫持行为主要发生在专利许可中的专利权人和该专利权人的技术使用者之间,墨杰斯、本森的定义稍显宽泛,集中度不够,尚不能从文义之中睹见经济学领域中"劫持"的本性:投资人(产品制造者)对沉没成本、转换成本的担忧、专利权人对可占用性准租的"讹诈、勒索"。

本书也认为,夏皮罗的定义固然经典,对本研究具有重要的启示,但该定义仅仅适用于专利标准化的环境,而实际上在非专利标准化的其他情境中,亦存在专利劫持行为,所以直接加以援引,恐有缺漏。本书也不完全接受阳东辉教授所做的界定,此界定将专利劫持行为和反专利劫持行为劫持

---

① 梁志文:《反思知识产权请求权理论——知识产权要挟策略与知识产权请求权的限制》,《清华法学》2008 年第 4 期。
② 美国伯克利加州大学经济学和公共政策教授斯科奇姆(Suzanne Scotchmer)总结了三种累积性创新:基础和应用研究、基本研究工具与质量梯。参见[美]斯科奇姆《创新与激励》,刘勇译,上海人民出版社 2010 年版,第 124—125 页。

行为均视为专利劫持行为,有法律逻辑自洽性不足之嫌,还混同了专利劫持行为与反专利劫持行为劫持行为,对问题真相的揭示不够。而梁志文教授将知识产权劫持行为中的被劫持人描述为无过错侵权人,本书也难以认同,因为专利劫持行为中的被劫持人未经许可利用他人专利权,即使不存在故意,也有过失,其主观状态难咎无过错,所谓绝非"无辜侵权人"。

诚然,专利法领域中的"劫持行为"与刑法领域中的"劫持行为"虽用词一样,但差异甚大,自应区别"劫持行为"的具体形式:前者重在以提起诉讼或实际发起诉讼、发送律师函等方式,后者则采用暴力、胁迫或者其他方式,程度严重,构成犯罪,属于刑法规制的范畴。除此之外,前者劫持行为的对象是专利技术使用者,后者劫持行为的对象则表现为人、船只、飞机等;前者的劫持主体和被劫持对象具有专利许可法律关系,后者劫持主体和被劫持对象并无特定的法律关系。但本书以为,专利法中的劫持行为有着民法中的"劫持行为"替代语——"胁迫"的烙印,集聚了"胁迫"的法律特性。简而言之,专利劫持行为兼具经济学领域和民法领域中的"劫持行为"品格。

四 专利劫持行为的主要特征

专利劫持行为是专利权人在一定时期内运用专利的过程,由主体、客体、时间、空间和实施手段等要素构成。无论是累积创新环境中的专利劫持行为还是专利标准化情景中的专利劫持行为,相比于经济学、刑法学、民法学中的"劫持行为",其具有以下特征:

(1)专利劫持行为仅存在于专利法领域,特别是专利许可过程中。专利劫持行为是在专利法领域,特别是在专利许可过程中出现的一种现象,在这一点上,它区别于刑法中的"劫持行为",也仅仅是经济学和民法学中特别指向的一种"劫持行为",具有自己的特点。专利许可是指专利权人(许可方)通过签订合同的方式允许他人(被许可方)在一定条件下使用其取得专利权的发明创造的全部或者部分技术的权利。[①] 在现代经济、技术背景下,许可他人实施专利技术越来越成为专利实施的主要形态。但在诸如电子信息产业、生物技术等"复杂产品部门"中,累积创新与序贯创新(sequential innovation)已成为创新的重要特点,主要表现为每一种产品中都包含了大量的专

---

① 吴汉东主编:《知识产权法学》(第5版),北京大学出版社2011年版,第202页。

利权,而这些专利权由众多不同的企业或者个人拥有,这为专利劫持行为的发生创造了条件。

(2)实施专利劫持行为的主体主要是拥有大量专利权的公司。根据 RPX 公司统计,大约有 380 家公司专事专利劫持行为。[1] 典型的专利劫持行为实施者,如始建于 1992 年、总部设在加利福尼亚州纽波特海滩的美国阿卡西亚公司(Acacia Resarch Group)拥有 70 个专利组合;[2]美国高智公司在 2013 年 12 月公布了其拥有 70000 件知识产权资产,其中包含 40000 件盈利专利资产,[3]并公开了 32000 件可供搜寻的专利清单;[4]美国交互数字技术公司约有 1699 件专利。[5]

(3)实施专利劫持行为的主体自己通常不制造、不生产产品,不旨在促进技术转化。专利劫持行为实施者一般不生产产品,主要是通过专利许可费来获取收益,实现商业目的,如前文谈及的高智发明和交互数字技术公司,它们都没有自己的生产线,不生产具体的有形产品。

(4)专利劫持行为中的专利主要由购买或进行技术创新所得。根据美国加州大学黑斯廷法学院的费尔德曼教授和伊文教授的统计,在高智公司所拥有的 40000 件专利中,部分属于自己研发,但数量少,大部分则主要是从欧洲专利权人处购买。[6]而另一个专利劫持行为者,内存芯片厂商蓝博士公司(Rambus Inc.,简称 Rambus 公司)是一个旨在开发提高计算机处理能力、使计算机威力更强大的技术研发公司,其拥有的专利如 Rambus Dynamic Ranalon Access Memory(简称 RDRAM)技术和 EDR(Extreme Data Rate)技术则主要是自己研发,不断进行技术创新所得,然后将其研发的这些技术许可给诸如 AMD 公司(Advanced Micro Devices Co.,Ltd)、英特尔公司等厂商。

(5)专利劫持行为实施者在起诉前会分析锁定实体目标公司。为确保专利劫持行为的成功,专利劫持行为实施者在决定对侵权公司进行起诉前,会对目标公司进行深入分析。在获得充足的关键证据和资料后,专利权人

---

[1] 数据来源于:https://www.patentfreedom.com/about-npes/litigations/(最后访问日期:2015-01-22)。
[2] 数据来源于:http://acaciaresearch.com/portfolio/(最后访问日期:2015-01-26)。
[3] 数据来源于:http://www.intellectualventures.com/about/faq(最后访问日期:2015-01-26)。
[4] 数据来源于:http://patents.intven.com/finder(最后访问日期:2015-01-26)。
[5] 数据来源于:https://www.patentfreedom.com/about-npes/litigations/(最后访问日期:2015-01-22)。
[6] Feldman, Robin, and Tom Ewing, "The Giants Among Us", *Stan. Tech. L. Rev.*, Vol.1, 2012, p.6.

即向目标公司发起诉讼。

(6)专利劫持行为通常表现为以提起诉讼相威胁或申请法院颁发禁止令。在美国,专利诉讼费用高昂,耗时长久;而对于产品制造商,特别是复杂产品的制造商,禁令的颁布,将对他们造成不可弥补的损失,必须要承受沉没成本或转换成本。专利劫持行为人常以提起诉讼或者申请法院颁布禁令来要挟产品制造商,从而获取利润。

(7)专利劫持行为者常常利用空壳公司来作为自己不法行为的护身符。在实践中,即使专利技术使用者通过努力与专利劫持行为人能够达成和解协议,专利劫持行为人通常会要求协议另一方与之签订禁止相关信息泄露的协议,包括有关真正的专利权人和利益方的披露协议,导致被劫持行为人难以知晓真正的劫持行为者,从而给被劫持行为人增添了搜索成本。与此同时,被告也很难利用有效的防御策略,例如要求分担诉讼费用制衡专利劫持行为人。高智公司拥有大约1300家空壳公司,这给技术使用方造成了信息错觉,从而难以有效防止专利劫持行为的发生。

(8)专利劫持行为具有全球性。有学者提出,美国独特的专利法律制度土壤是专利劫持行为发生的温床,专利劫持行为在目前并没有演变成困扰各国的难题,并由此得出专利劫持行为具有地域性。[①] 本书认为,近年专利劫持行为的重灾区是美国,但在经济全球化时代,专利劫持行为实施者早已在各国展开布局并已实施专利劫持行为,如2014年在中国审结的华为公司诉交互数字公司滥用市场支配地位一案则是例证。更为重要的是,无论是中国企业,还是韩国企业、日本企业,如果其产品要进入美国市场,则可能会受到专利劫持行为的滋扰。基于此,专利劫持行为不仅没有地域性,相反,它有着越来越明显的全球性。

五 专利劫持行为的法律定性

关于专利劫持行为的法律定性涉及两方面问题:首先,专利劫持行为是合法行为还是违法行为;其次,如果是一种违法行为,那它是一种什么样的违法行为。目前学界对专利劫持行为的法律定性尚存有争议,但其争议主

---

① 张韬略:《美国IT产业"专利流氓"诉讼的制度根源和最新发展趋势》,《中国知识产权》2014年第3期。

要集中在专利劫持行为究竟属于什么性质的违法行为。而对于专利劫持行为的合法性与违法性问题,大部分学者都认为专利劫持行为具有违法性,仅有极少部分学者和律师认为,从经济学的角度看,专利劫持行为是专利权人基于对市场的判断,利用作为一种垄断权的专利权进行许可并从中获得利润的交易行为,不应该被认定为非法行为。① 智利洛斯安第斯大学的加莱托维奇(Alexander Galetovic)教授、斯坦福大学的哈伯(Stephen Haber)教授、加州大学伯克利分校的勒温妮(Ross Levine)教授认为专利劫持行为不利于计算机、电子信息等产业的创新的观点并不正确,真正指责的不该是专利劫持行为人,而应该着眼于产业的改变。② 他们还通过研究,澄清标准必要专利劫持创新毫无经验证据,进一步否认专利劫持行为的非法性。③

本书对于专利劫持行为的违法性也不予以质疑,因为经济学中的"劫持行为"主要是对事实状态的一种客观描述,没有主观方面的是非判断,不说明"劫持行为"是"好"是"坏";法学意义上的"劫持行为"往往带有否定性评价,无论是在刑法领域还是在民法领域。违法行为就是指违反现行法律,给社会造成某种危害的、有过错的行为。依据侵犯的法律、法规之不同,分为民事违法行为、刑事违法行为、行政违法行为;依据情节严重程度之不同,可分为一般违法行为和严重违法行为。由此可以看出,专利劫持行为是一种违法行为,是一种属于民事领域的行为,该种行为的实施主体利用专利法律制度的漏洞,以提起诉讼或者申请法院颁布禁令威胁产品生产者,其目的不在于对专利权价值的考量,而在于追求超高额的许可费,违反了专利制度激励创新的宗旨,扰乱了竞争,减损了消费者福祉。④

---

① Geradin, Damien, and Miguel Rato, "Can Standard-Setting Lead to Exploitative Abuse: A Dissonant View on Patent Hold-Up, Royalty Stacking and the Meaning of Frand", *Euro Competition J.*, Vol. 3, No. 1, 2007, p. 102.
② Alexander, Galetovic, Stephen Haber & Ross Levine, "Patent Holdup: Do Patent Holders Holdup Innovation? 2 – 3" (Hoover IP2, *Working Paper Series*, No. 14011, 2014), Available at http://faculty.haas.berkeley.edu/ross_levine/Papers/PatentHoldup_7may2014.pdf;但加莱托维奇等人的观点遭致勒姆利的猛烈批评,他认为这三位作者的研究所依赖的数据系购买所得,并不真实,结论荒谬。See Lemley, Mark A., "*Faith-based in Intellectual Property*", UCLA L. Rev., Vol. 62, No. 5, 2015, p. 1336.
③ Galetovic, Alexander, and Stephen Haber & Ross Levine, "No Empirical Evidence that Standard Essential Patents Hold-Up Innovation", 2015, Available at http://papers.ssrn.com/sol3/papers.cfm?abstract_id = 2588169(最后访问日期:2015 – 05 – 26).
④ 吴广海:《标准设立组织对专利权人劫持行为的规制政策》,《江淮论坛》2009 年第 1 期。

在确定专利劫持行为是一种违法行为后,本书进一步对其违法行为进行识别。对于违法行为的性质,目前有违约说、权利滥用说、不法垄断行为说。

(一)违约说

在技术标准化中,专利劫持行为主要表现为:(1)在制订标准的过程中,核心专利的权利人故意隐瞒或不当披露现存专利或者专利申请信息。标准确立后,专利权人才披露相关专利或者专利申请。如果不制订新标准或者修改原标准,原标准必要专利权人可能拒绝按照合理的条款和条件对专利进行授权,从而劫持现行标准。(2)核心专利权人在制订标准的过程中,承诺采用 FRAND 原则向标准技术使用者许可其专利。但标准确立后,核心专利权人通过诉讼威胁或者发布律师函等形式,向标准技术使用者索要不公平、不合理的许可费,对不同的标准技术使用者采用歧视的专利许可政策。违约说据此认为,专利劫持行为是专利权人在专利许可合同签订和履行过程中隐瞒专利信息、违反标准组织规定的披露义务、违反 FRAND 原则、违背专利权人在加入时的承诺,应当承担违约责任。

(二)权利滥用说

权利具有复杂性,界定呈现多维度。程燎原教授和王人博教授对权利做了经典的注解:"权利是由自由意志支配的,以某种利益为目的的一定的行为自由。"[1]作为人们为或者不为一定行为、要求他人为或者不为一定行为以及请求国家强制力给予协助的自由,并非绝对自由,这是因为"权利具有相对性:权利存在着来自外在的限制,权利的行使存在着具体的边界"[2]。如果权利人在行使权利过程中超越了一定的边界或者法律设定的目的,给他人利益或者社会公共利益造成一定的损害,权利的行使就转变为权利的滥用。这也印证了法国著名启蒙思想家、法学家孟德斯鸠(Charles de Secondat, Baron de Montesquieu)的说法:"一切有权力的人都容易滥用权力。"[3]专利权是自然人、法人或其他组织在一定期限内对其发明创造所依法享有的独占性实施权。[4] 相较于物权,专利权的保护范围更加难以界定、不太容易获得可替代的专利发明、与公共利益有更多的交集,这些特点使得专利权的

---

[1] 程燎原、王人博:《赢得神圣——权利及其救济通论》,山东人民出版社版 1998 年版,第 31 页。
[2] 易继明:《禁止权利滥用原则在知识产权领域中的适用》,《中国法学》2013 年第 4 期。
[3] [法]孟德斯鸠:《论法的精神》(上),张雁深译,商务印书馆 1982 年版,第 154 页。
[4] 刘银良:《知识产权法》(第 2 版),高等教育出版社 2014 年版,第 125 页。

行使比起行使物权更容易偏离立法者的目的,出现专利权滥用的情形。① 一般认为,专利权滥用主要表现为拒绝许可或不实施专利、滥用市场优势地位、延长保护期、滥发警告函、滥用诉权等。这些行为又可以根据权利基础的不同性质,划分为三类:以权利的绝对性为基础的拒绝许可或者不实施或实施不充分的行为,以权利的相对性为基础的排除或限制竞争的市场行为,以程序性权利为基础的滥用专利权行为。专利劫持行为主体通过滥发警告函、滥用诉权提起诉讼相威胁,获取超额许可费,其明知自己专利权保护范围太宽或者明知违反披露义务,在主观上有滥用的故意;其行为也超越了专利法对专利权所设定的权利的限制;最后,其违背了专利权促进创新、鼓励知识传播和应用的初衷,以直接拒绝许可或者高额要价变相拒绝许可来控制市场准入,影响了标准的扩大发展和整个社会的科技进步。因此,专利劫持行为可以被认定为一种典型的专利权滥用行为,应予以禁止。

(三)非法垄断行为说

专利法律制度以赋予专利权人"合法垄断"的方式来激励创新,其激励创新的最终目的在于促进社会经济发展,增加社会整体福利。但是,在现代科技高速发展、市场竞争异常激烈和世界经济一体化的背景下,专利权绝非只是作为一种激励创新的手段而存在,其往往被权利人滥用,从而演化为垄断市场、限制竞争的工具。哈耶克(Friedrich A. Hayek)曾指出:"把财产概念扩展到诸如发明专利权、版权和商标权这样的领域,可能会威胁自由竞争的市场秩序。"②非法垄断行为说认为专利劫持行为特别是标准制定过程中的专利劫持行为破坏了专利的公正性和稳定性,而使得标准无法正常的实施、运行,其会损害拥有竞争性技术的其他权利人的利益,会损害其他拥有替代性专利技术的人并入技术标准,甚至会对整个技术标准的体系造成破坏,因此,必须要对这种行为进行反垄断的规制。比如,美国和欧盟的反垄断法执法机构主要关注违背专利信息披露义务、FRAND 许可原则下寻求禁令救济、通过专利转让规避专利许可声明这三类较为典型的专利权行使行为。③

本书认为,对于专利劫持行为,不能单纯地将其认定为违约、权利滥用、垄断中的一种,而是应该综合起来判断。要限定专利劫持行为的具体法律

---

① 张吉豫:《禁止专利权滥用原则的制度化构建》,《现代法学》2013 年第 4 期。
② [英]哈耶克:《个人主义与自由秩序》,邓正来译,生活·读书·新知三联书店 2003 年版,第 167 页。
③ 赵启杉:《论对标准化中专利权行使行为的反垄断法调整》,《科技与法律》2013 年第 4 期。

性质时,应考量:(1)是否侵犯他人受到法律保护的权利和利益。(2)专利劫持行为是否具有违法性,即是否违反民事法律、法规的规定。民事违法行为根据违反的义务性质之不同,分为违约行为和侵权行为。前者是指合同当事人违反合同约定,不履行或者不完全履行合同义务的行为;后者是指民事主体违反法定义务,侵害他人民事权利或者利益的行为。专利劫持行为既可能发生在标准化过程中,也可能仅发生在非标准化的累积创新环境中。但无论是哪一种环境中的专利劫持行为,专利权人以提起诉讼或者滥发律师函相威胁,获取超额利益,其法律性质首先体现为一种权利滥用。但专利权的滥用不只涉及反垄断问题,它首先也不是反垄断法方面的问题。[1] 标准化中的专利劫持行为体现得尤为明显,专利劫持行为侵犯了产品制造者的合法利益,损害了市场竞争,与专利法律制度的功能相悖。至于有没有构成垄断,则还要按照垄断法的相关规定进行严格的认定。专利权本身是一种私权,是一种法定"专有权"或者"垄断权"。一般情形下,专利权人行使自己的权利并不构成垄断法中应予以规制的行为,除非专利权人利用专利权危害竞争,不仅如此,当这种危害竞争达到一定程度因而"应当"规制时,这种行为就违反了反垄断法。[2] 正因为如此,美国部分学者对运用反垄断法调适专利劫持行为的实践表示怀疑。[3] 至于是不是一种违约行为,其判定应基于专利权人和被指控人之间是否建立了基于专利许可使用的合同,在合同履行过程中,专利权人是否违反了专利许可使用合同中约定的义务。在标准化语境中,对于加入了标准化组织的专利权人违反事前或者事后的专利信息披露要求和 FRAND 原则,其以高价索取许可费、禁令威胁或者拒绝许可等行为,应同时认定为一种违约行为。

第二节 专利劫持行为的产生原因

专利劫持行为是经济领域中的"劫持行为"在专利法领域的折射,它是

---

[1] 王先林:《知识产权法与反垄断法》,法律出版社 2001 年版,第 93 页。
[2] 吕明瑜:《知识产权垄断的法律控制》,法律出版社 2013 年版,第 84 页。
[3] Kobayashi, Bruce H., and Joshua D. Wright, "Substantive Preemption, and Limits on Antitrust: An Application to Patent Holdup", *Journal of Competition Law and Economics*, Vol. 5, 2009, pp. 469–516.

专利制度的伴生物。任何事物的产生都离不开诱因,专利劫持行为的产生也不例外。专利劫持行为产生的原因很多,包括法律制度设计、经济发展的副产品、技术变革、主体权利意识提升、法律文化发达、历史形成、社会环境存在、道德变异等诸多因素,其中最根本的原因当属于前三者。囿于篇幅,本书仅对此三种变量进行简略分析。

一 法律制度设计的诱因

专利劫持行为是专利权人利用法律制度设计的漏洞衍生而成,专利授权范围太宽、专利权具有不确定性、禁令的禁禅效应等都有可能助长专利劫持行为的产生。

(一)专利权授予制度的症结

首先,任何发明创造要获得专利权必须满足"三性":新颖性、创造性、实用性。此外,审查人员对于发明人的技术方案申请还要考察发明创造是否属于专利法中的可专利主题、撰写的技术方案说明书是否充分公开。在判定新颖性的过程中,审查人员要选定一定的标准:现有技术和抵触申请,在考察申请技术方案是否具有创造性时,审查人员同样要以现有技术为标准进行比对。由于世界上越来越多的国家实行全球新颖性标准,现有技术不仅包括公开出版的专利文献数据库、期刊,而且还包括以各种使用方式、网络再现的方式公开的文献,这就决定了专利审查人员面临越来越多的挑战和困难,这也是"问题专利"不断呈现的原因。据相关统计,在通过即决审判的案件中,没有找到任何一个专利流氓占优势的裁决。在庭审案件中,专利流氓能赢得半数的案件,尽管这些案件只占所有专利流氓提交案件的0.3%。[①]

其次,在专利劫持行为的发源地——美国,专利法并未禁止商业方法可以获得专利权,美国自20世纪90年代"街道银行"案[②]开始对商业方法授予专利,这为专利劫持行为的发生埋下了祸根。由于缺乏有丰富经验的审查员和完善的技术数据库,商业方法专利申请的授权率高达90%,几乎是普通

---

① 《专利流氓提交了56%的诉讼》,参见 http://www.bj12330.com/bj12312/bzdt/gjxw/806485.shtml(最后访问日期:2015-01-26)。

② "State Street Bank & Trust Co. v. Signature Financial Group", Inc. 927 F. Supp. 502, 38, USPQ2d 1530 (D. Mass. 1996)。

专利申请授权率的两倍,这导致以商业方法专利特别是商业方法软件专利为诉争对象的诉讼远高于其他专利。2014年3月31日,美国最高法院就"软件应在何种情况下享有专利保护权"举行听证辩论后仍未明确软件的"可专利性"。商业方法专利及软件专利的可专利性一直是困扰美国专利法律界的一个重要问题,而这种不确定性为专利劫持行为发生并发起大量诉讼案件提供了可能性。①

再次,在专利权授权制度中,部分授予的专利权保护范围太宽,这也为专利劫持行为提供了土壤和丰富的资源。

最后,部分授予专利权的权利要求采用功能或效果特征来限定发明,导致保护范围模糊而不确定,成为审查和侵权判断中的难题,其他公司也难以从专利公开信息中识别相关专利是否与自己的技术相同,从而尽早避免侵权。

值得一提的是,近年专利申请海量增长,而各个国家的专利审查员数量严重缺乏,导致专利申请审查的延滞或者疏漏从而产生问题专利,也必然为专利劫持行为提供了可乘之机。

(二)专利权的特别垄断性

专利权是技术方案发明人依法享有的一种独占性权利。作为一种独占性权利,专利权人可以排除其他任何人未经许可实施该专利发明,也可以与他人签订专利许可合同和专利转让合同,还可以基于专利权的交换价值签订专利权质押合同。《与贸易有关的知识产权协定》(Agreement on Trade-Related Aspects of Intellectual Property Rights, TRIPs,以下简称《知识产权协定》)第二十八条对产品发明的专利权和方法发明的专利权的内容进行了明确规定。对于产品发明,专利权人享有制造权、使用权、销售权、许诺销售权和进口权以及许可权、转让权等权能;对于方法发明,专利权人的权能体现为使用权、许诺销售权、销售权和进口依据该方法直接获得的产品权,以及许可

---

① 袁晓东、高璐琳:《美国"专利主张实体"的经营模式、危害及其对策》,《情报杂志》2015年第2期。

权和转让权等。① 从《知识产权协定》的规定可知，无论是产品专利权人享有的制造权、使用权、许诺销售权、销售权、进口权，还是方法专利权人享有的使用权、许诺销售权、销售权以及进口依据该方法直接获得的产品权，皆属于专利权人的独占权。这些权利只有专利权人自己可以行使，或者他人经过专利权人的许可方能行使。他人如需制造、使用、销售或者许诺销售、进口含有发明专利的产品，均需取得专利权人的许可。专利劫持行为是专利权人利用专利权作为敲诈、威胁产品制造者、获取不当利益的武器，其核心在于专利权人有意放大专利许可权的功能，使其发生偏移。

(三) 诉讼制度的滥用

诉权是指"可以为诉的权利"，民事诉权就是当事人享有的因民事实体权利义务关系发生争议，请求法院予以裁判解决的权利。② 在英美法中，与民事诉权比较相近的术语是"民事救济权"(right of civil remedies)、"诉诸司法的权利"(right of access to courts)等。从权利制度的设计内容来看，任何一种权利原则上只是确定一种调整人们行为的规范，这种规范并不具体规定权利主体如何行使权利。在这一点上，权利制度的内容模式"容易为权利人滥用权利留下空隙"③。民事诉权亦如此。比如在日本，"滥用诉权属于违反诚实信用原则的范畴，即非公正、非诚实和非善意地行使诉权或滥用纠纷解决请求权"④。民事诉权的滥用主要表现为滥用起诉权、提出显无事实根据的诉讼请求、通过行使诉权来侵害对方当事人的合法权益等。部分专利劫持行为主体明知其专利无效或者专利在被指控侵权产品中所占价值很小的情形下，依然提起诉讼并要求被指控侵权人支付巨额赔偿或者发布禁令，造成被告疲于应付耗时长久的诉讼，支付巨额的律师费用，从而侵害被告的合法利益。部分专利劫持行为主体利用诉讼费用高昂迫使对方选择和解。相关的研究表明，在专利侵权诉讼中，被告支付的诉讼平均费用是 850 万美

---

① 《知识产权协定》第二十八条："(1)专利应赋予其所有权人以下专有权：(a)如若一专利的客体是产品，则有权防止第三方未经其同意而进行制造、使用、标价出售、销售或为这些目的而进口该产品的行为；(b)如若一专利的客体是一方法，则有权防止第三方未经其同意而使用该方法的行为，或使用、标价出售、销售或为这些目的而进口至少是以此方法直接获得产品的行为。(2)专利所有权人还应有权转让或以继承方式转移该专利并签订许可合同。"
② 李龙：《民事诉权论纲》，《现代法学》2003 年第 2 期。
③ 张晓薇：《民事诉权正当性与诉权滥用规制研究》，法律出版社 2014 年版，第 3 页。
④ [日]谷口安平：《程序的正义与诉讼》(增补本)，王亚新、刘荣军译，中国政法大学出版社 2002 年版，第 167—177 页。

元,如败诉,支付的侵权损失赔偿金平均为1200万美元。尽管专利劫持行为主体也要花费500万美元左右的诉讼费用,但由于可能得到高达1200万美元的侵权损害赔偿金,这对专利劫持行为主体来说,无疑是一个难以阻挡的巨大诱惑。

表2—1　　　　　专利侵权诉讼双方当事人的损益①　　　（单位:美元）

费用	原告(专利劫持行为人)	被告(被专利劫持行为人)
立案费	100000	0
和解协议金	50000	50000
和解损失	100000	-500000
和解投资收益率	400%	—
诉讼费用	5000000	8500000
侵权损害赔偿费用	12000000	0
胜诉率	29%	71%
预期损失	1500000	8500000
诉讼投资收益率	-30%	—

（四）侵权救济制度的"帮助"

没有救济就没有权利。无论是英美法系国家抑或大陆法系国家,在专利侵权纠纷的救济途径中,禁令和赔偿均是重要的救济方式。专利法领域中的禁令是指法院在专利诉讼前或者专利诉讼中责令一方当事人实施某种行为或禁止实施某种行为的命令。《知识产权协定》规定了禁令制度,但是比较原则,这为各国的禁令制度设计留下了很大的空间。在美国,专利侵权诉讼中禁令包括三种:临时限制令(Temporary Restraining Order)、初步禁令(Preliminary Injunction)、永久禁令(Injunction)。其中,前两者是临时性措施,属于民事诉讼法中的行为保全制度范畴。永久禁令是法院对案件进行了实质审理,认定被告侵权后做出判决时给予胜诉方的一种救济措施,禁止被告再次侵权。永久禁令对原告来说是一种有效的保护手段,有助于弥补

---

① 数据来源于:Schaerr, Gene C. , and Loshin Jason, "Doing Battle With 'Patent Trolls' : Lessons from the Litigation Front Lines ", 2010, Available at http://www.wlf.org/Upload/misc/pressclips/101210ForbesOTD.pdf(最后访问日期:2015-08-05)。

损害赔偿的不足。① 永久禁令的颁布会使从事实业的被告处于极端不利的谈判地位,它会阻止侵权专利产品的上市和销售,使侵权企业不得不考虑沉没成本与技术转换成本。特别是在侵权专利只占产品的一小部分的情形下,法院发布禁令会使企业遭受重大损失,这会迫使企业选择和解,并同意支付较高的专利许可费。同时,原告在诉讼中享有极大优势,如果胜诉将获得胜诉酬金,这大大节约了诉讼开支,但胜诉被告往往不能获得律师费的补偿。另外,被告因为有实施技术生产的行为,所以其要承担较多的举证义务;而对于作为原告的专利劫持行为人来说,由于其不进行实体生产,也不实施专利,只是从事专利运营,因此,其举证义务负担要轻许多。美国2006年修改了《美国联邦民事程序规则》(Federal Rules of Civil Procedure),根据证据信息的电子化在相应部分增加了"电子证据开示"程序。此项程序要求实施者披露大量的电子证据,这就要求实施者必须花费大量时间和精力收集大量的电子文档,包括但不限于即时通信信息、电子储存信息、电子邮件、网站、网页等。这就可能导致被告考量是否卷入诉讼或者进一步参加诉讼的决定因素不是自己的技术有无侵犯原告的专利权,而是是否愿意负担高昂的诉讼成本、长久的耗时、大量的人力。

在美国的专利侵权诉讼中,法院一旦认定被告侵权,被诉人就需要承担数额巨大的赔偿金。根据《美国专利法》(U. S. Patent Act)第284条规定,若是专利权人能证明被告有侵害其专利权之事实并能证明其损害存在,法院应根据专利权人所提出之证据决定或估定其赔偿金额,该金额不得少于被告实施该发明所需的合理许可费用;且当法院确定侵权人属恶意时,还会增加损害赔偿之数额,最高可达原本法院或陪审团估定数额的3倍,与此同时,法院还会要求被告承担原告的律师费用。本森和莫雷尔的研究结果显示,2011年被诉侵权人和被许可人共支付给专利劫持行为人29亿美元,比2005年增长了400%。② 同时,齐恩的最新研究指出,在专利劫持行为人提起的诉讼当中,有大约55%的被告年营业收入低于1000万美元。③ 相对于效益高的大型企业,小型创新企业由于缺乏相关信息、没有资金雇佣律师、可能要支付数额巨大的诉讼费用和巨额赔偿金,因此会害怕在美国应诉,而

---

① 张玲、金松:《美国专利侵权永久禁令制度及其启示》,《知识产权》2012年第11期。
② Bessen, James, and Michael J. Meurer, "The Direct Costs from NPE Disputes", *Cornell Law Review*, Vol. 99, No. 2, 2014, pp. 387-424.
③ Chien, Colleen V., "Startups and Patent Trolls", *Stan. Tech . L. Rev.*, Vol. 17, 2014, pp. 461-506.

逐年增加的专利侵权损害赔偿金或者和解费,也成为专利劫持行为主体在美国提起诉讼的重大诱因。

所以,在美国,专利权人在专利侵权诉讼中获胜概率大、法院在专利侵权事实认定成立后倾向于自动颁发禁令,这些曾给专利权人在和解谈判中提供了有力支持,从而创造了一系列被认为是"天文数字般的专利侵权赔偿案",大大刺激了专利权人提起诉讼的积极性。对于那些依靠"问题专利"提起诉讼以获取巨额利益的专利劫持行为者来说,在这里可以完美筑建自己的天堂。

二 经济发展的副产品

专利权是专利制度的核心概念,它是专利主管部门依法授予公民、法人或者其他组织对其发明创造在一定期限内享有的一种排他性权利。[1] 这种排他性权利也是一种具有财产性质的资源,在资本形态上表现为无形资产。[2] 正因为如此,各国也非常重视专利权的运营,将其作为一种重要的无形资产加以管理。在市场经济的发展过程中,专利权不再仅仅起着鼓励发明者创新的作用,而是正充分发挥其作为私人财产的价值,这主要是由专利权人通过实施专利来实现的。专利实施表现为专利技术商品化,包括将专利权作为资本进行投资、专利许可、专利转让以及专利侵权诉讼等方式。国家知识产权局保护协调司张志成副司长认为,目前,市场竞争日益全球化、激烈化,市场主体不仅追求专利数量,而且注重对专利的有效管理。[3] 而从市场角度看,作为"经济人"的市场主体总是想以最少的成本来获取最大、最强的收益,包括将专利进行集中管理或者交叉许可,从而形成独立的专利市场。一批专利运营公司应运而生,这些公司把专利作为实体资产,但并不实施专利技术,不生产专利,仅仅开展对专利的虚拟经营。从经济学的角度看,这样的市场具有存在的价值,它可以有效降低专利许可的交易成本、有利于市场竞争环境向有序化发展、有利于降低企业的知识产权风险、有利于开放式创新。但这种利用专利权的市场也会产生消极影响,催生专利劫持行为。

---

[1] 齐爱民、朱谢群、李晓秋等:《知识产权法新论》,北京大学出版社2008年版,第216页。
[2] 吴汉东:《知识产权的无形价值及经营方略》,《中国知识产权报》2014年1月29日第8版。
[3] 张志成:《专利形态及许可方式演变对创新的影响及政策应对——兼论NPE等现象的发生》,《电子知识产权》2014年第6期。

三 技术变革的衍生物

从专利制度本身来看,授予专利权旨在激励创新,专利权人通过转让或者许可其专利技术获得的费用可以被认定为是对创新的奖励或者补偿。一般说来,专利权人从被许可人处获取的许可费与专利权人前期阶段的付出是相匹配的,不应也不会超出一个正常合理的范围。然而在复杂技术时代,最重要的技术都是复杂的,技术创新具有非线性、协同竞争、动态进化和社会合作等特点。何为复杂技术?卡西(Don E. Kash)和克罗夫特(Robert W. Rycroft)给出了较为宽泛的定义:"复杂技术就是任何个人都无法完全理解并且能跨越时空进行充分沟通的产品或工艺。"[1]我国学者将复杂技术分为两类:一类是复杂产品技术——如电信设备、计算机等;一类是复杂工艺技术——如精益或敏捷生产系统。至于技术复杂性的衡量标准,可以用零部件数量、技术数量多少等变量来描述。[2] 所以,复杂技术本身包含着多个细碎的甚至是跨学科的技术片段,这就意味着任何一项专利都无法完全覆盖它。通常一些高科技产品本身所包含的专利技术都会涉及化学、材料、数字通信、电子、机械等诸多领域,无形中仿佛有一张庞大而稠密的网笼罩在这些产品或服务的周围,使得想要生产相关产品或提供相关服务的企业或个人必须先通过谈判、许可等手段取得相关的专利授权,才能解开这张"权利网",进行产品或服务的商业化实施,否则之后可能会面临专利侵权诉讼。比如,与智能手机相关的专利请求达到25万个,一部售价400美元的智能手机,它的专利使用费超过了120美元,约占产品售价的30%,甚至超过了它的零部件成本。[3] 在复杂技术领域,每一种新技术都很可能包含了许多已经被授予专利权的在先技术。每一种新技术,又都是后续众多创新的起点,成为其他新技术所包含的在先技术。除此之外,每一种新技术也可能包含

---

[1] See Kash, Don E., and Robert W. Rycroft, "Technology Policy in the 21st Century: How Will We Adapt to Complexity", *Science and Public Policy*, Vol. 25, No. 2, 1998, pp. 71 – 72.

[2] 王毅:《复杂技术创新研究的回顾与前瞻》,《科学学与研究》2007年第1期。

[3] Armstrong, Ann, and Joseph J. Mueller & Timothy D. Syrett, "The Smartphone Royalty Stack: Surveying Royalty Demands for the Components within Modern Smartphones", Aavailable at https://www.wilmerhale.com/uploadedFiles/Shared _ Content/Editorial/Publications/Documents/The-Smartphone-Royalty-Stack-Armstrong-Mueller-Syrett.pdf(最后访问日期:2015 – 02 – 08)。

大量的正在申请专利而未公开的技术。因此，每一种新工艺、每一种新产品，都会包含大量的已经拥有或者可能拥有专利权的技术，而这些专利技术的权利人主体也呈现广泛性：不同企业、不同个人或者不同企业和不同个人的组合。在技术标准化时代，专利权人可以基于自己的专利被标准制定组织采用，即成为"必要专利"，而获得索取高额许可费的能力。这是因为标准实施者在运用标准必要专利技术后必然产生"沉没成本"和"转换成本"，基于"锁定效应"，难以转向可替代的标准（技术）。与此同时，增加了技术标准中专利权人的市场优势，提升了其对标准（技术）使用者讨价还价的能力。由此，劫持行为得以发生。

第三节 专利劫持行为的效应

专利劫持行为作为一种违法行为，备受诟病。它以不同方式在不同层面带来负效应：破坏专利制度功能，阻碍后续创新投入，滋生高昂的社会成本，遏制专利技术标准化发展，妨碍市场竞争和损害公共利益等。但需要提及的是，专利劫持行为在一定程度上也具有积极意义，能产生正效应。

一 专利劫持行为带来的负效应

专利劫持行为带来的负效应主要表现如下：
（一）破坏专利制度功能
专利法律制度是科技进步和商品经济发达的产物。伴随第一次工业革命的到来，现代化大生产也开始出现，推动商品经济快速发展，先进的科学技术在经济发展中起着重要的作用，是竞争者获得竞争力的最有效方式。对于新技术，研发人员和社会公众有着不同的期待。就研发人员而言，他们渴望自己的智力创造成果能得到法律的有效保护，避免他人侵权或者搭便车，从而保证自己的竞争优势；而社会公众则期待新技术信息尽早公开和免费使用，以防止重复研究、浪费社会资源，推动新技术尽快转化为生产力，促进社会经济发展。在此历史条件下，专利法律制度在世界范围内广泛发展起来。一般认为专利法的立法目标是促进创新，鼓励新技术的发展，增加人类的知识储备。①

专利法律制度的功能主要有以下几方面：一是保护功能。专利制度通过授予发明专利申请人垄断权，确保其在一定期限内对该发明创造享有专有权并受到法律保护，制裁侵权者。二是鼓励创新功能。发明创造人享有的独占权可以确保他在生产中自己实施或者向他人转让或者向他人许可该技术以取得经济利益、收回投资成本，并为继续研究开发提供物质条件保障。三是传播功能。"公开"是专利权合法存在的重要理由之一，它是专利权作为垄断权受保护的代价。"公开"是发明创造人负有的一项义务，要求发明创造人在规定的时间内、按照规定的方式将发明创造的信息向社会展示，这种展示有利于发明创造技术信息的扩散和传播，推动更加先进的技术的产生。此外，专利法律制度还有教导功能，专利申请人通过专利文献，主要是说明书的详细描述对社会公众进行一定程度的技术教导。依据说明书的教导，本领域的普通技术人员对该发明的技术细节应该能够完全掌握。②专利劫持行为实施者往往只着眼于获得巨额收益，甚至为减少成本，根本不进行真实的研究开发投入和技术研发，违反了专利法激励创新、推动专利技术实施的立法宗旨。英特尔公司前CEO格鲁夫（Andrew Grove）大加抨击美国现行专利体制，他引用美国原总统杰弗逊（Thomas Jefferson）的话说："'发明的真正价值在于它对大众的有用性'，但目前的专利制度距离该原则愈来愈远。"③

（二）阻碍后续创新投入

创新一般是指人类在认识和改造客观世界和主观世界的实践中获得新知识、新方法，既表现为过程，又表现为结果状态。著名经济学家萨缪尔森（Paul A. Samuelson）教授等说："'创新'是一个与熊彼特（Joseph A. Schumpeter）有密切关系的术语。"④在熊彼特的创新理论中，他把"创新"定义为生产函数的变化，或者说"执行新的组合"⑤。在随后的著作中，他还

---

① Burk, Dan L., Mark A. Lemley, Policy Levers in Patent Law, *Va. L. Rev.*, Vol. 89, 2003, p. 1576.
② 梁志文：《论专利制度的基本功能》，《吉首大学学报》（社会科学版）2011年第3期。
③ 李明：《英特尔前CEO抨击美国专利体制为投机者服务》，网址：http://tech.sina.com.cn/it/2009-05-04/10253059276.shtml（最后访问时间：2015-02-03）。
④ [美]保罗·萨缪尔森、威廉·诺德豪斯：《宏观经济学》（第16版），萧琛等译，华夏出版社1999年版，第13页。
⑤ [美]约瑟夫·熊彼特：《经济发展理论》，何畏等译，商务印书馆1990年版，第73页。

阐述了技术创新的思想。后续创新正是沿着熊彼特的技术创新思想轨迹得以发展,它强调创新资源的逐渐丰富、创新知识的不断累积、创新动力和机制作用的连续、企业竞争力的持续提升等。当然,熊彼特所提出的创新概念含义极为广泛,包括技术性变化的创新和非技术性变化的组织创新。① 专利劫持行为产生的首要危害表现为降低了将发明专利作为后续创新资源投入的可能性。美国学者指出,"现代技术创新具有明显的顺序特征,是一种站在巨人肩膀上的创新"②。在专利法的视野中,创新存在"产生阻碍效果的专利"问题,因为在前创新可能阻碍对衍生创新的使用。而衍生创新也有可能阻碍原专利权人继续进行某些技术改进。在实际的工业化生产中,企业要制造一个新产品或推出一项新工艺,如果自己并非这一新产品技术方案或者新工艺方案的多数专利权人,其制造新产品或者使用新工艺提升产品质量的希望将受到阻碍;除非,它通过支付许可费的方式,向其他许多拥有该产品或者工艺的交叉专利的厂商取得使用许可权,否则将不可避免地侵害相关专利权,面临侵权诉讼的窘境。③ 所以说,专利劫持行为阻止他人对增值创新和基础创新进行投资,造成专利制度最初鼓励创新、促进产业发展的目的无法实现,后续发明者不能继续进行创新改进,从而就会不可避免地陷入"反公地悲剧"的两难境地。

(三)滋生高昂的社会成本

专利劫持行为的核心在于专利权人基于"垄断控制权",通过威胁技术使用者,要求其对产品支付高额许可费。作为专利权人,他拥有法律赋予的独占权,有权禁止他人未经许可使用专利技术,有权要求他人使用专利技术时支付合理的使用费。如果使用者被迫要求支付过高使用费,过高部分必然会转嫁至消费者,导致消费成本增加。与此同时,因为需向专利劫持行为者支付高额费用,市场竞争者的准入成本和维持成本必然要提升,否则其不能进入市场,也不能继续进行生产。另外,部分专利劫持行为中的专利质量低劣甚至无效,权利主体仍提起诉讼,不仅浪费司法资源,增加司法成本,也耗费其他诉讼当事人的资财。根据统计,美国司法平均成本为65万美元,

---

① 傅家骥:《技术创新学》,清华大学出版社1998年版,第5页。
② Scotchmer, Suzanne, "Standing on the Shoulders of the Giants: Cumulative Research and the Patent Law", *Journal of Economic Perspectives*, Vol. 5, No. 1, 1991, p. 29.
③ 阳东辉:《专利阻滞的负效应及其法律规制》,《知识产权》2008年第4期。

而针对一项超过500万美元的专利敲诈案件,其平均成本达到2500万美元。[①] 可见,专利劫持行为主体的诉讼干扰策略给发明创新体系带来了巨大的社会成本,阻碍了研发的投入,导致了创新市场的低效率,影响了社会公正目标的实现。

(四)遏制专利技术标准化发展

专利劫持行为常常与技术标准化有关。标准在技术和经济发展中起着重要作用。在制定技术标准的过程中,参与技术标准的制定者在很大程度上都持有技术标准中所涉及的相关的必要专利,从理论上看,必要专利持有人应以诚信为本,严格按照相关专利政策,披露和许可其所持有的相关必要专利技术。标准制定组织往往也会要求相关必要专利持有人在声明其权利的同时,披露其所持有的必要专利信息,并宣布是否选择以FRAND方式许可其专利技术。但实际上,在技术标准的制/修订过程中,某些专利劫持行为人为了使自身占据市场主导地位,会通过各种市场经济手段,让标准化制定组织采用自己的相关专利,但他们并不或者并不完全披露自己的专利技术信息,采取少披露甚至是不披露的手段,来排除或限制相关使用者进入此市场领域内。某些技术标准使用者可能为此不得不放弃该标准,从而在客观上造成该标准发展受阻。加之标准组织设计的规制政策漏洞,这些都有可能给技术标准化的发展增添障碍。

(五)妨碍市场有序竞争

竞争是市场经济发展的核心,是其基本的经济制度和重要的经济法则。市场的要义是竞争,竞争者力求以最优的服务、最高的质量、最少的成本、最低的价格来争夺消费者。市场竞争是市场经济的目标指向,体现了市场经济的价值,促使市场经济成为资源配置的最佳手段。有学者为此指出竞争的作用在于:"不竞争,无自由。竞争充分激发和维系人的主动性、积极性和创造性,因而能促进生产力的发展,提高效益,增加财富,缓解稀缺。"[②]专利权作为一种市场力量,它使专利权人在某一技术领域形成垄断地位,能有效地激励发明人去创新;但它也会限制市场竞争,损害他人利益和社会公共利益。专利劫持行为主体利用这种市场力量,以提起诉讼或者申请禁令相威

---

① Executive Office of the President, "Patent Assertion and U. S. Innovation", 2013, Available at https://www.whitehouse.gov/sites/default/files/docs/patent_report.pdf(最后访问日期:2015-01-20).
② 邱本:《论市场竞争法的基础》,《中国法学》2003年第4期。

胁,制造无形壁垒,产生"锁定效应",影响、降低新进入市场的竞争者的创新优势,筑起新竞争者、新技术产品进入市场的高门槛。专利劫持行为无疑破坏了正当的竞争秩序,不符合市场竞争之理念。

(六)损害公共利益

何为公共利益？我国学者胡鸿高教授提出,"公共利益是一个不确定的法律概念,它以价值选择为基础,呈现历史性特征"[1]。法理学家博登海默(Edgar Bodenheimer)教授说:"公共利益(common good)这个概念意味着在分配和行使个人权利时决不可以超越的外部界限。"[2]一般认为,公共利益代表了大多数人的利益。专利劫持行为的目标对象不仅包括实力雄厚的企业,也包括还处于初创期的中小企业、个人用户和开发者。有数字表明,专利劫持行为主体在2012年发出了超过100000封律师函,威胁世界500强企业、中小企业甚至终端消费者。部分公司为避免专利劫持行为,不得不改变其商业运行模式、退出机制、人员雇佣和资金募集方式等。近年来,苹果公司、三星公司之间爆发的手机专利大战,促使很多企业竞相通过购买专利扩充专利组合,以有效防御专利侵权诉讼,与此同时还增加了自己在与其他竞争者的谈判过程中的筹码。但是,对专利权人来说,一旦一个产品包含技术标准,他就有可能在自己的专利技术被纳入标准之后提高许可费,从而导致产品价格提升,损害消费者的利益。不仅如此,专利权人如果申请法院发布禁令,要求产品制造商停止生产和销售含有其专利权的产品,不仅会使生产者和销售者承担巨大损失,也将损害消费者的自主选择权[3]。自主选择权是法律赋予消费者的一项重要权益,但专利劫持行为却可能让消费者的这种自主选择权落空。企业以支付高额的专利许可费为代价,从专利劫持行为者处获得相应的专利技术使用权,必然会导致专利产品成本的上升。这是因为具有逐利本性之企业为了转移成本,会将付出的高额专利许可费计入

---

[1] 胡鸿高:《论公共利益的法律界定》,《中国法学》2008年第4期。
[2] [美]博登海默:《法理学:法律哲学与法律方法》,邓正来译,中国政法大学出版社1999年版,第317页。
[3] 自主选择权是指消费者有权根据自己的意愿自主地选择商品和服务的经营者、商品和服务的品牌、何种价位的商品和服务。其意蕴在于是否购买商品、购买何种商品应由消费者决定,而不是由其他组织或者个人决定。我国《消费者权益保护法》第九条规定:"消费者享有自主选择商品或者服务的权利。消费者有权自主选择提供商品或者服务的经营者,自主选择商品品种或者服务方式,自主决定购买或者不购买任何一种商品、接受或者不接受任何一项服务。消费者在自主选择商品或者服务时,有权进行比较、鉴别和挑选。"

产品价格,从而让消费者最终承担这些增加的费用。而问题的症结还在于,从成本的整个转移链条上来看,终端消费者所支出的费用,绝大部分是由专利劫持行为者获得,而真正的发明创造者所获甚少,这无疑是不公平的,也不利于促进技术创新,还会损害社会公众的利益,降低社会的福祉。

二 专利劫持行为带来的正效应

专利劫持行为的正效应主要表现在:

(一)增强技术的流动性

在专利劫持行为的影响下,一些大型企业开始组建专利联盟,联盟成员把属于自己的部分专利集中起来,建立一个专利池,并由联盟机构统一经营和管理,对外许可专利池中的专利;联盟成员之间也可以通过交叉许可的方式共享专利技术。这样既可以在一定程度上防止专利劫持行为的侵袭,又可以使它们在面对专利劫持行为人提起的诉讼时有足够的力量和技术支持。还有部分企业通过在市场上收购对它们有潜在威胁的专利建立共同防御基金,并由基金统一管理、投资,这些企业不仅可以获得丰厚的回报,还可以使用专利,从而大大减少了遭受专利劫持行为的风险。比如世界上著名的专利防御公司 RPX 公司。总之,无论是专利联盟还是防御基金,这些模式都增强了企业内部与内部、内部与外部的技术流动。有学者在英国《经济学家》上发文指出,"就像银行创造了资本市场、保险业创造了风险市场一样,专利制度的成长会创造一个创新市场"[1],而专利劫持行为为这个市场"创造了可信的诉讼威胁、提高了专利的流通性、确立了保证市场供求平衡的价格、提高了专利市场的效率"[2]。

(二)解决部分独立发明者和小型企业等遭遇的"专利之困"

多年来,一些科研机构、小微企业以及个人常常面临这样的困境:一是科研经费不充足;二是难以承受专利申请费用尤其国外专利的申请费用;三是即使成功申请了专利,但囿于自身的经济实力和较为缺乏的专利经营经验,其很难实现专利技术成果的商业化,"久不售"之窘境不能给发明人带来

---

[1] See Cukier, Kenneth, "A Market for Ideas", 2005, Available at http://www.economist.com/node/5014990(最后访问日期:2015 - 02 - 22).
[2] McDonough III, James F., "The Myth of The Patent Troll: An Alternative View of The Function of Patent Dealers in an Idea Economy", *Emory Law Journal*, Vol. 56, 2006, pp. 189 - 228.

经济利益,不能有效激励这些发明主体继续创新。而专利劫持行为人通过搜寻这些主体手中有潜在应用价值的专利,或通过收购的方式或通过资助专利申请的方式使这些技术发挥出应有的价值,发明人也从中获得了一定的回报,可以在一定程度上降低研究成本,从而消除研发资金短缺之烦恼,解决研发技术商业转化率低等瓶颈问题。来自高智公司的报告显示,其每年给发明人支付的费用超过了给专利诉讼律师的费用。CEO 梅尔沃德(Nathan Myhrvold)一直在为公司进行辩解:"高智公司的商业模式能有效刺激无形资产经济的发展,也能有效激励创新;保证发明者更富有,能获得足够的资金;还能为人类社会提供更多的发明。"[1]

(三)唤醒了大量的沉睡专利

专利劫持行为人往往是优秀的律师团队和顶尖的技术人员之组合,他们具有丰富的专利管理和经营经验,握有大量的专利情报信息,擅长通过自己的日常经营行为和信息优势唤醒大量的"沉睡专利",使它们发挥其应有的商业价值。美国学者据此认为,可以将专利劫持行为人视为一种"专利经销商",它鼓励了专利交易,加快了专利流动,重新调整了市场激励机制,使市场达到"出清"的目的。[2]甚至有学者还认为,"大量的专利诉讼并不可怕,它推动了'专利许可企业'的发展,在一定程度上解决了专利市场失灵的问题"[3]。

(四)有效打击反专利劫持行为人

我国有学者提出:"专利劫持行为并不具有道德上的可责性;相反它具有一定的伦理正当性。"[4]这是因为,19 世纪末"公司"盛行,导致经济主体结构发生了重要改变,专利权的主体结构也随之发生变化,即专利权人从以独立发明人为主到以公司为主的转换。公司专利权人的出现,意味着独立发明人的重要地位开始下降,已经形成的利益优势渐渐丧失,专利法律制度以激励发明人为基础的传统伦理不断受到质疑,独立发明人的利益空间不断

---

[1] Schwartz, David, and Jay P. Kesan, "Analyzing the Role of Non-Practicing Entities in the Patent System", *Intellectual AssetManagement*, Nov. /Dec. 2012, p. 10.
[2] McDonough III, James F., "The Myth of the Patent Troll: An Alte-rnative View of the Function of Patent Dealers in an Idea Economy", *Emory Law Journal*, Vol. 56, 2006, p. 189.
[3] Watanabe, Yuichi, "Patent Licensing and the Emergence of a New Patent Market", *Hous. Bus. & Tax L. J.*, Vol. 9, No. 9, 2009, pp. 445 - 479.
[4] 和育东:《专利渔翁现象引发的思考》,载国家知识产权局编《专利法研究 2010》,知识产权出版社 2011 年版,第 352 页。

收缩:缺乏足够的财力和能力来实施其专利,也缺乏足够的财力支付诉讼费而只好放弃诉讼,还缺乏足够的人力来应对侵权行为,亦缺乏足够的经验来应对侵权,尤其是面对大公司的侵权,结果只得任由大公司"反劫持"。而专利劫持行为的出现,恰好可以制衡大公司的"反专利劫持行为",防止美国硅谷出现的新现象——"效率侵权(efficent infringing)"[1]。专利劫持行为人向独立发明人或者小公司购买专利,然后依照司法程序要求专利侵权者支付高额许可费或者巨额赔偿,从而让专利权回归到应有的价值轨道,这有利于激励自然人的创新活动,有效打击大公司等反专利劫持行为人。

第四节 专利劫持行为与其他概念的辨析

根据我们查阅的资料,国内、国外学者在涉及专利劫持行为的理论文章中除经常使用"专利劫持行为"外,还频繁使用其他表述来描述同一现象,本书把这些术语分为四组:第一组,"专利怪客"(英文 patent troll,又翻译为"专利流氓"、"专利地痞"、"专利蟑螂"、"专利怪物"、"专利地奥"、"专利螳螂"、"专利恶魔"、"专利恶鬼"、"专利巨魔"、"专利魔头"、"专利妖怪"、"专利寄生虫")、"专利钓饵"(patent mine)、"专利诱饵"、"专利掮客"(patent brokering)、"专利伏兵"(patent ambush)、"专利勒索者"(patent extortionist)、"专利敲诈者"、"专利恐怖分子"(patent terrorist)、"专利涤虫"(patent tapeworm)、"专利渔夫"、"专利渔翁"、"专利鲨鱼"(patent shark)、"专利海盗(patent pirate)"、专利劫持者、专利投机者、专利丛林、专利灌木丛(patent thicket)、专利地雷(patent trap)、专利潜水艇(patent submarine);第二组,专利经营实体[(专利控股持有公司、专利授权和执行公司、非专利实施体、专利交易商(patent dealer)];第三组,专利主张实体、专利货币化实体;第四组,专利恶意诉讼(frivious litigation)。仔细研究起来,实际上专利劫持行为与这四组术语中的指向还存有一些差异,本书认为有必要对这些概念进行澄清。

---

[1] Nocera,Joe,"The Patent Troll Smokescreen",2015, Available at http://www.nytimes.com/2015/10/24/opinion/the-patent-troll-smokescreen.html(最后访问日期:2015-10-29).

一 与"专利怪客"等表达之区别

"专利怪客"的英文是 patent troll,其中 troll 含有"怪物"之意,它源于斯堪的纳维亚传说中的一种超自然动物,有时是一个巨怪,有时是一个矮人,专门蛰伏在桥下,伺机吓唬路人。patent troll 一词开始出现于1993年,被用于描述公司积极向法庭提起专利诉讼,由此可见,该词从诞生之日起就被打上了浓厚的贬义色彩,太过宽泛,它传递着社会各界对它作为负面形象的不屑和轻蔑。2001年,英特尔公司前助理法务长德提肯(Peter Detkin)使用"专利勒索者"来形容曾经控告过英特尔的技术搜寻许可与咨询服务国际公司(Tech Search International,Inc.)及其律师尼诺(Raymond Niro),因为该公司以5万美元购买芯片制造方法专利,却以800万美元来收取授权费用,他认为此公司的这种行为就像地痞流氓的行为。他的言论由此招致了诽谤之诉,此后他改用"专利怪客"来描述依靠购买专利而进行诉讼获利的不受欢迎的原告,从此该词流行开来。但是有关"专利怪客"的定义至今没有一致的表述和界定,被德提肯指责为"专利怪客"的尼诺对此定义为"专利寄生虫",即依赖发明者的供养,对创新没有任何贡献的公司或者个人。[①] 勒姆利教授指出,"专利怪客"的范围有大有小,但真正的"专利怪客"就是有着"怪客"的品性。[②] 一般认为,"专利怪客"指本身不从事研究或者不生产制造产品,而依靠购买或者所持的专利对侵权者提起诉讼或者寻求专利许可而获取巨额费用的公司、个人或者其他主体。[③] 但是"专利怪客"一词,如同当年的"知识产权霸权主义"等词语一样,"用一种先入为主的标签化提法,抽离了许多复杂、细致的信息,将某一类主体和现象简单化、平面化"[④],意味着一旦一家企业或个人被归类为"专利怪客",便似乎在道德上陷入困境,它的行为和获利由于没有伦理基础,从而也失去了正当性。

这样看来,专利劫持行为与"专利怪客"既有区别,也有联系。二者的区

---

① Niro,Raymond P.,"Who Is Really Undermining the Patent System—'PatentTrolls' or Congress?",*Marshall Rev. Intell. Prop. L.*,Vol. 6,2007,p. 187.
② Lemley,Mark A.,"Is Universities Are Patent Trolls?",*Frodham Intell. Prop. Media & Ent. L. J.*,Vol. 18,2008,p. 612.
③ 李晓秋:《〈美国拜杜法案〉的重思与变革》,《知识产权》2009年第3期。
④ 刘晓春:《从 Vringo 商战看"专利流氓"的去标签化》,《中国贸易报》2014年8月21日第5版。

别在于专利劫持行为强调行为本身,"专利怪客"是对实施这种行为的主体的统称,"专利怪客"的所有行为未必就应该认定为专利劫持行为;二者的联系在于实施专利劫持行为者可以被认定为"专利怪客","专利怪客"的主要行为表现为专利劫持行为。所以,在本书中,我们尽管承认两者给社会造成的影响、规制的法律基础以及规制模式有相同之处,但并不赞成将专利劫持行为等同于"专利怪客"。

二 与专利经营实体等表达之区别

鉴于"专利怪客"一词存在诟病,不少学者和实务部门人员开始使用专利经营实体替代"专利怪客"一词。达菲教授(John Duffy)说:"专利经营实体是指那些从不将自己的技术进行商业转化,而是着力向使用该项技术的主体提起诉讼并为之带来巨大商业风险的专利权人。换用一个略加贬义的词语,即'专利怪物'。"[1]齐恩教授说,"专利经营实体就是那些不生产产品也不实施专利的公司。"[2]袁晓东教授等指出,专利经营实体(非运营实体)在学界有多种称谓,包括专利控股(持有)公司、专利授权和执行公司、"专利流氓"等。此种公司并不从事实际产品的生产制造,而是将专利权经营作为公司的总体商业战略。[3] 专利经营实体是指不进行生产制造或销售产品的公司或者个人,经由独立研发、专利(申请)转让或许可、其他专利权人的委托或授权获得技术或者专利的组合,以转让或许可专利、提起专利诉讼或者防御专利诉讼为主要手段,向受让(被许可)方收取专利转让(许可)费,或者向侵权方要求支付侵权赔偿金或者作为侵权指控中的抗辩。从此定义可以看出,专利经营实体具有以下特征:

第一,主体为拥有专利(申请)权的独立发明人、大学、公司或者其他组织等。比如"发明大王"爱迪生、被奉为美国"专利怪物"先驱者的技术搜寻许可与咨询服务国际公司的缔造者布朗(Anthony Brown)律师、威斯康星校友研究基金(Wisconsin Alumni Research Foundation,简称 WARF)、高智公司。第二,专利的来源主要是通过自己的技术创新、从他处购买、接受委托或者

---

[1] Duffy, John, Innovation and Recovery, *Intellectual Property Law Review*, Vol. 14, No. 2, 2010, p. 259.
[2] Chien, Colleen V., "Of Trolls, Davids, Goliaths, and Kings: Narratives and Evidence in the Litigation of High-Tech Patents", *North Carolina Law Review*, Vol. 87, No. 1, 2009, p. 1578.
[3] 袁晓东、孟奇勋:《专利集中战略:一种新的战略类型》,《中国科技论坛》2011 年第 3 期。

授权。如麻省理工学院拥有的专利主要基于自己的研发创新所得,而高智公司的专利主要通过购买获得。第三,专利经营实体与专利实施实体(Patent Practicing Entities, PPE)最大的区别在于前者通常不生产制造或者销售有形产品,其提供的是专利技术等无形产品。第四,专利经营实体的运作模式主要是通过专利商业化的二级市场或者提起诉讼获得赔偿,或者用于权利人防御他人的专利侵权攻击。根据不同的标准,专利经营实体可以分为不同的类型。比如,依主体类型的不同,专利经营实体可以分为个人、独立发明人、大学、科研机构、公司或者其他组织。勒姆利和阿里森(John Allison)等学者分得更细,包括:开设失败的公司、从生产商转变而来的公司、大学附属机构或者遗产管理部门、独立财团、筹备阶段的公司等10类。[①] RPX公司则将专利经营实体分为专利主张实体、大学和科研机构、个人发明者、非竞争性实体四类。[②] 依据专利(申请)权的来源,可以分为自我研发、从他处购买或取得独占许可权、接受委托或授权的专利经营实体,如美国高通公司、克罗斯诺技术公司(Klausner technologies, Inc.)、DVD6C专利池、DVD3C专利池、MPEG-2专利池。依据商业模式之不同,分为基于诉讼而赢利的专利经营实体和基于专利转让、许可而赢利的专利经营实体,如NTP公司(NTP, Inc.)和高智公司。[③]

从以上对于专利经营实体的界定可以看出,专利劫持行为与专利经营实体二者也不相同。专利经营实体是法律关系研究中的主体范畴,专利劫持行为是法律关系研究中的客体范畴。同时,专利经营实体并不必然就是"专利怪客",后者只是前者的一种表现形式而已。

三 与专利主张实体等表达之区别

由于"专利怪客"的讽刺意味太过浓重,而专利经营实体的概念又过于宽泛,依据2011年《美国发明法》第34条及美国总统的要求,美国总统办公室、美国国会问责委员会(Government Accountability Office,简称GAO)、美国

---

① Allison, John, and Lemley, Mark & Joshua Walker, "Patent Quality and Settlement Among Repeat Patent Litigants", *Georgetown Law Journal*, Vol. 99, No. 3, 2011, p. 684.
② RPX Corporation: 2014 NPE Litgation Report, Available at http://www.rpxcorp.com/wp-content/uploads/2014/12/RPX_Litigation_Report_2014_FNL_03.30.15.pdf(最后访问时间:2015-01-26)。
③ 李晓秋:《危机抑或机遇:专利经营实体的是非置辩》,《中国科技论坛》2012年第11期。

专利与商标局(United States Patent and Trademark Office,简称 USPTO)、美国国际贸易委员会以及联邦贸易委员会对美国专利经营公司进行了调查,并召开了专利权滥用研讨会。2011 年 3 月,美国联邦贸易委员会发布了调查报告,对专利经营实体的概念进行了细化,并将不从事技术研发和产品销售,以取得专利所有权为主要手段或依靠最少研发投资开发专利技术,纯以诉讼作为获利手段的公司称为"专利主张实体"。美国总统办公室的报告中也采用了这一称呼,美国国会问责委员会在其研究报告中则将之称为"专利货币化实体"。与专利经营实体和专利主张实体相比较,专利货币化实体更关注专利权在专利制度中所具有的金融价值。①

从前述诠释来看,相对于专利劫持行为,专利主张实体指向的是一种主体;相对于"专利怪客",专利主张实体的称谓更具有中立性,但二者指向的内涵基本一致;相对于专利经营实体的称谓,专利主张实体概念的外延更为准确。

四 与专利恶意诉讼之区别

专利恶意诉讼是恶意诉讼在专利法领域中的特定表现形式,具体是指专利诉讼的一方当事人没有法律依据,故意提起诉讼,旨在损害另一方当事人或者第三人的人身权益或者财产权益。笔者曾撰文分析如何认定专利侵权诉讼是否属于专利恶意诉讼,并列出了以下要件:(1)提起诉讼一方当事人在主观上存在损害相对人的故意。② 具体表现为明知不符合诉讼法规定,却仍然提起诉讼。(2)提起诉讼一方当事人提起的诉讼没有法律依据。如提起诉讼的当事人所依据的专利是通过欺诈或者"脏手原则"③而取得。(3)提起诉讼一方当事人实施了恶意诉讼行为,即向法院提起了诉讼。(4)造成损害结果。对方当事人因此诉讼遭受合法权益的损害。(5)诉讼行为

---

① 袁晓东、高璐琳:《美国"专利主张实体"商业模式、危害及政策研究》,《情报杂志》2015 年第 2 期。
② 重大过失能否成为恶意诉讼的主观状态,尚有争议。本书认为,不宜将重大过失纳入认定恶意诉讼的范畴;否则,恶意的含义过于宽泛,有可能对当事人行使正当的诉权造成减损。这一点也为其他学者和实务界人士赞同,如知识产权学者、华中科技大学郑友德教授,深圳市腾讯计算机系统有限公司原专利总监王活涛先生。参见王活涛、郑友德《专利恶意诉讼及其法律应对》,《知识产权》2009 年第 5 期。
③ "Keystone Driler Co. ,v. Gen. Excavator Co. ",290 U. S. 240,244 – 245(1933)。

与损害结果之间存在直接的因果关系。(6)提起诉讼一方当事人的请求未获得法院支持。[1]

将专利劫持行为与专利恶意诉讼进行比对,可以发现二者有同质性,也有异质性。其同质性表现为:第一,从本质上而言,二者都是一种行为,且都可能利用诉讼作为自己攻击他人的武器,原本神圣的用于保护和平衡私人利益的民事诉讼却被他们玩弄于股掌之间,作为私人牟利的秘密武器,不仅大大浪费了有限的司法资源,也是对法律的极度不尊重;第二,从对社会的危害角度看,二者都对市场经济秩序和社会生产力造成了一定程度的破坏,由于专利劫持行为和专利恶意诉讼的蓄意滥诉,应诉者可能面临巨大的经济压力和诉讼成本负担,原本应该正常运营的生产、销售、经营、科研转化、进出口贸易等被蓄意干扰甚至遭到司法冻结,这就对原本应该正常运行的市场经济活动造成了不必要的干扰和破坏,有的甚至会引发员工失业和行业动荡;第三,从对方当事人的角度而言,无论是专利劫持行为还是专利恶意诉讼,都是出于恶意的给其带来伤害的诉讼原告,二者都是出于恶意攻击的目的,蓄意向被告发起挑衅性质的诉讼的始作俑者。所以专利劫持行为和专利恶意诉讼从根本上说都是给社会、他人和司法带来严重危害的恶性专利投机者的行为,是专利权滥用行为。

尽管专利劫持行为和专利恶意诉讼有着较多的同质性,但是二者属于专利法领域的两种不同现象,其异质性表现在以下几个方面:

一是实施主体性质不同。专利劫持行为的实施主体既有公司也有个人,这些公司和个人的主营业范畴就是专利运营,不进行实体产品的生产;而专利恶意诉讼行为的实施主体往往与恶意诉讼的指向方存在竞争利害关系,一般属于产品生产商。

二是针对目标对象不同。专利劫持行为所指向的对象往往是一些大公司,根据联合专利公司(Unified Patent Co.)提供的研究报告,美国苹果公司、美国谷歌公司依然是专利劫持行为者提起专利诉讼的最大目标,在2015年上半年,美国苹果公司共遭遇25起专利诉讼。[2] 专利恶意诉讼针对的目标对象则一般是其竞争者,旨在用诉讼方式达到打击竞争对手的目的。

---

[1] 李晓秋:《未决之命题:规制专利恶意诉讼的"路"与"困"——兼评新〈专利法〉第23条、第62条》,《学术论坛》2010年第2期。

[2] 数据信息来自新浪科技《苹果半年遭25起专利诉讼 全美专利诉讼或创新高》,网址:http://www.techweb.com.cn/data/2015-07-13/2174422.shtml(最后访问日期:2015-07-22)。

三是权利主张依据不同。专利劫持行为虽然本质上也是一种滥讼行径,但是权利人属于合法持有专利权的主体,绝大多数专利劫持行为人所持有的专利既满足专利审查的形式要件,也满足专利审查实质要件;而专利恶意诉讼行为人却往往缺乏所持专利的实质性权利,于法律无据、于事实不符,根本就不具备提起专利侵权之诉的资格和条件,纯粹是恶意为之。

四是目的不同。专利劫持行为的目的是通过诉讼来赚取金钱,赢得利润,维持自身的生存,确保未来发展;专利恶意诉讼的目的是给另一方的利益造成损害,并不一定以金钱为目标,其诉求呈现多样化特点,[①]但归根结底就是为了给相对人造成一定的损害。正是由于二者在这一点的差异,专利劫持行为实施人往往会与目标公司在庭外达成和解,只要目标公司给予专利劫持行为实施人数额可观的专利许可费用,专利劫持行为实施人往往会自行撤诉,但是专利恶意诉讼则轻易不会。

五是行为的表现形式不同。专利劫持行为主要表现为以提起诉讼和寄送律师函作为威胁手段要挟产品生产者;而专利恶意诉讼则表现为竞争者以恶意提起诉讼方式损害竞争者利益。

六是专利劫持行为和专利恶意诉讼的诉讼结局不同。专利劫持行为主体由于其自身隐蔽性强、策略性强,且事前准备工作和信息的采集搜查等较为严密,往往在提起诉讼时表现得十分强势,即使不能彻底赢得诉讼,也会对目标公司造成强大的心理压迫,迫使被劫持行为人与之庭外和解。专利恶意诉讼的原告则无疑在诉讼中或诉讼后会被当作反诉的对象,其恶意的本来面目将被戳穿。提起专利恶意诉讼的原告在被法院裁定为"恶意诉讼"后会面临着败诉或被反诉的结局,最终还要向相对人承担相应的民事责任。

第五节 专利劫持行为运行的实证分析

要对专利劫持行为有一个较为清楚的认识,深入剖析它的运作机理和

---

① 我国在实践中还存在另一种情形,即专利权人与"专利侵权人"之间,共谋串通,虚构法律关系和事实,骗取法院判决或调解,以获得部分省市旨在帮助企业在海外维权而专门在知识产权发展专项资金中设立的海外专利维权专项资助项目。参见聂鑫《专利恶意诉讼的认定及其法律规制》,《知识产权》2015 年第 5 期。

模式非常必要。本书选择美国蓝博士公司不当披露专利信息案、德国 IPCom 公司（IPCOM GMBH & Co. KG,简称 IPCom 公司）获取技术专利无效案、美国交互数字公司违反 FRAND 原则案为例进行介绍。

一 专利劫持行为运行的基本轨迹

专利劫持行为不是一个单独的行为,它由系列行为组合而成,其运行轨迹描述如下：

第一步,募集资本,成立公司（包括空壳公司）,确立专利劫持行为的实施载体。专利劫持行为如要实施,首先得有主体。专利劫持行为主体通常由专利律师、发明者或者专利权人单独成立或者分别成立,从事的经营业务范畴主要为专利管理和运营。为避免专利劫持行为实施主体受到社会公众指责,专利劫持行为人往往以空壳公司为掩护。

第二步,购买专利或者获得专利独占许可权,在极少数情况下,通过自己研发、申请获得专利权,为实施专利劫持行为储备专利资源。专利劫持行为的实施依赖于专利,这就要求专利劫持行为人在成立公司后必须精心挑选、甄别和评估专利,在此基础上与专利出让人或者许可人达成协议,购买专利或者获得该专利的独占许可权。在标准环境中,部分专利权人在标准组织制定标准过程中故意隐藏或不当披露相关专利信息,等待标准出台。

第三步,寻找目标公司。在实施专利劫持行为前,专利劫持行为的实施主体需要认真挑选目标公司。一般来说,目标公司多为大公司,比如美国苹果公司、谷歌公司。

第四步,评估可能受到侵害的专利的有效性。一般来说,专利劫持行为人在寻找到侵权目标后,就开始着手组织律师和技术专家对可能受到侵害的专利的有效性进行评估,以确保在诉讼中占有优势地位。

第五步,发出律师函要求进行专利许可谈判或者直接提起诉讼。专利劫持行为主体在确认目标公司生产的产品或者工艺方法中使用了自己的专利后,便开始向目标公司发出律师函,要求以超过合理范围的专利许可费进行许可;或者以直接提起诉讼,要求法院发布禁令、支持高额赔偿相威胁,以尽快促进专利许可协议的达成。

专利劫持行为的运行轨迹如图 2—1 所示：

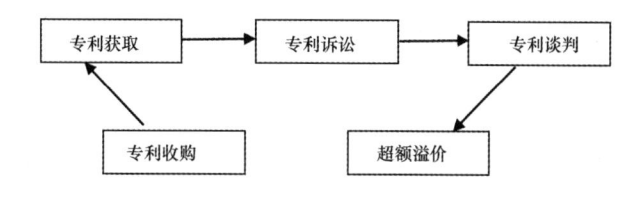

图 2—1 专利劫持行为的运行轨迹图

二 专利劫持行为运行的样态实例

（一）美国蓝博士公司不当披露专利信息案

电子器件工程联合委员会（Joint Electron Device Engineering Council,以下简称JEDEC）是一个以促进电子元器件及其相关产品的发展为目的的标准制定组织。20世纪90年代初,JEDEC开始为新一代电脑存储技术制定同步动态随机存储芯片标准（Synchronous Dynamic Random Access Memory,简称SDRAM）。蓝博士公司的基本商业模式是通过专利授权获取利润,它并不生产存储器产品,该公司在1992年加入了JEDEC,并参与了标准的制定。同时蓝博士公司利用它在标准制定组织中了解到的相关信息,进一步修改了其专利申请,使其专利覆盖正在制定中的标准。蓝博士公司在1996年退出JEDEC。在其控制的动态随机存储器私有标准（Direct Rambus Dynamic Random Access Memory,简称DRDRAM）在市场上失败之后,蓝博士公司开始了专利侵权诉讼,宣称拥有与SDRAM标准和双倍速率同步动态随机存储器（Double Data Rate Synchronous Dynamic Random-access Memory,简称DDRSDRAM）标准相关的专利权,要求所有的标准实施者缴纳专利许可费用。2000年,蓝博士公司正式向美国弗吉尼亚州里士满市联邦地区法院起诉,指控七家大型存储器厂商侵犯其四项标准必要专利权,同时威胁说:"那些期望通过反诉解决问题的公司将要比直接支付授权费用的公司付出更多的专利使用费。"并且对于在"诉讼中失败的公司不授予专利使用权"。从2000年6月开始,包括东芝公司（Toshiba Corp.）、日立公司（Hitachi Ltd.）、索尼公司在内的多家日本公司开始让步,申请从蓝博士公司处获得SDRAM

· 73 ·

技术的专利授权。对于未能达成专利授权协议但使用该项技术的公司,蓝博士公司首先起诉了德国英飞凌科技公司,指控该公司在其某些电脑记忆产品设计中侵犯了自己的专利权。①

(二)德国 IPCom 公司获取技术专利无效案

位于德国普拉克的 IPCom 公司成立于 2007 年,它由德国最著名的专利诉讼律师弗洛威特(Bernhard Frohwitter)发起设立,并得到美国丰泽投资公司(Fortress Investment Group,LLC.)的资金支持。该公司拥有 10 多名员工,他们都是非常专业的经济学家、工程师和法律人士。该公司与 10 个外包企业合作,并雇用了几个工程师和科研机构进行细分市场的研究和公司分析。IPCom 公司的活动仅限于对专利的管理,不从事产品生产或者研究。作为一家非创新、非生产的公司,IPCom 公司在 2007 年经过非常周密的调查、评估和谈判后,决定收购德国罗伯特博世公司(Robert Bosch GmbH)的专利组合,该组合由 1200 多项移动通信领域的专利构成,其中四分之一的专利是 GMS、GPRS 或 UMTS 之类的标准无线技术。这些专利对于该行业普遍采取的标准来说是必不可少的,几乎所有涉及移动部门的市场参与者都使用这些专利。这些专利技术已在欧洲获得了专有权,其中的 50% 也在相关市场中获得了专利权,如在美国、日本、中国和韩国市场。由于未能就智能手机中的手机接收到来自基站的传输与手机本身更新同步技术专利(英国专利号:0540808)和移动手机连接网络过程中的管理技术专利(英国专利号:1186189)达成许可协议,诺基亚公司主张 IPCom 公司的包括这两项专利在内的 15 项专利无效,IPCom 公司以诺基亚公司侵犯专利权为由,于 2009 年向英国高等法院大法官庭专利法庭提起反诉。②

(三)美国交互数字公司违反 FRAND 原则许可案

美国交互数字公司是一家美国无线技术专利授权厂商,不进行任何实质性生产。在移动通信标准领域,交互数字公司大约有 19500 多项专利是 2G、3G、4G 技术标准中的必要专利,除此之外,还涉及该公司已经提交的专利申请。这些专利和专利申请大多集中在美国、中国以及欧洲。交互数字公司也是欧洲电信标准化协会(European Telecommunications Standards Institute,简称 ETSI)成员,根据该协会的知识产权政策,它同意按照公平、合

---

① 案例摘自 "Rambus, Inc. v. Infineon Technologies AG et al.", 222 F. R. D. 280 (E. D. Va. 2004)。
② "IPCOM GMBH & Co KG Nokia GMBH", [2011] EWCA Civ 6.

理、无歧视原则许可其必要专利。在本案中,原告华为公司是全球通信设备及终端生产商之一,经营范围涵盖开发、生产、销售程控交换机、数据通信设备和无线通信设备等产品,其生产产品时需要使用2G、3G、4G技术标准中的必要专利技术,其中包括交互数字公司的专利技术。华为公司是欧洲电信标准化协会成员,自2008年起,华为公司根据交互数字公司在标准制定时所做出的承诺,与交互数字公司就标准必要专利的使用费进行了多次协商,但双方未就涉案专利达成许可协议。主要障碍因素来自交互数字公司提出,除了有偿授权许可2G、3G和4G标准中的必要专利,还要求华为公司免费许可其所有专利给自己。但华为公司认为,交互数字公司要求的专利许可费数额,无论采用哪一种方式进行计算,都远远超过了世界上其他使用这些专利技术的公司支付的专利费用。在谈判过程中,交互数字公司曾于2011年7月26日在美国同时向法院和国际贸易委员会指控华为公司涉嫌侵犯自己的专利权,并要求发布禁令和限制令。同年年底,华为公司以交互数字公司违反FRAND原则为由,向深圳市中级人民法院提起诉讼。[①]

本章小结:定义迷思与真相

专利劫持行为的法律界说是本书研究的逻辑起点。如果没有较为准确的界限范围,将减损其理论上存在的意义,也会在实践操作中增添难度。博登海默说:"概念乃是解决问题所必需和必不可少的工具,没有限定专门的概念,我们并不能清楚和理智地思考法律问题。"[②]然而"劫持行为"含义的模糊性和宽泛性影响了界定专利劫持行为的准确性。无论是学界还是实务界,他们对于专利劫持行为的界定方式和界定内容并不统一。既有研究多采取回避单纯从概念上定义专利劫持行为的做法,采用描述或者列举的方式揭示专利劫持行为的一些属性,但由于研究目的的不同,它们还不能构成专利劫持行为的科学定义。本书认为,专利劫持行为是指行为主体利用自

[①] 华为技术有限公司与IDC公司滥用市场支配地位纠纷上诉案,广东省高级人民法院(2013)粤高法民三终字第306号民事判决书。
[②] [美]E.博登海默:《法理学——法律哲学与法律方法》,邓正来译,中国政法大学出版社2004年版,第663页。

己研发申请获得的专利,或从破产公司及个人等发明人处购买的专利,以提起专利侵权诉讼或者发送律师函相威胁等手段,向技术使用者主张高额专利许可费的行为。专利劫持行为确非专利法中的一个法律术语,它是经济学中的"劫持行为"在累积创新环境或者专利标准化情景中的再现,是专利权人对专利技术使用者特别是产品制造者的技术革新或产品开发设置专利障碍(主要表现为以发送律师函或者提起诉讼要求法院发布禁令相威胁)、以获得超额许可费并达到非法之目的的一种行为。综合起来看,本书研究的专利劫持行为具有以下特征:

第一,专利劫持行为仅存在于专利法领域,特别是标准必要专利许可的过程中或者专利诉讼的巨大风险中。

第二,专利劫持行为的实施主体主要是拥有大量专利权的公司,比如德国的 IPCom 公司(拥有 1200 多个专利组合),美国的交互数字集团公司(拥有 3989 个专利组合)等。

第三,专利劫持行为的实施主体一般不进行实体生产,主要提供专利权授权或许可服务。无论是 NTP 公司,还是 Alliacense 公司(Alliacense Ltd.,LLC.)、eDekka 公司(eDekka LLC.)、Data Carriers 公司(Data Carriers LLC.)和 Wetro Lan 公司(Wetro Lan LLC.),它们都不生产有形产品,而有着自己独特的商业经营模式。

第四,专利劫持行为中的专利主要由购买(专利转让或者专利许可)或进行技术创新所得,主要是从一些破产公司和个人发明者手中购买,这些专利比较细微,但稳定性好。

第五,专利劫持行为实施者在起诉前必须分析、锁定实体目标公司。在专利劫持行为理论中,专利权人利用专利权向专利技术使用者要求超额专利许可费是其行使劫持行为的主要目的。为达到此目的,专利权人在起诉或者发送律师函之前,会对侵权目标和争议专利进行详尽细致的考察,分析锁定某一个或者某一类实体目标公司,以达到非法之目的。

第六,专利劫持行为通常表现为以提起诉讼或申请法院颁发禁止令相威胁。由于诉讼的不确定性、禁令的威胁、高额赔偿的担忧,专利劫持行为人往往屡试不爽。

第七,专利劫持行为具有全球性。专利劫持行为虽然产生、发展并多发于美国,但随着经济全球化和技术变革的纵深化,专利劫持行为不仅存在于美国,它早已飘洋过海,在全球蔓延,中国、德国、英国、韩国、印度等国家均已存在。

第八,专利劫持行为是一种滥用专利权的非法行为,特殊情况下这种滥用行为可以被认定为反垄断法中的垄断行为。

第九,专利劫持行为带来多方面的危害,如破坏专利制度功能、阻碍后续创新投入、产生巨大社会成本、遏制专利技术标准化发展、妨碍市场竞争和损害公共利益等。

第十,专利劫持行为与"专利怪客"、专利经营实体、专利主张实体、专利恶意诉讼并不相同,不宜混同。

第十一,专利劫持行为有自己的运行轨迹。掌握其运行轨迹,或许可以阻断专利劫持行为的继续发生。无论是发生在美国的蓝博士公司不当披露专利信息案,还是发生在英国的德国 IPCom 公司获取技术专利无效案,抑或发生在中国的美国交互数字公司违反 FRAND 原则许可案,都说明专利劫持行为绝非简单的经济学问题,其中存在着复杂的法律问题有待甄别。

第三章 专利劫持行为法律规制的理论基础

> 从事法学研究或学习的人必须学会一种特殊的技能，这是一种"发现和说明人类的所有行为都应当有正当理由"的技能。[①]
> ——[日] 川岛武宜

正当性是指某种制度或者行为符合人们的特定价值标准。只有具备正当性，秩序发展才能长期存续。因此，寻求妥实的正当性依据，对于秩序的形成及发展至关重要。构建专利劫持行为法律规制亦需要找寻相应的理论基础，以证成正当性阐释。由于专利劫持行为的法律规制研究属于交叉学科，因而理论基础的考量涉及伦理学、经济学、管理学、法学等学科，具有相当的复杂性和挑战性。本章从寻找法律规制专利劫持行为的恰当路径的需求出发，尝试从伦理学、经济学、管理学、法学（法哲学、民法学、专利法学、反垄断法学）等不同视角，追问专利劫持行为法律规制的理论根基，其正当性叙事旨在塑造法律规制专利劫持行为的品性与合理性。

第一节 伦理学中的公平、正义原则

伦理是指人伦之间相互对待的普遍性真理或"应该"的状态，表征的是人类生活的秩序以及秩序之间的关系，含有人们在处理人伦关系时所应该

[①] [日] 川岛武宜：《现代化与法》，王志安等译，中国政法大学出版社1994年版，第273页。

遵循的准则、规范。① 伦理学是一门以伦理道德为研究对象的独立学科,其研究对象涵盖了伦理生活、道德问题和道德现象等方面。② 可见,道德是伦理学研究的基点。道德与法律皆是古老但经久不衰的话题,二者在社会控制和自我控制领域发挥着重要作用。从伦理学视角探究法律现象中的道德问题,旨在凸显并实现法律机制中的道德意蕴及其诉求。相比单纯的法律方法,融入伦理学思维和方法的观察与思考,可以避免"道德至上"或"法律至上"的片面性;从这样一个角度出发,看到的才是真正的法律,才是符合历史、社会发展规律的法律,只有实现与道德的完美结合,法律才能达到真正的完美;道德对法律现象的分析结果也有助于形成符合时代要求的理论形态与观念支撑,才更能让人们去接受法律、遵守法律,法律的实施才能得到保证。

一 公平、正义是法律制度的伦理基础

公平、正义自古以来就被人们视为基本的道德范畴,其不仅是对个人道德品质的基本要求,也是人类社会行为的基本道德准则,是千百年来人们不懈追求的美好社会理想与愿望,是人们追求的永恒目标。因此,在一定程度上说,人类社会的发展历史,就是不断追求公平、正义的历史。"公正、正义、公平和公道都是同一概念。只不过,正义一般用在庄严、重大的场合。公平与公道,一般用于社会生活的日常领域。公正则介于正义与公平或公道之间:它比公平和公道更郑重一些,比正义更平常一些,因而适用于任何场合。"③那么,什么是正义?这是一个令人着迷的吊诡问题。自原始社会产生以来,人们基于对劳动成果的分配,开始了对正义的思考,但一直争执不休,至今也难以达成一致。博登海默在解释"正义"时说道:"正义有一张普洛透斯似的脸(a Protean face),变幻无常、随时可呈现不同的状态,并具有极不同的面貌。当我们仔细查看这张脸并试图解开隐藏在其表面之后的秘密时,我们往往会深感迷惑。"④这表明,正义是一种主观的价值判断,不同的标准、

---

① 王泽应编著:《伦理学》,北京师范大学出版社2012年版,第2页。
② 同上书,第11页。
③ 王海明:《伦理学原理》(第3版),北京大学出版社2009年版,第206页。
④ [美]E. 博登海默:《法理学——法律哲学与法律方法》,邓正来译,中国政法大学出版社2004年版,第252页。

不同的角度、不同的立场会赋予正义不同的内涵。

世界上最伟大的哲学家之一柏拉图（Plato）认为，"正义就是各尽其职"①。作为柏拉图的弟子，亚里士多德不仅接受了老师的思想，而且在此基础上进行了大胆扬弃。亚里士多德认为，"正义乃是一种关注人和人之间关系的美德，正义寓于'某种平等'之中，正义就是中道、均等、平衡和相称"②。休谟（David Hume）对正义的认识与柏拉图有相似之处，他从"人性至善"理论的角度出发，提出"主张平等分配财产的平等派是一种政治狂信者"③。而正义研究的集大成者罗尔斯（John B. Rawls）认为，"正义是社会制度的首要美德，正像真理是思想体系的首要美德一样"④。这些"正义观"都强调正义是一种"美德"，具体体现为平等分配财产等稀缺资源。有学者指出，"在现代社会，随着价值的主观化，现代人认为道德的唯一课题是解决自利主义者们之间的利害冲突，使得大家都能从这个制度受益，道德问题也仅限于利害冲突所发生的问题。因此，基本上所有的道德问题都被化约成分配公正"⑤。这表明分配是否公正的问题不仅在过去是个核心议题，在现代社会依然是人们关注的中心。

德国法学家魏德士（Bernd Ruthers）依据正义规制的对象不同将其分为美德正义与制度（规则）正义。⑥ 制度正义是人类追求政治文明的一种基本目标，具体体现在制定的规则和程序能让所有人的财产、机会、责任和义务的分配公平、正当。实际上，任何制度都要以一定的价值认识和价值判断为前提，都要以一定的伦理精神为底蕴。毫无疑问，作为伦理道德的正义必然是法律制度的品性和归宿，是其得以建立的前提。实际上，强调正义对法律制度的基础性作用的观点早已存在。⑦ 在历史上，欧洲法律传统认同的"正义是所有合法统治的基础"可以追溯至亚里士多德和奥古斯丁（Aurelius Augustinus）。在亚里士多德眼中，正义与合法等同。罗马法学家则认为，"法与善、正义是分不开的"，"法是实现善与公正的艺术"，"法来源于正义，正

---

① [古希腊]柏拉图：《理想国》，郭斌和、张竹明译，商务印书馆1986年版，第7页。
② [古希腊]亚里士多德：《尼各马克伦理学》，廖申白译注，商务印书馆2003年版，第134页。
③ [英]休谟：《道德原则研究》，曾晓平译，商务印书馆2004年版，第45页。
④ [美]约翰·罗尔斯：《正义论》，何怀宏、何包钢、廖申白译，中国社会科学出版社1988年版，第1页。
⑤ 石元康：《从中国文化到现代性：典范转移?》，生活·读书·新知三联书店2000年版，第116页。
⑥ [德]伯恩·魏德士：《法理学》，丁小春等译，法律出版社2003年版，第161页。
⑦ 易军：《法律制度的伦理基础》，《中国社会科学》2004年第6期。

义如法之母;因此正义先于法诞生"①。鲍桑葵(Bernard Basanquet)说:"法律本身就意味着有某种值得加以维护的东西,而且这种东西是得到公认的;违犯它们不仅不得人心,而且是违背公共利益和毁约的罪恶行为。法律必然涉及主持正义的企图、维护正当的行为并含蓄地指出错误的行为,从而要求据此去理解它和评价它。法律的理想的一个主要方面即在于承认正义。"②英国法学家认为,"普遍的看法是,公平是法律所应当始终奉行的一种价值观"③。我国法理学学者李龙教授等认为,"没有正义就没有法律"④。因此,将正义视作法律制度的伦理基础已成为当今世界的普遍共识。法律制度不可抛弃正义,正义不可脱离法律,二者须臾不可分。

二 专利劫持行为打破了专利制度的公平、正义生态

专利法律制度通过确认发明创造劳动成果的归属来合理配置发明创造者和社会公众的权利与义务,以促进发明创造劳动成果的运用,推动技术进步和经济发展。作为一项法律制度,专利法律制度与其他任何法律制度一样,旨在实现公平正义,即确保专利权人和社会公众平等、公正地享有自己的权利,履行自己的义务。以专利权主体制度为例,各国专利法都规定任何对于发明创造做出实质创造性劳动的自然人,都是发明人,而并不区分发明人的年龄、性别、智力程度等。这充分体现了专利法律制度尊重所有发明人、保护所有发明人的理念,而这种理念正是专利法律制度追求公平正义的结果。此外,专利法中的客体制度、专利权制度、侵犯专利权的救济制度以及专利强制许可制度、不视为专利侵权制度等相关制度的规定,都承载着维护专利法律制度公平正义的价值目标,确保专利法律制度具有正当性。

专利劫持行为的道德困境导源于专利劫持行为人的"恶":他将专利权作为一种霸权,将专利制度功利化,以满足个人获取超额许可费之目的。霸权者利用专利权设置专利障碍"劫持"他人财富,重新进行资源利益的分配;

---

① [德]伯恩·魏德士:《法理学》,丁小春等译,法律出版社2003年版,第159页。
② [英]伯纳德·鲍桑葵:《关于国家的哲学理论》,汪淑钧译,商务印书馆1995年版,第73—74页。
③ [英]彼得·斯坦、约翰·香德:《西方社会的法律价值》,王献平译、郑成思校,中国人民公安大学出版社1990年版,第74页。
④ 李龙、刘连泰:《法学的品格》,《华东政法大学学报》2003年第1期。

在功利主义伦理道德思潮中,"看行为增进或者违反当事者的幸福感"①成为专利法律制度正当性的评判准则,保护专利权、激励发明创造成为制度设计的唯一指向。效率由此遮蔽了道德与正义,合理利益的分配和责任的分担湮没在专利权人实施专利劫持行为的快乐中,专利制度的公平正义受到严重侵蚀,道德气质不再完整。因此,专利劫持行为破坏了专利制度的公平正义生态。

三 法律规制专利劫持行为能够恢复专利制度的公平、正义价值

罗尔斯指出:"某些法律和制度,不管它们如何有效率和条理,只要它们不正义,就必须加以改造和废除。每个人都拥有一种基于正义的不可侵犯性,这种不可侵犯性即使以社会整体利益之名也不能逾越。"②专利制度欲走出道德困境,重新恢复公平正义,实现专利制度的良性道德生态,就必须寻求治理专利劫持行为的方式。法律规制是治理专利劫持行为的根本方式。诚然,专利劫持行为也可以通过道德治理、政策治理、思想治理等其他方式来实现,但这些方式都只能发挥有限的作用,缺乏像法律规制方式所具有的明确性、确定性、普遍性、稳定性、规范性、利导性以及国家权威性、国家强制性等特性。申言之,法律规制对专利劫持行为具有强有力的调整和规范作用,这是因为"法律是人类最伟大的发明,因为别的发明使人类学会了驾驭自然,而唯有法律让人类学会了如何驾驭自己"③。一般而言,法律对于违法、违约行为都规定了制裁措施,这主要基于违法、违约行为必然破坏了法律制度所孜孜以求的公平正义目标。

对违法行为实施法律规制的直接目的有三:首先,制裁侵害或毁损正义的行为;其次,恢复或补救被侵害或被毁损的正义状态;再次,发挥法律正义的警示和倡导作用,以避免再次发生类似的侵害或毁损正义的行为,或减少其发生

---

① [英]边沁:《道德与立法的原理绪论》,罗也明译,载周辅成编《西方伦理学名著选辑》(下卷),商务印书馆1987年版,第211—212页。
② [美]约翰·罗尔斯:《正义论》,何怀宏、何包钢、廖申白译,中国社会科学出版社1988年版,第1页。
③ [美]E.博登海默:《法理学——法律哲学与法律方法》,邓正来译,中国政法大学出版社2004年版,第219页。

的可能。可见,对违法、违约行为予以法律规制是法律制度具有正当性的体现,是实现法律制度正义的内在要求,是基于合理配置权利、义务的及时回应。相反,对违法、违约行为不进行规制,法律制度就无法做到"得与失之间的适度调整",就没有发挥矫正正义的功能,则该制度本身缺乏公正性和合理性,不可能维护社会正义。通过立法、司法、行政执法等法律方式规制专利劫持行为,制裁专利劫持行为人,保护专利劫持行为受害者的合法利益,重新分配资源和确定责任,目的在于达到公平正义之状态。

第二节 经济学中的交易成本理论

专利权是一种法定的民事权利,它是民事主体依法对特定的发明创造享有的垄断权。在经济学家的眼中,专利信息是生产活动中重要的生产要素和稀缺资源,专利权是一种产权制度安排,用于规范专利发明的创造、运用、管理和保护,以实现稀缺资源的优化配置和效益最大化。正如诺贝尔经济学奖获得者、新制度经济学的代表诺斯(Douglass C. North)所指出的,"付给数学家报酬和提供资金是刺激努力出成果的人为办法,而一项专为包括新思想、发明和创新在内的知识所有权而制定的法律则可以提供更为经常的刺激。没有这种所有权,便没有人会为社会利益而拿私人财产冒险"[①]。经济学旨在优化配置稀缺资源,确保这种配置能产生良好的社会收益。那么,发挥激励和约束作用的法律制度作为一种政策工具,是如何实现稀缺资源的优化配置的呢?我们可以运用经济学,特别是微观经济学的理论和方法来研究分析法律现象,从而达到效率最大化的目标——"以最低的成本去实现法律制度的目的"。深入研究法律规制专利劫持行为是否具有经济学上的正当性基础,即该制度是否能够降低交易成本,这关系到是否应当规制专利劫持行为、为什么要选择法律方式规制专利劫持行为等重大问题。本书从法经济学的视角出发,分析和探讨法律规制专利劫持行为是否能实现交易成本的降低,探求法律规制专利劫持行为在法经济学上的正当性基础。

[①] [美]道格拉斯·诺斯、罗伯斯·托马斯:《西方世界的兴起》,厉以平、蔡磊译,华夏出版社2009年版,第7页。

一　交易成本理论的外观与内核

交易成本是新制度经济学的核心概念,最早出现在科斯(Ronald H. Coase)于1937年发表的《企业的性质》一文中。科斯首次将交易成本概念引入经济分析中,指出利用价格机制会产生交易成本,包括获得精确的市场信息所产生的成本以及基于交易人之间的谈判、讨价还价和履行合同所产生的成本。① 在1960年,他撰文进一步提出,"为了进行市场交易,需要发现谁是愿意交易的人,告知愿意交易的人,以什么方式进行交易,进行谈判,乃至讨价还价,缔结契约并检查契约条款是否被违反等"②。这就是著名的科斯定理,其核心思想在于零交易成本的局限性和研究存在交易成本的社会。③ "可以将科斯定理的简单版表述为:如果交易成本为零,不论法律规则如何选择,有效率的结果都会发生。"④或者说,如果交易成本为零,不论法律如何设定权利,通过市场机制实现资源优化配置的目标均可以达成。但是,由于实际交易中交易成本都是存在的,因此必须在有形或者无形客体上设定财产权才能实现资源的有效配置,从而降低交易成本,这是法律制度的重要功能。为此,法经济学家认为,"包括契约法在内的许多同市场经济有关的法律都被用于减少交易成本,人们根据法律所规定的市场交易规则进行交易,而建立和执行这些法律制度本身的成本相对于其减少的交易成本来说是值得的"⑤。需要说明的是,尽管科斯开创性地提出了交易成本概念,但他本人并没有为交易成本构建完整的理论体系。这项工作是由威廉姆森(Oliver E. Williamson)等人完成的。威廉姆森将交易成本分为事前、事后交易成本。前者是指草拟合同、谈判及确保合同得以履行所付出的成本,后者是指交易已经发生之后的成本,包括不适应

---

① Coase, Ronald, H., "The Nature of the Firm", *Economica* (*Blackwell Publishing*), Vol. 4, No. 16, 1937, pp. 386–405.
② Coase, Ronald, H., "The Problem of Social Cost", *Journal of Law and Economy*, Vol. 3, No. 5, 1960, pp. 1–44.
③ [美]科斯、诺思、威廉姆森等著,[法]克劳德·梅纳尔编:《制度、契约与组织——从新制度经济学角度的透视》,刘刚、冯健、杨其静、胡琴等译,经济科学出版社2003年版,第62—63页。
④ [美]A. 米切尔·波林斯基:《法和经济学导论》,郑戈译,法律出版社2009年版,第11页。
⑤ 张乃根:《法与经济学》,中国政法大学出版社2003年版,第182页。

成本、讨价还价成本、建立及运转成本、保证成本。[①] 其他经济学家,如张五常认为交易成本是一切不直接发生在物质生产过程中的成本。[②] 考特(Robert Cooter)和尤伦(Thomas Ulen)认为,交易成本主要是搜寻成本、谈判成本和执行成本三种,它在零和无穷大之间分布,因此必须确定交易中的成本对于交易者来说是否足够低,以至于仅通过市场谈判就能决定资源的有效利用;或者是否过于高昂,从而导致交易不能达成。[③] 总之,交易成本理论或者交易费用理论揭示了人们在自愿交往、彼此合作并达成交易的过程中,由于人性因素和交易环境因素的交叉影响而产生的不可避免的成本。

二 专利劫持行为增加交易成本

专利劫持行为主体利用专利权的独占性,特别是利用诉讼或者发送律师函等程序性手段实施专利劫持行为,其根本目的在于通过与对方讨价还价获取超额的许可费收益。依此来看,阻止专利技术实施者继续实施该技术并非专利劫持行为人的出发点。专利劫持行为旨在追求一定的经济利益,因此从经济学的观点来看,专利劫持行为具有经济行为的特点,因为"经济行为可以被定义为人们为了获取物品的行为"[④]。

将上述科斯定理应用于专利劫持行为环境中,我们可以看到:在因专利劫持行为而被诉承担侵权责任的案件中,如果被诉人的沉没成本为零或者转换成本为零,即如果被劫持行为人没有或者不需要投入任何成本就可实现产品的转换,那么被劫持行为人将以最少的成本防范被劫持,法律无须另行设置相应制度就能实现资源的优化配置。但实际上,专利劫持行为多发生在累积创新环境或者标准化的环境中,被专利劫持的对象多为一些实体的产品生产者,专利劫持行为实施者在实施专利劫持行为前往往经过精心准备,常以"肥羊"战略方式指控产品生产商,而这些生产商已经在准备和推广实施该技术上投

[①] [美]奥利弗·E. 威廉姆森:《资本主义经济制度》,段毅才、王伟译,商务印书馆2002年版,第64—68页。
[②] 张五常:《经济解释》,商务印书馆2000年版,第40—43页。
[③] [美]罗伯特·考特、托马斯·尤伦:《法和经济学》(第5版),史晋川、董学兵等译,格致出版社、上海三联书店、上海人民出版社2010年版,第79—81页。
[④] [美]约瑟夫·阿洛伊斯·熊彼特:《经济发展理论:对利润资本信贷利息和经济周期的探究》,叶华译,中国社会科学出版社2009年版,第7页。

入了大量资金,产生了大量沉没成本;如果这些生产商为防止专利侵权,选择采用规避专利劫持行为人的专利技术方式,就必须寻找替代性技术。很显然,这样转换成本必将大为增加。除此之外,对被劫持行为人而言,如果应对诉讼,还会为搜寻不侵权证据而支出大笔费用,包括高昂的律师费等。而专利劫持行为人本身不进行生产,没有生产的固定成本,也不用担心反诉成本,这就会造成技术开发者和技术使用者之间分配不公平,提高专利许可的交易成本,降低专利许可谈判成功并实现技术交易的可能性,损及社会福利。此外,根据美国《专利主张实体与创新》报告的统计,美国专利诉讼案件的司法平均成本为 65 万美元,而一项超过 500 万美元的专利劫持行为所产生的法律费用平均达到 2500 万美元。谷歌公司、黑莓公司、地球连线公司(Earth Link Holdings Corp.)以及红帽公司(Red Hat,Inc.)等曾在 2013 年 4 月向美国联邦贸易委员会和美国司法部提出请求,希望这些部门对专利劫持行为者采取更强硬的姿态。在这份请求中,他们声称专利劫持行为者在 2011 年给美国公司带来了近 300 亿美元的额外开支,带来的直接和非直接相关成本总和已达 800 亿美元。这表明专利劫持行为中的诉讼干扰策略给专利创新系统带来了巨大的经济成本,阻碍了研发的投入,为社会带来了巨大的危害。[①]

三 法律规制专利劫持行为与交易成本的降低

过高的交易成本必然给交易带来诸多不利的影响,这也是市场失灵的表现:减少交易者的交易利益,妨碍交易的正常进行,降低正常的交易量,不能有效激励市场主体主动寻求交易,从而阻碍资源的有效配置。新制度经济学的一个元命题就是制度是降低交易成本的重要途径,有利于促进经济增长。作为一种管束人们行为的制度,[②]包括正式制度和非正式制度,前者主要指法律制度,后者则表现为价值信念、风俗习惯、文化传统、道德伦理、意识形态等行为准则。法律制度的产生正是为了促使交易成本最小化。专利劫持行为的法律规制也是为了解决交易成本过高问题,确保交易过程中维持合理的交易成

[①] 易继明:《遏制专利蟑螂——评美国专利新政及其对中国的启示》,《法律科学》(西北政法大学学报)2014 年第 2 期。

[②] [德]T. W. 舒尔茨:《制度与人的经济价值的不断提高》,载[美]科斯、[美]阿尔钦、[美]诺斯《财产权利和制度变迁——产权学派与新制度学派译文集》,刘守芳等译,上海人民出版社 2004 年版,第 253 页。

本,鼓励交易,达成许可,克服交易成本所造成的障碍。首先,通过法律规制专利劫持行为,有利于专利权人与技术实施者尽早达成专利许可协议,促进专利技术尽早转化为生产力,确保专利产品尽早得以制造与流通,满足消费者需求。通过法律规制给专利劫持行为人传递的信息非常清楚,即市场上存在对该专利技术使用的需求。这使得专利权人更为容易找到这样的技术使用者,从而减少了相应的搜寻成本。其次,通过法律规制专利劫持行为能够消除专利劫持行为带来的违约、专利权滥用甚至反竞争效果。专利劫持行为是一种违法行为,且违法成本低。通过法律规制专利劫持行为,可以提升专利劫持行为实施者的违法成本,降低信息成本和谈判成本。比如美国众议院在2013年通过的《创新法案》第4部分,规定了原告的信息披露义务,以提升专利权权属的透明性,减少信息成本。即原告在提交诉讼的同时应当向专利商标局、法院和各被告披露:"(a)涉案专利的权利主体;(b)任何有权再许可涉案专利的主体;(c)原告所知晓的、除原告以外的任何与涉案专利之间存在利益关系的主体;(d)任何与(a)、(b)、(c)项中的主体有关联的幕后专利权利主体。"[1]

第三节 管理学中的管理效益原则

管理是个人、企业、国家永恒的主题,是提高经济效益和社会效益最主要的途径。在当代,包括专利制度在内的知识产权制度不仅是一种法律制度,而且是一种管理制度。[2] 专利权之所以备受关注,根源在于对发明创造的独占权益构成了一种重要的市场资源。专利权问题离不开对发明技术的开发、经营和管理,从而构成一个管理学问题。在管理学领域,良好的专利管理首先应具有合法性,即管理主体在从事专利活动时,不得违反相关法律法规;其次专利管理应具有市场性,即管理专利的活动应当遵循市场经济原则,以市场机制为导向,以市场效益和社会效益为目标。换言之,违法的专利管理不符合经济效

---

[1] 《创新法案》(Innovation Act)于2013年在众议院通过,但在第113届国会中并未走到最后。古德雷特在2015年2月重提该法案(H. R. 9)。更详细信息参见:https://www.congress.gov/bill/114th-congress/house-bill/9/all-actions? q = % 7B% 22search% 22% 3A% 5B% 22% 5C% 22INNOVATION + ACT% 5C% 22% 22% 5D% 7D&resultIndex = 23(最后访问日期:2015 – 04 – 02)。

[2] 冯晓青:《企业知识产权管理》,中国政法大学出版社2012年版,第1页。

益和社会效益要求,应予以纠偏。

一 管理效益原则的释义

管理是协调工作活动使之有效率和有效果的过程,是同别人一起或通过别人使工作活动完成得更有效率和更有效果的过程,也是管理者对管理对象通过计划、组织、协调和控制等行为,使其发展符合管理组织设定目标的活动和过程。[①] 现代管理学之父德鲁克(Peter F. Drucker)说,"管理就是界定企业的使命,并激励和组织人力资源去实现这个使命。界定使命是企业家的任务,而激励与组织人力资源是领导力的范畴,二者的结合就是管理"[②]。在管理学领域,管理活动应遵循一些基本规律和原则。管理效益原则是指管理活动必须以尽量少的消耗和资金占用,生产出尽可能多的符合社会需要的产品,不断提高经济效益。简言之,管理就是对效益的不断追求,而效益包括效果和利益,经济效益和社会效益是衡量效益的两个维度。经济效益是衡量一切经济活动的最终指标,强调人们在社会经济活动中资金投入与产出的比较;社会效益则是对社会发展,包括对政治、文化、思想等所产生的积极作用或者影响。这两者既有区别又有联系,联系在于社会效益产生的基础和前提依赖良好的经济效益,而经济效益的提高离不开巨大的社会效益;区别则主要表现在经济效益比社会效益更加直接,可以运用若干经济指标来计算,如财务评价、国民经济评价,而社会效益则难以计量,主要依赖于社会评价和社会公共利益的度量。

二 专利劫持行为违背了管理效益原则

专利劫持行为是企业运用专利战略获取最佳利益的一种方式,它通过专利管理的方式为企业谋取利益。知识产权法学者冯晓青教授认为,"企业专利战略可以理解为企业为获取与保持市场竞争优势,利用专利制度和专利信息,

---

[①] [美]斯蒂芬·P. 罗宾斯、玛丽·库尔特:《管理学》(第7版),孙健敏、黄卫谓等译,中国人民大学出版社2004年版,第21页。
[②] [美]彼得·德鲁克:《管理:使命、责任、实务(使命篇)》,王永贵译,机械工业出版社2009年版,第5页。

谋求获取最佳经济效益的总体性谋划"①。按照性质的不同,可将企业专利战略分为进攻型专利战略、防御型专利战略以及攻守兼备型专利战略。企业专利战略是管理企业的一种重要方式,属于知识产权管理的范畴。何谓知识产权管理?按照知识产权法和管理学学者朱雪忠教授的观点,它是指"政府机关、高校、科研院校、企业或者其他组织等主体计划、组织、协调和控制知识产权的相关工作,并使其发展符合组织目标的过程,是协调知识产权事务的宏观调控和微观操作活动的总和"②。知识产权管理包括专利管理、商标管理、著作权管理、商业秘密管理等多种方式。作为一种管理方式,专利管理必须有利于保护发明创造人,鼓励发明创新和商业化应用,提升经济效益和社会效益。然而,与一般企业的进攻性专利战略的目的不同,专利劫持行为实施者主要是利用专利权限制和控制目标公司,以获取更多的许可费。由于专利劫持行为者并不关注技术的真正利用,这种战略并不符合专利制度的根本目的,损害了社会利益,也不能创造更好的经济效益,因而,这种管理活动不具有合法性。③

三 法律规制专利劫持行为与管理效益的提升

在管理学的视野中,企业专利管理在企业经营管理中占据十分重要的地位。良好的专利管理有利于提高对专利权的认识、激励企业创造出数量更多、价值更高的专利权,提升企业竞争力,节约研发成本,也有利于提高专利权的运用能力。专利权通过运用,才能体现其存在的价值,提升专利权运用能力是创新主体的目的,可以获得经济价值和社会价值。法律规制专利劫持行为,首先传递了法律对这种违法行为的否定和难以容忍之态度,表明尽管专利劫持行为被作为部分企业运营专利的一种策略,但这种策略并不符合法律的规定,违背了管理效益原则,不予以鼓励,应受到限制、约束或者干预。其次,法律规制专利劫持行为不仅仅是表达了立法机关、司法机关、执法机关对这种经济行为的价值取向,它还通过具体的规制措施矫正专利劫持行为主体偏离法律规范所实施的违法行为,确保专利权人在运营专利时遵循专利管理的基本原则,符合专利制度促进创新、推动技术发展的宗旨,从而确保专利运营与专利管理

---

① 冯晓青:《企业知识产权管理》,中国政法大学出版社2012年版,第282页。
② 朱雪忠主编:《知识产权管理》,高等教育出版社2010年版,第14页。
③ 曾德国主编:《知识产权管理》,知识产权出版社2012年版,第7—8页。

效益原则相契合。

第四节　法学视角的解读——以法哲学、民法学、专利法学、反垄断法学为基点

在法学视域中,法哲学中的权利限制原则、民法学中的诚实信用原则、专利法学中的利益平衡原则和反垄断法学中的竞争原则均可为法律规制专利劫持行为的正当性和合理性提供理论依据和支持。依次阐释如下。

一　法哲学中的权利限制原则

法哲学是什么,对这一问题的回答分歧较大。李步云教授认为:"法哲学则是马克思主义的唯物论、辩证法在法律现象、法律行为、法律思想中抽象出来的理论。"[①]文正邦教授指出,法哲学的基本问题,即构成法的主观精神性要素同制约法的客观物质性要素之间的关系,它支配着整个法制体系中的主观与客观、精神与物质乃至主体与客体之间的关系。[②]黄文艺教授则为法哲学研究概括了五大基本属性,即总体性、求实性、分析性、批判性、思想性。[③]可见,法哲学就是运用哲学基本原理和方法回答法学中的根本问题。这些根本问题的回答为部门法学的研究提供了观点、立场、方法,也为法律规制专利劫持行为的正当性奠定了良好的基础。

（一）权利限制原则的内涵解读

解读权利限制原则,首先需从"权利"开始。什么是权利?一般认为,权利是国家用法律明确规定并用国家的力量保障公民享有的某种利益。何谓利益?庞德说:"在法哲学上,利益可以看作是人们满足的需求、渴望或期望。"[④]根据享有利益的主体之不同,分为个人利益、社会利益、国家利益。在社会的发展过程中,由于利益主体的需求各不相同,利益难免存在冲突。从总体上来

[①] 李步云:《法哲学为法学研究提供智慧》,《人民日报》2014 年 6 月 20 日第 7 版。
[②] 文正邦:《论法哲学的基本问题与法的基本矛盾》,《云南法学》2001 年第 1 期。
[③] 黄文艺:《法哲学解说》,《法学研究》2000 年第 5 期。
[④] [美]罗斯科·庞德:《法理学》(第 3 卷),廖德宇译,法律出版社 2007 年版,第 14 页。

看,基于国家利益或社会公共利益的需要,有时会对个人权利给予一定程度的限制,以化解利益冲突。除此之外,作为一种权利规范,它是立法者向受众的确权、授权,少有具体规定权利主体如何行使和实现权利,这一模式在制度上为权利主体滥用权利制造了可能性;与此同时,权利主体的逐利化极易将这种可能性变为现实,影响他人的权利或者利益。诚如法谚所说,"有权利的地方,就会有权利被滥用的情形"。为阻止权利滥用,有必要确立权利限制原则。实际上,没有不受任何限制的权利。正如孟德斯鸠所说:"自由是做法律所许可的一切事情的权利;如果一个公民能够做法律所禁止的事情,他就不再有自由了,因为其他的人也同样会有这个权利。"[1]1948年的《世界人权宣言》(Universal Declaration of Human Rights)在确认人人享有权利时,也规定人人对社会负有义务,在行使权利时要受到法律的限制,其理由在于保证对他人的权利和自由给予应有的承认和尊重,符合社会道德、公共秩序和普遍福利的需要。德沃金(Ronald Dworkin)指出了法律限制权利的最重要、最正当的理由在于"避免权利冲突"[2]。由此可以得出结论,设立权利限制原则的价值准则在于消除或者调和利益冲突,做到尊重和保障权利,以"对自由的限制换得了对自由的保障"[3]。这又具体体现在三个方面:确保权利秩序、兼顾其他社会利益、确保权利主体承担重大的社会责任。[4]

权利限制往往是对权利的结构要素即利益、资格和行为自由的限制,其中限制行为自由是权利限制的关键。一般而言,法律对行为自由的限制主要从以下几个方面进行:(1)行为自由的动机或目的限制,即行为自由只能是出于善意,而非恶意。(2)行为尺度的限制,即行为自由必须适度,不能超过必要的限度。即使人们的行为自由并非出于恶意,但如果行使过度,也会造成他人合法权益和社会利益受到损害。如各国民法都明确规定,禁止权利滥用。(3)行为方式的限制。有的行为自由因方式的失当,同样具有一定的社会危害性,因此法律还对行为自由的方式加以限制。如我国《民事诉讼法》要求当事人在民事诉讼活动过程中应当遵循诚实信用原则,有权依照法律规定处分自己的民事权利和诉讼权利。

---

[1] [法]孟德斯鸠:《论法的精神》(上册),商务印书馆1978年版,第154页。
[2] Dworkin, Ronald, *Taking Rights Seriously*, Harvard: Harvard University Press, 1978, p. 194.
[3] [德]奥特费利德·德赫费:《政治的正义性——法和国家的批判哲学之基础》,庞学铨、李张林译,上海世纪出版集团2005年版,第3页。
[4] 汪太贤:《权利的代价——权利限制的根据、方式、宗旨和原则》,《学习与探索》2000年第4期。

权利限制的法律效果表现为受限制权利人的利益受到限制。当然,作为一种限制机制,权利限制本身也应受到一定的限制,应注重限制的正当性、适度性,否则不正当限制权利或者过度限制权利,都会损害权利,违背权利限制原则的精神底蕴,所以"对权利限制措施这样一种矫正措施必须加以限制"①。

(二)专利劫持行为对权利限制原则的否定

专利权是一种法律保护的利益,专利权人享有法律所赋予的制造、使用、销售、许诺销售、出口、许可或者转让专利权的利益,有权禁止他人未经许可实施受保护的发明创造。专利权人也当然有"处分"这种权利的自由,包括在获得某种对价时放弃行使这种禁止性权利,即专利许可实施。从专利法的角度看,专利许可实际上是专利权人对本来可以构成侵犯专利权行为的豁免(被许可人因而可以主张侵权抗辩)。② 因此,许可和有权禁止他人未经许可实施发明创造是专利权人的一种自由,但这种自由应与促进技术发展、保护社会公共利益并行不悖。这决定了专利权人在行使专利权时,应有良好的动机,是一个"善良的人",其行使专利权之目的不仅在于为个人增进财富,还在于推动技术进步;这也决定了专利权人在行使专利权时必须控制尺度,不得超出权利范围行使权利;这还决定了专利权人在行使专利权时,不得采用具有社会危害性的方式,不得滥用专利权获取不当利益。专利劫持行为是专利权人滥用专利权的一种表现,他凭借专利权人的地位,以提起诉讼或者发送律师函的方式威胁技术实施者,主张高额的许可费,突破了专利权正当行使的界限,损害了国家整体利益或社会公众利益,应受到相应的限制。

(三)法律规制专利劫持行为是权利限制原则的适用

"没有合法的垄断,就不会有足够的信息产生;有了合法的垄断,又不会有太多的信息被使用。"③这透露出人们对处理垄断权与信息使用权的基本态度,既要保证一定的垄断权,也要防止对垄断权的过度保护。专利权是一种典型的垄断权,对它的保护与对社会公众权利的保护存有矛盾冲突。保护专利权,就是保证专利权人对权利处置的自由,保护程度越高、越强,越能激励更多发明人参与创新生产活动,产出更加丰富的创新成果。然而,对于社会公众的权

---

① [法]雅克·盖斯旦、吉勒·古博、缪黑埃·法布赫-马南协:《法国民法总论》,陈鹏等译,法律出版社2004年版,第741页。
② [美]贾尼斯·M. 米勒:《专利法概论》,中信出版社2003年版,第271页。
③ [美]罗伯特·考特、托马斯·尤伦:《法和经济学》,张军译,上海三联书店、上海人民出版社1994年版,第285页。

利而言,过高或过强的专利权保护,都是一种戕害。保护社会公众权利,要求这些创新成果的权利人尽快扩散这些技术,以让社会公众能够对这些技术成果进行充分的传播和应用。所以,对发明创造享有的专利权和对发明创造享有的传播使用权之间存在客观的冲突。这种冲突在累积创新时代表现尤甚。为了消除权利冲突,尊重和保障权利,有必要对专利权和社会公众的权利进行适度限制,确保权利的实现,即专利法不仅要适度保护发明创造人的权利,而且要适度保护广大社会公众的权利;既要实现发明创造者对其智力劳动成果受到保护的期望,又要满足社会公众对技术广泛传播和使用的要求,从而在专利权人对发明创造的垄断利益和社会公众利用技术信息、促进技术和社会发展的公共利益之间维持一种恰当的平衡。为了实现这一目标,对于专利劫持行为,法律应予以规制。通过法律规制专利劫持行为,可以达到事前阻遏专利劫持行为的效果,也可以通过事后补救的方式让被劫持行为人的利益恢复到未受损的状态,重新达至平衡。

二 民法学中的诚实信用原则

在《知识产权协定》的序言部分,知识产权被明确定性为一种私权。专利权属于知识产权的子集,具有私权的品性,这决定了专利法与民法密不可分。在民法的演进过程中,经由法学家和立法者的努力,最为根本与通行的行为准则逐渐被总结为民法的基本原则,以确保民法在其体系上有与社会演化相协调的开放性。诚实信用原则是现代民法的基本原则之一,它要求民事主体在从事民事活动时遵循此原则。比如,在合同的签订、履行过程中,合同当事人应遵守诚实信用原则。专利许可合同的本性表现是一种合同行为,它的签订和履行应适用诚实信用原则,如果违反诚实信用,应承担相应的法律责任,接受相应的法律制裁。专利劫持行为常常发生在专利许可合同的签订和履行过程中,它是一种违约行为,其受到法律规制的前提在于专利权人违反了诚实信用原则。因此,我们以对诚实信用原则的解读为研究的进路,探求专利劫持行为与诚实信用原则扞格不入的真相,从而更好地构建规制专利劫持行为的法律制度。

(一)诚实信用原则的基本要义

诚实信用原则源于市民社会生活中的一种最为基本的道德规范,在不同时期、不同国家的民法中有着不同的称谓。① 在历史上,这一道德规则,曾长期以商业惯的形式存在,作为成文法的补充而对民法关系起着某种调整作用。由于贯彻近代民法基本原则②会产生投机、欺诈、市场失灵等社会弊端,现代民法积极主动地寻求道德规则对其进行修正,以实现民事主体与所在社会的协调发展,诚实信用原则由此上升为民法的一项基本原则。关于诚实信用原则的内涵,梁慧星教授将其界定为,"市场经济活动中形成的道德规则。它要求人们在市场活动中讲究信用,恪守诺言,诚实不欺,在不损害他人利益和社会利益的前提下追求自己的利益"③。徐国栋教授说:"诚信原则是不确定但具有强制性效力的一般条款,除了指导当事人正确进行民事活动外,还具有授予法官自由裁量权填补法律漏洞、引导法律与时俱进的作用。"④诚实信用原则已为世界各国民事法律所普遍确认。比如《德国民法典》(German Civil Code , das Bürgerliche Gesetzbuch,简称BGB)第242条规定,债务人须依诚实与信用,并照顾交易惯例履行其给付。如果说《德国民法典》尚未将诚实信用原则上升为民事活动应遵循的基本原则,那么1907年的《瑞士民法典》(Swiss Civil Code, Schweizerisches Zivil Gesetzbuch,简称ZGB)则完全可以担当此纲,它将诚实信用原则推升到一个新的高度。在该部法典中,瑞士立法者进一步将诚实信用原则的适用范围扩大到一切权利的行使和一切义务的履行。其第2条第(一)项规定:无论何人行使权利履行义务,均应依诚实信用为之。这是第一次在立法中将诚实信用原则提升到民法基本原则的高度,从而标志着现代意义上的诚实信用原则的确立。相较于大陆法系,英美法系仅在合同法中规定了诚实信用原则。英美合同法并没有赋予诚实信用原则过高的法律地位,而是通过运用一系列具体原则避开诚实信用这一基本原则。⑤ 我国《民法通则》规定了民事主体在参与民事活动,特别是在行使民事权利、履行民事义务时应当遵循诚实信用原则。⑥ 需要注意的是,《民法通则》并未对诚实信用原则的内涵进行规定。尽管如此,我国立法者参考发达国家和其他地区的经验,将诚实信用原

---

① 比如,诚实信用原则在罗马法中被称为"善意"原则,在法国法中也被称为"善意"原则,在德国法中被称为"诚实和信用"原则,在日本法中被称为"信义诚实"原则。
② 近代民法的基本原则包括所有权神圣、契约自由与过错责任原则。
③ 梁慧星:《诚实信用原则与漏洞补充》,《法学研究》1994年第2期,第22页。
④ 徐国栋:《诚实信用原则二题》,《法学研究》2002年第4期,第74页。
⑤ 刘春英:《诚实信用原则综论》,《河北法学》2006年第5期。
⑥ 《民法通则》第四条规定:"民事活动应当遵循自愿、公平、等价有偿、诚实信用的原则。"《合同法》第六条规定:"当事人行使权利、履行义务应当遵循诚实信用原则。"

则确立为民法之基本原则,其适用范围及于整个民事领域,凡一切民事主体,从事一切民事活动,均应遵循,这与现代民法发展趋势完全吻合。由此可见,作为具有法律规则和道德规则双重品格的诚实信用原则,不仅仅是一种价值形态,还是一种规范形态和事实形态,是民法中的一个基本原则。

(二)专利劫持行为对诚实信用原则的背离

专利劫持行为不仅发生在累积创新的环境中,而且常常与专利技术标准化相关联。比如,在专利技术标准化过程中,专利权人在标准化制定阶段故意隐藏或不当披露在标准采用过程中未决的专利申请信息,仅在标准被采纳后(或者当标准被广泛应用后),才行使权利,但又拒绝按照合理的条款和条件对专利进行授权,这是一种典型的违约行为。由时代华纳公司、日立公司、松下公司、三菱公司、东芝公司、JVC公司组成的6C联盟要求中国DVD生产厂家向其交纳专利使用费一案便是一个很好的例子。2001年年初,6C联盟正式提出我国DVD生产商应向其限时缴纳相关的专利技术使用费。2002年年初,欧盟各国的海关对中国的DVD机进行了扣押,随后,6C联盟再次要求中国企业就专利使用费的支付问题给予答复,否则将采取相应的法律措施。实际上,6C联盟累计拥有DVD技术标准中的2000多项专利,这些专利权人采用"一揽子"许可方式向中国DVD生产商许可专利池中的技术,但这些专利技术仅有少部分是DVD企业生产所需要的必要专利。6C联盟强迫我国DVD企业高价购买"一揽子"许可、通过专利霸权获得市场垄断地位并攫取超额垄断利润的行为是一种违反诚实信用原则的行为,偏离了民事行为应诚信不欺的轨道,应受到法律制裁。

(三)法律规制专利劫持行为与诚实信用原则的张扬

在专利许可合同的订立与履行过程中,专利权人作为合同订立一方享有合同自由,包括决定是否愿意订立许可合同、与谁订立许可合同、订立一个什么样的许可合同,这种自由体现了专利权人作为法律主体在进行合同活动时,可以根据自身独立的意志来设立、变更和终止合同权利义务关系。但与此同时,专利许可行为作为一种民事行为,理当按照诚实信用原则的要求来进行,即在专利许可合同的订立、履行过程中遵守诚实信用原则。具体来说,在专利许可合同订立阶段,特别是技术标准化环境中,专利权人负有先合同义务。先合同义务是指缔约过程中,双方当事人承担的法律义务。它是基于民法诚实信用原则而产生的法律义务,主要包括通知、协助、保护、保密、禁止欺诈等义务。在专利许可合同签订过程中,专利权人和被许可人则应根据诚实信用原则,各自承担通知、协助、保护、保密、禁止欺诈等义务。在专利许可合同履行过程中,双方当事人应按照合同约定全面地、实际地履行己方义务。

与此同时,根据诚实信用原则,双方当事人还应自觉地、善意地履行那些未在合同中约定但法律要求当事人应履行的义务,即附随义务。这些附随义务包括通知、协助、保密等义务。当出现或发生涉及一方利益的重大事项时,比如该专利技术已经被标准组织采纳作为一种标准,或者专利技术已经发生权利主体变更时,专利权人负有告知或通知对方的义务。此外,双方当事人在专利许可合同履行过程中,一方当事人在另一方当事人因疏忽、专业知识或专业技能限制等因素造成对合同产生重大误解甚至产生错误情形时,应负有善意告知另一方当事人的义务,不能利用对方当事人的这些缺陷,损害其合法利益。依据诚实信用原则所产生的附随义务,不同于当事人在合同中约定的、自始确定的且必备的主给付义务,不具备对等给付的性质,不发生同时履行抗辩。在双务合同的履行中,一方当事人未履行或不能保证履行合同约定的主给付义务时,对方当事人可以基于同时履行抗辩权的存在,不履行相应义务。但附随义务不履行,债权人原则上不能解除合同。在专利许可合同履行完毕后,合同双方主体依然负有后合同义务。换言之,在专利许可合同关系终止以后,尽管双方当事人的主合同义务已经履行完毕,但双方当事人还应履行某些依据诚实信用原则所产生的"后合同义务",如保密义务、忠实义务等。如此看来,诚实信用原则要求当事人在合同订立前后、履行过程中和履行结束后均承担相应的附随义务。因一方违反这些义务给另一方造成损害的,另一方可依据不完全给付之规定,请求义务违反方承担损害赔偿责任。法律规制专利劫持行为,其目的在于确保专利权人在与专利技术使用者签订专利许可合同的整体过程中,遵循诚实信用原则。

三 专利法学中的利益平衡原则

法律中的利益问题是立法和司法中的核心问题,法律、规则和制度都建立在利益平衡的基础上。任何一个部门法都体现了利益平衡的艺术,专利法也不例外。专利法是一种典型的利益平衡机制,它与著作权法、商标法等知识产权法律相似,都是建立在利益平衡的基础上。已故知识产权法专家郑成思先生早年曾说过,随着网络技术的发展,"利益平衡"将成为中国知识产权领域的一个新话题。① 在专利法中,发明的创造和利用会涉及多重主体,如发明人、专利权人、专利技术使用者、消费者、国家等。这些主体的利益各不相同,需要专利法设定相应的法律制度对这些利益冲突进行协调。专利法运用法律的方式调节各方的利益关系,防止利益垄断现象的发生,实现发明者、使用者和社会公众等各方面的利益平衡,从而能够使专利技术更好地应用于经济发展中,促进社会进步。可见,利益平衡在专利法中具有特别重要的地位和作用。在法律规制专利劫持行为的制度架构证成中,利益平衡是其追求的价值目标和应遵循的基本准则。

(一)利益平衡理论的内涵

法律是以设定权利与义务的形式来调整各种社会关系。它自产生以来,就与利益密切相关,因为构成权利与义务的基础性要素无疑是利益,权利就是法律所保护的利益。换句话说,法律关系实质上也是一种利益关系。利益是个复杂的概念。利益法学的创始人、德国法学家赫克(Philip Heck)认为:"法律之所以产生,原因就在于利益这一动因,没有利益,人们不会去制定法律,法律是社会中各种利益冲突的表现,是人们对各种冲突的利益进行评价后制定出来的,实际上是利益的安排和平衡。"②孙国华教授指出:"利益是主客体之间的一种关系,表现为社会发展规律作用于主体而产生的不同需要和满足这种需要的措施,反映着人与周围世界中对其发展有意义的各种事物和现象的积极关系,它使人与世界的关系具有了目的性,构成人们行为的内在动力。按不同的角度,可有不同的分类。"③梁上上教授按照层次结构将利益进行分类,并认为该层次结构中的当事人利益、群体利益、制度利益和社会公共利益呈现出从具体到抽象的递进关系,体现了包容和被包容的关系。④

对于人类来说,资源是不可缺少的,是非常重要的。但是基于人类追求的无限性,任何资源都具有稀缺性或者有限性。这就决定了人类在争夺有限资源满足自身利益需求和无尽欲望的过程中必然产生各种冲突。利益推动人类社会发展,利益也滋生社会矛盾。法律领域亦如是。由于法律关系的内核就是利益关系,而利益关系既存在,利益冲突也就必然存在,所以这决定了法律

---

① 郑成思:《网络盗版与"利益平衡"》,《韶关学院学报》(社会科学版)2005年第2期。
② 何勤华主编:《西方法律思想史》,复旦大学出版社2005年版,第255页。
③ 孙国华主编:《法理学教程》,中国人民大学出版社1994年版,第83页。
④ 梁上上:《利益的层次结构和利益衡量的展开——兼评加藤一郎的利益衡量论》,《法学研究》2002年第1期。

最主要的任务在于化解这些利益冲突,即法律存在的意义就在于"作为社会控制的手段和利导机制,必须对各种利益作出合理与非理、合法与非法的界定,并尽可能公正地平衡各种利益关系"①。冯晓青教授认为:"利益平衡是指在一定的利益格局和体系下出现的利益体系相对均势的状态。"②陶鑫良教授、袁真富教授也以为:"利益平衡是指通过法律的权威来协调各方面冲突因素,使相关各方的利益在共存和相容的基础上达到合理的优化状态。"③而本书以为,这三位学者界定的利益平衡仅仅指向了利益平衡的结果状态,遗漏了利益平衡作为一种平衡机制在调整过程中所具有的"动态"功能。

法学本质上的利益平衡基于利益冲突而存在,并以消解利益冲突为己任。它既包括实现平衡的法律努力,又包括通过努力而实现的平衡状态。④ 首先,利益平衡是平衡各种冲突利益的手段,表现在法律上的利益平衡是围绕权利建立相应的法律制度,以此来消解具有负面效应的冲突关系。具体包括:消解利益冲突的权利确认制度与消解利益冲突的权利运行制度。⑤ 其次,利益平衡是利益冲突消解后的状态。对于利益冲突的解决而言,精心设计利益平衡制度固然重要,但制度的设计目标在于最后真正实现利益平衡。如何衡量是否真正实现了利益平衡?从现实层面看,利益平衡是指将利益冲突调节到现实社会能够承受并与社会整体所确认的主流价值相一致的范围内,最大限度地满足不同利益主体的需要,并与社会发展的方向保持一致。简言之,利益平衡后的状态表现为:利益并非绝对均势,冲突并非完全消失,而是一种和谐状态,一种将冲突限定在社会主流价值观之内的和谐状态,一种与社会未来发展方向相一致的和谐状态。或者可以说,利益平衡是通过法律规范目的与限制某具体权利所造成的损失之间的比例考量,两相权衡后得大于失的状态。

(二)专利劫持行为不符合专利法之利益平衡机制的设计和目标

在当代社会,利益平衡已成为各种法律制度的重要价值取向,这也是专利法律制度遵循的准则。为确保这一目标的实现,专利法通过一系列的制度机

---

① 张文显主编:《法理学》,高等教育出版社、北京大学出版社1999年版,第54页。
② 冯晓青:《知识产权法利益平衡理论》,中国政法大学出版社2006年版,第11页。
③ 陶鑫良、袁真富:《知识产权法总论》,知识产权出版社2005年版,第17—18页。
④ 吴清旺、贺丹青:《利益衡平的法学本质》,《法学论坛》2006年第1期。
⑤ 权利确认制度是通过法律权利确认以确定某种利益是否应受到保障、应受到何种保障、利益归属何种主体、利益大小的份额等各项法律规则,并运用这些规则消解利益冲突。权利运行制度具体包括法律设定权利的取得与丧失、权利的行使、权利的救济等规则,通过这些规则解决各主体之间的利益得失、利益侵害等冲突,从而保证各主体实现利益最大化。

制,特别是垄断与反垄断、限制与反限制,维持了在专利权人的垄断利益与社会公共利益之间的平衡。具体体现在以下几个方面:第一,专利法在赋予专利权人对发明创造享有垄断权的同时,要求专利权人在申请专利时充分公开技术方案或者设计方案。专利权是一种垄断权,但根据专利法的宗旨,垄断权的授予不能构成对技术发展的障碍;相反,它应当有利于技术发展和进步。这就离不开专利权人对专利技术的"充分公开"。第二,专利法确立了可授予专利权的主题范围和条件。为了鼓励创新,各国专利法一般都赋予具有新颖性、创造性、实用性的发明创造以独占权客体的地位;为了确保社会公众对技术知识享有权利,各国专利法都限制某些发明创造,比如智力活动的规则和方法,以及不具备新颖性、创造性、实用性的发明创造取得专利权,比如美国司法实践中一直坚持的"自然规律、自然现象和抽象想法都不可以申请为专利"的做法,我国《专利法》第二十二条第一款规定:"授予专利权的发明和实用新型,应当具备新颖性、创造性和实用性。"第三,专利法对专利权内容进行了明确规定,这些内容的积极方面主要表现为一系列的权能,如我国《专利法》规定发明或实用新型专利权享有制造、使用、销售、许诺销售、进口其专利产品,或者使用其专利方法以及使用、销售、许诺销售依照该专利方法直接获得的产品等权利。但同时,该法也从消极方面设计了不得滥用专利权、强制许可以及不视为专利权侵权等制度安排。比如,美国司法实践中创设的专利权滥用原则不仅是一个抗辩事由,还是一个独立起诉的诉因。而《印度专利法》则明确规定了专利权人如未充分实施专利,未满足公众需求或者公众无力负担,或者专利不能在印度国土上实施,将允许他人获得强制许可,使用该专利技术。[①] 第四,专利法对专利权的保护期限进行了明确规定。对专利保护规定适当而合理的期限具有两方面的重要含义:一是保障专利权人以足够的时间获得对发明的投资回收,二是为竞争者以及其他社会公众的后续发明和作为获取知识和信息的途径创造一个"公共领域"空间。通过赋予有限的期限创立公共领域是专利法保障技术发明成果最终回归于社会、最终成为任何人都可以利用的共同财富的重要保障。[②]

专利劫持行为实质上是一种专利权滥用行为,它是专利权人利用专利权

---

① 《印度专利法》第八十四条(一)规定:"基于下列3种情形,任何人都可以自专利授权之日起满3年后申请专利强制许可:(1)是公众对该专利发明的合理要求未能得到满足;(2)是公众无法以合理的可负担的价格获取该专利发明;(3)是被授予专利的发明未能在印度领土上实施。"
② 冯晓青:《专利法利益平衡机制之探讨》,《郑州大学学报》(哲学社会科学版)2005年第3期。

挟持生产者的违法行为,不符合禁止权利滥用原则,打破了专利权人和社会公众的利益平衡状态。专利劫持行为并不关注专利技术的真正实施,而只寻求超额的专利许可费,这无疑会导致生产者将多支付的专利许可费转嫁至终端消费者,提升消费专利产品的成本。与此同时,专利劫持行为对技术实施的"漠然"也会阻碍累积创新的进一步发展,致使社会公众丧失获取更加先进的技术信息的机会,延滞技术的进步和技术信息的增进。不仅如此,专利劫持行为还加剧了专利竞赛,增加了产品生产者的社会成本,浪费了社会财富。专利劫持行为与专利法律制度的价值目标不一致,应受到法律规制,以利益平衡的手段促使专利权人和社会公众的利益最后达到平衡。

(三)法律规制专利劫持行为是专利法利益平衡原则的要求

专利法中利益平衡的实质就是适当限制专利权,以平衡专利权人和其他主体尤其是社会公众的利益。专利权是一种私权,专利法的首要目的是实现发明创造人的私人利益,但专利法也具有重要的公共利益目标。然而,公共利益是一个模糊的富有争议的概念。斯通(Deborah Stone)曾感慨:"在何谓公共利益这个问题上,永远无法形成广泛的共识。公共利益如同一个空盒,每个人都可以将自己的理解装入其中。"[1]虽然学界对于"什么是公共利益"的回答缺乏一致的答案,但这并不等于公共利益是专利法中可有可无的点缀。否认专利法中的公共利益,无疑是贬损专利法律制度的根本价值。

专利法中公共利益的凸显是由专利权的客体属性决定的。专利权的客体是发明创造,是科学技术知识的集合。从社会学的角度来看,发明创造抑或科学技术知识的集合是人类在认识、开发自然和利用自然规律的过程中产生的智力劳动成果,充满了私人性和公共性的烙印。私人性强调发明创造是个人行为,没有发明人个体的参加,发明创造的构思就不可能形成,发明创造活动就不能继续,发明创造成果就不能产生。与此同时,发明人个人的意志和知识对于最后形成的智力劳动成果的层次、性质、特点有决定性作用。不论过去,还是现在,抑或未来,没有个体,就不可能有发明创造活动。可见,个体在发明创造过程中具有重要作用,这也决定了发明创造具有非常浓厚的私人性。然而,专利法律制度作为一种制度设计和安排,还决定了发明创造具有重要的公共性特点。发明创造的公共性强调社会知识、社会资源、社会公众的突出贡

---

[1] Stone, Deborah, *Policy Paradox*, *The art of Political Decision Making*, New York: W. W. Norton & Company, 2001, p. 23.

献,重视技术传播、后续创新。发明创造源于发明者的创新活动,但创新活动依赖的知识绝大多数仰赖于人类社会实践活动的共同结晶,而传承和推广发明创造对于人类社会文明、科学技术的进步具有重要作用。综合起来看,在科技进步的过程中,私人性和社会性无疑是发明创造的重要特性,重视私人性有利于保证创新的活力来源,关注社会性有利于保障创新环境的建设。因此,对具有私人性和公共性的发明创造设计利益制度安排,既要保护发明人对其创造的智力劳动成果的垄断利益,又要保护社会公众对该项发明创造的传播和使用利益。但是,达德沃斯(Peter Drahos)和布雷斯韦特(John Braithwaite)指出:"现代知识产权制度滑向信息封建主义,重要的原因在于知识产权制度为奖励创新,授予个体垄断性权利,使得社会公众对知识的使用成为侵权行为。而他们侵犯的恰是本应属于人类共同遗产的知识,这些知识本应属于他们生而享有的受教育权范围之内。"[1]专利法律制度是知识产权法律制度的重要组成部分,有着相同的命运。如何破解保护与利用的棘手难题?恐怕唯有利益平衡机制可担当此任。

在专利法中,公共利益目标在相当大的程度上是通过自身的机制来实现的,如通过专利权不得滥用等制度确保公众对专利发明技术信息的享有,以维护经济社会的稳定有序。但是,专利法设定利益平衡制度并不意味着已经或者完全实现了利益平衡的和谐状态。因为,法律主体对权利的享有并不意味着利益必然实现,更不意味着没有利益冲突。另外,即便每个主体拥有均等的权利,也不能确保实现均等的利益,何况利益平衡并不等于各主体法律利益的均等。更有甚者,专利权的不当行使容易对社会公益造成侵犯,破坏专利法的利益平衡状态,这也是公权介入的原因。所以,对专利劫持行为给予法律规制,是专利法律制度利益平衡的要求,是正义性的体现。实施法律规制专利劫持行为的直接目的有三个:一是给予专利劫持行为以应有的打击;二是恢复或补救被专利劫持行为毁损的利益不平衡状态;三是借以发挥法律的警示作用,以避免或减少类似的行为发生。

以司法规制专利劫持行为为例。考虑到在技术标准化中,特别是信息通信技术(Information Communication Technology,简称ICT)产业的技术标准实施中,涉及众多社会群体,涉及互联互通、相互兼容的无障碍信息交流,所以,在

---

[1] [澳]彼得·达德沃斯、约翰·布雷斯韦特:《信息封建主义》,刘雪涛译,知识产权出版社2005年版,第255页。

决定是否签发禁令时必须要考虑利益平衡。张平教授为此提出在ICT产业应审慎决定是否颁发禁令。因为禁令的签发势必造成整个产业界的巨大损失，并波及其他产业，影响信息社会整体的社会公共福利。她还主张当涉及重大公共利益时，法院在认定专利挟持情况下可以不签发禁令，而采用类似于强制许可之做法，判令专利挟持人采用FRAND许可方式获得许可费。[①] 张平教授的主张与美国学者的认识完全一致。在美国最高法院审理的eBay案中，大法官肯尼迪（Anthony Kennedy）提出："如果专利权人确实是在用禁令作为工具向禁令被请求人敲竹杠，发出禁令是违背公共利益的，则不应颁布永久禁令。"[②]法院因公共利益而拒绝给予专利权人以禁令救济，理由何在？禁令救济体现了何种公共利益？不同种类的公共利益为什么存在序位之别？eBay案的判决意见给出了解释。该意见表明，法官在判决时需要在两种不同的公共利益之间进行权衡：一种是通过保护专利权而激励技术创新，从而给全社会大众带来长远的、间接的公共利益；[③]另一种是与专利权人利益相对立的、社会的、即时的、直接的公共利益。两相比较，前者当然更重要。但后者如涉及公众的生命权、健康权、福利权，应被看作比前者更重要，法院有权拒绝签发永久禁令。

在累积创新环境中，专利法律制度通过合理配置发明创造垄断权与发明创造获得权，达到利益平衡，契合了科技持续创新和进步的现实需要。诚如哈贝马斯（Jürgen Habermas）所说："社会交往行动理论为现代科学技术的发展路径建立了以符号为媒介的相互作用的制度框架。"[④]对专利劫持行为予以法律规制是专利法中利益平衡机制的内在要求，是专利法追求利益平衡的法律努力。相反，对专利劫持行为不进行法律规制，就不能实现恢复利益平衡的目标，就会掏空专利法律制度的价值。

[①] 张平：《技术标准中的专利权限制——兼评最高法院就实施标准中专利的行为是否构成侵权问题的函》，《电子知识产权》2009年第2期。

[②] "eBay Inc. v. MercExchange, L. L. C.", 126 S. Ct. 1837 (2006).

[③] 在"Pittway v. Black & Decker"[667 F. Supp. 585(N. D. Ill. 1987)]中，法院认为"保护专利免受可能侵权者侵犯总是在维护公共利益"。

[④] [德]尤尔根·哈贝马斯：《作为"意识形态"的技术与科学》，李黎等译，学林出版社1999年版，第49页。

四 反垄断法学中的竞争原则

反垄断法旨在规制损害市场竞争的经济垄断和行政垄断行为,维持市场的自由竞争状态和良好的运行秩序,保障社会经济的稳定发展。一般认为,以维护自由公平竞争为己任的反垄断法是现代各国发展市场经济所不可缺少的,有着"市场经济的基石"、"自由企业大宪章"、"经济宪法"等美誉。反垄断法的基本使命就是反对垄断、保护自由公平的竞争,但是法律并非规制所有的垄断行为,也存在豁免例外,专利权的行使就是一种特殊的例外情形。专利权是特定的主体对其发明创造依法享有的一种专有权,又被称为独占权或者垄断权,这表明专利权在本质上是法律赋予的一种合法垄断权。专利权人对专利发明享有的合法垄断权,是国家对发明者所付出的智力劳动的奖励,其目的是为了更好地激发发明人的创新潜能,鼓励竞争企业不断追求技术改进和方法改良,维护自由的市场竞争。但是,由于专利权的垄断特性和权利人的逐利性,专利权人在行使专利权的过程中容易滥用专利权,破坏市场竞争,而专利权自身的内部限制制度并不足以解决这些问题,必须借助反垄断法这样的国家干预手段对专利权滥用行为进行控制。专利劫持行为是一种专利权滥用行为,这也决定了反垄断法的介入有其可能性和必要性。

(一)竞争的面相及命理

从古至今,从自然界到人类社会,竞争无一不在。达尔文(Charles R. Darwin)在其著名的生物进化论中提出"物竞天择,适者生存",这充分体现了竞争是自然界的生存法则。竞争也出现在人和人之间。从社会学的角度看,竞争无外乎是个体或群体间力图胜过或压倒对方的心理需要或者行为过程,旨在调和个体或者群体之间的矛盾。正如德国政治家、经济学家、"社会市场经济之父"艾哈德(Ludwig W. Erhard)所说,"竞争不仅在于是获致繁荣和保证繁荣最有效的手段。只有竞争才能使作为消费者的人们从经济发展中受到实惠。它保证随着生产力的提高而带来的种种利益,终于归人们享受"[①],而且竞争对精神文明也具有重要的促进作用。缘于此,"竞争成为工业家、银行家、

---

① [德]路德维希·艾哈德:《来自竞争的繁荣》,祝世康、穆家骥译,商务印书馆1983年版,第11页。

政府商业贸易与产业行政机构最重要的目标"①。关于竞争的概念,法学和经济学中下过很多定义。《牛津法律大辞典》解释道:"竞争是一种与垄断相违反的经济形式。就其某些特定的货物和劳务而言,存在大量潜在的供应者和大量潜在的消费者,从而在双方之中没有任何人能独自控制货源、价格或其他市场因素。"②竞争法学者认为,"竞争是指在市场经济条件下,经营者为实现自身经济利益最大化,而在投资、生产、销售、管理、技术、服务、消费等诸方面,相互角逐的各种争胜行为,它可以促进资源的合理配置和社会经济发展"③。在经济学领域,竞争一般表述为经营者所进行的各种商业性行为,旨在谋取有利的生存发展环境和尽量多的利润。《新帕尔格雷夫经济学大辞典》中则指出:"竞争系个人(或集团或国家)间的角逐;凡一方或多方力图取得并非各方均能获得的某些东西时,就会有竞争。"④综观这些界定,发现竞争具有如下特征:其一,竞争主体是独立的商品生产者、经营者;其二,竞争是由双方经济力量的互相抗衡而引起的;其三,竞争是经营者追逐、实现自身经济利益最大化的过程;其四,竞争的结果是部分经营者被淘汰,部分经营者得以生存。⑤ 当然,竞争必须遵循一定规则,有序竞争是竞争的基本要求。

但是,人类缘何要竞争?追根溯源,主要是为了争夺稀缺和有限的资源,以获得人类自身生存的机会,而除了竞争,人类没有比这更好的选择。在资源有限和稀缺的条件之下,竞争的展开有利于达到资源的最佳配置和利益的最合理分配状态,也有利于推动生产力发展和人类社会文明进步,这也符合商品经济或者市场经济发展的要求。对市场经济来说,竞争是其本质,竞争有利于它的有效运行。没有竞争,市场经济就犹如一潭死水,毫无生机和活力,不能发展。竞争能促进经济效率、推动技术创新、提高经济效益、确保消费者和社会公共福利的增长、调节社会分配,这一点已成为市场经济国家的普遍共识。

(二)专利劫持行为损害竞争所导致的社会不利后果

技术标准化中的专利劫持行为往往发生在专利许可合同的签订和履行环节。而专利许可协议常常设置了诸多限制竞争的条款,比如拒绝将专利技术

---

① [美]里斯本小组:《竞争的极限——经济全球化与人类的未来》,张世鹏译,中央编译出版社2000年版,第136页。
② [英]戴维·沃克:《牛津法律大辞典》,光明日报出版社1988年版,第190页。
③ 种明钊主编:《竞争法学》,高等教育出版社2002年版,第5页。
④ 《新帕尔格雷夫经济学大辞典》(第1卷),经济科学出版社1992年版,第577页。
⑤ 徐孟洲、孟雁北:《竞争法》(第2版),中国人民大学出版社2014年版,第7页。

许可给特定主体条款、过高定价条款、"一揽子"许可或者搭售条款等,这些条款的设置目的在于获得垄断利益,但这势必破坏竞争。此外,作为垄断的专利劫持行为,还可以通过以下方式限制市场的自由竞争:其一,部分遭受专利劫持行为的生产厂商不得不退出市场,造成竞争者数量的减少,致使竞争的活跃性降低;其二,专利劫持行为人通过技术专利化——专利标准化模式设置壁垒,提高了市场新进入者的门槛,增加了消费者的负担;其三,专利劫持行为人在专利许可过程中,常常运用"一揽子"许可策略,迫使生产者支付高昂的专利许可费,甚至浪费相应的资金去获得不必要专利的许可权,这可能抑制了中小企业的快速成长,从而减少了市场竞争者数量,降低了企业特别是大企业所面临的竞争威胁,最终破坏了市场充分、有效的竞争程度,这与自由竞争的理念相悖;其四,标准化中的专利劫持行为人通过提起诉讼、签发禁令等手段威胁部分技术生产厂商,可能导致其沉没成本难以收回,并产生转换成本,进而导致消费者最后不得不分担成本,支付高于正常的价格;其五,专利劫持行为人并不旨在技术的实施,对社会生产力的促进功效不明显。

从理论上说,公平的竞争秩序是竞争者的理想之所在。但实际上,这个观点并不为每一个竞争者所接受。专利权是一种合法的垄断权,它在一定范围内对竞争有一定的限制。法律之所以允许基于专利权的合法行使产生的限制竞争存在,是基于利益平衡的结果,因为这种限制在可容忍的范围之内,是国家建立专利法律制度以激励创新的必要代价。但是,专利权的行使往往容易使权利人在某一特定市场上获得垄断地位,或者是在原来的基础上进一步巩固此地位。因此,如果专利权人利用垄断地位限制竞争,那么此种行为就违背了自由公平竞争的原则,是一种非法限制竞争的行为,这种行为必然对社会经济的发展、技术的进步、消费者的福利产生重大影响。概言之,构成垄断的专利劫持行为破坏和妨碍了自由竞争,损害了资源配置效率。这是因为在专利权许可交易过程中,交易当事人根据自己的需要签订许可合同,可以最有效地配置资源。但在专利权人实施劫持行为,特别是实施的专利劫持行为已经构成垄断的情形下,消费者为了得到所需的资源就必须支付高于正常价格的代价,这造成消费者的一部分剩余转移给了专利劫持行为人,使消费者福利净损,属于资源配置无效。另外,构成垄断的专利劫持行为损害了经济民主。作为民主在经济生活中的反映,经济民主是多数人对经济资源、经济机会的分享,是行为主体的抉择自由,它来自行为主体自身,不受他人干涉,反对资源和机会集中。然而,构成垄断的专利劫持行为者往往采取非法手段限制生产商,妨碍、剥夺生产商或者专利技术使用者对经济权利的行使,这势必损害经济民主。再者,构成垄断的专利劫持行为之主体可能会产生"寻租行为"[①]和"X非效率"[②],导致社会福利损失。

(三)控制垄断性的专利劫持行为是标准化条件下反垄断法保护竞争的重要任务

自由竞争乃是市场机制的灵魂,是市场经济保持活力的源泉。反垄断法作为经济法的基石,旨在追求"有效竞争",维护社会公众利益。在标准化条件下,专利权对竞争的作用越来越突出,专利与标准的结合不仅有利于生产者和经营者获得市场竞争力、阻止竞争对手,而且也成为他们谋求垄断或市场支配地位,获取高额利益的主要工具。这就决定了反垄断法对专利权的行使必然会给予特别关注,并承载着特殊的使命。当专利权人的权利行使与市场的有效竞争相冲突的时候,权利人的专利垄断权就必须让位于竞争有序的市场运作这一更大的价值。反垄断法所要实现的价值和目标决定了它必须介入对专利劫持行为等专利权滥用行为的限制,而且其基于维护有效竞争的目标所制定的一系列具体规定和指标能够有针对性地约束对专利权的滥用。唯有及时、有效地对包括构成垄断的专利劫持行为在内的妨碍、限制、消除市场竞争的非法垄断行为予以规制,才可以推动标准化条件下的竞争有序化发展,形成公平的竞争环境,确保竞争的功能,符合竞争的价值和目标。

在复杂技术时代,已经经历了从特权到私权转变的专利权正在发生新的嬗变:从私权到霸权。毋庸置疑,专利权正成为阻碍竞争的壁垒,包括专利劫持行为在内的非法垄断行为的大量形成及其对自由竞争、对技术发展、对消费者福利带来的严重危害,对专利权垄断提出了严峻的挑战,亟须反垄断法的适时介入。因此,背负促进有效竞争与维护消费者利益双重使命的反垄断法,应义不容辞地承担起控制包括专利劫持行为在内的专利权人非法行使专利权导致的垄断的法律重任。

---

① "寻租行为"是指在没有从事生产的情况下,为垄断社会资源或维持垄断地位,从而得到垄断利润(亦即经济租)所从事的一种非生产性寻利活动。
② "X非效率"是指在垄断情况下,由于市场缺乏强有力的竞争对手,没有竞争压力,企业的经营人员或劳动者就会偏离最适于生产的境界,技术落后使得企业的成本增加,垄断企业应该获得的一部分超额利润变成成本,由此而产生的无效率因无适当名称就称为"X非效率",又被称为技术无效率。

第三章 专利劫持行为法律规制的理论基础

本章小结：正当性之追问与辨识

1990年，墨杰斯和勒尔森教授自经济学领域借用"劫持行为"至专利法领域，使"专利劫持行为"成为正式术语，并受到广泛关注，引发激烈争论。专利劫持行为本身是一种专利权人对自己的专利权进行处置的行为，符合专利权人享有专利权行使自由的外观。因此，法律是否应该规制专利劫持行为，换言之，法律规制专利劫持行为的正当性研究是理论界和实务界难以回避的一项基础性工作。

透视伦理学的公平正义原则，可以为法律规制专利劫持行为找到正当性的根基。法律是道德外化的沉淀，法律制度有且唯一的合理性根源是法律具有"善"的品性，能对人的正当权益加以维护，保障公平正义。公平正义是法律制度的伦理基础，于专利制度亦莫例外。专利劫持行为打破了专利制度公平正义的伦理生态，通过法律规制予以回复是最重要的一种方式。新制度经济学中的交易成本理论和研究方法不仅对经济学界产生了重要的影响，而且也对政治学、法学、历史学、社会学等领域的科学研究产生了较大影响。专利劫持行为是经济学领域中"劫持行为"现象在专利法领域的复制，这决定了专利劫持行为的法律规制与经济学有着天然的勾连关系。以新制度经济学中的交易成本理论为入口，测度专利劫持行为对产品生产者、对消费者、对社会造成的社会成本，数字说话的强大功能显露无遗。管理学理论阐释法律制度的正当性，首要标准在于衡量这种法律制度是否符合管理效益原则。在一定程度上看，专利劫持行为是专利权人管理专利和运用专利的一种方式甚或战略。随着专利权价值的进一步提升，专利权的地位也越来越高，如何管理专利、利用专利不仅仅是一个法律问题，也是一个管理学问题。在累积创新或者技术标准化语境中，专利劫持行为不仅没带来经济效益，相反却带来了阻碍竞争、阻止创新、增加消费者成本、延滞技术进步和社会发展等负效应，湮没了社会效益，需要加以消解。回到法学视域，利益在法哲学、民法、专利法、反垄断法中穿梭自如。在法哲学视野中，权利限制是法律规定权利的代价。专利劫持行为突破了专利权正当行使的界限，损害了国家整体利益或者社会公众利益，应受到相应的限制。在民法学范畴，诚实信用原则是最低限度的道德法律化。

而专利劫持行为的道德实质就是欺诈、胁迫甚至完全抛弃伦理,它越过了道德的底线,滑向了道德的外围,需要民法的拯救。如果把目光放在专利法领域,专利劫持行为的危险就在于打破了专利权人和社会公众的利益平衡,如不加以治理,专利制度的合理性和合法性便荡然无存。反垄断法与专利法总是相互纠缠。专利权作为一种专有权,天然有着"垄断"的情结。专利劫持行为,特别是技术标准化中的专利劫持行为可能被识别为非法垄断范畴,一旦认定,专利权失去"合法垄断权"的外衣,反垄断法介入的正当性自不待言。

第四章 专利劫持行为法律规制的路径选择

只有将正当性上升为法律才具有执行效力,也才能更好地体现对社会的引导作用。[①]

——[德] 尤尔根·哈贝马斯

专利劫持行为是一种非法行使专利权的行为,是一种典型的滥用专利权行为,它背离民法上的诚实信用、公平、公序良俗等基本原则,阻滞创新、破坏竞争秩序、损害消费者合法利益、阻碍专利法律制度公平正义目标的实现,应受到法律规制。就学理而言,针对专利劫持行为应当给予法律规制的立场并无分歧,但如何进行法律规制,抑或究竟选择何种法律路径进行规制,学界则存在着不同的观点,实务界也有着不同的实践。主要分歧在于是应选择民法、专利法或者反垄断法规制的路径,还是应采纳民事诉讼程序法的规制路径,抑或是立体化体系的法律规制路径。

第一节 以民法、专利法和反垄断法为主体的规制路径

主张以民法、专利法、反垄断法规制专利劫持行为的观点,就是主张以合同法律责任制度、侵权法律责任制度、专利无效制度、强制许可制度、禁令制度、反垄断法法律责任制度、专利信息披露制度等法律规定来规制专利劫

[①] [德] 尤尔根·哈贝马斯:《交往行为理论:行政合理性与社会合理化》(第1卷),曹卫东译,上海人民出版社2004年版,第13页。

持行为。

一 民法规制

专利劫持行为属于专利权主体不正当行使专利权的一种行为表现，常常发生在专利许可合同的签订或者履行过程中。作为一种具有合同的法律外观的专利许可行为，又兼具权利滥用行为之特性，必然要受到民事法律法规的约束。

（一）民法规制专利劫持行为的法律依据

专利权是一种私权，属于民事权利的一种，有着民事权利的特征和品格：它是民事主体依法享有并受法律保护的利益，也是权利主体自己或者要求他人实施某种行为或者不实施某种行为的自由，还是权利主体在其权利受到侵害时，可以请求国家机关予以法律救济的权利。除此之外，民事主体在行使民事权利时应遵循权利不得滥用、诚实信用、公序良俗等基本原则。比如我国台湾地区的有关规定规定民事主体在行使权利时不得违反公共利益，也不得以损害他人为主要目的。不仅如此，民事主体在行使权利和履行义务时还要遵守诚实信用原则。我国台湾地区学者王泽鉴教授指出："此一重要规定的解释适用涉及国民的权利意识，权利的社会化及伦理化，最足显现一个国家的法律文化及社会发展。"[1]在普通法系，法律史的研究显示，早在1766年，英国曼斯菲尔德勋爵（Lord Mansfield）就已经将诚信称为在各类合同和交易领域内普遍适用的原则。[2] 在20世纪中期《美国统一商法典》（*Uniform Commercial Code*，简称 UCC）制定的过程中，负责起草工作的卢埃林（Karl Llewellyn）深受《德国民法典》的影响，将其第242条[3]规定的诚实信用原则移植到法典中，并作为第1—203条，强调根据该法典，当事人均须以善意履行或寻求强制执行合同。《美国合同法（第二次重述）》[*Restatement (Second) of the Law of Contracts*]第205条亦规定："善意行事与公平交易的义务：合同的每一方当事人在履行合同或强制执行合同时都负有善意行事和从事公平交易的义务。"可见，无论是大陆法系国家，还是英美法系国家，

---

[1] 王泽鉴：《诚实信用与权利滥用——我国台湾地区"最高法院"九一年台上字第七五四号判决评析》，《北方法学》2013年第4期。

[2] "Carter v. Boehm", (1766) 3 Burr, 1905.

[3] 《德国民法典》第242条："债务人有义务考虑交易习惯，依照诚实信用原则实施给付。"

民事法律制度或者私法法律制度都规定了民事主体在行使民事权利过程中应该遵守诚实信用原则、权利不得滥用原则等,否则应承担相应的民事法律责任。根据此规定,专利劫持行为可以被规制。

(二)民法规制专利劫持行为的法律后果

1. 合同责任的识别

合同责任是指合同当事人一方违反合同约定所应承担的法律责任。我国民法学者杨立新教授认为广义的合同法律责任涵盖缔约过失责任、预期违约责任、实际违约责任、加害给付责任、合同无效责任、后契约责任。[①] 第一,缔约过失责任。就缔约过失责任而言,它是指一方在合同成立前因违反先合同义务,给对方造成损失,受损方可请求缔约过失方承担的损害赔偿责任。它是一种新型的责任制度,具有独特和鲜明的特点:产生于缔约过程之中;违反了法律规定的先合同义务;造成他人信赖利益损失;缔约过失方应负损害赔偿责任;是一种补偿性民事责任。专利劫持行为人承担该责任的要件包括:专利劫持行为,特别是发生在标准化中的专利劫持行为,源于专利持有人在标准化制定过程中不当披露或者故意隐藏已获得专利权的相关信息,或者尚未获得专利权的技术信息,或者在标准被采纳后(或者当标准被广泛应用后)才行使这种强制性权利,导致专利许可合同不能签订,损害标准必要专利技术使用者的信赖利益。在标准化过程中,必要专利的披露和许可是标准化中知识产权问题的两项核心命题。一般来说,标准组织的专利政策都要求拟被采纳为标准的专利技术的权利人应负有必要专利信息的披露义务。专利劫持行为人故意隐瞒或者不当披露相关信息,有悖于诚实信用原则,未履行先合同义务,主观上具有过错,这种行为如果导致专利许可合同最后不能签订,而标准技术使用人已经为使用该项技术做了必要准备或者支付了相关的费用等,这些费用损失与专利劫持行为有因果关系,据此,专利劫持行为人应承担缔约过失责任。第二,其他类型的合同违约责任。在标准化过程中,专利劫持行为人加入标准组织,并承诺遵循FRAND原则,但在合同履行过程中,专利劫持行为人对于被纳入标准的必要专利的许可条件违反该原则,向标准必要专利技术使用者主张专利侵权,并以提起诉讼相威胁,索要超高额的专利许可费或者拒绝向标准使用者许可专利。对于专利权人实施的这种劫持行为,标准技术使用者可以主张撤销该合同,

---

① 杨立新:《中国合同责任研究(上)》,《河南省政法管理干部学院学报》2000年第1期。

也可以要求专利劫持行为人承担实际违约责任,即支付违约金、赔偿损失或者要求继续履行合同等法律责任。专利劫持行为人以明确的方式表示自己不履行合同义务或者以自己的行动表明不履行合同义务的,标准技术使用者可以在合同履行期满前要求专利劫持行为人承担预期违约责任。

2. 侵权责任的承担

侵权责任是指民事主体因实施侵犯他人权利的行为而应承担的不利法律后果。任何人不得侵犯他人的合法权利,这是一国法律要求每个公民、法人等民事主体对他人应负的一般性法律义务,对此项义务的违反应承担侵权责任。专利劫持行为是一种权利滥用行为,这种行为导致被劫持行为人的利益遭受损害时,属于一种侵权行为,依照法律规定应当承担侵权赔偿责任。专利劫持行为人承担这一责任应满足以下要件:第一,须有正当的专利权;第二,须专利权人有积极的或消极的行为;第三,这种行为不符合法律的规定;第四,给被劫持行为人造成了损害;第五,专利权人的不当行使行为与被劫持行为人所受的损害有因果关系;第六,专利权人主观上有过错,多表现为"主观之故意"状态。这六个要件,须同时具备方应承担赔偿责任。

但尚需提及的是,随着合同法与侵权责任法的双向扩张,违约责任对绝对权的保护与侵权责任对相对权的保护渐趋普遍,两者的竞合空间和中间领域亦不断扩大,竞合渐成常态。[①] 发生在专利许可过程中的专利劫持行为,既是一种权利滥用行为,又是一种专利许可行为,因此可能产生违约责任与侵权责任的竞合,被劫持行为人可以根据法律法规进行选择。

二 专利法规制

专利法以专利权为核心和逻辑起点,构建了包含专利权的取得、实施、管理和保护等内容在内的专利制度,所确定的一套权利体系旨在通过保护专利权人的合法权益,鼓励发明创造,推动专利技术的应用。比如,1787 年美国宪法制定者确立了著名的知识产权保护"三 P"原则:(1)"保护创造者"(the protection of the author),即宪法赋予创造者对其智力成果享有独占权;(2)"促进知识"(the promotion of learning),即知识产权法的立法目的在于促进知识传播和科技文化发展;(3)"保留公共领域"(the preservation of

---

① 谢鸿飞:《违约责任与侵权责任的再构成》,《环球法律评论》2014 年第 6 期。

the public domain），即宪法要求知识产权的授予应设定相应的条件。《日本专利法》（2014年最新修订）第1条："本法的目的是通过保护与利用发明，鼓励发明，以推动产业的发展。"可见，保护专利权和促进专利技术的运用犹如一个硬币的两面，二者不可偏废。专利劫持行为的目的并不在于运用技术，而是以不正当手段将专利权货币化以获取高额专利许可费，此种行为已经偏离了专利制度设计者的立法目的，应予以矫正。

（一）专利无效宣告制度

1. 专利无效宣告制度的意义

专利无效宣告是指发明创造获得国家授予的专利权后，相关主体认为此项专利权的授予不符合法律法规规定，要求国家机关启动的重审程序。专利权是发明创造人依法对其创造的发明享有的一种专有权。这种权利是一种推定有效的权利，法律效力具有一定程度的不稳定性。原因在于：第一，专利审查授权的局限性。在实质审查授权条件下，由于现有技术和其他文献资料十分广泛，加之新兴技术的现有技术文献缺乏，以及专利审查主体本身的局限性，这就决定了部分已获专利权的发明创造可能并不满足"新颖性、创造性和实用性"（简称"三性"）要求。对于只进行形式审查的发明创造而言，由于不对外观设计或者实用新型的专利申请进行实质审查，这就决定了被授予的专利权的稳定性更加不令人乐观。第二，专利申请人的过错。部分专利申请人基于故意或者过失，向国家专利主管机关提交了不符合"三性"要求的发明创造申请。

专利无效宣告程序有利于保障专利权的正确授予。当发现已授权的专利存在问题时，相关主体可以申请或者依职权启动相应的法律程序，重新审查已授权专利的有效性和合法性，以确保专利权人和社会公众的利益平衡。所以，专利无效宣告制度可以补正不当授权，诚如知识产权法学者刘春田教授所言："在社会公众辅助和支持下对已经授权的专利进行再次审查，可以弥补授权机构资源和能力的不足，矫正审查工作的失误，实现授权之后的监督。"[1]除此之外，该项制度还可以快速解决无效纠纷，维护专利权效力的稳定性，维护社会公众的利益。

2. 专利无效宣告制度对专利劫持行为的适用

专利无效宣告制度旨在确认已授权专利的有效性和合法性，保障授权

---

[1] 刘春田主编：《知识产权法》（第3版），高等教育出版社2007年版，第204页。

专利质量,保护社会公众利益。专利劫持行为中的"专利"一般经由专利劫持行为人通过并购的方式获得,部分专利则是自己研发所得。但无论是并购所得还是自己研发所得,这些专利中包含了大量的软件专利。对于软件专利而言,其保护范围非常模糊,或是原本保护范围有限,但却被故意用来提出广泛的侵权主张。美国政府考评局的《专利操控实体与创新》报告指出,"从2007年到2011年所增加的被告来看,其中涉及与计算机软件(尤其是涉及所谓'商业方法',而其中语意内容又不明确的发明专利)相关的专利诉讼就占了89%,而且由专利货币化实体所提出的专利侵权诉讼也绝大部分涉及计算机软件。这些用来描述新兴技术——比如软件——的语言可能存在固有的不准确性,因为这些技术的发展日新月异。而且有些软件专利的保护范围会将整个功能包含在内,比如说他们会将发送邮件作为一个专利,而非发送邮件的具体方法。"① 凡是涉及计算机软件专利的侵权诉讼,原告获胜率约为8%—9.2%;而用于生产制造的专利获胜率则为40%—50%;大约70%的专利可能会被判无效。可见,专利劫持行为人提起的诉讼败诉风险很高,无效可能性高。② 这一点也为勒姆利等人的研究所证实:在2008—2010年期间,被频繁提起诉讼的商业方法专利侵权纠纷中,权利人的胜诉率仅为4%。③

要说明的是,在美国,对于商业方法专利质量的恐惧和质疑早已存在,学界和实务界认为商业方法专利基本上属于"不良专利"或者无价值专利,这也是反对商业方法专利化的最集中声音。④ 美国纽约大学法学院的德拉费斯(Rochelle C. Dreyfuss)教授曾不无忧虑地指出:"商业方法专利带来两大难题,其一是专利的品质问题,其二是原则上的疑惑:商业竞争应否接受

---

① USGAO, Assessing Factors That Affect Patent Infringement Litigation Could Help Improve Patent Quality, GAO – 13 – 465, Aug22, 2013, Available at http://www.gao.gov/products/gao – 13 – 465(最后访问日期:2015 – 03 – 22).
② Chien, Colleen V., and Aashish R. Karkhanis (April 16, 2013), Comment to PTO – P – 2012 – 0052/Request for Comments and Notice of Roundtable Events for Partnership for Enhancement of Quality of Software-Related Patents, Available at http://www.uspto.gov/patents/law/comments/ sw-f_chien_20130416.pdf(最后访问日期:2015 – 02 – 22).
③ Allison, John, and Mark A. Lemley & Joshua Walker, "Extreme Value or Trolls on Top? The Characteristics of the Most Litigated Patents", *University of Pennsylvania Law Review*, Vol. 158, No. 1, 2009, p. 26.
④ 李晓秋:《信息技术时代的商业方法可专利性研究》,法律出版社2012年版,第21页。

独占权的观念。"[1]针对商业方法专利权利请求的不明确性,贝森教授和梅尔教授指出:"政策在限制抽象专利时应该划定一条界限,然而不幸的是,这样的界限仅仅落入了语词的沉沙中,以至于我们根本不知道这样的界限会带来什么,特别是针对软件专利。"[2]基于此,美国2011年通过的《美国发明法》在第18条专设涵盖商业方法专利的过渡方案。[3] 所以,利用专利无效程序可以对不满足授权条件的商业方法专利或者其他类型的专利进行补正,从而减少被控侵权人的讼累,阻止专利劫持行为的发生。

(二)强制许可制度

1. 强制许可制度的基本内涵

专利法领域中的强制许可是指在一定情况下,经当事人申请或者国家主管机关依职权、依法许可他人未经专利权人同意,有偿实施受保护的发明创造。可见,"强制性"是专利强制许可的主要特点,它与市场交易中的自愿许可相对应,剥夺了专利权人许可的自由。[4] 专利强制许可制度起源于1925年的《保护工业产权巴黎公约》(Paris Convention for the Protection of Industrial Property,以下简称《巴黎公约》)第5条,该条第二款规定联盟成员有权采取措施以防止未实施专利等专利权滥用行为,第三款还规定只有在采取强制许可措施后仍然不能有效防止专利权滥用行为时才可以撤销本专利。[5] 自此以后,专利强制许可制度逐渐替代专利撤销制度,并成为限制专利权滥用的重要制度之一。弗维(Cole. M. Fauver)指出,"除美国外,全世界(专利制度)的一个共同点是采用强制许可制度"[6]。比如《德国专利法》(German Patents Act)第24条对专利强制许可做了明确规定,规定要求颁发专利强制许可应满足如下条件:申请人适格;申请人已在合理的时间内、以合理的惯

---

[1] Dreyfuss, Rochelle C., "Are Business Method Patents Bad for Business?", *Santa Clara Computer & High Tech L. J.*, Vol. 16, 2000, pp. 267–274.

[2] Bessen, James, and Michael J. Meurer, *Patent Failure: How Judges, Bureaucrats, and Lawyers Put Innovators at Risk*, Princeton: Princeton University Press, 2008, p. 244.

[3] 李晓秋:《现实的需要还是立法者的游戏:〈美国发明法〉第18条评介及其启示》,《青海社会科学》2012年第3期。

[4] 刘强:《交易成本视野下的专利强制许可》,知识产权出版社2010年版,第1页。

[5] 参见《巴黎公约》第5条第2款:"联盟的成员应有权采取必要的措施防止因行使专利垄断权可能导致的滥用,如未实施专利。"第3款:"只有在强制许可不足以防止这些滥用行为时,可以采用撤销专利的措施。"

[6] Fauver, Cole M., "Compulsory Patent Licensing in the United States: An Idea Whose Time Has Come", *NW. J. INT' L L. & BUS.*, Vol. 8, 1988, p. 666.

用的商业条件,向专利权人要求签订许可协议,但未能成功;颁发该强制许可符合公共利益。此外,该法还特别规定了针对植物新品种专利的强制许可,可以参照普通专利强制许可的规定适用。①《印度专利法》(*Indian Patents Act*)第 84 条也体现了强制许可精神,该条规定任何利害关系人都可以基于专利产品未满足公众的合理要求,或者获取专利产品的价格超过公众可以承受的合理范围,或者基于未在印度领土上实施的发明等理由申请强制许可。专利权是一种专有权,是世界各国法律普遍认可的一种合法垄断权。但这种权利极易滑向非法垄断的边缘,为此需设计相应的制度限制专利权的不当行使。专利强制许可正逐步发展为阻止专利权滥用的重要手段,是各国专利法实现利益平衡目标的有力保障。

2. 专利强制许可制度的功能

专利强制许可制度是世界各国专利法律制度的重要组成部分,有利于立法者实现利益平衡,它在专利化、经济全球化时代必不可少,有着特殊的作用和地位。

首先,促进技术转移,推动产业发展,减小技术交易壁垒。在专利权市场交易过程中,专利权的独占性和垄断性会在一定程度上阻碍交易的达成。然而,在专利强制许可制度下,专利权人如若拒绝交易,将承担相应的法律责任,为避免承担不利的法律责任,专利权人有可能自愿许可,与他人达成许可协议,尽快、尽早地将专利技术转化为生产力,从而推动产业发展。

其次,丰富专利产品的供给,降低专利产品的价格。在市场经济这个商业环境中,无论专利权人是自然人还是公司,抑或非法人组织,其都有逐利的本性。商事主体的这种特性,决定了专利权人对利益的集中关注和不断追求,甚至采用"饥饿式"生产模式或者销售手段,导致专利产品单一、产品数量供应不足、产品价格高昂,因此部分需求者享受不到技术进步带来的成果。因而,设立专利强制许可制度,可以确保专利权人主动丰富专利产品的供给,也可以鼓励满足强制许可实施条件的主体提供相应的专利产品,确保社会公众对专利产品的可及性,降低消费价格,减少成本。

再次,在一定程度上限制专利权人滥用专利权的行为。专利权是一种具有垄断性的私权,法律并不拒绝这种垄断权的存在。但令立法者担忧的是,相对于其他权利,专利权滥用的可能性更大,这必然破坏市场竞争秩序。

---

① 范长军:《德国专利法研究》,科学出版社 2010 年版,第 101—103 页。

近几年来,专利权人滥用专利权引起的法律纠纷层出不穷,特别是在技术标准化环境中,专利权人滥用专利权,损害其他生产商或者竞争者利益的行为更是愈演愈烈。为此,有必要设计专利强制许可制度以示惩戒。

最后,有利于解决公共健康危机。在医药领域,药品的专利保护是企业发展的生命线。然而,药品专利越多,越容易形成"专利丛林",导致药品的生产和流通不畅,不利于化解公共健康危机。相对而言,发展中国家的药品专利的数量和质量都比发达国家少、差。基于公共健康的需要,发展中国家的企业可以向相关机构申请或者由国家依职权发布专利强制许可,打破藩篱,弱化发达国家对相应药品的控制,解决国内的公共健康问题。如2012年印度颁发首个药品强制许可,允许本国仿制药厂商纳特克公司(NATCO Pharma Ltd.)生产索拉非尼,它是德国拜耳公司(Bayer AG)拥有专利权的一种抗癌药物。

3. 专利强制许可制度的适用事由

专利强制许可制度的设立旨在防止专利权人滥用其权利,损害社会公众利益,从而在专利权人与公共利益之间寻求利益平衡。因此,专利强制许可制度的设计和实施都必须以利益平衡原则为指导,这意味着,专利强制许可制度的空间大小受限于利益平衡的要求,对专利强制许可制度的评价和检验取决于实现利益平衡的力度、程度和效果。世界上众多国家的专利法都规定了强制许可制度,但强制许可的事由却存在差异。一般认为,如存在专利权人滥用垄断地位、未满足社会公众的合理要求、违反反垄断法的规定、不利于本国经济发展需要和公共利益需要等情形,可以适用专利强制许可。此外,部分国家为保护公共健康,还对食品和药品专利实行广泛的强制许可;还有的国家为了国防的目的实行强制许可。[①]

4. 专利强制许可制度对于专利劫持行为的适用

在专利法领域,专利劫持行为和反公地悲剧现象是"专利法中的逆流"。适用专利强制许可制度对消除"逆流"并保证"顺流"能够发挥积极作用。回溯专利法律制度产生之初,产品所含技术较为单一,能够保证一项产品一个专利权。墨杰斯曾指出:"对于杰斐逊(Thomas Jefferson)时代来说,如果

---

① 林秀芹:《TRIPs体制下的专利强制许可制度研究》,法律出版社2006年版,第43页。

你把一项技术放入包里,再轻轻摇动它,你能从包里听到一些杂音。"[1]但是,这种模式随着电子技术和生物技术的到来已被悄然打破。在新技术时代,产品所含技术不再单一,而是复杂技术的结合体。虽然单个专利技术占整体产品的比例减小,但由于专利权所具有的垄断性特征,使得其控制和影响的产品范围大幅度扩大。对于产品生产者和销售者而言,侵权风险大大增加。专利劫持行为是专利权人利用专利权,要挟产品生产者或者销售者,旨在获取不当利益。专利强制许可在遏制专利劫持行为的实施方面有重要作用。对于法院而言,如果在审理专利侵权诉讼中审慎核发永久禁令或者诉前禁令,采用"司法上的专利强制许可",这意味着专利权人利用禁令获得谈判优势地位的"筹码"已经不存在,但专利权的有效性已得到确认,从而既能促使专利权人和专利技术使用者本着平等、自由原则达成许可交易,也能减少由于对专利权效力的质疑而启动的法律程序所带来的各种成本。

(三)禁令制度

1. 禁令制度的基本内容

禁令源于英美法系国家的衡平法,它是指"法庭要求实施某种行为或禁止实施某种行为的命令",实质上是为遭受侵害的权利人设立的一项救济措施。在专利侵权纠纷的诉讼过程中,涉及的禁令有三种:临时限制令、初步禁令、永久禁令。其中,临时限制令和初步禁令是临时性措施,前者适用于诉前阶段,目的在于维持现状,防止给当事人造成更大损失;初步禁令适用于诉讼程序启动后至判决前的阶段。临时限制令可以转化为初步禁令。永久禁令是法院审结案件时,认定被告侵权事实成立后根据法律规定给予胜诉方的一种救济,禁止被告再次侵权。有学者说,如果说临时禁令是一种消极防卫,永久禁令则体现出积极的防卫性,在理念上更符合预防性救济的逻辑。[2]在《知识产权协定》中,第50条明确规定了临时措施,包括两个方面:一是司法部门可以主动采取临时性措施,目的在于防止发生对任何知识产权的侵权行为,包括已获批准的进口商品,同时保存有关被指控侵权行为的证据;二是司法部门有权依申请采取临时性措施,特别是当如不采取相应措施,可能对申请人造成无法弥补的损害,或者相关证据有可能被销毁的明显

---

[1] Merges, Robert P., "As Many as Six Impossible Patent before Breakfast: Property Rights for Business Concepts and Patent System Reform", *Berkley Tech. L. J.*, Vol. 14, 1999, p. 577.

[2] 施高翔、齐树洁:《我国知识产权禁令制度的重构》,《厦门大学学报》(哲学社会科学版)2011年第5期。

危险性时。根据此项规定,目前世界上各协定成员国在司法上均可以采用相应的禁令制度。比如,在日本,根据《民事保全法》第32条(二)规定,如果侵权行为对当事人可能造成难以弥补的损害或者巨大危险时,当事人可以请求适用临时禁令制度。[①] 此外,大陆法系的侵权救济制度中的停止侵权责任与永久禁令有相似之处,均为法院在确认侵权后对未来侵权行为的阻止,但二者在适用条件、宗旨上也还存有细微差别。

2. 禁令制度的适用条件

禁令是把双刃剑,既能保护权利人,也能给被申请人带来"锁喉"的致命伤害。[②] 为此,有必要对禁令的适用做出明确的规定。以《美国专利法》为例,该法规定,为了保护专利权,具有诉讼管辖权的法院可以基于需要,依据衡平法原则颁布禁令,禁令时间由法院确定。[③] 根据此规定,美国在司法实践过程中确定了具体的适用规则。特别是在 eBay 案中,联邦最高法院强调颁发永久禁令必须坚持传统衡平法中的"四要素检验标准",放松或者收紧此标准都不利于专利权人和社会公众的利益平衡。根据此项标准,禁令的申请人必须证明以下事实:(1)遭受了重大损失;(2)损失赔偿仍不足以填补损害,侵权行为尚未停止;(3)申请人的损失比被申请人的损失更大;(4)禁令签发不损害公共利益。因此,当被告已经停止侵权行为或者权利人能获得足够赔偿时,法院就没有必要签发永久禁令。

3. 禁令制度对专利劫持行为的调适

禁令是专利劫持行为人威胁生产商的重要武器。但作为一种衡平救济方式,法院在决定是否适用禁令制度时享有自由裁量权。如果不签发禁令,专利权人的利益将为此受到不可弥补的损害,那么法院就应该签发。这就意味着,并非在认定专利侵权行为成立时,申请人或者提起诉讼的当事人就能获得禁令。严格适用禁令制度的条件,有利于防止禁令沦落为专利权人威胁他人尤其是生产商的一种工具。当专利权人凭此可以获得高额许可费或者巨额的损失赔偿时,权利人将更愿意选择经济学中的财产规则而非责任规则,从而增加交易成本,导致达成公平交易的可能性减小。所以,如果法院在审理专利侵权案件中识别出专利权人已经演变为专利劫持行为人

---

① 白绿铉编译:《日本新民事诉讼法》,中国法制出版社2000年版,第24页。
② 卢海君、邢文静:《知识产权禁令救济:法理解析、制度创新与立法完善》,《电子知识产权》2013年第3期。
③ 参见《美国专利法》第283条。

时,可以利用自由裁量权决定是否颁发禁令,从而既能维护原告专利权,又能创造平等协商的法律环境,促使许可人和被许可人就专利许可费达成一致意见。谨慎签发禁令有利于遏制专利劫持行为,这也是联邦最高法院在 eBay 案中所持的基本态度:法院在查实专利权有效并认定侵权事实成立后,仍然需要采用传统的衡平原则,考虑是否满足禁令签发的条件。eBay 案已成为美国法院是否签发永久禁令的界碑案件,它对解决专利劫持行为提供了有益的指导和方向,这与大陆法系中是否要求被控侵权人承担停止侵害责任如出一辙。

(四)专利侵权损害赔偿制度

1. 专利侵权损害赔偿的构成要件

专利侵权损害赔偿是专利法中一种重要的法律制度,是国家为了保护专利权人而制定的制裁专利侵权人的制度设计,它具体是指行为人因过错而侵犯他人专利权,依法应承担一定赔偿数额的民事责任。承担专利权侵权损害赔偿责任需满足以下构成要件:第一,行为人实施了侵害专利权的不法行为。即行为人在法律无特别规定情形下,未经许可制造、销售、许诺销售、使用他人专利权产品的行为。第二,专利权人受到损害。损害有二:财产损害,人身损害。对于专利侵权是否会造成人身损害,学术界一直存在着争议。[1] 但本书认为,专利权是一种典型的知识财产权,其权利属性表现为财产利益而非人身利益,所以专利权人遭受的损害应是财产损害,体现为财产利益的减少或灭失等客观事实。第三,专利侵权行为与损害后果之间有因果关系。在学理上,侵权损害赔偿中的因果关系认定一直是研究中的热点,也是难点,目前有多种理论,尚没有一致的观点。[2] 反映在专利侵权行为领域,由于专利权客体具有无形性,因此认定侵权与否更为复杂。实践中,原告只要证明被告实施了专利侵权行为和自己遭受了损害,原则上即可认定损害与专利侵权行为之间有因果关系。第四,侵权行为人存在过错。"过

---

[1] 廖志刚:《专利侵权损害赔偿研究》,《重庆大学学报》(社会科学版)2007 年第 3 期。
[2] 这些学说主要有"相当因果关系说"、"必然因果关系说"、"盖然性因果关系说"、"条件说"、"直接结果说"、"规则范围说"(或称"法规目的说")、"原因说"和"义务射程说"等。

错"在确定专利损害赔偿民事责任中的意义,集中体现为归责原则①的定性。对于侵害专利权民事赔偿责任应当适用何种归责原则,专利法领域或者知识产权领域学者一直有不同见解。② 本研究认为,专利侵权行为属于一般侵权行为,并非特殊侵权行为,在确定是否承担损害赔偿责任时,应适用过错责任原则,即需要判断侵权行为人在主观上是否存在故意或者过失。如果行为人主观上没有过错,就不用承担赔偿责任。

2. 专利侵权赔偿责任的主要功能

专利侵权损害赔偿作为专利法规定的最基本、最重要的责任承担方式,其功能的厘清有助于制度定位,也有助于科学合理地确定赔偿原则、赔偿范围、计算方式。一般认为,专利侵权赔偿的功能有预防功能、补偿功能、制裁功能、保护专利权的功能。其中最主要的功能是预防功能、补偿功能。

第一,预防功能。专利权的客体是技术方案或者设计方案,对于无形的发明创造而言,它不同于有形的实物产品,它是一种无形的财产,因而侵权人可以几乎不必付出任何技术开发成本或者仅付出较少的成本,就能使用新技术、新方法,从而获得不法利益。可见,预防专利侵权非常必要,特别是在知识产权时代。实际上,"消除影响及停止侵害行为之诉已经成为欧洲共同的法律制度"③。专利侵权损害赔偿规定专利侵权行为人应予以负责,体现法律规范的教导作用以及对有悖于法律和道德的行为的非难,具有一定的预防功能。

第二,补偿功能。填补损害是专利侵权责任制度的基本机能。加害人实施专利侵权行为并致专利权损害以后,受害人应根据专利法的规定寻求

---

① 归责原则是指行为人因其行为和物件致他人损害的事实发生以后,应依何种根据使其负责。此种根据体现了法律的价值判断,即法律应根据专利侵权行为人的过错还是应以已发生的损害结果为价值判断标准,或者以公平原则等作为价值判断标准,而使侵权行为人承担侵权责任。参见王利明《侵权行为法归责原则研究》,中国政法大学出版社1992年版,第17页。

② 张玉敏教授认为侵害专利权的行为属于一般侵权行为,应当适用过错责任原则。参见张玉敏《知识产权法》,法律出版社2005年版,第34—36页。郑成思先生认为知识产权侵权行为的属性不是单一的,应当同时适用过错责任原则和无过错责任原则。参见郑成思《知识产权论》,法律出版社2003年版,第272—295页。吴汉东教授主张在适用过错责任原则的基础上,以过错推定原则为补充。参见吴汉东《知识产权保护论》,《法学研究》2000年第1期。张玲教授则提出专利侵权是一种特殊侵权,应适用无过错责任。参见张玲《论专利侵权赔偿损失的归责原则》,《中国法学》2012年第2期。

③ [德]克里斯蒂安·冯·巴尔:《欧洲比较侵权责任法》(下卷),焦美华译,张新宝校,法律出版社2004年版,第146页。

救济,令加害人就其侵权行为负责,这既体现了法律对个人自主、个人尊严的维护,也体现了人类社会存在的基本价值追求。专利侵权损害赔偿基于公平正义的理念,目的在于使加害人向受害人承担赔偿责任,以填补专利权人或者利害关系人所受的损失,从而让受害人重新处于如同损害未曾发生时的状态。

3. 专利侵权损害赔偿的数额确定

专利权的客体与物权的客体相比,不具有有形性,而无形性的发明创造因他人的侵权受到的损害往往难以确定,因而赔偿数额的准确确定比较困难和复杂。一般来说,专利侵权损害的赔偿数额涉及赔偿范围、赔偿原则和计算方式。侵权损害赔偿的范围是指因侵权人的侵害行为给专利权人造成的损失,表现为直接损失和间接损失,尤以后者为主要表现形式。在认定侵权行为成立和厘清赔偿范围后,还需要考量采取何种赔偿原则来确定赔偿数额,这对于专利权人的保护十分重要。专利侵权作为一种民事侵权行为,其赔偿原则主要有补偿性赔偿与惩罚性赔偿。一般来说,惩罚性赔偿主要存在于《美国专利法》中,国际条约、英美法系其他部分国家和大陆法系大多数国家的专利法对惩罚性赔偿采用了不同的态度。[①] 而计算方式主要有权利人的利益损失、侵害人的侵权所得、专利权许可费或者权利许可金以及法定赔偿等多种方式。但对于专利侵权损害赔偿而言,即使已划定赔偿范围、确立赔偿原则、选择计算方式,如何落实赔偿范围、怎样计算最终承担的损害赔偿数额依然不是一件容易的事情。

4. 专利侵权损害赔偿责任对专利劫持行为的适用

专利权作为一项民事权利,当其遭受侵害时,侵权行为人就理应向专利权人承担专利侵权民事责任。但高昂的专利侵权赔偿,尽管能在一定程度上遏制专利侵权行为的发生,然而不得不承认的是,这也是诱发专利权人实施劫持行为的重要原因之一。在美国,由于惩罚性赔偿制度的存在,专利劫持行为人往往以此威胁被指控侵权人,而被指控侵权人也存在对是否承担惩罚性赔偿责任不确定性的担忧,从而促使了专利劫持行为的发生。另外,由于专利权的保护对象是非物质性的智力成果,其侵害方式和后果都不具有直观性,因而适用专利权侵权损害赔偿责任更为困难,这也加大了不确定性。

---

① 李晓秋:《专利侵权惩罚性赔偿制度:引入抑或摒弃》,《法商研究》2013 年第 4 期。

专利劫持行为人的专利往往只占被指控侵权人产品的一部分,甚至是微小部分。但专利权人往往要求司法机关根据以下原则来计算赔偿数额:权利人的专利产品在市场中因侵权而造成的减少之总量×每件专利产品的损失,或者根据侵权产品在市场上销售的总量×每件产品之合理利润,或者侵权产品的营业利润、销售利润。剥夺侵权人的非法获利,有利于打击侵权人,保护专利权人,维护健康的市场环境。然而,也要防止让侵权人为权利人的所有损失买单之做法。过于加重侵权人的损害赔偿责任,不但违反侵权损害赔偿法律制度所奉行的填平原则,而且也不符合法律上的公平、正义原则。

为了"足够赔偿"权利人,美国法院确立了"全部市场价值原则"(Entire Market Value Rule,简称 EMV 原则),其依据在于产品的整个市场价值都取决于专利的功能,或者说专利特征是消费者选择产品的理由,因此权利人的损害赔偿额应当以整个侵权产品,包括专利和非专利部分的全部获利来计算。该原则的基本内容是将专利对产品利润的贡献度推定为百分之百,因此其适用无疑能最大限度地实现权利人的诉求,难怪该原则一度成为保护专利权人利益、惩罚和威慑侵权者的有力武器,但该原则也容易导致对专利权人的过度补偿,为此,法院已开始重新考虑技术分摊原则。[①] 对于专利劫持行为,尤应恢复并坚持技术分摊原则,以更好地协调专利权人和社会公众的利益冲突,达到利益平衡之状态。

三 反垄断法规制

反垄断法与专利法有着天然联系,这给反垄断法规制专利劫持行为提

[①] 技术分摊规则主要是从技术特征、专利的技术贡献度来确定因果关系。它最早可追溯到1853年美国最高法院的两则判例,后在19世纪成为最高法院极为关注的问题。但是,专利技术的市场价值很难由技术特征本身来决定,影响的变量较多,这决定了技术如何分摊本身是个"难题"。此难题的存在成为1946年专利法修改取消非法获利赔偿的重要原因之一。在20世纪后半叶,技术特征因果关系被市场价值的因果关系所取代,从而转向市场分析法,推动了全部市场价值规则的兴起。随着全部市场价值规则的扩展,法院近年逐步发展出适用市场价值规则的严格条件,在一定程度上看,技术分摊规则正在回归到专利侵权赔偿的计算中。还可参见和育东《专利侵权赔偿中的技术分摊难题——从美国废除专利侵权"非法获利"赔偿说起》,《法律科学》(西北政法大学学报)2009年第3期;管育鹰《专利侵权损害赔偿额判定中专利贡献度问题探讨》,《人民司法》2010年第23期;张玲、张楠《侵权损害赔偿额计算中的技术分摊规则》,《天津法学》2013年第1期。

供了合理的依据。反垄断法是通过规制垄断行为和限制竞争行为,调整竞争关系以及与竞争有密切联系的其他社会关系,旨在维护公平竞争和消费者利益等社会公众利益的法律规范的总称。反垄断法是现代竞争法的核心内容,它对保障企业公平竞争、维护市场公平竞争秩序、推动市场经济健康发展、保护社会公共利益起着极其重要的作用。部分专利劫持行为阻碍了竞争,损害了消费者的福利,背离了反垄断法的价值和目标。反垄断法的特性决定了其可以作为规制专利劫持行为的路径,以维护市场的有效竞争。

(一)专利劫持行为的垄断违法性认定

在运用反垄断法规制专利劫持行为前,必须识别不同的专利劫持行为。这是因为专利劫持行为虽是一种专利权滥用行为,但它与滥用专利权的垄断行为并不完全一致。滥用专利权的垄断行为,通常是指专利权人将专利权扩张至法律规定的范围之外,在非法行使权利的过程中利用专利权拒绝许可、捆绑交易等限制竞争。由此可以看出,尽管专利权具有合法垄断的特性,但专利劫持行为并非必然属于反垄断法中指向的垄断行为,除非这种行为滥用市场支配地位或者排除限制竞争以形成生产者集中等。美国学者对此有清晰的界分,承认如果某种行为根据《谢尔曼法》(Sherman Act)第1条被识别为违反反托拉斯法的行为,则必然存在专利权滥用。但同时强调,依此进行相反推论并不正确。这是因为"无论什么时候,当专利权人试图超出许可范围扩大垄断,不管竞争是否有实质性的减少,或者有其他必要的影响来说明有无违反反托拉斯法的行为,都可能有专利权的滥用"[1]。美国学者的观点表明专利劫持行为并不总是存在反垄断法的视野中,除非垄断构成限制竞争。因此,反垄断法规制专利劫持行为时,必须对该行为是否严重限制竞争,也即是否具有垄断违法性、是否违反反垄断法进行分析。

在反垄断法中,判断是否构成垄断有两个原则:本身违法原则和合理原则。专利权与其他知识产权一样,它的合法行使已由反垄断法立法者作为例外进行排除。但专利权的行使对竞争的影响有利有弊,所以不宜以僵化的本身违法原则来认定,主要还是以合理原则来认定。合理原则来源于美国垄断领域的判例集合,指的是根据市场行为的复杂性,有一些行为不宜认定为法律调整的一般的违法现象,其是否违反反垄断法需要视具体情况而

---

[1] [美]约翰·理查兹等:《产品进入美国市场的法律问题》,侯国云等译,中国政法大学出版社1991年版,第215—216页。

定,其认定主要是以行为的目的、结果、行为人的市场力量为考量因素。[①] 换言之,采用合理原则认定某种行为是否属于反垄断法中的行为,应注意到某些限制竞争的行为不应被视为必然违法,其违法性需要通过对行为本身及相关市场情况进行具体分析,以行为是否在实质上限制竞争、是否损害社会整体经济效率及消费者利益等为标准来进行违法判定。[②] 其与本身违法原则不同的是,它并不以行为是否违法作为判断标志,而是以经济利益作为标杆。合理原则作为对本身违法原则的修改与补充,反映了反垄断法的目标是建立一个结构合理、有效竞争的市场模式。[③] 合理原则体现了反垄断法的灵活性,与反垄断法制度的终极价值目标一致,因而在各国反垄断实践中发挥着越来越重要的作用。在适用该原则时,首先应查明行为有无产生限制竞争的效果;其次应查明该具有限制竞争效果的行为是否为获取某种正当利益所合理需要;最后还要比较该行为所促成的利益是否大于其所造成的危害竞争的损失。作为反竞争行为的专利劫持行为,在认定其法律性质是否构成垄断时也需要运用合理原则进行评价。

(二)专利劫持行为的反垄断法法律责任

结合世界各国反垄断法的规定,实施了违反反垄断法的专利劫持行为,有可能承担以下典型的法律责任:

1. 典型的行政法律责任

反垄断法规定的行政责任有劝告、制止违法行为、罚款、没收违法所得、责令暂停营业以及吊销营业执照、责令改正、拆分企业、撤销登记、行政处分等多种承担方式。具体到专利劫持行为,有可能承担以下行政责任:

第一种是劝告。它是反垄断执法机构向专利劫持行为主体提出的停止违法行为的行政建议。在反垄断执法过程中,对专利劫持行为人或者专利权人已经开始实施且尚在进行的限制竞争行为,由反垄断执法机构通过一定的行政程序及时进行劝告,要求专利劫持行为人停止实施限制竞争行为,这是一种及时、灵活、有效、实用的具有法律约束力的行政措施。

第二种是制止违法行为。在专利权人实施了专利劫持行为的情况下,反垄断执法机构作为市场秩序的维护者和管理者,在劝告无效或者不宜采

---

① 王保树主编:《经济法原理》,社会科学文献出版社1999年版,第231页。
② 吴太轩:《技术标准化的反垄断法规制》,法律出版社2011年版,第71页。
③ 杨紫烜主编:《经济法》,北京大学出版社1999年版,第179页。

用劝告措施时,有权采取一定的措施制止专利劫持行为,维护正常的竞争秩序。制止违法行为主要是要求违法主体实施一些作为或者不作为。① 前者如要求专利劫持行为人以合理条件许可专利权;后者如责令专利劫持行为人停止实施垄断行为。为了督促违法当事人尽快履行其义务,反垄断执法机构还可对拒不执行或者拖延执行其决定或禁令的经营者课以罚款。

第三种是罚款。罚款是行政处罚中最为常见的一种方式,不同国家和地区有不同的称谓。② 作为一种财产罚,域外地区基于罚款的发生条件和适用对象的不同,形成了两种类型的立法例:一种是仅在特定条件下适用的法律责任,如在德国、美国和我国台湾地区,罚款仅在违法行为人主观上有过错,违反行政机关禁止性命令时才加以考虑;另一种是普遍运用的法律责任,如匈牙利、南斯拉夫等国将罚款作为制止限制竞争行为的有效措施。当然,反垄断执法机构在确定具体的罚款数额时,应考虑专利劫持行为的性质、对相关市场的危害程度、行为的持续时间、对消费者的影响、对创新的影响、对技术标准化进程的影响等因素。

2. 典型的民事责任

从理论上看,专利劫持行为侵害的是竞争者的正常经营权和消费者的合法权益,应将其认定为侵权行为。纵观各国立法,一般将损害赔偿设定为反垄断法中最主要的民事责任。比如美国《谢尔曼法》第7条规定任何因托拉斯行为所遭受的损害,无论大小,都将获得三倍惩罚性赔偿以及合理的诉讼费用。由此可见,世界各国、各地区在追究垄断行为者的民事责任时,主要指向损害赔偿责任。反垄断法对损害赔偿数额的确定有两种模式:一是补偿性赔偿,即要求加害人赔偿的数额不超过受害人实际遭受的财产损失,如日本、德国;二是惩罚性赔偿,即要求加害人向受害人赔偿超过其实际损失的数额。在美国,根据民事权利主体类型的不同,反垄断法分别设计了补偿性赔偿和惩罚性赔偿,前者适用于企业,后者则适用于私人。惩罚性赔偿数额的多少可以由法律法规直接规定,也可以由法官和陪审团自由裁量,但不能由当事人约定。惩罚性赔偿有利于制裁违法者,促进公平竞争,保护社会公众的利益,这一点也为美国司法界和学界所共认。

---

① 王晓晔:《违反〈反垄断法〉的法律责任——〈反垄断法〉释义之九》,《中国商界》2008年第7期。
② 如日本法称其为"课征金",我国台湾地区则称之为"罚锾"。

第二节 民事诉讼程序的规制路径

法谚说,"没有救济的权利是裸体权利","诉权就是请求法律救济的权利,是一项启动与延续诉讼的权利。在现代社会,它是宪法权利,也是一项基本人权"[1],可见,作为一种救济权利,诉权具有重要意义。然而,有权利的地方,就会有权利被滥用的情形发生。诉权也不例外。诉权滥用是指诉讼当事人借助诉讼手段谋取不正当利益或者损害他人利益的行为。然而,"社会的每一个成员都被认为具有一种基于正义,或者说基于自然权利的不可侵犯性,这种不可侵犯性是任何别人的福利都不可逾越的。正义否认为使一些人享受较大利益而剥夺另一些人的自由是正当的"[2]。因此,当事人的诉权在行使的过程中应受到合理限制;对于不正当行使诉权,造成其他人利益受损的行为,应给予法律的处罚。就当事人诉权滥用的程序性规制而言,主要表现为滥用诉权行为导致诉讼被驳回、滥用诉权的行为无效被撤销、滥用诉权的行为导致相应的经济处罚等。程序处罚方式直接针对诉权滥用行为而定制,但也不乏通过诉讼法中的相关原则性措施来规制诉权滥用行为,最为突出的是英美法系国家提出的正当程序要求和大陆法系国家确立的诚实信用原则。[3] 专利劫持行为的典型特征之一在于专利劫持行为人利用专利权向法院提起诉讼或者以要求法院发布禁止令相威胁,向生产商主张高额的专利许可费,这是一种具有诉权行使的表面特征,但却隐含着非正当的目的追求的不正当行使诉权行为,应受到法律的规制。

一 对专利劫持行为人提起诉讼的审查许可机制

诉讼审查许可机制是指在诚实信用原则或正当程序的指导下,法官基于法定的诉权要件或相关要求,对当事人提起的诉讼或上诉进行审查,如符

---

[1] 周永坤:《诉权法理研究论纲》,《中国法学》2004 年第 5 期。
[2] [美]约翰·罗尔斯:《正义论》,何怀宏、何包钢、廖申白译,中国社会科学出版社 1988 年版,第 25 页。
[3] 张晓薇:《民事诉权正当性与诉权滥用规制研究》,法律出版社 2014 年版,第 234 页。

合法定条件,法官便予以认可,否则诉讼将被驳回。诉讼审查许可机制包括诉讼审查机制和上诉许可机制。以德国、英国等为代表的西方法治发达国家均设立了诉讼审查机制和上诉许可机制。在德国,基于诉讼的可诉性,若诉讼当事人隐藏不法目的或者其提出诉讼的目的仅在于阻碍或损害对方当事人的合法权益,则当事人的诉讼行为就构成了对诉权的滥用,将被驳回。在美国,当事人轻率地、反复地提起诉讼,就构成对诉讼程序的滥用,法庭可以驳回当事人的起诉。对于轻率、反复的认定,《美国民事诉讼规则》(Federal Rules of Civil Procedure)第11条予以明确规定:"对于反复的认定,既判力规则被广泛使用,既判力规则排除了当事人反复性诉讼的合法性。另外,法庭有权驳回当事人轻率、反复的诉讼,对于为了商业利益或那些富人通过诉讼的方式达到拖垮对方当事人从而获得利益等这样的行为,诉讼被驳回起到了规制的作用。"专利劫持行为人提起的诉讼,如果被认定为隐藏不法目的或者属于当事人轻率、反复地提起诉讼,则专利劫持行为人的诉讼请求应予以驳回,包括对禁令请求的驳回。

二 专利劫持行为人承担诉讼费用机制

为防止诉权被滥用,部分国家的诉讼规则中确立或者承认诉权滥用行为导致责任费用的加重负担原则,要求诉权滥用行为的当事人承担一部分责任费用。这样的规制手段来源于大陆法系国家广泛使用的基本原则,是"败诉方承担全部诉讼费用"的一种变通处理。换句话说,法院可以判令滥用诉权提起诉讼的胜诉人承担诉讼费用,而不再由败诉方负担。可见,运用责任费用的特殊分担原则对诉权滥用行为进行规制,旨在平衡双方当事人的诉讼利益。在德国,《民事诉讼法》第138条第一款(D)规定了当事人在陈述案件事实时应是诚实的。在诚实义务原则的统摄下,该法还规定,如果当事人在一、二审中主张无益的诉讼,法院均判令该当事人承担诉讼费用。[①] 美国与德国不同,美国诉讼中的一般规则是法庭费用由败诉方当事人承担,但律师费用一般由各方当事人自行承担,即所谓的"美国规则"(American Rule)。此项规则由美国

---

① 德国贝克出版社编:《德意志联邦共和国民事诉讼法》,谢怀栻译,中国法制出版社2001年版,第20页。

联邦最高法院在1796年的Arcambel诉Wiseman案①中确立,核心是"胜诉方不得要求败诉方承担其律师费,除非法律允许"②。根据《美国专利法》第285条规定,法院仅在"例外情况"下才可判决败诉方承担胜诉方的律师费用。在实践中,美国联邦法院对"例外情况"又做了一番解释,设定了一定的门槛,导致该条的实际适用范围非常有限。③但美国联邦最高法院在2014年4月就败诉方承担另一方律师费的问题公布了两个判决,④一改之前的态度。无论是大陆法系国家的诉讼费用承担变通规则,还是美国律师费的转移支付机制,都对引导专利权人谨慎行使诉权、遏制专利劫持行为的发生具有重要意义。

三 专利劫持行为人承担罚款机制

针对专利劫持行为人滥用诉权行为,法庭通过对当事人课以一定程度的罚款以达到规制的作用,这一方式在许多国家的立法和实践中都有体现。在法国,《民事诉讼法典》(Code de procédure civile)第32条第一款规定,对于当事人的滥用行为,法庭可以处以100法郎至10000法郎的罚款。这种罚款在性质上具备了传统意义上的损害赔偿的特点,进而被称之为"损害利益",当然,这种损害赔偿不是基于受害方当事人的请求而产生的,而是法庭直接对滥用诉权行为当事人的强制性罚款。在葡萄牙,《民事诉讼法典》(Portuguese Civil Procedure Code)第456条也规定了对恶意诉讼行为当事人,法庭有权处以罚款。可见,法庭对于专利劫持行为人课以一定数额的罚款,在一定程度上也许可以阻止专利劫持行为的发生。

第三节 立体化体系的法律规制路径:最优选择

从前述分析可知,专利劫持行为的法律规制可以依赖民法、专利法、反

---

① "Arcambel v. Wiseman",3 U.S. 306,306(1796).
② "Alyeska Pipeline Serv. Co. v. Wilderness Soc'y",421 U.S. 240,262(1974).
③ 徐棣枫、郏志勇:《美国专利案件中的律师费承担规则及其发展》,《知识产权》2014年第10期。
④ "Octane Fitness v. Icon Health & Fitness",572 U.S. (2014);"Highmark Inc. v. Allcare Health Management System",Inc.,572 U.S. (2014).

垄断法,也可以基于民事诉讼程序规则,且各有所长。但是采用单一的某种法律制度均存在相应的弊端,下面分别述之。

一 单一法律规制专利劫持行为的局限性

(一)民法规制专利劫持行为的不足

首先,就禁止权利滥用原则和诚实信用原则本身来看,其规定过于原则化,缺乏可操作性,对专利劫持行为的规制效果有限。禁止权利滥用原则和诚实信用原则具有高度的抽象性,其在宏观上有助于整个市场环境的良好运行,但在微观层面的规范效果并不强。禁止权利滥用原则和诚实信用原则只有结合具体的案情才可以得出正确的结论。比如,在认定专利权人行使专利权的行为是不是专利劫持行为时需要考虑:(1)专利权人行使专利权的时间是否适当。如专利侵权行为发生后,专利权人迟迟不行使,直到于己有利时才行使,或因其不行使状态一直持续,导致专利技术使用者相信其已行使而实际上并未行使时,其行为才可以被确定为专利劫持行为。(2)专利权人行使权利的方式是否适当。专利权人在发现他人未经许可使用自己的专利技术后,有权根据法律规定的方式提起诉讼或者寻求其他的救济方式。只有当专利权人提起诉讼或者采用其他方式的目的只是为了获取超高额的专利许可费时,才可以被认定为专利劫持行为。(3)专利权行使的对象是否适当。专利权人如常以生产制造商作为权利行使的对象,滋扰他们的生产活动,获取不法利益,则可以被认定为专利劫持行为。(4)还得考虑专利权行使的程度以及行使的场合是否适当。这表明运用禁止权利滥用原则规制专利劫持行为,操作性不强。除此之外,专利劫持行为产生了合同撤销权与侵权损害赔偿请求权的竞合,其法律责任属于民法中的合同责任和侵权责任的竞合,而违约责任与侵权责任的区隔与竞合一直是困扰民法学的难题。加之,民法基本原则不能作为直接适用的法律依据,仅对法律适用发挥补充作用。这一观点亦为反垄断法学者王先林教授认同,即在一定程度上,权利不得滥用等民法原则可以对一些知识产权滥用行为加以控制,但仅在特定情况下起到漏洞补充的作用,并不能成为主要的适用依据。[①]

其次,民法深重的私法烙印决定了其规制专利劫持行为的能力有限。

---

① 王先林:《知识产权滥用及其法律规制》,《法学》2004年第3期。

私法自治是民法的基本要义,公权的干预和介入应被限制在特定范围内。按照民法的主旨,契约应当被信守,契约信守精神是契约的伦理价值之所在,人们签订契约是出于彼此的信任。在专利劫持行为发生的情况下,专利权人通常会迫使被许可方签订不合理的合同或者被劫持行为人源于专利权人的欺诈信息而与之签订了合同。根据合同自由和合同信守理念,只要不存在违反国家利益等情形,合同在撤销之前都具有法律效力,缔约当事人应依约履行合同中约定的义务。除非被劫持行为人在法律规定的时间内,向法院或者仲裁机构主张其在该专利许可合同的签订过程中受到胁迫或者欺诈,从而享有合同撤销权,有权主张对该合同予以撤销。然而,被劫持行为人如欲撤销合同,一般需依诉讼或者仲裁方式提出,如《法国民法典》第1117条规定当事人可对因错误、胁迫或欺诈而订立的契约请求无效或者撤销。① 而诉讼或者仲裁方式增加了被劫持行为人的负担,不符合经济原则。同时,被劫持行为人如欲撤销合同,必须在规定时间内行使撤销权,否则将丧失撤销权。实际上,在专利许可合同签订后,被劫持行为人极有可能因某种原因来不及以提起诉讼或申请仲裁等方式行使撤销权,从而不利于被劫持行为人保护自己的合法权益;如果被劫持行为人一直不能得知撤销事由,就不可能行使合同撤销权,该合同的效力一直待定,影响当事人之间法律关系的稳定和交易秩序的维护。② 此外,专利劫持行为的受害者若要依照民法中的侵权法获得救济,需要向法院证明:(1)专利劫持行为是一种违法行为;(2)专利劫持行为人有过错;(3)专利劫持行为已经造成损害;(4)损害与专利权的行使行为存在因果关系。但在诉讼中,被劫持行为人要完成这些举证是非常困难的。其实关于损害赔偿救济的举证艰难,德国法学大儒耶林早已痛呼:"损害赔偿制度给近代证据理论带来灾难,变成司法为防止不法而曾使用过的手段中尤为绝望的一个。"③

因此,民法对专利劫持行为的规制存在很大不足。申言之,民法规制专利劫持行为的法律效果难遂人愿。

---

① 参见《法国民法典》第1117条:"因错误、胁迫或欺诈而订立的契约并非当然无效;此种契约,依本编第五章第七节规定的情形与方式,仅产生请求宣告其无效或宣告其应予撤销之诉权。"
② 张里安、胡振玲:《略论合同撤销权的行使》,《法学评论》2007年第3期。
③ [德]鲁道夫·耶林:《为权利而斗争》,载梁慧星主编《民商法论丛》(2),法律出版社1994年版,第53页。

(二)专利法规制专利劫持行为的不及

1. 专利法不能明确规定如何行使专利权

专利法具有私法属性,而"'法不禁止皆自由'是私法中的一个经典性命题,它与公法的'法不授权皆禁止'的命题相对照"[1]。专利法的主要任务在于从权利内容本身界定何为专利权。因此,专利法并不会具体规定专利权的行使方式和类型。专利法可以基于利益衡平的角度,规定哪些情形应被视为不侵犯专利权、哪些理由可允许申请人申请或者国家依职权给予强制许可以及非生产性经营利用方式等条件下使用专利技术不能被认定为侵权,从而对专利权人的权利施加一些限制,但是却不能明确规定权利人必须如何行使权利。只要不属于专利法所禁止的方式或者类型,专利权人均有权采用,这是专利法作为私法的本旨之所在。

2. 对专利劫持行为的定性和界定模糊

专利劫持行为与专利法律制度相伴而生,其出现有其必然性。世界上大多数国家对于"专利权滥用"尚未进行法律界定和类型化,这容易导致对于专利劫持行为的法律定性不清:是一般的专利权滥用行为,还是滥用专利权的垄断行为?而法律定性不清将造成无法精准选择专利劫持行为的规制路径,不能有效规制专利劫持行为,而执法当然也令人生疑。

3. 强制性较弱

尽管专利权的获得需要国家的授予,但专利法仍属于私法范畴,主要调整平等主体间的知识财产关系,具有自治法的特性,其法律规范多属于任意性法律规范。对于被专利劫持遭受损害的民事救济而言,因为"一方利用私法上的权利地位、行使私法上的权利的情况下,法律制度只能采用私法上的手段和思想方式,来给个人提供这种保障"[2],所以应主要采取禁令和民事赔偿方式。民事救济方式即民事责任虽有强制性,但相对于行政责任、刑事责任,其强制性无疑是最轻微的,缺乏对专利劫持行为人的震慑和威力。此外,虽然《知识产权协定》中规定了适用强制许可制度的严格条件和程序,但在实践中,强制许可制度很难被各国真正用到,严重脱离实际需要。专利无效宣告制度也存在耗时过长、产生循环诉讼等问题。对于禁令制度的司法适用,法官需要良好的法律素养,以准确把握自由裁量权。

---

[1] 易军:《"法不禁止皆自由"之私法精义》,《中国社会科学》2014年第4期。
[2] [德]卡尔·拉伦茨:《德国民法通论》,王晓晔译,法律出版社2003年版,第111页。

4. 具有可操作性的程序法规范未能与之对接

目前,在专利法中尚缺乏一些具有一定可操作性的程序法规范。比如,对专利权人利用诉讼制度的漏洞恶意提起专利侵权诉讼以打击竞争对手的行为,专利法不能有效规制。再比如,部分专利劫持行为人在发现他人未经许可使用自己的专利技术后,懈怠诉讼,直至对方已经投入大量成本并产生客观利润时才主张权利,从而获取超额利益,现有专利法律制度对此种行为的规制也还存在一定难度。

(三)反垄断法规制专利劫持行为的不能

当专利劫持行为已经构成垄断时,各国可以利用反垄断法对这种专利权的不正当行使行为进行规制,从而在客观上阻止专利劫持行为,确保公平自由的竞争秩序。但是,并非所有的专利劫持行为均可以由反垄断法进行规制,因为专利权的垄断力并不等同于市场支配力。专利劫持行为虽涉及反垄断法的规制,但并不都依赖反垄断法的调整。专利劫持行为首先破坏了专利法所保护的平衡利益,这与专利法律制度促进创新和推动科技进步的目标相抵触,也与反垄断法促进竞争的目标相悖。虽然,专利劫持行为违反反垄断法,必然会构成专利权滥用行为,但是专利权的违法行使并不会必然违反反垄断法。实际上,诸多专利劫持行为均不属于反垄断法的调适范围。在这一点上,日本的《知识产权利用的反垄断法指南》(2007)中有明确规定。[1] 依此看来,专利劫持行为绝不是仅靠反垄断法规制就能解决的。

(四)民事诉讼程序规制专利劫持行为的不敷

诉权是人类社会的"黏合剂",没有诉权,人们就无法启动解决法律纠纷的程序,纠纷产生的积怨难以消除,社会的发展必将受到阻碍。对于法治社会来说,诉权更是首要的权利,没有诉权,法律就无法正常发挥作用,法治永远无法实现。民事诉讼程序规制专利劫持行为需要法律对在正当民事诉权的保护与国家司法权对非正当诉权行使行为的禁止之间寻求恰当平衡。由诉讼审查许可机制、责任费用机制以及罚款机制构成的程序性规制措施,强调了法官在诉讼中能够针对专利劫持行为人滥用诉权的情形,要求专利劫持行为人承担程序上的行为处罚和经济处罚。这些措施是在"本诉"中针

---

[1] 日本的《知识产权利用的反垄断法指南》(2007)规定:"并非所有与专利法基本目标相偏离的权利行使行为均须适用反垄断法,这类行为还需考察其目的和方式以及该行为对竞争的影响程度,以决定是否适用反垄断法来进行规制。"

对专利劫持行为人滥用诉权的情形而做出的对专利劫持行为人的规制措施,受害方当事人不需要另行起诉就可获得对自己所遭受损失的救济。程序性规制措施对于规范当事人的诉讼行为,特别是针对专利劫持行为人的诉讼行为,能够产生相应的诉讼程序上的效果,能够在一定程度上规制专利劫持行为人滥用诉权的行为、阻止专利劫持行为发生。但是,受害当事人权益遭受严重侵害时,仅仅通过法官来判定专利劫持行为滥用诉权的法律后果和课处费用的变通负担等手段来进行救济是不够的;同时,程序性规制措施需要法官在诉讼中的积极配合,需要法官在维系中立性的同时有效管理和规范诉讼程序,这容易导致诉讼程序被人为性左右,该问题尤其体现在英美法系国家,法官由消极性向积极性的角色转化是不可能一蹴而就的;最后,民事诉讼程序规制专利劫持行为,仅仅意味着对于进入诉讼阶段的专利劫持行为,可以利用这些规制措施,而对于尚未或者根本不打算进入诉讼阶段的专利劫持行为,民事诉讼程序却没有适用的空间。因此,专利劫持行为的程序性规制措施需要其他规制机制的辅助。

二 立体化体系法律规制专利劫持行为的优越性

(一)立体化体系法律规制与专利劫持行为的现实碰撞

专利劫持行为是一种专利权人滥用权利的行为,是专利权人利用专利权迫使专利技术使用者支付超过正常的许可费或赔偿费,以获取不当利益的行为。它不仅违反了民法的诚实信用原则和禁止权利滥用原则,也与专利制度的价值目标相背离,它还阻碍了市场的有效竞争和技术标准的制定与实施,滥用了司法资源、增加了社会成本、减损了社会公众的福利。专利劫持行为不仅发生于一般的专利许可场合中,而且常常产生于专利技术标准化过程中,这也决定了专利劫持行为有着不同的面相。专利劫持行为不仅在专利制度产生时即已出现,在复杂技术时代和标准时代更加凸显。专利劫持行为的多样性决定了不同法律规制的可能性和必要性。通过前述对民法、专利法、反垄断法法律以及民事诉讼程序规制专利劫持行为的分析,我们可以知道它们各有所长,但单独适用任何一部法律都不能完美解决专利劫持行为带来的负效应问题,存在很大的缺漏。概述之,就规制专利劫持行为的力度来看,专利法和反垄断法均强于民法。然而,民法并非可有可无,而是不可或缺的,因为它能够发挥填补漏洞的作用,尤其是诚实信用原则和权利不得滥用原则,它们是规制专利劫持行为的统领原则;反垄断法虽较民法、专利法的规制更具威慑性和强制性,但部分专利劫持行为尚不足以构成非法垄断行为,进而不可以适用反垄断法对之进行规制,反垄断法对这些行为可谓鞭长莫及;民事诉讼程序规制专利劫持行为自有它的价值,但同样存在着适用空间有限,无法为受害者提供更多的法律支持,对法官素质要求较高,导致审理结果异象等问题。基于此,提供立体化体系法律以规制专利劫持行为,具有现实意义。

(二)立体化体系法律规制专利劫持行为可以有效避免反专利劫持行为

反专利劫持行为是专利技术使用者劫持专利权人的行为,它与专利劫持行为不同:其一是实施主体不一样。专利劫持行为的实施主体是专利权人,而反专利劫持行为的实施主体是专利技术使用者。其二是受害人不同。专利劫持行为中的受害人是专利技术使用者,通常是产品生产者,而反专利劫持行为中的受害人是专利权人。其三是实施手段不同。专利劫持行为的实施手段主要是专利权人通过向法院提起诉讼要求颁发禁令,或者威胁要采用法律手段主张自己的权利,以作为和解过程中的筹码,获得超额许可费;而反专利劫持行为人则是拒绝向专利权人支付专利技术许可费。正如齐恩教授所说:"专利劫持行为和反专利劫持行为是专利权行使的两个极端,一端是专利权人,另一端是专利技术使用者,对专利权寄予的过多期望和对专利权的不尊是专利劫持行为和反专利劫持行为的根源所在。"[1]我国知识产权法学者李扬教授也指出,在现实中,正在出现标准实施者策略性地利用 FRAND 原则、反向"劫持"标准必要专利权人的现象,即"FRAND 劫持"现象,这是值得警惕的。在过分强调 FRAND 原则矫正标准必要专利权人对专利实施者的专利"劫持"等不利后果的作用下,事情正向另一个方向转化:标准实施者策略性地利用 FRAND 原则,反向"劫持"标准必要专利权人,事实上已经或者正在形成标准实施者利用 FRAND 原则反过来"劫持"标准必要专利权人的现象。主要表现在:以 FRAND 原则为借口,在实施标准必要专利的同时,恶意拖延标准必要专利许可使用费谈判时间。[2] 因此,通

---

[1] Chien, Colleen V., "Holding Up and Holding Out", *Mich. Telecomm. L. Rev.*, Vol. 21, No. 1, 2014, pp. 3–41.
[2] 李扬:《如何应对"FRAND 劫持"》,《中国知识产权报》2015 年 6 月 10 日第 11 版。

过立体化体系法律规制专利劫持行为,不仅可以阻碍专利劫持行为,而且可以防止反专利劫持行为的发生,净化专利权的行使。

(三)立体化体系法律规制专利劫持行为与专利制度价值取向的耦合

专利法律制度作为保护发明创造人、激励发明创新的制度设计,它认可专利权人对创造性发明享有专有权,保障专利权人在私权领域的利益最大化。从利益的角度考察,尽管专利权是一种私权,但专利法律制度旨在实现专利权人利益与社会整体利益的平衡。利益平衡是专利制度最重要的价值取向,是制度设计的依归。然而,专利劫持行为打破了这种利益平衡。专利权作为一种财产权,其交易能够促进专利权的价值实现,重新实现市场资源的配置,进一步推动发明创新的可持续发展,这是专利权交易作为一种经济激励机制的效率所在。但另一方面,专利制度的工具性、专利权人的逐利性质却为专利权交易注入了新的风险,即追求高额的专利许可费。在专利劫持行为发生并导致个体利益与社会整体利益发生冲突之时,作为市场经济"卫士"的反垄断法是平衡专利权人利益和社会公众利益的重要手段,能最大限度地维护社会公众利益,而作为"帝王条款"的诚实信用原则在一定程度上可以达到消解专利劫持行为人的道德风险和法律风险,确保专利权人的个体利益的洁净效果。民事诉讼程序规则的存在进一步矫正了专利权人滥用诉权的行为,这些与内敛于专利法中的无效宣告制度、强制许可制度、禁令制度、侵权损害赔偿制度中的利益平衡理念相互印证,确保专利制度的价值和目标的正当性。因此,立体化体系法律规制专利劫持行为有利于恢复利益平衡。

综上所述,本书认为立体化体系的法律规制模式既能克服单独运用一种法律进行规制不能完美地解决专利劫持行为的问题,又能够更好地保护专利权人的利益和社会公众的利益,符合专利制度的目标和理念。不管是民法、专利法,还是反垄断法和民事诉讼法,它们在保护专利权的目的上具有一致性,都应兼及社会的整体利益,以实现专利权人利益和社会公众利益的精妙平衡。同时,立体化法律规制体系能够组成一道更为严密的法网,增加专利劫持行为人投机取巧的难度,有效遏制专利劫持行为的发生。基于此,立体化体系的规制模式应为规制专利劫持行为的最优选择。

本章小结：规制路径的可能划定与应然选择

在社会学者看来，法律是政府通过立法、司法、执法等手段对不轨行为的界定和反映。专利劫持行为是专利权人滥用独占权利的一种外化形式，是专利权人利用法律赋予的强制执行专利权的手段，迫使专利技术使用者支付超过该项专利技术价值的许可费的行为，这种不轨行为破坏了专利法律制度应有功能的发挥，与专利法律制度的价值取向不一致，需要法律的内部制度化运作，从制度建构上治理专利劫持行为。

专利劫持行为的法律规制一方面主要依赖民法、专利法、反垄断法。在民法视野中，专利劫持行为违反了民法中的诚实信用原则和禁止权利滥用原则，依法应承担相应的民事责任，即合同责任和侵权责任；专利法与专利劫持行为联系尤为紧密，专利法中专利无效宣告制度、强制许可制度、禁令制度、专利侵权赔偿制度均可以适用于专利劫持行为。直言之，被专利劫持行为主体可以向专利主管机关或者向法院主张劫持专利无效，从而彻底扫除生产产品过程中遭遇的专利障碍，让专利劫持行为人丧失劫持的根基；被专利劫持行为主体在特定情形下，也可以根据专利法规定，向相关主管部门或者机构申请强制许可，以获得生产产品的正当权源，消解专利劫持行为主体获取高额许可费的可能性，确保专利权人和专利技术实施者谈判地位的平等；专利劫持行为主体在专利诉讼过程中请求颁发禁止令时，法院可以通过对专利劫持行为主体身份、动机的识别，决定是否向产品生产者颁发禁止令。由于专利劫持行为给竞争带来负效应，这与反垄断法承担的使命完全契合。对于经过反垄断法甄别的部分专利劫持行为，其行为主体需要依法承担相应的行政责任和民事责任，主要体现为劝告、制止违法行为、罚款和赔偿责任。另一方面，可以通过民事诉讼程序，比如基于专利劫持行为提起的诉讼的审查许可制度、专利劫持行为人承担诉讼费用机制、专利劫持行为人承担罚款机制，来阻止专利劫持行为的发生。

单一规制模式存在一定的局限性：民法的抽象、专利法的不力、反垄断法的不及、民事诉讼程序的不能，不利于专利劫持行为的有效控制。唯有采用立体化法律体系规制路径,才能既可以克服前述不足,又可以通过打造立体化法律制度网络,确保引导专利权人正确行使专利权,保护社会公众的利益,从而实现专利制度的价值和目标。

第五章　专利劫持行为法律规制的比较法考察及启示
——以美国为例

> 不知别国语言者，对自己的语言便也一无所知。①
> ——[德]约翰·沃尔夫冈·冯·歌德
>
> 法律如同语言，不懂外国法律，也不能深知和悟解本国法律的特征和品格。②
> ——高鸿钧

美国是专利劫持行为的滥觞之地，亦是专利劫持行为发展最为迅猛的国家。专利劫持行为犹如一个连环的死结，其引发的一系列负效应正在各个领域发酵，它已成为美国各界头痛的一个问题。2013年路透社曾发文指出，专利劫持行为正在困扰美国经济，表达了其对专利劫持行为会给美国经济造成巨大危害的忧虑。③ 近年来，美国经济的发展动力不够，其根源之一在于美国企业缺乏竞争优势。良好的创新机制和卓越的技术研发能力被认为是美国企业一直以来维持竞争优势的最主要因素，因此，改善创新机制、提升技术研发能力是促使美国经济复苏并扩大领先优势的重要措施。专利劫持行为被认为直接关系到美国企业的创新和美国经济的复苏，美国对其的态度已经由先前的克制容忍转变为积极规制。美国采取了一系

---

① [德] K. 茨威格特、H. 克茨：《比较法总论》，潘汉典、米健、高鸿钧、贺卫方译，法律出版社2003年版，"中译本序"第2页。
② 高鸿钧：《比较法研究的反思：当代挑战与范式转换》，《中国社会科学》2009年第6期。
③ Bramble, Curt, "Patent Trolls, Spell Trouble for America's Economy", *November* 18, 2013, Available at http://blogs.reuters.com/great-debate/2013/11/18/patent-trolls-spell-trouble-for-americas-economy/（最后访问日期：2015-05-21）.

列立法措施、司法行动、行政举措,全方位展开对专利劫持行为的规制,以改善创新机制,保障企业的创新动力,确保美国经济的稳健复苏和世界领先。美国在遏制专利劫持行为的实践中积累了有效的应对策略。当前,专利劫持行为正在走向国际化、全球化。他山之石,可以攻玉。美国实践中的经验和教训可为他国镜鉴。

第一节 立法规制

专利劫持行为使专利制度从一种鼓励研发创新的工具逐步变成一个要挟他人就范以获得私利的手段,从而导致很多市场实体不愿意研发和创新,甚至退出市场,以至于好的产品无法进入市场,造成"劣币驱逐良币"的现象。专利劫持行为反映了美国现有的专利制度并不完美:低质量专利大量存在、专利信息不确定、交易费用高且易被滥用,以致有学者慨叹"系统性失灵"。随着全球经济竞争的逐步加剧,专利权滥用现象越来越突出,美国立法者针对既有法律特别是专利法的不足,开始了一系列的改革,以应对困局,其中部分法案已经通过,部分法案折戟而返,部分法案仍在国会等待表决。而无论是通过的还是未通过的甚至是尚不知表决命运的各项改革议案,都反映出美国立法者对专利劫持行为的深切关注。

一 "世纪专利法改革"成果:《美国发明法》

2011年9月16日,美国前总统奥巴马签署了史密斯(Lamar S. Smith)和莱希(Patrick J. Leahy)共同提出的《美国发明法》(*Leahy-Smith America Invents Act*)[1],这标志着自2005年开始的历经六年的美国专利法改革终于落下帷幕。此次改革也是国会自1952年以来对美国专利法律制度进行的最全面、最深入的改革,被称为"世纪专利法改革",它产生的深刻影响不仅是国内的,也是国

---

[1] *Leahy-Smith America Invents Act*[Enrolled Bill(Final as Passed Both House and Senate)-ENR], Available at http://www.govtrack.us/congress/billtext.xpd? bill = h112 - 1249(最后访问日期:2015 - 01 - 10)。

际的。该法共 37 条,内容涵盖面广,既有实体规范,也有程序规范;既有行政规定,也有司法规定。其中,可用于规制专利劫持行为的内容如下。

(一)实体规则:发明人先申请制取代先发明制

与世界上多数国家不同,美国长期以来在专利申请中实行"先发明制",即将专利授予最先做出发明创造的申请人。"先发明制"固然有助于鼓励发明人潜心研发,避免发明人因防止他人先申请专利而急于申请,从而过早地披露创造性不高的技术方案。① 但"先发明制"也存在很大的弊端。由于一项发明创造的具体完成日期难以确定,因而效率低下,专利权的稳定性更弱。为此,《美国发明法》确立了独具特色的"发明人先申请制",在符合法律规定时,保证真正的发明人最先申请专利。② 该制度的建立体现了三个方面的重大变化:第一,新颖性判断。修改前的《美国专利法》第 102 条存在两个不同的审查基准日和两种不同类型的空间限制,容易造成混淆,也不利于专利审查效率的提升。根据《美国发明法》的规定,新颖性的审查基准日依赖于专利的有效申请日,空间也统一为全球性标准,即现有技术是指在世界范围内以专利、公开出版、使用、销售或以其他方式为公众所知晓的技术。第二,宽限期的更改。修改前的《美国专利法》禁止对在美国专利申请日之前一年或者更早已经在美国公开使用或销售的任何发明创造授予专利权。此处所指的"公开"不仅包括发明人自己的行为导致的公开,也包括因他人的行为导致的公开。《美国发明法》则规定提出有效专利申请前的一年时间内,发明人的公开行为或其他源自该发明人的公开行为不会导致该项发明创造申请丧失新颖性。第三,溯源程序取代抵触程序。原有抵触程序的启动非常复杂,《美国发明法》中的溯源程序主要是针对有效申请日为 2013 年 3 月 16 日之后的专利申请或者已经获得授权的专利,在发明人专利申请的宽限期的时间基准内,存在冲突的专利申请,可以启动溯源程序,针对源头进行证明。需要说明的是,该程序决定具有终局性。

《美国发明法》对原来专利法的众多内容进行了重大修改,其中,"发明人先申请制"取代"先发明制"最具颠覆性,其意图在于使美国专利制度在内容上与国际接轨,同时保留自身特色。③ 这样的修改对于消除"潜水艇式"专

---

① 杨斌、曹新明:《美国先发明主义制度的改革与启示》,《法治研究》2012 年第 4 期。
② See America Invents Act § 3.
③ 朱雪忠、漆苏:《美国专利改革法案内容及其影响评析》,《知识产权》2011 年第 9 期。

利,降低专利劫持行为特别是技术标准化中的专利劫持行为发生的可能性意义较大。

(二)程序规则:创建重审程序和针对商业方法发明专利的过渡性的授权后重审程序

1. 创建重审程序

修改前的《美国专利法》设置了单方再审(Ex-parte Re-examination)程序①和双方再审(Inter partes Re-examination)程序,②但实施效果并不尽如人意。《美国发明法》对此进行了修改,设立了授权后复审(Post-grant Review,PGR)程序和双方复审(Inter-partes Review,IPR)程序。

(1)授权后复审程序。该法规定,自2013年3月16日之后获得授权的专利,任何利益相关人在专利授权后的9个月内,可以基于任何专利无效理由,向专利商标局申请该专利中的一项或多项权利要求无效。该程序保证利益相关方在专利授权初期,就可以对专利的有效性进行挑战。③

(2)双方复审程序。根据《美国发明法》的规定,自2012年9月16日起,原"双方再审程序"废止,取而代之的是全新的"双方复审程序"。启动该程序的申请人须是利益关系人,申请时间是专利授权9个月后或是针对该专利的"授权后重审程序"已经完结,申请理由只能是基于现有专利或公开出版物提供的现有技术所引发的授权专利的新颖性和非显而易见性问题,另外,申请人必须提供充足可靠的证据,用以证明专利权利要求无效。④

2. 针对商业方法发明专利的过渡性的授权后重审程序

在美国,商业方法发明具有可专利性。与其他授权专利一样,商业方法发明专利旨在确认和保护商业方法发明创造人对其发明创造的独占权,激发更多发明者的创新热情,推动社会的进步和经济发展。然而,近十年来,随着商业方法发明申请的急剧增加,商业方法发明审查人员的匮乏,申请积压越来越多;与此同时,商业方法发明的现有技术比较缺乏,商业方法发明专利化的门槛太低,导致商业方法发明专利质量不高;另外,商业方法发明专利特别是软件商业方法专利具有更多的不确定性和不稳定性,从而导致

---

① 具体规定可参见修改前的《美国专利法》第135条(35 U.S.C. §§301-07)。
② 具体规定可参见修改前的《美国专利法》第135条(35 U.S.C. §§311-18)。
③ See 35 U.S.C. §§321-29(2011).
④ See 35 U.S.C. §§311-19(2011).

专利劫持行为不断增多。为此,商业方法发明专利遭到越来越多的质疑。被称为"互联网时代的守护神"、斯坦福大学的莱斯格(Lawrence Lessig)教授反对授予商业方法以专利权,他认为"商业方法专利的出现简直就是一场灾难,是对网络创新的最大威胁"[1]。2011年3月4日,美国独立银行家协会(Independent Community Bankers of America,ICBA)在给国会议员的致信中痛斥商业方法专利,声称它"已经成为专利权人从银行协会与其的和解协议中拿到巨额资金的优选方法,已经威胁到银行提供相关服务的能力"[2]。商业方法发明专利的坚定反对者之一——资深参议员莱希在2011年3月8日全体参议员投票表决前的讲话中强调,"根据现行专利法,我们并不清楚商业方法是否具有专利适格性。低质量和令人质疑的专利是我们创新的掣肘,因为权利人拥有的发明并不应该被授予垄断权。现在是国会采取行动的时候了"[3]。据此,参议院决定在即将进行表决的《美国发明法》中添加"涵盖商业方法发明专利的过渡审查程序",从而也与由另一位与金融业有着友好关系的资深议员史密斯提出的《美国发明法》对于商业方法专利的规定基本一致。对于"商业方法专利的明显怒火"促使美国参众两院的司法委员会主席拟议了对商业方法专利的特殊关注。[4] 专利改革法案提出建立一个过渡期为8年的"授权后审查程序"。此程序与《美国发明法》确立的"授权后复审程序"并不相同,它以特定的标准重新审查商业方法发明专利的效力,消除其不确定性,从而提升商业方法专利的质量。该重审程序主要包含四个方面的内容:第一,过渡方案的适格性;第二,提出暂停诉讼的四要素;第三,诉讼管辖地选择的ATM排除原则(Automated Teller Machine Exemption);第四,"涵盖商业方法发明专利"的界定。[5]

---

[1] Lessig,Lawrence,The Death of Cyberspace,*Wash & Lee L. Rev.* ,Vol. 57,2000,p. 337.

[2] "Congressional Record",Vol. 157,No. 34 (Tuesday,March 8,2011)(Senate),Available at http://www. gpo. gov/fdsys/pkg/CREC – 2011 – 03 – 08/html/CREC – 2011 – 03 – 08 – pt1 – PgS1360 – 2. htm(最后访问日期:2015 – 06 – 12).

[3] 112 CONG. REC. S1360,1363 (daily ed. Mar. 8,2011)(statement of Leahy).

[4] McNeill,Rebecca M. and Erika H. Arner & Philippe K. Edouard,"Treatment of Business Method Patents in Pending Patent Reform Legislation:Bilski Backlash?",*BNA's Patent,Trademark & Copyright Journal*,July 15,2011,Available at http://www. finnegan. com/resources/articles/articlesdetail. aspx?news = 17e127f4 – 1482 – 4cfa – a15f – 0b1a085b0399(最后访问日期:2015 – 08 – 12).

[5] 李晓秋:《现实的需要还是立法者的游戏:美国发明法第18条评介及其启示》,《青海社会科学》2012年第3期。

(三) 专利诉讼的司法改革

1. 专利诉讼地点的限制：司法管辖权的重新划分

《美国发明法》将州法院对专利纠纷、版权纠纷、植物新品种权纠纷案件享有的初审司法管辖权统一收归到联邦地区法院，且规定联邦巡回上诉法院享有专利上诉案件的专属司法管辖权。将专利商标局作为一方当事人的部分专利诉讼案件的审判地点，由哥伦比亚特区的联邦地区法院改为弗吉尼亚州东区的联邦地区法院。①

2. 专利侵权共同诉讼合并审理的限制：共同被告的减少

专利侵权案件中如果存在多名被告，法院一般采取合并审理，可以节省司法资源，便利诉讼当事人，符合诉讼经济原则。但现实中，这一制度往往被部分专利权人特别是专利劫持行为人所利用，针对不同厂商发起大量的甚至无休止的专利侵权诉讼攻击，对生产性企业造成极大威胁和严重打击，影响生产活动。针对这一异象，《美国发明法》提高了合并审理的门槛，要求合并审理中的多个被告的侵权活动源于共同的交易、基于共同的侵权事实等前提条件，否则不得合并审理。这就意味着专利劫持行为人提起诉讼的成本将增加，在一定程度上可以阻止专利劫持行为的发生。②

3. 修改关于律师意见在故意侵权认定中的作用的规定

根据《美国发明法》的规定，如果被控侵权人没有向专利律师获取相关意见，或者未向法院或陪审团出示这个意见，法院不再据此判令被控侵权人的侵权属于故意侵权，被控侵权人也不应据此承担惩罚性赔偿责任。③

4. 扩大在先使用抗辩的范围

在 2011 年以前，在先使用抗辩的对象仅限于商业方法专利。被控侵权人可以以他在诉争专利有效专利申请日一年以前已经开始商业使用该商业方法发明为由进行抗辩，要求法院认定他的行为属于合法行为。《美国发明法》将这项抗辩扩大到所有专利，但是要求申请人必须提供实质性证据，证明其实施的发明创造的来源与专利权人无关，且需证明该发明创造在专利申请一年之前已经投入商业使用。对于被专利劫持行为人而言，无论是商业方法发明专利还是非商业方法发明专利，如能证明使用的发明技术来源

---

① See America Invents Act § 19.
② Ibid. .
③ See America Invents Act § 17.

与专利劫持行为人所持有的专利创造无关,且在专利申请一年之前已经投入使用,即可拒绝支付专利许可费或者要求法院驳回专利劫持行为人的请求。①

二 首个遏制专利劫持行为的州立法:《恶意主张专利侵权》

近年来,随着专利劫持行为的爆炸式增长,许多企业抱怨受到专利劫持行为者的专利侵权诉讼威胁,各州也对此种行为充满了警惕和厌恶。对于各州而言,恶意主张专利侵权不仅给各州的企业造成重大负担,也对它们吸引和培育中小型企业以及其他高科技知识型企业的计划造成威胁。为反击专利劫持行为、保护健康的商业和贸易秩序,美国各州毫不迟疑地努力推进专利劫持行为反击战的进程。

2013年5月22日,美国的佛蒙特州率先颁布了旨在打击专利劫持行为的《恶意主张专利侵权》(Bad Faith Assertions of Patent Infringements)法案,该法案自2013年7月1日起生效,作为新增设的第4195—4197条条款编入佛蒙特州法第9编第120章。② 它的通过开创了美国以专门法案的方式打击专利劫持行为的先河。③ 佛蒙特州立法者希望借助该法案为困局中的企业提供最有效的解决途径,以帮助这些企业尽快获得信息,避免不必要的费用支出,同时也不会触犯联邦法律。

《恶意主张专利侵权》共九条。根据该法案,即使遭受专利劫持的行为人并未被专利权人提起诉讼,其仍有权对基于专利权人的恶意主张导致的损失请求赔偿。该法案还规定,佛蒙特州首席检察官有权追究以欺诈手段主张专利权的人的民事责任。此外,恶意主张专利权人需缴纳最高25万美元的保证金,用以支付受侵害人的合理费用。但该法案未对欺诈行为做出定义,而是列出了一些要素以帮助法官区分合法主张和非法主张。除此之

---

① See America Invents Act §5.
② See 9 V. S. A. §§4195-4197. Available at http://law.justia.com/codes/vermont/2014/title-9/chapter-120/section-4197(最后访问日期:2015-04-22).
③ See Goldman, Eric, "Vermont Enacts The Nation's First Anti-Patent Trolling Law", Available at http://www.forbes.com/sites/ericgoldman/2013/05/22/vermont-enacts-the-nations-first-anti-patent-trolling-law/(最后访问日期:2015-02-22).

外,该法案亦规定法庭有权考虑其他相关因素。①

佛蒙特州立法规制专利劫持行为的模式已被美国其他各州效仿。据统计,自 2013 年佛蒙特州颁布了与专利劫持行为有关的立法后,2014 年有 17 个州(阿拉巴马州、康科迪亚州、伊利诺伊州等)颁布相应法案,2015 年有 9 个州(科罗拉多州、印第安纳州、堪萨斯州等)颁布了《恶意主张专利侵权》,2016 年有 6 个州(亚利桑那州、佛罗里达州、明尼苏达州等)颁布相似法案,2017 年有 1 个州(马萨诸塞州)制定相似法案。②现列表如下:

表 5—1　截至 2017 年 7 月 17 日美国部分州的专利劫持行为立法③

序号	州名	法案号	签署时间	序号	州名	法案号	签署时间
1	佛蒙特州	H. B. 299	2013. 5. 22	2	俄勒冈州	S. B. 1540	2014. 3. 3
		S. B. 7	2013. 5. 24				
3	阿拉巴马州	S. B. 121	2014. 3. 18	4	爱达荷州	S. B. 1354	2014. 3. 26
5	南达科他州	S. B. 143	2014. 3. 31	6	犹他州	H. B. 117	2014. 4. 7
7	缅因州	S. P. 654	2014. 4. 14	8	佐治亚州	H. B. 809	2014. 4. 15

---

① 具体说来,法庭认定主张合法的因素有:主体合法,即由原发明人、大学或致力于该发明商业化的人提出;权利行使行为合法,即专利权人在行使专利权时恪守"诚信商业行为",旨在使专利权或类似权利商业化;专利权已有维权记录,比如曾经成功通过诉讼行使专利权。法庭认定主张非法的因素有:权利主体不透明,无法确定专利权人;专利权利要求模糊,无法准确陈述专利权如何被侵害;主张过高损害赔偿金;懈怠诉讼;权利主体提出"欺诈性"或"不道德的"索赔等。See Bad Faith Assertions of Patent Infringement by Vermont(H. B. 299), Available at http://knowledgecenter. csg. org/kc/system/files/Bad%20Faith%20Assertions%20of%20Patent%20Infringement. pdf(最后访问日期:2015 - 02 - 21)。
② 2015 Patent Trolling Legislation, Available at http://www. ncsl. org/research/financial-services-and-commerce/2015-patent-trolling-legislation. aspx(最后访问日期:2015 - 08 - 22)。
③ 本书根据美国全国州议会联合会知识产权法专家格雷芬(Jonathan Griffin)2014 年提供的《2014 年专利流氓立法》、2015 年 8 月 12 日提供的《2015 年专利流氓立法》、2016 年 7 月 12 日提供的《2016 年专利流氓立法》以及 Patent Progress 网站上公布的数据整理而成。See Griffin, Jonathan, "2014 Patent Trolling Legislation", Available at http://www. ncsl. org/research/financial-services-and-commerce/patent-trolling-legislation. aspx. Also See Griffin, Jonathan, "2015 Patent trolling legislation", Available at http://www. ncsl. org/research/financial-services-and-commerce/2015 - patent-trolling-legislation. aspx; Griffin, Jonathan, "2016 Patent Trolling Legislation", Available at http://www. ncsl. org/research/financial-services-and-commerce/2016-patent-troll-legislation. aspx(最后访问日期:2017 - 09 - 09)。

第五章 专利劫持行为法律规制的比较法考察及启示

续表

序号	州名	法案号	签署时间	序号	州名	法案号	签署时间
9	威斯康星州	S. B. 498	2014.4.23	10	田纳西州	S. B. 1967	2014.5.1
11	马里兰州	S. B. 585	2014.5.5	12	俄克拉荷马州	H. B. 2837	2014.5.16
13	弗吉尼亚州	H. B. 375	2014.5.23	14	路易斯安纳州	S. B. 255	2014.5.28
		S. B. 150	2014.5.23				
15	密苏里州	S. B. 706	2014.7.8	16	新罕布什尔州	S. B. 303	2014.7.11
17	北卡罗来纳州	S. B. 648	2014.8.6	18	伊利诺伊州	S. B. 3405	2014.8.26
19	北达科他州	H. B. 1163	2015.3.26	20	蒙大拿州	S. B. 39	2015.4.2
21	华盛顿州	S. B. 5059	2015.4.25	22	印第安纳州	H. B. 1102	2015.5.5
23	堪萨斯州	S. B. 38	2015.5.20	24	佛罗里达州	H. B. 439	2015.6.2
		H. B. 2663	2015.7.1（修改通过S. B. 38）				
25	科罗拉多州	H. B. 1063	2015.6.5	26	得克萨斯州	S. B. 1457	2015.6.17
27	怀俄明州	S. F. 65	2016.3.16	28	亚利桑那州	H. B. 2386	2016.3.24
29	明尼苏达州	S. F. 1321	2016.4.29	30	南卡罗来纳州	H. B. 3682	2016.6.9
31	罗得岛州	H. B. 7425	2016.6.14	32	密歇根州	S. B. 289	2017.1.6

序号	州名	法案号	签署时间	备注
1	马萨诸塞州	S. B. 128	2017.1.23	备注:尚在制定过程中
		S. B. 153	2017.1.23	

三 2013—2017 年提交至美国国会的主要法案

近年来,在联邦和各州层面出现了多部法案和多项法律措施以规制"专利劫持行为",但其中绝大多数都未获通过,如《创新法案》(2013)[1]、《SHIELD 法案》[2]、《专利质量改进法案》[3]、《匿名专利终结法案》[4]、《专利诉讼与创新法案》[5]、《禁止不当使用专利法案》[6]、《减少专利滥用法案》[7]等均半路夭折。在第 114 届国会任期中,已提交至国会的、涉及法律规制专利劫持行为的法案有六个,它们是:《主张专利透明度法案》[8]、《匿名专利终结法案》[9]、《创新保护法案》[10]、《为国家发展支持技术和研究法案》[11]、《创新法案》(2015)[12]、《保护美国人才与企业家法案》[13]、《更强专利法案》[14]和《保护商业并非保持劫持者法案》[15]。下面主要介绍 2013—2014 年的《创新法案》、《SHIELD 法案》以及 2015—2016 年的《创新法案》、《保护美国人才与企业家法案》。

---

[1] Innovation Act, H. R. 3309, 113th Cong. (2013).

[2] Saving High-Tech Innovators from Egregious Legal Disputes Act (SHIELD) of 2013, H. R. 845, 113th Cong. (2013).

[3] Patent Quality Improvement Act of 2013, S. 866, 113th Cong. (2013).

[4] End Anonymous Patents Act, H. R. 2024, 113th Cong. (2013).

[5] Patent Litigation and Innovation Act of 2013, H. R. 2639, 113th Cong. (2013).

[6] Stopping the Offensive Use of Patents Act, H. R. 2766, 113 th Cong. (2013).

[7] Patent Abuse Reduction Act, S. 1013, 113th Cong. (2013).

[8] Demand Letter Transparency Act of 2015, H. R. 1896, 114th Cong. (2015).

[9] End Anonymous Patents Act, H. R. 2370, 114th Cong. (2015).

[10] Innovation Protection Act, H. R. 1832, 114th Cong. (2015).

[11] Support Technology and Research for Our Nation's Growth or STRONG Patents Act of 2015, S. 632, 114th Cong. (2015).

[12] Innovation Act, H. R. 9, 114th Cong. (2015).

[13] Protecting American Talent and Entrepreneurship Act of 2015 or the PATENT Act, S. 1137, 114th Cong. (2015).

[14] S. 1390 - STRONGER Patents Act of 2017, https://www.congress.gov/bill/115th-congress/senate-bill/1390/text?q=%7B%22search%22%3A%5B%22 PATENT %22%5 D %7D&r=1(最后访问日期:2017-09-09).

[15] H. R. 2189 - Trade Protection Not Troll Protection, Act, https://www.congress.gov/bill/115th-congress/house-bill/2189?q=%7B%22search%22%3A%5B%22H. R. +2189%22%5D%7D&r=1(最后访问日期:2017-09-09).

(一)最后折戟的《创新法案》(2013)

《创新法案》(2013)由美国众议院司法委员会保护知识产权小组组长古德莱特(Bob Goodlatte)于2013年10月23日首次提出,2013年11月20日向司法委员会报告,2013年12月5日在美国众议院接受审议并以325:91的投票结果得以通过,但提交至参议院后并未获得通过。该法案共10节,包括提供诉讼的必要信息、提高专利权属的透明性、考虑诉讼费用的承担转移、重塑证据开示程序、豁免诉讼中的终端用户责任、对商业方法专利的特别关注等,重点在于对专利诉讼程序进行改革,以遏制专利劫持行为。其主要内容包括以下几个部分:

第一,规定提起专利侵权诉讼的条件。该法案规定,起诉方应提供比目前的要求更为详尽的材料,包括必要信息,尤其是专利权的真正主体,必须说明遭受侵权的商品和遭受侵权的情形。该规定提高了专利侵权起诉原因的陈述要求,增加了专利劫持行为人提起专利侵权诉讼的难度。

第二,败诉方承担诉讼的相关费用。依据该法案规定,如果专利权人因其诉讼主张不具有合法理由而被判决败诉,法院可以判令败诉方向胜诉方支付包括律师费用在内的诉讼费用。如果支付诉讼费用有困难,允许增加相关当事人(如母公司)来承担。

第三,应限制证据开示程序中的信息披露。如果法院认为诉争专利中的某项权利要求的某个字词的解释需要由法院做出判定时,在判定做出之前,对于需要出示的证据,法院不能披露相应的信息,即使披露,也仅限于协助法院做出该判定的相关信息,防止证据开示过程中过早披露信息,从而影响法院的判决结论。

第四,保证专利权属的透明化。根据该法案,当事人在提起专利侵权诉讼时,应向诉讼参与人、专利商标局提供涉及专利的基本信息。此种方式可以防止专利劫持行为人借由空壳公司实施滥诉。此外,法案要求专利商标局对卷入专利侵权诉讼的小型企业提供帮助,并对专利交易、专利质量等进行调查。

(二)二度提交又遭停止的《SHIELD法案》

该法案于2012年由美国国会议员德法西奥(Peter A. DeFazio)首次提出,但因诸多原因,该法案并未走得更远。2013年3月1日,该法案再次被提交至国会。法案全称为《保护高科技企业免于恶意的法律诉讼》,它通过修改《美国法典》(U. S. Code)第35编第29章的内容,旨在加重专利劫持行为人的经济负担,减少专利劫持行为人针对高科技企业的诉讼,防止高科技创新者陷于恶意挑起的法律纠纷之中。主要内容有:第一,适用范围。新版本将旧版本中的适用于计算机硬件和软件的诉讼范围扩大到了所有的专利诉讼领域。第二,被诉主体条件。其一,非原始发明者(包括发明者、合作发明者)及其代理人;其二,非专利开发人,即能够向法院提交文件,证明其是通过专利的生产或销售在专利的开发过程中进行了实质投资的投资方;其三,非大学或技术转让机构,因为这些机构最初的目的就在于为技术开发的商业化提供便利。第三,两种期限。包括被诉主体提供证据证明自己是否适格的期限,法院根据被诉主体提供的证据做出相应裁决的期限。前者是90日内,后者为120日内。第四,费用承担。该法案规定,法院可以判定如果被告方未能证明其满足上述条件之一,需要支付对方所有的花费,包括合理的律师费。此外,还要提供担保(bond)以保证其可以支付所有需要支付的花费。

(三) 未能走远的《创新法案》(2015)[①]

2015年2月5日,古德莱特重新向众议院提交了《创新法案》,此版本的法案与2013年版本实质上一样。2015年6月11日,该法案向委员会报告。2015年6月19日,众议院组织听证会。最后,众议院《创新法案》的修订版本以24:8获批在众议院辩论。该法案有众多修改动议,其中很多被撤回,这也表明国会议员对该法案的措辞仍不满意。实际上,广泛的行业组织的代表在参议院小企业和企业家委员会3月19日举行的听证会上已经明确表达了他们对《创新法案》的反对。反对者们认为它削弱了专利权,他们希望能最大限度地保持专利权的权威——出于良好的商业原因。在制药和生物技术行业,畅销产品或服务往往基于某个单一的专利。因此,保护专利权至关重要。任何使专利实施变得困难的尝试都会置数十亿美元于危险的境地。还有部分人认为该法案将损害小专利持有者对侵权者提起诉讼的能力。而大学、技术初创企业和医药行业的代表成员也提出了对该法案的各种担心,其中一个代表甚至建议该法案应该被重命名为"美国梦终结法案"。2015年7月29日,参议院为该法案的审议确定了联邦日程(联邦日程号:No.177)。与其他一些专利改革提案一样,《创新法案》也涉及技术企业和

[①] *Innovation Act*, H. R. 9, 114th Cong, Available at https://www.congress.gov/bill/114th-congress/house-bill/9/all-actions(最后访问日期:2017-08-01).

制药/生物企业之间的冲突,此类冲突通常都会导致立法僵局,但是反专利劫持行为的情绪在国会中如此高涨,致使立法者可能会达成某种妥协。① 然而,该法案还是没能走得更远。2016年2月25日,参议院的小企业与创业委员会听取了针对该法案的报告,后未再采取相关立法行动。

值得一提的是,2015年3月3日来自参议院的库恩(Christopher A. Coons)连同其他两位议员向参议院司法委员会介绍了与《创新法案》相类似的另一法案,即《为国家发展支持技术和研究法案》。该法案旨在通过对《美国专利法》的修改,保护发明人的财产权,以促进美国经济的增长。在参议院,更多人支持该法案。

(四)中途夭折的《保护美国人才与企业家法案》

2015年4月29日,爱荷华州参议员格拉斯利(Charles Grassley)向美国参议院介绍了该法案。2015年6月4日,参议院司法委员会在经过3个小时的听证后以16∶4批准该立法案并送往参议院全体会议审议。2015年9月8日,参议院根据通用条令设定了立法日程(日程号:No. 203)。该法案针对的是把侵权诉讼作为主要商业模式的专利持有公司,旨在遏制专利劫持行为主体滥用专利权发起诉讼的行为。该法案要求在专利侵权诉讼中,当法院认定一方当事人为无理行动时,法官应判定无理方支付另一方的律师费。它还要求企业发送专利许可申请书以提供涉嫌侵权的细节,而不是"模糊"的诉求。该法案在一些专利侵权诉讼中也将推迟复杂的举证程序,并会防止客户因使用涉嫌侵权的产品而被诉讼。

在审议该法案的过程中,专利劫持行为人的角色和滥用律师函的行为成为每位发言人关注的焦点,此种行为被认为构成刑事敲诈的强取。该法案一旦获得参议院通过,诉讼双方当事人必须披露涉案专利的细节。其中,由六个支持专利改革方案的发起者准备的"管理者修正条款"在听证会之初就获得一致通过。该修正条款解决了国会近年在专利改革话题讨论中提出来的一些问题:首先,修正条款对法案的转移费用条款进行了修订,使经济困难成为法官在律师费用判决中考虑的一个特殊因素。其次,该修正条款还试图解决2011年《美国发明法》创建的多方复审和核准后复审程序的滥用问题。值得注意的是,修正条款要求专利审判和上诉委员会的多方复审

---

① 参见《美国国会重新考虑反"专利流氓"法案》,Available at http://www.ipr.gov.cn/article/zhuan-llm/201502/1847878.html(最后访问日期:2015-08-22)。

和核准后复审决议对公众公开,并可在网络上检索。

格拉斯利说:"专利法的发起者们是以开放的态度对待法案的变化,因为该法案移交给了参议院全体会议。"他在6月4日的听证会上说:"该委员会试图'适当地平衡'美国专利商标局正在进行的专利改革和滥用专利权诉讼的关注。"他还补充说:"关于该法案的一些'诚意谈判'在继续进行。"[①]但其他人认为该法案将损害小专利持有者对侵权者提起诉讼的能力。2016年2月25日,参议院的小企业与创业委员会听取了针对该法案的报告,后未再采取相关立法行动。[②]

第二节 司法规制

在美国,专利诉讼专业性强且案情复杂,这使得专利侵权诉讼往往具有高风险、高成本的特性。但是,专利劫持行为人并不生产或销售任何专利产品,被告无法对其提出交叉许可、反诉或不正当竞争,专利劫持行为人的诉讼成本低。而且,美国法院多年来深受"亲专利政策"的影响,对专利权人表现得非常友好,因此,专利权的诉讼请求更容易获得法院支持。比如,美国法院在认定专利侵权行为成立后,一般会同意发布永久性禁令;而且,美国的陪审团裁决模式将专利侵权损害赔偿额推向更高。正是基于这些特点,专利劫持行为人通常以诉讼相威胁,收取高昂的许可使用费以达到非法之目的,而这让美国企业尤其是生产性企业不堪其扰。近十年来,为减少专利劫持行为人提起的诉讼,降低对创新的损害,美国法院着力于在永久禁令的核发、律师费承担、损害赔偿计算规则、FRAND原则、商业方法可专利性标准等方面进行规制。

[①] 参见《参议院委员会批准"专利流氓"法案》,Available at http://www.ipr.gov.cn/article/zhuanllm/201506/1851787.html(最后访问日期:2015-08-10)。

[②] S.1137— 114th Congress (2015—2016), Available at https://www.congress.gov/bill/114th-congress/senate-bill/1137/all-actions? q=%7B%22search%22%3A%5B%22S.+1137%22%5D%7D&r=2&overview=closed#tabs(最后访问日期:2017-08-10)。

一 谨慎核发永久禁令:以 eBay 案为拐点

2006 年联邦最高法院对 eBay 案做出判决,该案因推翻了联邦巡回上诉法院(U. S. Court of Appeals for the Federal Circuit,简称 CAFC)多年来一直坚持的永久禁令"自动核发"一般规则化的判决而具有划时代意义。在该案中,原告 Merc Exchange 公司是美国的一家专利授权公司,并不从事实体生产,不实施其专利。该公司拥有属于网络拍卖的三项商业方法专利,分别为 5845265(简称'265 号专利)、6085176(简称'176 号专利)及 6202051(简称'051 号专利)。被告 eBay 公司是全球知名的电子商务提供商,它为销售商和消费者提供第三方网络交易平台服务;被告 Half. com 公司曾是 eBay 公司的子公司,专门用于拍卖物品,目前已经关闭;被告回购公司(Return Buy Inc.)是一家通过第三方电子交易平台销售从零售商处收购的退货的公司。原告在 2000 年发现三被告涉嫌侵犯其持有的三项专利权。原告与前述三家公司就专利授权许可进行谈判,但是未能达成协议。2001 年原告在美国弗吉尼亚州东区联邦地方法院提起诉讼。Half. com 公司与原告在开庭前达成了和解,因此,2003 年法院针对剩余的两个被告做出了判决。判决意见为:第一,两被告故意侵犯了原告的'176 号及'265 号专利;第二,两被告行为属于直接侵权;第三,两被告赔偿原告 3500 万美元;第四,不签发永久禁令。地区法院就拒绝核发永久禁令时指出,在"原告愿意许可其专利"以及"原告没有实施其专利的商业活动"的情形下,可以认定如果不发出永久禁令,专利权人不会受到"无法弥补的损害"。

双方当事人均不服地区法院的判决,均向联邦巡回上诉法院提出上诉。经审理,法院在 2005 年做出了部分维持、部分改判的判决。在该判决书中,法院认为地区法院滥用裁量权,错误地拒绝签发永久禁令,因此撤销了地区法院关于拒绝核发永久禁令的判决。法院还认为,根据该院已经确立的原则,如若专利侵权事实成立,应核发永久禁令。法院并不赞成地区法院在签发永久禁令时考虑众多因素,认为法院拒绝核发永久禁令的条件仅是为了公共利益的极少数情况,比如公共健康,而其他因素则不应加以考虑。在该案中,地区法院的判决不足以证明原告危害到公共利益。据此,联邦巡回上诉法院相当于为原告核发了永久禁令。

2005 年美国最高法院接受了 eBay 公司等被告的移审诉讼请求,并在

2006年5月将案件发回地区法院,要求重审。最高法院的判决意见主要为:依据《美国专利法》第283条规定,在符合衡平原则的情况下,法院"可以"(may)签发禁令。但对于是否核发永久禁令,无论是联邦巡回上诉法院还是地区法院,都没有正确地适用衡平法原则。在专利侵权诉讼中,是否签发永久禁令应与其他案件遵守同样的规则,即应坚持传统衡平四要素法。所以,在认定存在专利侵权行为后,法院并不能以专利权人有授权的意愿或者专利权人未实施专利为当然理由,拒绝核发永久禁令。最高法院重申了获得永久禁令的传统衡平四要素法的基本精神:(1)专利权人是否遭受不可弥补的损害;(2)损害赔偿对专利权人是否足够;(3)专利权人和侵权人的利益是否失衡;(4)是否破坏公共利益。①

需要说明的是,最高法院的判决虽然强调发出永久禁令要满足传统衡平四要素法,但并没有提供确定的法则,而是为各法院留下巨大的自由裁量空间。不仅如此,最高法院对该案的判决结果表面上一致,但实际上还是分裂的,首席大法官罗伯特(John G. Roberts)和大法官肯尼迪(Anthony Kennedy)所提的两个附随意见甚至也是相互对立的,前者主张签发禁令,后者反对签发禁令。② eBay案判决之后,各地法院在不同案件中或引用罗伯特的意见,或引用肯尼迪的意见,相比之下引用肯尼迪的意见较多,体现为自该案后发出禁令的比例下降:在eBay案判决前,法院在95%的认定了专利权有效性和侵权的案件中颁布了禁令,③在eBay案判决后五年,地方法院在75%的专利案件中颁布了永久禁令。④ 另外,eBay案判决后,地方法院似乎致力于对当事人关系和经营性质的细致分析。当决定是否颁布永久禁令时,法院还会考虑更多的因素:(1)有无直接竞争关系;(2)专利权人是不是一个

---

① "eBay Inc. v. MercExchange L. L. C.",126 S. Ct. 1837,May 15 2006.

② 罗伯特强调"一页历史胜过一卷逻辑",实际上是要求尊重历史上关于只有例外情况下才能拒绝永久禁令救济的做法;而肯尼迪则提出:"专利制度已经发展到超出当初立法者的预见,专利授权已经成为现代社会中专利权的主要利用方式,需要对法院的先例进行适度修正。这是因为,永久禁令的签发在竞争者之间产生的效果是截然不同于专利权人与被授权者之间产生的效果。专利劫持行为者自身并不生产或者销售任何相关产品,当涉诉专利仅为被告产品中的小部分技术,而且永久禁令威胁被专利劫持行为人用作和解谈判中敲竹杠的工具时,发出永久禁令不符合公共利益。"

③ Lim,Lily,E.,and Sarah E. Craven,Injunctions Enjoined: Remedies Restructured,*Santa Clara Computer & High Tech. L. J.*,Vol. 25,No. 4,2008,p. 798.

④ Andrews,Damon,C.,"Why Patentees Litigate",*Colum. Sci. & Tech. L. Rev.*,Vol. 12,2011,p. 219.

没有实施专利的实体;(3)专利技术在侵权设备中所占的比例和相对贡献。与此同时,联邦巡回上诉法院在面临拒绝或颁布永久禁令的问题时,显示出了对地方法院的尊重。[①]

二 胜诉方律师费不移转的例外:奥克滕健康有限责任公司案[②]的确认

根据《美国专利法》第285条的规定,联邦法院在"例外情况"下,可判令专利诉讼中的败诉方承担胜诉方的律师费用。但究竟什么是"例外情况",法律并没有做出更加细致的规定。在司法实践中,法院判令原告承担被告律师费的案例非常有限。据统计,在2011年近3000件专利诉讼案件中,法院仅在21个案件中支持了由败诉的原告承担被告律师费。[③] 该法条如此低的适用率使得其并未对轻率地提起专利侵权诉讼发挥应有的遏制作用。法院的态度在2014年有了新变化。4月29日,联邦最高法院就奥克滕健康有限责任公司(Octane Fitness, LLC., 以下简称奥克滕公司)与艾肯运动&健康股份有限公司(ICON Health & Fitness, Inc., 以下简称艾肯运动公司)案做出判决,放宽了专利诉讼中胜诉方可获律师费的认定标准。该案判决对遏制专利劫持行为,或有重大意义。

该案缘于2008年艾肯运动公司起诉奥克滕公司侵犯了其拥有的一项关于训练设备的专利(专利号为6019710,简称'710号专利),但艾肯运动公司本身却从未销售过含有该专利的产品。奥克滕公司认为艾肯运动公司的起诉是基于商业策略,提出动议请求法院做出不侵权的即决判决。明尼苏达地区法院支持了该动议。[④] 随后,奥克滕公司进一步援引《美国专利法》第285条之规定,请求法院判定艾肯运动公司承担己方在诉讼中的律师费用。联邦地区法院以不满足联邦巡回法院在布鲁克斯家具制造有限公司案[⑤]中

[①] 郭羽佼、闫文军:《eBay案与美国专利制度改革》,《科技与法律》2012年第2期。
[②] "Octane Fitness, LLC. v. ICON Health & Fitness, Inc.",134 S. Ct. 1749 (2014).
[③] Rader, Randall R., and Colleen V. Chien & David Hricik, "Make Patent Trolls Pay in Court", N. Y. Times (June 4, 2013), Available at http://www.nytimes.com/2013/06/05/opinion/make-patent-trolls-pay-in-court.html?_r=0.
[④] "ICON Health & Fitness, Inc. v. Octane Fitness, LLC.", 2011 WL 2457914 (D Minn., June 17, 2011).
[⑤] "Brooks Furniture Mfg., Inc. v. Dutailier Int'l, Inc.",393 F. 3d 1378 (2005).

· 155 ·

确立的标准为由驳回了奥克滕公司的请求。① 奥克滕公司不服,上诉至联邦巡回上诉法院,主张地区法院在根据《美国专利法》第285条认定本案是否属于例外案件时,适用了过于严格的标准。联邦巡回上诉法院维持了原判,拒绝对已经确立的判断例外性之标准进行重新考量。② 美国最高法院同意奥克滕公司的调卷令请求,经过审理,最高法院撤销了原判,发回重审。

美国联邦巡回上诉法院在布鲁克斯家具制造有限公司案中认为,《美国专利法》第285条规定的"例外情况"仅有两种:(1)存在与诉讼标的相关之重大不适当行为(material inappropriate conduct),如故意侵权、专利取得涉及造假或不正当行为、诉讼中有不当行为、滥诉、违反《联邦民事诉讼程序规则》第11条的行为,或属违法行为;(2)诉讼案件之提起是出自主观恶意(brought in subjective bad faith),且该诉讼客观上无根据(objectively baseless)。判断客观上无根据的标准是:起诉太缺乏合理性以至于没有理性的当事人相信能胜诉,或者原告明知客观上无根据。与此同时,专利诉讼当事人主张"例外情况"适用需要举出明确且令人信服的证据(clear and convincing evidence)。美国联邦最高法院通过对第285条的文义解释和历史解释,认为联邦巡回上诉法院确定的标准过于严格(unduly rigid),过分地限制了第285条的适用,使该条文形同具文。联邦最高法院亦认为,第285条对于一审法院裁定胜诉方可获得律师费的裁量权,仅设下唯——项限制,即该诉讼案件必须是例外案件(exceptional cases)。从文义上看,例外案件仅是一个诉讼案件,其一方当事人诉讼立场上的实质强度(同时考量所适用法律与案件事实)或进行诉讼的不合理程度,相较于其他案件有特别突出之处。联邦地区法院可以在考量案件整体情况下,依个案行使其自由裁量权来裁定一个案件是否为例外案件。另外,美国最高法院亦推翻联邦巡回上诉法院持有的主张例外案件需提交确实且令人信服之证据的观点,指出《美国专利法》第285条并未设立特殊举证责任,更不用说如此高的证据标准。因此,应适用专利诉讼案件中惯常采用的优势证据(preponderance evidence)标准。

整体上看,联邦最高法院的该判决连同同日公布的海马公司案③的判决放宽了专利诉讼中胜诉方可获律师费的认定标准,申请人不再需要同时证

---

① "ICON Health & Fitness, Inc. v. Octane Fitness, LLC.", 2011 WL 3900975 (D Minn., Sept. 6, 2011).
② "Octane Fitness, LLC. v. ICON Health & Fitness, Inc.", 496 Fed. Appx. 57 (2012).
③ "Highmark Inc. v. Allcare Health Management System, Inc.", 134 S. Ct. 1744 (2014).

明对方起诉具有主观恶意且客观无根据,并且例外案件不限于可独立被裁罚的不当行为。在面对专利劫持行为时,胜诉方请求法院裁定败诉方支付其合理律师费的成功率将大大增加,有效抑制了此类专利劫持行为。同时,最高法院还赋予了联邦地方法院在专利案件中的高度自由裁量权,加之上诉审查仅限于是否滥用自由裁量权,因此一审联邦地方法院的判决得到最终实施的可能性加大。但必须要提及的是,该判决与 eBay 案不同,判决书并没有明确使用"专利劫持行为"或"非实施主体"等词语,而且判决也没有更进一步明确法院应当在涉及专利劫持行为的案件中判定败诉方承担另一方的律师费用,因而其实际效果还有待联邦地方法院的实践来证明。[1]

三 侵权赔偿计算规则更加精细和多元:Uniloc 美国公司案[2]中对"重要规则法"适用的限制

根据《美国专利法》第 284 条[3],法院采取三种方式计算损害赔偿金:权利人所失利润、合理许可费用、侵权人故意侵权时的三倍惩罚性赔偿。由于所失利润的赔偿非常难以证明满足"潘蒂特"测试[4],三倍惩罚性赔偿需侵权人故意且已经计算出所失利润或者合理许可费用作为基数,如此看来,采用前述两种计算方法都存在一定的难度,所以在计算赔偿数额的司法实践中,广泛采用合理许可费方式。在确定合理许可费的数额时,专家证人通常采用"重要规则法"。"重要规则法"(Rule of Thumb,也称 25 Percent Rule),又称经验法,它是指在知识产权侵权诉讼中,如果不存在具有可比性的合理许

---

[1] 徐棣枫、郄志勇:《美国专利案件中的律师费承担规则及其发展》,《知识产权》2014 年第 10 期。
[2] "Uniloc USA, Inc. v. Microsoft Corp.",632 F. 3d 1292(Fed. Cir. 2011)。
[3] 《美国专利法》第 284 条:"损害赔偿金:法院在作出有利于请求人的裁决后,应该判给请求人足以补偿所受侵害的赔偿金,无论如何,不得少于侵害人使用该项发明的合理使用费,以及法院所制定的利息和诉讼费用。陪审人员没有决定损害赔偿金时,法院应该估定之。不论由陪审人员还是由法院决定,法院都可以将损害赔偿金额增加到原决定或估定的数额的三倍。法院可以接受专家的证词以协助决定损害赔偿金或根据情况应该是合理的使用费。"
[4] 获得所失利润的救济,权利人需要证明损害与侵权间存在事实因果关系。这一证明规则称为"若非"测试,即必须满足如果没有侵权则可能获得的收益。判断是否满足"若非"测试最常用的方法为"潘蒂特"测试。它包括四要件:对专利产品的市场需求;不存在可接受的非侵权替代产品;专利权人具有满足需求的制造能力和市场销售能力;应该获得的利润值。参见和育东《美国专利侵权救济》,法律出版社 2009 年版,第 157 页。

可费,专家证人将采用许可费的评估方法进行计算。[①] 但实际上,知识产权许可费的评估方法尤其是专利许可费的评估方法会受到诸多因素影响,导致如何正确评估专利许可费始终是一个难题。由于专利技术可能只占该产品的一小部分,但技术分摊原则并没有被法院普遍适用,因而仍以整个商品的价值为依据的计算方法提高了合理许可使用费数额,这也是专利劫持行为人进行专利诉讼的经济动因。为此,专利侵权损害赔偿曾一直是美国专利法改革的中心议题之一,但由于分歧较大,《美国发明法》在通过前选择了回避。但司法却一直致力于寻求专利侵权损害赔偿计算方式的精细化和多元化。在2011年的Uniloc美国公司案中,法院限制"重要规则法"的适用即是司法努力的见证之一。

在该案中,专家证人运用"重要规则法"对原告Uniloc美国公司的合理许可费进行了计算,并最终确定合理许可费为564946802美元。专家证人根据诉争专利"产品激活"(Product Activation)防盗版技术的使用时间,为其估价10—10000美元。专家证人以10美元作为计算基础,假想在侵权未发生之时,有意愿的被许可人将25%的产品销售值支付给原告,而自己保有75%的价值。换句话说,被许可人每售出一件产品应支付许可费2.5美元。其后,他将2.5美元×225978721份(侵权使用专利的产品数量),即算出专利权人应获得的损害赔偿数额为564946802美元。专家证人特别强调:"'重要规则法'已在其他案件中多次使用,是可接受的合适的许可费计算方法。"为确保准确性,专家证人还对计算的结果进行了验证,最后认为许可费占产品总价值的2.9%。

基于许可费与损害赔偿之间的关系角度,审理该案的法官对"重要规则法"的适用有不同的观点,他们质疑"重要规则法"计算赔偿数额的准确性,这是因为:第一,此种方法未能真正体现专利技术与被控侵权产品间存在何种关系;第二,这种方法并未考虑许可双方的谈判关系;其三,这种方法过于主观。与此同时,联邦法院法官还指出,"重要规则法"不符合证据规则要求,它只是一个根据经验抽象出来的法则。对于依照专利许可费计算的赔偿费,"重要规则法"仅仅给出了可参考的许可费率。因此,该法则的适用应受到限制。

[①] 李秀君:《评美国Uniloc USA案中重要规则法适用的转变》,《知识产权》2011年第5期。

在美国,数目巨大的专利侵权赔偿金是其专利保护的特点。① 依侵权损害赔偿的计算方式所得的高额损害赔偿金往往导致经济实力较弱的企业发生经营困难,无法继续从事产品生产制造。这也是各界诟病美国专利制度的原因之所在。该案判决表明,美国司法实践已经更加重视如何更多地考虑经济因素,以确定合理的专利许可费,确保专利侵权损害赔偿计算的科学性。这在一定程度上有利于抑制专利劫持行为人提起诉讼。

四 FRAND原则的明晰:微软公司诉摩托罗拉公司案②的尝试

标准在现代经济中扮演着日益重要的角色。③ 随着经济全球化的发展和技术的变革,专利权与标准开始结合。专利技术标准化有利也有弊。"利"在于促进新技术推广,提高生产效率,降低消费者的适应成本,减少国际贸易障碍;"弊"在于提升了标准专利权人在专利许可使用谈判中的地位,导致其向标准使用者索要不公平、不合理和歧视性的许可费。④ 而这正是技术标准中专利劫持行为的典型表现。美国是标准大国,但标准专利的许可问题一直困扰着业界。近年来,涉及标准专利特别是标准必要专利(Standard-Essential Patent,SEP)的许可使用费诉讼频发,美国法院尝试通过明晰FRAND原则来阻止专利标准化过程中专利劫持行为等负效应的扩散。2015年7月30日,美国联邦第九巡回上诉法院公布了微软公司诉摩托罗拉公司专利许可费案的二审判决意见。⑤ 该案就如何判断FRAND标准必要专利许可使用费提供

---

① 张玉敏、杨晓玲:《美国专利侵权诉讼中损害赔偿金计算及对我国的借鉴意义》,《司法适用》2014年第8期。
② "Microsoft Corp. v. Motorola Inc.", et al., No.10-cv-01823-JLR, 1 – 38 (W. D. Wash. Aug. 11, 2013).
③ U. S. Department of Justice (DOJ) and U. S. Patent and Trademark Office (USPTO), "Policy Statement on Remedies for Standards-Essential Patents Subject to Voluntary F/RAND Commitments", 2013. p. 2, Available at http://www. uspto. gov/about/offices/ogc/Final_DOJ-PTO_Policy_Statement_on_FRAND_SEPs_1 – 8 – 13. pdf(最后访问日期:2015 – 03 – 25).
④ 李扬、刘影:《FRAND标准必要专利许可使用费的计算——以中美相关案件比较为视角》,《科技与法律》2014年第5期。
⑤ "Motorola Inc., et al. v. Microsoft Corp.", No. 14 – 35393, Available at http://cdn. ca9. uscourts. gov/datastore/opinions/2015/07/30/14 – 35393. pdf(最后访问日期:2015 – 08 – 12).

了程序上的指导,进一步明晰了合理无歧视许可费的计算原则和方法。这有利于阻止专利劫持行为人借着标准必要专利索要高额许可费。

该案始于2010年10月微软公司向美国国际贸易委员会要求启动337调查,指责摩托罗拉公司侵犯其专利权。随后两家公司讨论了交叉许可的可能性。摩托罗拉公司分别于2010年10月21日和10月29日以书面形式通知微软公司,要求其向自己支付使用由国际电信联盟(International Telecommunication Union,简称ITU)制定的802.11无线局域网标准,以及由美国电子和电器工程师协会(Institute of Electrical and Electronics Engineers,简称IEEE)制定的H.264视频编解码标准的必要专利(现已由谷歌公司购买)的许可费,许可费率为微软最终产品价格(比如Xbox、电脑、智能手机等)的2.25%,相当于每年支付逾40亿美元。2010年11月9日,微软公司向法院提起诉讼,诉称摩托罗拉公司的专利许可合同要约条款违反FRAND协议。该案争议的焦点在于:FRAND费率的计算方法和FRAND许可费的考虑因素。就计算方法而言,微软公司和摩托罗拉公司在专利侵权诉讼过程中分别提出了各自的计算方法,法院经过综合考虑采纳了摩托罗拉公司的建议,即采用假设性双边谈判法(Hypothetical Bilateral Negotiation Approach,简称"假想谈判法"),模拟在FRAND原则下进行双边协商的方法。针对基于FRAND原则计算许可费涉及的考虑因素,法院认为在Georgia-Pacific的15个因素[①]中,最重要、最基本的三大因素是必要专利对标准的贡献度、必要专利对侵权人产品的重要性和如何选择参照物。基于此,2013年4月25日,华盛顿西区联邦地区法院判决摩托罗拉公司的H.264标准必要专利组合的FRAND许可费率范围为每单项产品0.555—16.389美分,其中Xbox的许可费率为16.389美分/项,其他产品的许可费率为0.555美分/项。摩托罗拉公司的802.11标准必要专利组合的FRAND许可费率范围为每单项产品3.471—19.5美分,其中Xbox的许可费率为19.5美分/项,其他产品的许可费率为3.471美分/项,相当于每年支付180万美元。2013年9月,陪审团裁定摩托罗拉公司赔付微软公司1452万美元。

---

① 为计算合理许可费,美国在司法实践中发展出一种"假想谈判法"。该方法假设在侵权开始之时,专利权人与侵权人愿意就专利许可达成协议,在这一假想谈判中综合考虑各种影响许可费的因素所达成的许可费就是合理许可费。1970年"Georgia-Pacific Corp. v. U.S. Plywood-Champion Papers, Inc."案判决中总结了15项在假想谈判中应考虑的因素,得到了比较广泛的认同,被称为"Georgia-Pacific因素"。

摩托罗拉公司对一审裁决不服,上诉至联邦巡回上诉法院。联邦巡回上诉法院将此案移送至第九巡回上诉法院。上诉理由之一在于摩托罗拉公司认为,地区法院对于FRAND许可费的裁决违反了联邦巡回上诉法院在"佐治亚—太平洋公司"案①中所确立的框架,即15个因素。第九巡回上诉法院认为,此案实质上不是专利纠纷案件,而是合同违约案件,所以地区法院不需要严格参照"佐治亚—太平洋公司"案,而可以做适当调整,因此决定全部驳回摩托罗拉公司的上诉请求,维持一审判决。

标准化组织的知识产权政策是各成员应遵守的合同条款。目前,诸多标准化组织的知识产权政策都设计了FRAND原则,但通常缺少对其的具体解释,即何为公平、合理和无歧视。有学者认为,"如从合同解释的基本理论出发,'公平'、'合理'、'无歧视'的具体含义应依据合同目的进行解释,并以此作为计算公平、合理、无歧视许可费的原则,指导和检验FRAND许可费的计算"②。如果能证明专利权人占有市场支配地位且滥用了该种市场支配地位,专利权人还应受到反垄断法的规制。从该案一、二审的判决意见来看,法院对于许可费的计算确立了"基础许可费+适度调整"方法。当然,这仅仅只是一种计算方法,并且该案所确立的计算方法并非计算所有标准专利许可费的灵丹妙药,实际上,该案还可能为标准使用者劫持专利权人埋下祸根。尽管如此,该案判决有利于落实标准化组织制定的知识产权政策,弥补专利许可协议的漏洞,防止专利劫持行为的产生,协调专利与标准之间的关系,促进标准的制定和推广应用,保护社会整体利益。

五 继续廓清商业方法的可专利性标准:Alice金融公司案③的努力

在美国,商业方法是否具有可专利性(patentability)一直是个颇具争议的话题。④1998年,美国联邦巡回上诉法院审理了"州街银行"案,确立了判

---

① "Georgia-Pacific Corp. v. U. S. Plywood-Champion Papers, Inc. ", 318 F. Supp. 1116 (1970), modified by 446 F. 2d 295 (2d Cir. 1971).
② 张吉豫:《标准必要专利"合理无歧视"许可费计算的原则与方法——美国"Microsoft Corp. v. Motorola Inc. "案的启示》,《知识产权》2013年第8期。
③ "Alice Corp. v. CLS Bank International", 134 S. Ct. 2347 (2014).
④ 李晓秋:《析商业方法的可专利性》,《政法论坛》2011年第2期。

定商业方法可专利性的"有用的、有形的、具体的结果"标准。这一标准促使洪水般的商业方法专利申请涌向美国专利商标局。① 近十年来,随着申请的急剧增加和积压以及专利的泛化,商业方法专利遭到了越来越多的斥责:专利审查不确实,专利申请书中的权利请求项仅以抽象字眼描述该计算机软件可执行哪些功能,滥用商业方法专利,导致大量专利劫持行为,等等。对于如此泛滥的计算机软件专利申请,近五年来,伴随不断泛起的批判声浪,美国法院开始出现重要判决。首先,美国最高法院在2010年6月28日发布了被称为"世纪专利法案件"的"比尔斯基"案②判决书,判定商业方法满足专利法的实质性要件(一种技术方案,具有实用性、新颖性、创造性,说明书充分公开)后仍具有专利适格性。但美国最高法院并未清楚勾勒判定商业方法可专利性标准,以至于当年的评论者指出,联邦最高法院的判决将商业方法可专利性的判定标准又推回到"比尔斯基"案前的情形,其模糊性和不确定性必将受到批评。③ 人们期待美国国会和最高法院继续廓清该问题。2014年6月,美国最高法院又在最新的Alice金融公司案中认为,纯粹的商业方法专利不具有专利适格性。此案是判定商业方法可专利性标准的重要发展。商业方法专利是专利劫持行为产生的重要原因,消除商业方法专利权利要求的模糊性和不确定性,在很大程度上铲除了专利劫持行为的重要根基。

在该案中,涉案专利是Alice金融公司(Alice Corp.)拥有的4项美国专利,专利号分别为5970479号(简称'479号专利)、6912510号(简称'510号专利)、7194720号(简称'720号专利)和7725375号(简称'375号专利),这些专利涵盖一项第三方提供电子托管的服务方法,即用计算机实现第三方确保在线金融交易中的购买证券的买方和出售证券的卖方各自履行义务的方法。CLS国际银行(CLS Bank International)开设了一种面向全球的促进网络金融交易的业务。2007年,CLS国际银行向法院提起确认之诉,请求地区法院认定Alice金融公司所拥有的四项专利无效。Alice金融公司提出了

---

① Meurer, Michael J. , "Business Method Patents and Patent Floods", *WASH. U. J. L. &POL' Y.*, Vol. 8, 2002, 309.
② "Bilski v. Kappos", 561 U. S. 593 (2010).
③ Leahy, Patrick, "Comment on the Supreme Court's Decision In Bilski v. Kappos", 2010, Available at http://leahy. senate. gov/press/press re-leases/release/? id = 9577014F - 32D2 - 41A8 - B189 - AC07D86CC336(最后访问日期:2015 - 03 - 22).

CLS 国际银行侵犯专利权的反诉。地区法院认定该案所涉专利的权利要求直接指向一种抽象思想,即"利用一个中立第三方来促进义务的同时交换,以使风险最小化",不具有技术性,因而不具有可专利性(ineligible)。

Alice 金融公司不服,提起上诉。上诉法院审理后驳回了一审判决,理由是缺乏足够证据认定诉争专利的权利要求直接指向一种抽象思想。法院随后由全席审判庭(en banc)重审此案,7 位法官同意诉争方法不属于可专利的客体,而对于诉争系统的可专利性,则形成了 5∶5 的表决结果,因此法院仍维持一审判决。显而易见,尽管上诉法院维持了一审判决,但此类发明创造是否具有可专利性,法官们的意见并不一致,甚至彻底相左。这一分歧也促使最高法院在时隔三年后,决定再度就商业方法的可专利性问题进行澄清,这无疑令世人关注。

联邦最高法院确认了联邦巡回上诉法院对于 Alice 金融公司与 CLS 国际银行案的判决结果,称 Alice 金融公司所拥有的专利只是基础的经济实践和"现代经济的基础构成"。最高法院一直都认为,自然规律、自然现象和抽象思想都不可以被申请为专利。大法官托马斯(Clarence Thomas)在法院发布的判决书中写到,涉案专利是"一个不符合专利条件的抽象思想"。他还补充说:"如果权利要求仅仅指向普通的计算机执行行为,这并不能将抽象的想法变成一个符合授权专利条件的发明。满足授予专利权条件的发明创造必须与某个创意及具体实施该创意的方式相关。"

在软件等行业内,根据 Alice 金融公司案的判决意见,专利劫持行为人持有却不实施的商业方法专利可能无效,这对于专利劫持行为人而言,无疑是釜底抽薪,打击力量强大。加利福尼亚大学黑斯廷斯法学院教授、创新法律机构主任费尔德曼教授说:"Alice 一案后迎来了一种新的世界秩序。初审法院和联邦巡回法院(通常被称为美国的专利法院)在过去三个月里宣布的专利无效件数几乎与它们在过去一年里宣布的无效件数一样多。"纽约大学法学院教授、创新法律与政策英格堡中心联合主任德拉费斯说:"上述商业方法专利将大批量减少。"[①]但是该案也遗留了很多问题:判决仍然没有

---

① 《美国打击软件专利》,参见 http://www.bjnajie.com/news_detail/newsId=346.html(最后访问日期:2015-02-21)。

对"抽象概念"给出定义或者对其范围进行界定,运用 Mayo 二步分析法[①]判断主题的可专利性更加复杂化。这表明联邦最高法院仍然遵循了"一步一步地推进知识产权法向前发展,而并非一次到位"[②]的司法制度构建理念,仅仅给出具有一定弹性的判断方法和判断规则。

第三节 行政规制

2011 年 9 月 16 日,美国前总统奥巴马签署的《美国发明法》被视为近年来为提高专利系统的有效性和可靠性而进行的具有里程碑意义的立法。但奥巴马认为,这只是专利法律制度改革的一部分。《美国发明法》并未彻底阻断专利劫持行为,创新者依然面临专利劫持行为的威胁和挑战。2013 年 2 月 14 日,他还在通过视频回答美国各界关于专利法领域的问题时指出:"你们提到的那些家伙(专利劫持行为人),他们自己实际上什么都不生产,本质上只是试图通过影响和劫持别人理念来讹钱。"[③]奥巴马对专利劫持行为这一社会现象发表的意见,足以说明美国政府对专利劫持行为的特别关注和规制此种行为的重要性。不仅如此,美国的联邦贸易委员会、国际贸易委员会、司法部等部门机构一直在为阻止专利劫持行为的发生进行积极的努力。

---

① Mayo 二步分析法是美国联邦最高法院在 Mayo Collaborative Services v. Prometheus Laboratories, Inc. 案中所确立。其分析步骤为:第一步首先分析所涉专利权利要求是否指向自然规律、自然现象或者抽象概念;如果所涉权利要求指向自然规律、自然现象或者抽象概念,则进行第二步分析——探寻能够使所涉权利要求具备可专利性的"发明性概念",即判断该权利要求中的技术特征或者技术特征的组合是否"足够确保"该专利已经"远远超出"其所涉及的自然规律、自然现象或者抽象概念本身;在第二步分析中,法官既要考虑权利要求的各个技术特征,也要考虑技术特征的组合。See "Mayo Collaborative Services v. Prometheus Laboratories, Inc.", 132 S. Ct. 1289 (2012).

② See O'Byrne, Stephanie E., and Jeffrey T. Castellano, "On Trend: Rule 12 Dismissals Based on Patent Ineligibility under § 101", Fed. Cir. B. J., Vol. 23, 2014, p. 417.

③ "President Barack Obama Said Today in His Fourth Annual Appearance on You Tube", Available at http://www.cnet.com/news/obama-were-only-halfway-there-on-patent-reform/#! (最后访问日期:2015-06-22).

一 白宫政府的专利新政[①]

为阻止专利劫持行为,提升美国企业创新能力,促进高科技发展,推动美国经济尽快复苏,白宫政府于2013年6月4日向社会公布了专利新政,它包括七项立法建议和五项执行措施。这些建议和措施正对专利劫持行为的减少、美国企业创新活力的恢复和激发产生重要的影响。

(一)涉及立法的七项建议

(1)专利权及其相关权利主体应披露"真正的利益主体"。建议要求向法院提起专利侵权诉讼或向专利商标局提出复审的当事人,提交真正的利益主体的最新信息材料,否则应遭受不利的法律后果。

(2)允许地区法院在决定败诉方是否承担律师费时享有较大的自由裁量权。建议赋予地区法院在胜诉方律师费用是否移转方面享有更多的自由裁量权,以制裁滥用诉讼的败诉方。

(3)进一步提升商业方法专利质量。建议将与计算机有关的专利一并纳入商业方法专利的过渡方案中。同时,扩大异议主体范围,允许更广泛的主体就授权专利向专利商标局的专利审判和上诉委员会(Patent Trial and Appeal Board,简称PTAB)提交重审请求。

(4)保护消费者和企业等终端用户。建议制定免责规定,确保消费者和商业用户不因使用某种产品和仅按拟定用途使用该产品而被要求承担法律责任。

(5)修改国际贸易委员会核发排除令的标准。建议国际贸易委员会在决定是否签发排除令时,采用法院在eBay案所重申的传统衡平四要素法,确保标准同一。

(6)提高侵权通知书的透明性。鼓励被侵权人以公开方式提交侵权通知书,保证公众获取和检索该通知书中的信息。

(7)建议赋予国际贸易委员会更大的灵活性以聘请高素质的行政法官。

(二)与执法有关的五项措施

(1)定期更正专利权人信息。要求专利商标局制定相应规则以保证专

---

① "Fact Sheet: White House Task Force High-Tech Patent Issues", Available at http://www.whitehouse.gov/the-press-office/2013/06/04/fact-sheet-white-hou se-task-force-high-tech-patent-issues(最后访问日期:2015-02-12)。

利复审申请人和专利持有人定期更新专利权人信息,尤其要说明实际持有专利的权利主体,防止专利劫持行为人利用"空壳"公司掩饰其活动,确保"真正的利益主体"难以藏身。

(2)加强对审查人员的培训。要求专利商标局对审查员就软件的功能性权利要求审查进行针对性培训,并制定提升权利要求明确性的相关策略。

(3)提升消费者和商业用户等终端使用者抵御诉讼风险的能力。要求专利商标局为那些消费者或者受到潜在专利劫持行为人威胁的用户,比如为使用销售点软件或特殊商业方法的用户提供培训或者进行宣传,并提供解答。

(4)重视对专利政策和滥用专利诉讼行为的理论研究。要求扩大专利权人、研究机构等利益相关方的合作,整合司法部、专利商标局、联邦贸易委员会等的资源,积极开展对专利政策和专利滥诉现象的理论研究。

(5)强化排除令的执行。启动并加强国际贸易委员会和海关与边境保护局(U. S. Customs and Border Protection,简称 CBP)之间的联合审查,确保侵权产品禁止进口的排除令的透明度和执行效力。

在同一天,美国国家经济委员会(National Economic Council)和白宫经济顾问委员会(Council of Economic Advisers,简称 CEA)发布了《专利主张与美国创新》报告。报告指出,功能性特征的语言描述可能导致非常宽泛的权利保护范围,这在软件专利领域尤其严重。大多数专利劫持行为人提起的诉讼都涉及软件专利,而这种类型的专利的权利要求包含广泛的功能性特征。低质量、权利要求宽泛的软件专利是专利劫持行为发生的重要根源。针对此种现象,报告建议提高发明创造的新颖性、非显而易见性的审查标准,降低诉讼成本,提升创新体系应对新技术和新商业模式带来挑战的能力。

二 联邦贸易委员会的推动

(一)出台《促进创新:竞争与专利的法律和政策的恰当平衡》报告

2003年11月,针对美国专利授权量渐低、"问题专利"或不良专利数量增多的现状,联邦贸易委员会在《促进创新:竞争与专利的法律和政策的恰当平衡》报告中提出了六项有关完善专利制度的建议,包括建立一种异议和审查已授权专利的行政程序,将之前在专利有效性异议中的"清楚而确信的证据规则"改为"证据优势规则",强化专利审查标准等。[①] 该报告被视为美国从"亲专利政策"转向"反专利政策"的标志,拉开了美国专利法历史上第二次重要的修改的帷幕。报告体现了联邦贸易委员会对"问题专利"引起的专利劫持行为的忧虑,指出了美国专利制度改革的走向。

(二)与司法部联合发布《反托拉斯执法与知识产权:促进创新和竞争》

1995年4月6日,联邦贸易委员会和司法部(U. S. Department of Justice,简称 DOJ)曾联合颁布了《知识产权许可的反托拉斯指南》(以下简称《指南》)。《指南》确立了三个原则:(1)同等对待知识产权与其他财产权利原则;(2)不得假定知识产权权利人为当然具有市场支配力原则;(3)认同知识产权许可行为具有促进竞争效果原则。此外,在分析模式上,以合理原则取代了"本身违法原则"。但该《指南》的公布,并不能阻止大量的知识产权反托拉斯诉讼案件。两大执法机构于2007年4月17日又发布了《反托拉斯执法与知识产权:促进创新和竞争》报告(以下简称《报告》)。[②]《报告》在基本立场上与《指南》保持了一致。不同的是,《报告》重点讨论了许可的策略性使用、组合专利的交叉许可和专利联营等内容,集中地反映了美国最新的政策主张,其目的在于更好地寻求知识产权保护与反托拉斯执法之间的平衡,以保证二者合力"鼓励创新、倡导勤勉和竞争"。[③] 该报告对于专利劫持行为表达了鲜明的立场:克制并适时介入。

(三)展开对专利劫持行为人的大范围调查

2013年4月,谷歌公司、地球连线公司以及红帽公司等通力合作,要求美国联邦贸易委员会和司法部处理专利劫持行为者所带来的损害。"我们今天的意见同样聚焦于一个可怕的趋势:某些公司正迅速地将专利转化为魔鬼,企图将它们施加于竞争对手身上。这种转化会导致对手成本的提高,并破坏专利平衡。这一趋势就是我们所指的'私掠(privateering)':(公司)

---

① "To Promote Innovation: The Proper Balance of Competition and Patent Law and. Policy", A Report by the Federal Trade Commission, Oct. 2003, Available at http://www.ftc.gov/os/2003/10/innovation-rpt.pdf(最后访问日期:2015 - 01 - 26).

② U. S. Department of Justice & Federal Trade Commission, "Antitrust Enforcement and Intellectual Property Rights: Promoting Innovation and Competition (2007)", Available at http://www.justice.gov/atr/antitrust-enforcement-and-intellectual-property-rights-promoting-innovation-and-competition(最后访问日期:2015 - 02 - 10).

③ 王先林、潘志成:《反垄断执法与知识产权保护之间的平衡——美国〈反托拉斯执法与知识产权:促进创新和竞争〉报告述评》,《知识产权》2007年第6期。

· 167 ·

向恶魔出售专利,以谋求同竞争对手不对称的利益。"2013年6月6日,美国两位议员周(Judy Chu)和华伦特索德(Blake Farenthold)向联邦贸易委员会主席拉米雷斯(Edith Ramirez)邮寄了一封代表共和党和民主党意见的信件,敦促联邦贸易委员会审查专利劫持行为人攻击终端用户的恶意滋扰行为,并关注反垄断行为和竞争问题。这里的终端用户指那些为了特定目的使用已出售产品的消费者或者其他用户,包括个人消费者、非营利组织、地方政府、各种类型的企业等。信中指出,当前针对专利权人滥用市场地位获取经济利益,并且恶意攻击合法享有自己购买的产品或者服务的终端用户的行为,联邦贸易委员会有义务对此加以阻止,以确保每个美国消费者免受那些通过恶意商业行为而轻易获利的专利劫持行为人的侵犯。依据《联邦贸易法案》第5节,针对经调查发现的专利劫持行为人欺诈或者不公平的违反消费者保护的行为,联邦贸易委员会有权采取一定的措施进行阻止。随后,联邦贸易委员会主席在一次面向全美新闻俱乐部的演讲中提到,联邦贸易委员会计划对专利劫持行为人展开大范围的调查,并借助反垄断措施限制专利劫持行为。2013年9月30日,联邦贸易委员会发布了针对专利劫持行为人的《通告和寻求公众评论》[1],为寻求执法收集更丰富的信息。

2014年12月10日,联邦贸易委员会专员布瑞尔(Julie Brill)在一次有关专利劫持行为人的论坛上说,"联邦贸易委员会计划在2015年内完成这一正在进行的对专利许可企业(主要指专利劫持行为人)的研究,目前正在评估'委托私人打击对手(privateer)的执行'"[2],即当这些企业不正当地威胁提起专利侵权诉讼时,委员会应对其采取执法行动。[3]

(四)加强准司法

联邦贸易委员会是美国重要的行政机构,隶属于美国国会,它有权管辖

---

[1] "Notice and Request for Public Comment by Federal Trade Commission(2013)", Available at http://www.kslaw.com/library/newsletters/ITCSection337Update/2013/October_3/FTCNotice.pdf(最后访问日期:2015-02-22)。

[2] 2014年5月21日,华盛顿法律基金会网络研讨会(Washington Legal Foundation Web Seminar)就"专利主张实体及委托私人打击敌军:当专利成为产品时,何时引发反垄断法议题的关注?"举行讨论,此次讨论提到了联邦贸易委员会对MPHJ技术投资公司采取的第一个强制行动,促成了2014年11月13日对该公司发布同意令。参见http://www.wlf.org/communicating/mediabriefing_detail.asp?id=255(最后访问日期:2015-07-22)。

[3] Gross, Grant, "FTC will Target Patent Trolls, Commissioner Says", 2014, Available at http://www.itworld.com/article/2858395/ftc-will-target-patent-trolls-commissioner-says.html(最后访问日期:2015-02-22)。

垄断纠纷和不正当竞争纠纷,并做出相应裁决。如认定相关企业实施了违法行为,它可以发布限制令或采取其他措施。当事人如若不服,有权向联邦巡回上诉法院提起诉讼。专利劫持行为是一种滥用专利权的行为,当这种滥用行为导致的破坏市场竞争、损害消费者利益已经严重到符合相关法律的规定时,即当有证据表明专利劫持行为对竞争者和消费者造成损害,符合反垄断执法的要求时,联邦贸易委员会有职责予以干预。近年,联邦贸易委员会为针对专利劫持行为处理的案件不乏成例,比如蓝博士公司垄断案。①2002 年 6 月 19 日,联邦贸易委员会对蓝博士公司提起反垄断指控,认为该公司在参与 SDRAM 标准制定的过程中,违反电子器件工程联合委员会的内部规章,隐瞒其拥有的相关专利,有垄断同步动态随机存取内存市场之嫌。联邦地方法院一审判决支持了联邦贸易委员会的请求,但联邦巡回上诉法院于 2008 年 8 月 26 日驳回了一审法院的决定,否决了联邦贸易委员会的请求,并裁定蓝博士公司对标准设定组织隐瞒其专利并没有违反《谢尔曼法》。法院还认定,并没有足够的证据表明,如果蓝博士做到了完全公开,标准设定组织会将其他技术作为标准。虽然该案件没有足够的证据证明蓝博士公司有违反《谢尔曼法》的行为存在,但公司在参与标准设定活动时,应当采取措施确保遵守标准设定组织的披露知识产权的规则。否则,该公司可能会因为违反反托拉斯法而受到严厉惩罚。但需要提及的是,在对专利劫持行为人的专利收购和专利许可协议进行反垄断分析时,如何认定相关市场②是分析问题的关键。

从某种程度上说,蓝博士公司案还不是联邦贸易委员会处理的涉及专利劫持行为的典型案件。此处提及的第二个案例"联邦贸易委员会指控MPHJ 技术投资公司(MPHJ Technology Investments LLC.)涉嫌违反美国不正当商业行为法令案",被认为是联邦贸易委员会依据消费者主权针对专利劫持行为人处理的第一个案件。③ 在该案中,联邦贸易委员会指出,位于特拉

---

① "Rambus, Inc. v. FTC",522 F. 3d 456 (D. C. Cir. 2008).
② 相关市场是指经营者就一定的商品或者服务从事竞争的范围或者区域,主要包含了商品和地域两个要素。界定相关市场是反垄断执法的关键步骤,直接影响甚至决定着反垄断案件的处理结果。判定一个经营者是否居于垄断地位或者市场支配地位,是否排除、限制了市场竞争,都必须以界定相关市场为前提。
③ "US Federal Trade Commission Settles First Case in Crackdown on 'PatentTrolls'", Available at http://economictimes.indiatimes.com/news/international/business/us-federal-trade-commission-settles-first-case-in-crackdown-on-patent-trolls/articleshow/45062338.cms(最后访问日期:2015 - 01 - 22).

华州的 MPHJ 技术投资公司是一家著名的"专利投机"公司,它持有一项涵盖了网络化的"文档转邮件"扫描技术专利。在 2012 年 9 月到 2013 年 6 月间,该公司向约 16000 家小企业发送了 9000 余封要求专利许可的律师函,威胁说如果拒绝支付 1000 美元或者更多的许可费,它们将采取法律行动。但该公司无意真正进行诉讼,而是以此威胁小企业支付许可费,仅签订了 17 份许可协议。不可思议的是,在联邦贸易委员会尚未起诉该公司时,MPHJ 技术投资公司却率先在 2014 年 1 月 13 日以联邦贸易委员会没有对该公司的管辖权等理由向得克萨斯州西区的联邦地区法庭提起诉讼。2014 年 9 月 16 日,地区法庭驳回 MPHJ 技术公司的请求。① 2014 年 11 月 6 日,MPHJ 技术投资公司与联邦贸易委员会达成和解。2015 年 3 月 15 日,联邦贸易委员会对 MPHJ 技术投资公司做出裁决,指出贸易委员会对被指控人等享有该程序事项的管辖权,此次调查程序符合公共利益需求,要求 MPHJ 技术投资公司在未来 20 年之内不得使用欺骗手段强迫企业支付专利许可费。②

三　国际贸易委员会的发力:"337 条款"中的公共利益测量

在美国,当专利权受到侵害时,权利主体可以请求法院判决侵权人承担民事责任,也可以请求国际贸易委员会适用"337 条款"对侵权人进行调查。两者的不同之处在于:司法救济适用于所有在美国获批的专利权,法律责任主要是损害赔偿责任和永久禁令;而国际贸易委员会的"337 条款"调查的适用对象仅限于进口货物侵犯在美国的专利权的情形,法律责任仅限于发放排除令。自从 2006 年 eBay 案公布判决意见后,法院核发禁令需要遵从传统四要素法则,这意味着法院颁发禁令更加谨慎。相反,由于国际贸易委员会属于行政机关而非司法机关,因而 eBay 案的判决对国际贸易委员会的行政法官并无拘束力,即是否发布禁令的传统四要素法则不适用于"337

---

① " MPHJ Technology Investments LLC. v. Federal Trade Commission ", Available at https://www. ftc. gov/enforcement/cases-proceedings/142 - 3003/mphj-technology-investments-llc-matter(最后访问日期:2015 - 01 - 22)。

② In the Matter of MPHJ Technology Investments, LLC, a Limited Liability Company; Jay Mac Rust; Farney Daniels, P. C. , a Professional Corporation (FTC Matter/File Number: 142 3003), Available at https://www. ftc. gov/system/files/documents/cases/150317mphjtechdo. pdf(最后访问日期:2015 - 07 - 01)。

条款"调查中排除令的做出。由于国际贸易委员会审理侵权案件快,申请人比较容易获得排除令,所以专利劫持行为人纷纷将目光投向国际贸易委员会,导致提起的"337条款"调查案件迅速增加。根据国际贸易委员会的官方数据,"337条款"调查从2000年到2011年的增长量超过了530%。[①]

就"337条款"而言,它是美国1930年《关税法》(Tariff Act)第337节的简称,主要是用来制止进口贸易中的不公平竞争行为。根据该法的规定,专利权人如果向国际贸易委员会提出进口产品侵犯了其在美国的专利权,要求采取相关措施,需要提供在美国已经存在或正在建立与系争专利权所涉的产品相关的国内产业的证据。[②] 1988年美国对"337条款"进行了修改,根据修改后的规定,对于那些在国内缺乏实际制造产品能力的实体而言,如大学、新创企业等,在进口产品侵犯自己的专利权时,也有权向国际贸易委员会提出申请,要求对侵权产品进行调查,发放排除令,保护自己的权利。但就专利许可行为而言,国际贸易委员会开展调查工作的焦点在于,确认申请人的专利许可行为及其相关的各种活动是否都属于为了开发利用系争专利产品而进行的实质性投资。在这一点上,国际贸易委员会将专利许可行为区分为生产驱动型许可与利益驱动型许可。前者是一种鼓励使用专利技术创建新产品或新的国内产业的许可活动,后者是一种利用专利权,从已有的生产中攫取利益的许可活动。国际贸易委员会倾向于认为生产驱动型许可更能满足国内产业要求。这是因为此种许可方式体现了专利权人致力于把专利技术转化为生产力的想法,有利于推动专利许可人在国内开辟新市场、打造新产业。由于新技术的出现,新旧产品发生更替,这无疑有利于消费者获得新技术、新产业带来的便利,对美国市场和消费者能够产生积极的作用,体现了国际贸易委员会对社会公众利益的考量。

从理论上说,根据"337条款"的规定,在发布排除令之前,国际贸易委员会必须审查该排除令对公共利益究竟会产生何种影响。实践中,侵权人以公共利益为由请求国际贸易委员会给予豁免时,国际贸易委员会只关注排除令的发布对公众健康和福利的影响,以及对美国国内相似或直接竞争

[①] "Facts and Trends Regarding USITC Section 337 Investigations", Available at http://www.usitc.gov/press_room/documents/featured_news/337facts.pdf(最后访问日期:2015-02-26)。

[②] 参见《关税法》第33(a)(2)条。

产品的生产所造成的影响这两种因素,而对美国经济和消费者产生的效果条款,国际贸易委员会一直是视而不见。①但事实上,这两个条款对于防控专利劫持行为是非常有利的。为此,勒姆利和齐恩两位教授呼吁国际贸易委员会应重视"337 条款"中的公共利益测量,②以更好地构建起针对专利劫持行为的防线。③

四 专利商标局的积极跟进:发布《基于联邦最高法院 Alice 金融公司案判决的初步审查指南》④

自 1998 年商业方法专利大门洞开后,法院和专利商标局对软件专利给予了少有的慷慨。但软件与商业方法专利的模糊性和有效性一直备受争议。专利劫持行为这一特殊现象的存在似乎也让这一话题的讨论变得更有针对性。2014 年 6 月,联邦最高法院在 Alice 金融公司案中确认了 Alice 金融公司拥有的专利权无效,该案对专利领域尤其是商业方法软件的影响是显而易见的。该案判决对专利商标局产生了重要影响:立即重新审查最有可能受到该判决影响的专利申请,如含有抽象思想且同时又仅仅涉及计算机的一般功能的专利申请,撤回"已经授予专利权"的通知,退回给原来的审查员,要求重新审查申请。2014 年 6 月 25 日,专利商标局迅速发布了有关权利要求中涉及抽象概念的初步审查的指导意见,即《基于联邦最高法院 Alice 金融公司案判决的初步审查指南》(以下简称《基于 Alice 案判决的初步审查指南》),以取代 2010 年 6 月 28 日发布的《基于联邦最高法院比尔斯

---

① Chien, Colleen V. , " Protecting Domestic Industries at The ITC ", *Santa Clara Computer & High Tech. L. J.* , Vol. 28 ,2011, p. 169.
② Chien, Colleen V. , Mark A. Lemley, "Patent Holdup, the ITC, and the Public Interest", *Cornell Law Review*, Vol. 98, No. 1, 2012, pp. 1 – 46.
③ 李佳、高胜华:《美国国际贸易委员会对专利权主张实体的管制——以美国国内产业标准为研究重点》,《知识产权》2014 年第 5 期。
④ "Preliminary Examination Instructions in View of the Supreme Court Decision in Alice Corporation Pty. Ltd. v. CLS Bank International, et al. , No. 13 – 298 (Jun. 19, 2014)", Available at http://www. uspto. gov/patent/patents-announcements/preliminary-examination-instructions-determining-subject-matter(最后访问日期:2015 – 07 – 21)。

基案判决的过渡审查指南》①。2014年12月16日,专利商标局公布了正式的《可专利性适格的2014过渡审查指南》②,2015年7月30日,专利商标局再次更新了该指南。③ 该指南旨在指导审查员判断涉及抽象思想的权利要求是否符合《美国专利法》第101条④的规定。根据该指南,在所有类型的权利要求中,审查员都应采用Mayo判断规则对于可专利主题的例外情形(自然规律、自然现象和抽象概念)进行审查。

依据该指南,审查员应依据以下步骤对包含抽象概念的发明申请主题的可专利性进行审查。首先,审查权利要求是否属于抽象概念。如果是,则进入下一步:根据Alice金融公司案,判断该权利要求中是否存在其他限制特征,并且这些限制特征是否对抽象概念进行了符合可专利性要求的实际应用。如果不是,则该权利要求将被以指向"非法定可专利主题"为由予以驳回。由此看来,该指南提升了计算机软件发明获得专利权的难度。结合《美国发明法》中的复审制度,可以谨慎地预见,由于审查标准的改变,涉及计算机软件和商业方法的专利申请以及已经获得授权的专利都将会受到极大的影响,这让专利劫持行为人感到极度不安。⑤

五 司法部的推进:标准必要专利及FRAND原则的最新法律意见

美国司法部的反托拉斯局作为隶属于美国联邦政府的行政执法机构,

---

① "Interim Guidance for Determining Subject Matter Eligibility for Process Claims in View of Bilski v. Kappos (Interim Bilski Guidance)", Available at http://www.uspto.gov/patent/patents-announcements/interim-guidance-determining-subject-matter-eligibility-process-claims(最后访问日期:2015 - 02 - 12)。
② "2014 Interim Guidance on Patent Subject Matter Eligibility (Interim Eligibility Guidance) for USPTO Personnel to Use When Determining Subject Matter Eligibility under 35 U. S. C. 101 in View of Recent Decisions by the U. S. Supreme Court, including Alice Corp. , Myriad, and Mayo", Available at: http://www.uspto.gov/patent/laws-and-regulations/examination-policy/2014-interim-guidance-subject-matter-eligibility-0(最后访问日期:2015 - 07 - 25)。
③ "July 2015 Update: Subject Matter Eligibility", Available at http://www.uspto.gov/sites/default/files/documents/ieg-july - 2015-update. pdf(最后访问日期:2015 - 07 - 25)。
④ 《美国专利法》第101条:"任何人发明或者发现任何新的、有用的方法、机器、产品或者物质组合,或者对上述发明或者发现作出任何新的、有用的改进,符合本法规定的条件和要求的,可以获得专利权。"
⑤ 李洁琼:《利用计算机实施的发明的可专利性研究——美国联邦最高法院确认"Mayo二步分析法"的适用》,《中山大学学报》(社会科学版)2015年第2期。

其职责之一在于调查垄断案件。随着信息通讯产业的快速发展、专利纠纷爆炸式的增长、专利劫持行为的愈演愈烈,司法部的反托拉斯局对专利劫持行为给予了高度关注。针对标准必要专利的权利人在专利侵权诉讼中提出禁令申请是否构成反垄断法上的滥用市场支配地位,2013年1月8日,美国司法部和美国专利商标局联合发布了《标准必要专利权利人基于 FRAND 原则获取救济的政策声明》,对标准必要专利权利人的专利劫持行为对竞争可能造成的影响,以及权利人能否通过申请禁令的方式来获取救济进行了分析。[①]2015年2月2日,美国司法部公布了给 IEEE 顾问的业务审查函(Business Review Letter)。在此之前,IEEE 向司法部递交了其对 IEEE 标准委员会(IEEE-SA)专利政策所建议的更新(新版政策),寻求司法部对该新版政策的执法态度。该新版政策主要对 IEEE 标准必要专利权利人做出的向标准实施者提供"合理、无歧视"许可承诺的含义范围做出澄清,具体而言包括以下四个方面:(1)禁止令(Prohibitive Order)是否适用;(2)合理许可费率(Reasonable Rate)的含义;(3)允许的互惠许可要求;(4)IEEE 许可承诺适用的生产层级。司法部在审查了 IEEE 及 IEEE 标准委员会的性质、职能范围、IEEE 内部产生该新版政策的过程,分析了该新版政策的具体条款后,决定不"挑战"该新版政策。

在2015年2月2日公布的这份法律意见中,司法部对于标准必要专利与公平、合理、无歧视原则发表了最新观点。司法部认为,"在含义上'合理'和'无歧视'术语固有的欠清晰,可能限制'合理、无歧视'许可承诺的作用";"更加清晰、透明可以进一步促进标准的采用和实施";"通过进一步澄清 IEEE 合理、无歧视许可承诺的含义,该新版政策潜在地便利和改进了 IEEE 标准委员会的标准制定程序"。在公布的业务审查函的第五部分,司法部对 IEEE 新版政策涉及的上述四个方面的问题做出了细致分析,并表明了对于 IEEE 新版政策的支持立场。[②]

[①] "Policy Statement on Remedies for Standards-Essential Patents Subject to Voluntary F/RAND Commitments by DOJ and USPTO(January 8th ,2013)", Available at http://www. justice. gov/sites/default/files/atr/legacy/2014/09/18/290994. pdf(最后访问日期:2015 - 03 - 26)。

[②] "Department of Justice Will Not Challenge Standards-Setting Organization's Proposal to Update Patent Policy by Department of Justice", Available at http://www. justice. gov/sites/default/files/atr/legacy/2015/02/02/311475. pdf(最后访问日期:2015 - 03 - 26)。

第四节 专利劫持行为法律规制的创新与创新的专利劫持行为法律规制：美国实践的简要评介及启示

作为专利劫持行为的发源地、繁荣地,美国的立法、司法和行政实践正对其专利制度与创新机制的调整带来重大影响,这种影响甚至已经扩展至世界其他各国和地区。取人之长可为我所用。本书以为,在检视美国实践经验的基础上,或许能寻求可资借鉴之处。

一 美国实践的特点

(一)致力于美国企业创新能力的提升

美国经济发展的动力不足被诊断为源于美国企业在目前的市场竞争中缺乏优势。而专利劫持行为无疑是造成美国企业丧失竞争优势的祸首之一,美国参议院议员舒默(Chuck Schumer)对专利劫持行为者的经济影响措辞刻薄:"我们不能让这些专利绦虫(patent tapeworm)寄生于人们之中。"[①]因此,法律规制专利劫持行为与美国企业的创新能力提升密切相关,它通过对专利法律制度的深度检视,采用综合性的举措,致力于美国企业创新能力的提升,以恢复美国经济在世界的领先地位。

(二)构建了法律规制专利劫持行为的立体架构

为遏制专利劫持行为,美国国会、联邦最高法院、联邦巡回上诉法院及其他法院、白宫政府、专利商标局、联邦贸易委员会、国际贸易委员会、司法部等部门和机构,以及美国各州都积极行动起来,形成一股合力。可见,专利劫持行为对美国经济的危害之大,已经引起了美国联邦和各州的立法机关、司法部门、行政机构的共同关注,它们构建了规制专利劫持行为的立体

[①] Fung, Brian, "A key Bill Cracking down on Patent Trolls just Got Closer to Becoming Law", 2015, Available at https://www.washingtonpost.com/news/the-switch/wp/2015/06/04/a-key-bill-cracking-down-on-patent-trolls-just-got-closer-to-becoming-law/(最后访问日期:2015-06-04).

架构,以阻止专利劫持行为对美国经济带来的负效应继续发酵。美国这种打击"专利劫持行为"的力度与其自身科技经济发展相适应,契合了时代的要求,回应了产业界和社会公众的需要,这也证实美国希望通过对"专利劫持行为"的遏制以维护其本国企业特别是中小型企业和创新型企业的利益,使创新与市场葆有活力。

(三)采用了多维度的规制路径

在前文的分析中可知,美国针对专利劫持行为采取了一系列有针对性的措施,打造了立法、司法、行政执法全面规制专利劫持行为的综合体系。这些措施既有从专利审查标准、专利再审程序、专利诉讼程序等不同方面限制专利劫持行为或其他专利权滥用行为,也有从实体法角度,比如永久禁令的颁布、专利侵权损害赔偿的计算、专利权信息披露的内容、FRAND原则的合理阐释等方面考量对专利劫持行为的控制,还通过设置合同责任、侵权责任、行政责任等不同的法律责任规制专利劫持行为。美国规制的多维度路径有助于全方位阻遏专利劫持行为,防止专利法律制度功能的"失灵"甚至"专利危机"的加剧,确保美国专利法律制度的价值取向不发生异化。

(四)遭遇了专利劫持行为法律规制的复杂性和分歧性

美国遏制专利劫持行为的实践引起了社会公众和产业界的强烈反响,部分人认为这些措施和行动的针对性很强,可以有效遏制专利劫持行为。但与此同时,也引发了不同声音,引起了理论界和产业界的质疑。比如针对诉讼中区分专利劫持行为人和非专利劫持行为人的司法实践或者立法建议,里奇教授认为,"虽然人们很痛恨专利劫持行为人,但是简单地划定某一类行为违法会造成更大的问题"[①]。而MPJH技术投资公司更是将联邦贸易委员会告上法庭,认为联邦贸易委员会针对其专利劫持行为的调查违反了《美国宪法》。高智公司总裁梅尔沃德曾在All Things D大会上接受科技记者莫斯伯格(Walt Mossberg)采访时为自己公司的做法辩解:"我在上学时就不是个受欢迎的孩子。"[②]

有学者指出,专利劫持行为在美国的泛滥,离不开其专利法律制度和民事诉讼制度的特殊诱因。虽然美国已经采取了有针对性的改革和实践,但

[①] Risch, Michael, "Patent Troll Myths", *Seton Hall Law Review*, Vol. 42, 2012, p. 457.

[②] Swisher, Kara, and Nathan Myhrvold, "Will Not Apologize for Patent Trolling: The Full D10 Interview", 2012, Available at http://allthingsd.com/20120614/nathan-myhrvold-will-not-apologize-for-patent-trolling-the-full-d10-interview-video/(最后访问日期:2015-05-22)。

实际效果仍有待观察。然而,最令美国立法者、司法者、政策制定者头疼的问题,恐怕还在于专利劫持行为人在实质上就是专利权人,而到底做"流氓"抑或做"绅士",仅在专利权人一念之间。因此,美国任何意在抑制专利劫持行为的举措,在本质上也就是在抑制专利权,这与其几十年来强化专利权保护的趋势是相悖的。当然,物极必反,盛极必衰,专利劫持现象或者正昭示了美国专利保护另一个历史拐点的出现。[①] 而这恰好与一国专利法律制度总是基于产业利益和国家利益的需要而不断出现摆动相一致。

二 美国实践的启示

(一)适时调整专利政策应对专利劫持行为

在现代社会,知识产权特别是专利权是个人财富积聚、企业和国家竞争力提升的核心要素,对于美国企业而言,尤为如此。应该说,美国专利政策对于美国企业的创新能力建设有重要的保障作用,但制度建构总会有缺陷,而正是这些缺陷,"成就"了专利劫持行为,亟须克服,以更好地确保美国经济的领先地位,这也是近年来美国国会、法院、政府行政机构、联邦巡回上诉法院、专利商标局、国际贸易委员会等对于专利劫持行为给予前所未有的关注的主要原因。尤其是美国国会、联邦最高法院和白宫政府,从《美国发明法》到《创新法案》(2015),从最高法院近年来做出的一系列专利案件的判决,从白宫政府公布的专利新政来看,这些不仅涉及专利劫持行为的法律规制,而且涉及美国专利法中的一些根本问题,对美国专利法的立法乃至执法理念都带来了深远的影响。美国立法、司法、行政正合力推动着专利法律制度进入一场深刻的变革之中,确保其不成为美国经济发展的掣肘。

(二)规制宗旨:执持促进创新之理念

创新之目的在于获得新知识、新方法、新技术、新产品、新理念、新制度等,它是人类社会进步的不竭动力。创新需要制度保障,设计良好的制度可以为技术创新增添动力。专利法律制度是一国立法者为激励发明人不断创新而设计的法律机制,在这一点上,林肯总统早已有精辟阐述:"专利给天才之火添加利益之油。"可见,创新之理念已经早已植根在专利法律制度中。

[①] 张韬略:《"专利流氓"威胁论:先见之明,抑或杞人忧天?》,载吴汉东主编《知识产权年刊》,北京大学出版社2015年版,第86页。

专利劫持行为虽然能带来正效应,比如加快了专利资产的流动,将很多在独立发明人和科研院校手中"沉睡"的专利进行商业化;在一定程度上推动了整个创新环境形成专利权属清晰、界限分明的局面;刺激生产性企业重视专利权,在生产前进行专利检索、专利评估等;进一步催生出一批批专业的专利中介服务机构,能带来新型的投资理念、打击反专利劫持行为等。但专利劫持行为带来的负效应远远多于正效应:对生产型企业造成威胁,导致企业损失惨重、问题专利增多,加剧专利丛林、专利竞赛等问题,甚至有可能形成市场垄断,阻碍市场自由竞争与创新。美国无论采用何种方式规制专利劫持行为,其目的均在于创新,这对其他国家而言,并无不同。在设计和实践法律规制专利劫持行为的过程中,立法者、司法者、行政执法者应自始至终贯穿创新之法则。

(三)规制原则:恒守利益平衡之精神

毋庸置疑,利益平衡是专利法律制度的基石。专利劫持行为打破了专利权人和社会公众的利益平衡,需要探寻恢复利益平衡的可能路径,确保专利法律制度的适度回摆。《美国发明法》的及时出台、《创新法案》的重新提出、政府推行的专利新政、永久禁令的慎重颁发、"337条款"的重新阐释、FRAND原则的清晰厘定等都为法律规制专利劫持行为提供了可能。但专利权是一种私权,是一种受法律保护的垄断权利。对专利劫持行为进行法律规制的目的在于促使专利权人依法行使自己的权利,在法律的框架内发挥专利权最大的商业化价值,促进专利技术的自由流动,这也是利益平衡精神的要旨之所在。在这一点上,专利劫持行为的法律规制应确保同等保护和适度规制兼而有之,不可偏离专利法律制度的宗旨,导致大公司"反劫持"专利权人,从而戕害创新热情,导致刚刚恢复的利益平衡又再次被打破。任何其他已经遭遇或者正在遭遇或者即将遭遇专利劫持行为的国家或地区,都应以此为鉴。

(四)规制模式:创设以专利法为中心的立体模式

专利劫持行为的法律规制不仅关涉专利法、反垄断法、民法、合同法,它还关涉民事诉讼法等法律。实际上,社会现象的多维性决定了完全按照理论要求齐整地划分法律部门,在事实上并不可能。在理论上,法律部门是法律研究人员根据调整社会关系的不同领域和不同方法,对法律规范进行的分类。而实践中,不同部门法之间可能存在交叉重叠领域,在特定的社会关系上同时由多个部门法共同调整。专利劫持行为作为一种违法行为,既有侵权行为的特性,也可能具化为一种合同违约行为,在特殊情况下还是反垄断法视野中的非法垄断行为,这决定了专利劫持行为是民法、合同法、反垄断法的调整对象。当然,专利劫持行为是专利制度的一种衍生物,这决定了专利劫持行为与专利法的天然联系。而对于专利技术标准化而言,标准的选定与专利权出现了交集,其中滋生的专利劫持行为应是标准化法不能忽视的内容。所以,采用单一部门法来解决专利劫持行为,难免有所不及。但是,专利劫持行为遭人诟病之处在于滥用专利权、破坏专利制度的创新功能,因此,美国的实践集中体现了对专利制度的重组与改造。以专利法为中心,注重实体规则和程序规则的结合,合力规制专利劫持行为,或许是其他国家和地区规制专利劫持行为的首选模式,而采用单一法或者专门立法模式规制尚难以获得共识。

(五)规制机构:立法、司法、行政部门联动参与

对于专利劫持行为的法律规制而言,立法者在于构建或者完善相关的法律制度,司法者在于正确恰当地运用既有法律或者通过判例创设法律,行政执法者在于严格执法,切实保障专利劫持行为受害者的合法利益,保证创新机制的建立和健康运行,推动美国企业的创新和经济的进一步发展。伽达默尔(Hans-Georg Gadamer)说:"一个人需学会超出近在咫尺的东西去视看——不是为了离开它去视看,而是为了在一更大的整体中按照更真实的比例更清楚地看它。"[①]专利劫持行为的产生有不同的原因,其表现形式也不尽相同,立法者、司法者和行政执法者以不同的视界察看专利劫持行为,为其量身定做规制的措施,以防止法律规制专利劫持行为的缺失,这样的部门网络体系无疑有利于全面规制专利劫持行为。但是尚需注意的是,综合部门规制专利劫持行为也易产生标准不一的现象,从而影响法律规制专利劫持行为的效果。

(六)规制手段:规定民事责任、行政责任、民事制裁措施

专利劫持行为的成因与表现形式非常复杂,规制专利劫持行为需要建立、健全多项法律制度,规定多样法律责任。这些法律责任在规制专利劫持行为中的地位与作用是各不相同的:有些着重于治标,有些则侧重于治本。比如专利劫持行为受害人可以提起侵权之诉,要求专利劫持行为人承担相应的赔偿责任,或者以违反 FRAND 原则提起违约之诉,要求专利劫持行为

---

① [德]伽达默尔:《效果历史的原则》,甘阳译,《哲学译丛》1986 年第 3 期。

人承担相应的违约责任。行政部门还可以基于法律的规定要求专利劫持行为人承担罚款等行政责任。民事和行政责任以及制裁措施等并不互相排斥,同一专利劫持行为,既可能触犯民事法律,也可能同时触犯行政法律,因此,专利劫持行为人可能既承担民事责任,又同时承担行政责任。在特殊情形下,还要承担民事制裁。综合性法律责任提高了专利劫持行为的违法成本,对专利劫持行为人形成了更大的威慑力,可以有效防止法律规制专利劫持行为的空隙和盲区。

本章小结:美国样本的检视与镜鉴

专利劫持行为源于美国、发展于美国、发达于美国。当前,美国正受困于专利劫持行为。纾困,已成为美国经济复苏的重要议题。为此,美国国会及其各州议会、联邦最高法院、联邦巡回上诉法院、联邦各地法院、白宫政府、专利商标局、联邦贸易委员会、国际贸易委员会、司法部等立法部门、司法机构、行政部门积极参与其中,纷纷采取了一系列的措施来钳制专利劫持行为,让其回复到专利权人正常行使权利的状态,以确保美国企业的创新能力,重新设置符合复杂技术时代和知识经济时代的创新机制。

在立法层面,美国国会完成的"世纪专利法修改",即《美国发明法》的签发,不仅为专利劫持行为的法律规制提供了实体规则,即确立发明人先申请制,而且提供了程序规则——创建重审程序和过渡性的授权后重审程序,还增设了专利诉讼的司法改革——重新划分司法管辖权、限制专利侵权共同诉讼合并审理、修改在故意侵权认定中关于律师意见的规定、扩大在先使用抗辩的范围。与此同时,美国各州议会也积极行动起来,在 2013—2015 年期间,以佛蒙特州为代表的近 40 个州已经制定并颁布或者采用或者正在制定专门针对专利劫持行为的法案。此外,在 2013—2014 年、2015—2016 年两届国会立法期中,有近 15 部提案或者法案被提交至国会。美国各界正在期待一部综合性的专利劫持行为法律规制法案的出台。

在司法领域,联邦最高法院及联邦巡回上诉法院在规制专利劫持行为方面表现出极大的热情,联邦最高法院在这方面风格丕变,近年更是以惯常少有的关注对专利法律案件签发调卷令,做出了不少针对实体法问题的判决。有学者据此指出,"最高法院在专利案件上正在全面回归(holistic turn)"①。自2006年谨慎核发永久禁令的eBay案到2014年胜诉方律师费移转的奥克滕健康有限责任公司案再到继续廓清商业方法的可专利性标准的Alice金融公司案,以及不断精化侵权赔偿计算规则的Uniloc美国公司案、进一步明晰FRAND原则的微软公司诉摩托罗拉公司案,无一不体现出美国法院对规制专利劫持行为的努力。

美国白宫政府等行政部门在规制专利劫持行为的体系中担当了重要角色。白宫政府在2013年6月公布了被称为专利新政的七项立法建议和五项执行措施;联邦贸易委员会出台了《促进创新:竞争与专利的法律和政策的恰当平衡》报告、与司法部联合发布了《反托拉斯执法与知识产权:促进创新和竞争》,展开了对专利劫持行为人的大范围的调查、加强了准司法;国际贸易委员会以"337条款"中的公共利益测试为杠杆,有利于阻断专利劫持行为;专利商标局在2014年发布了《基于联邦最高法院金融公司案判决的初步审查指南》,以提升商业方法专利的质量、减少专利劫持行为的可能性;司法部反托拉斯局则在2015年2月公布了标准必要专利及FRAND原则的最新法律意见,以应对技术标准化中的专利劫持行为。美国行政机构通过制定综合性措施阻击专利劫持行为,效果明显,意义重大。

规制专利劫持行为已成为美国共识。唯有规制专利劫持行为,美国创新才有保障。部分经济学家、反专利的急先锋们为此疾呼:"是时候修正专利法了!"②但法律规制专利劫持行为并非易事,这源于专利劫持行为的外在表现是专利权的行使。也许任何人都想成为改革家,但是,"专利改革……是不重要的、晦涩隐秘的,而且是反应迟钝的。这需要乐观者的精明头脑和坚定的信念,而不是华而不实的修辞论辩"③。美国立法、司法和行政合力、适度地规制专利劫持行为,有助于遏制其负效应的扩散。这一点应为他国借鉴。

---

① Lee, Peter, "Patent Law and the Two Cultures", *Yale L. J.*, Vol. 1, No. 20, 2010, p. 42.
② "Time to Fix Patents", "The Economist", August 6, 2015, Available at http://www.economist.com/news/leaders/21660522-ideas-fuel-economy-todays-patent-systems-are-rotten-way-rewarding-them-time-fix(最后访问日期:2015 - 08 - 08).
③ Janis, Mark, D., "Patent Abolitionism", *Berkley TECH. L. J.*, Vol. 17, 2002, p. 899.

第六章 专利劫持行为法律规制的中国化

我国知识产权理论建树和制度建设理应服务中国发展大局，体现中国特色，讲好中国故事。①

——吴汉东

在全球化进程中，法律与经济一样，都深深地被打上了全球化的烙印。② 今天，专利劫持行为已经不再仅仅在美国出现，这个问题已经国际化、全球化。无论是美国国会已经完成的"世纪专利法修改"的《美国发明法》，已经再次列入立法议程等待最后表决的《更强专利保护法案》，还是美国最高法院积极"回归"至专利案件的系列判决，抑或是美国白宫政府重拳出击并出台的专利新政，它们都在深刻地影响着美国的产业和经济发展。由于美国是世界上推行知识产权的领先者，其规制专利劫持行为的实践和影响正向世界各国扩散，也不可避免地波及我国，引起我国理论界和实务界的关注。近年来，专利劫持行为引发的手机专利诉讼在全球频频爆发，其中中国的联想、华为、中兴、小米等企业在"走出去"的过程中无一幸免，屡遭专利劫持行为者的重创，不堪其扰。回望国内，自2008年起，国外典型专利劫持行为者，如高智公司已悄然登陆中国大陆，并陆续开始布局，令人不安，其专利谋划策略应当令国家相关部门和产业界警惕。与此同时，在"推动形成全国专利展示交易中心、高校专利技术转移中心、专利风险投资公司、专利经营公司等多层次的专利转移模式，加强专利技术运用转化平台建设"的政策指引下，国内本土专利权运营机构犹

---

① 吴汉东：《论知识产权事业发展新常态》，《中国知识产权报》2015年7月3日第8版。
② 李晓秋：《信息技术时代的商业方法可专利性研究》，法律出版社2012年版，第233页。

如雨后春笋，渐成气候。新生的本土专利权运营机构是否会出招应对专利劫持行为，目前尚不能简单置评，但公司的逐利本性恐难以阻挡专利劫持行为的产生。总体上看，我国虽不像美国是专利劫持行为的重灾区，但我国企业在"外"早已遭遇专利劫持行为，在"内"也并非专利劫持行为的沉寂之地。这表明我国对于专利劫持行为的担心绝非"杞人忧天"，而是现实存在！

2014年1月3日，国家知识产权局出台了《国家标准涉及专利的管理规定（暂行）》、《标准制定的特殊程序第1部分：涉及专利的标准》；2015年4月7日，国家工商总局公布了《关于禁止滥用知识产权排除、限制竞争行为的规定》（以下简称《规定》）；同年6月4日，国家发展改革委员会价格监督检查与反垄断局启动《滥用知识产权反垄断规制指南》的制定，截至10月23日，草案的制定已经完成并向社会征询意见。2014年1月，深圳市中级人民法院对"中国标准第一案"进行了判决，其对FRAND原则的阐释已成为众多国家的标本。2017年3月23日，国务院反垄断委员会办公室公布了《关于滥用知识产权的反垄断指南（征求意见稿）》。这些措施在一定程度上可以阻止或者防止专利劫持行为在我国的发生。然而，从总体上看，我国规制专利劫持行为的法律资源不够完善，司法经验不够丰富，行政执法措施尚有诸多缺漏，产业意识不够浓厚。考察既有的理论研究成果，绝大部分文献主要集中于美国"专利流氓"或者非专利实施体的研究，针对我国专利劫持行为的法律规制的论述还不够深入。这些势必影响到专利劫持行为法律规制的效果，进而严重影响到我国的创新事业。创新是一个民族不断进步的灵魂，一个没有创新的民族是一个没有希望的民族。"保护创新，是一个国家基本的法律制度，一个不保护创新的国家，同样是没有未来的。"[1] 基于此，构建中国化的专利劫持行为的法律规制制度迫在眉睫，它符合经济新常态和知识产权事业新常态[2]的时代需求。

---

[1] 蔡长春：《吴汉东：知识产权新常态的三大构想》，《法治周末》2014年12月24日头版。
[2] "知识产权新常态"由国家版权局版权管理司司长于慈珂提出，我国知识产权法领域和民法领域的著名专家吴汉东教授对这一极具时代元素的概念进行了精致阐述，他指出"知识产权新常态至少应包括制度建设的本土化、创新成果的产业化、环境治理的法治化等方面的内涵"。参见蔡长春《吴汉东：知识产权新常态的三大构想》，《法治周末》2014年12月24日头版。

第一节　我国专利劫持行为法律规制的背景

随着专利运营行业的逐渐发展壮大,专利劫持现象越来越普遍。较之于美国,中国目前专利劫持行为尚不多见,遭遇的专利劫持行为诉讼总量不多。中国企业,特别是"走出去"企业目前遭受的主要是外国专利劫持行为者以及专利联盟的专利劫持行为的侵扰,而中国本土的专利劫持行为问题并不是很突出,但是需要注意的是,目前中国有专利劫持行为生存和发展的基础和条件,而且,外国专利劫持行为者早已觊觎中国企业。专利劫持行为并不旨在专利的实施,而在于获得超额的许可费,专利权只不过是提起专利诉讼的许可证。专利劫持行为所带来的负效应远多于正效应,如不加以治理,消除隐患,势必阻抑中国企业的创新。

一　专利劫持行为的来袭与"走出去"企业的困境

这是一个全球化的时代。随着世界经济全球化的扩及和纵深发展,中国经济已成为全球化不可或缺的部分。为推动中国经济迈向全球化和国际化,我国制定并实施了"走出去"战略。作为中国经济全球化和国际化的标志,"走出去"的企业数量越来越多,在海外的投资规模愈来愈大,中国企业日益成为活跃在国际市场上的重要力量。但是,在"走出去"的过程中,诸多企业经历的是一条充满风险和挑战的荆棘之路。而专利劫持行为则是中国企业走向国际市场尤其是走向美国市场时最令人困扰的问题之一。比如,专利劫持行为人 Sisvel 公司(Sisvel International S. A. ,简称 Sisvel 公司)曾在德国多次指控北京华旗资讯科技发展有限公司(以下简称华旗公司)侵犯其专利权。根据统计,自 2009 年 1 月到 2013 年 6 月我国华为公司和联想公司分别遭遇了 54 次、47 次专利劫持行为者提起的诉讼。[1] 我国中兴公司近年已遭到美国典型专利劫持行为者赫尔弗里希专利许可公司(Helfreich Patent

---

[1] 《苹果成"专利鲨鱼"最大目标　华为联想同受其害》。参见环球网科技:http://tech.huanqiu.com/it/2013-08/4302349.html(最后访问日期:2015-07-01)。

Licensing,LLC.,简称 HPL 公司)、维睿格基础设施公司(Vringo Inc.)等在美国、德国提起的多起专利侵权诉讼。2014 年中兴公司在全球手机企业被专利劫持行为者提起诉讼的排序为第 14 名。美国的专利诉讼纠纷案件(不包括上诉程序和反诉程序)一般耗时长,诉讼费用昂贵。除此之外,还无法收回产品的生产成本、沉没成本,增加运营成本,严重削弱海外拓展能力,这对于中国企业尤其是中小型企业来说根本不堪重负,危害性不容小觑。2013 年 4 月 23 日,美国因特福公司(Interform Group)向美国得克萨斯州东区联邦地方法院起诉中国贝发集团美国销售商塔吉特公司(Target Corp.)以及史泰博公司(Staple Corp.)撅动圆珠笔和中性专利笔侵犯了其关于书写工具的黏弹性护套的美国发明专利(专利号:U.S. 64 47,190C1)。因特福公司并不从事笔类产品的研发、生产和销售,其主要业务是提供产品推广、打印等服务,涉案专利系从个人专利权人处收购。在该案中,因特福公司共起诉了 6 家被告,分布在美、日等国。在 2014 年 7 月 16 日法院举行的和解会议上,因特福公司提出 135.7 万美元的和解费,但遭到中国贝发集团的拒绝。贝发集团经过艰辛努力,迫使因特福公司在 2014 年 10 月 13 日向法院提出撤诉请求并于 2014 年 10 月 20 日得到法院同意。[①] 专利劫持行为不仅是美国企业之殇,也是中国"走出去"的企业之痛。

二 专利劫持行为在我国衍生的可能性和现实性

专利劫持行为盛行于美国,"亲专利政策"更是为其茁壮成长给足了养料。但从总体上看,专利劫持行为源于并不完美的专利制度,逐利本性指引着它的行进方向,它的泛起是现代法治社会科技快速发展、市场经济成熟、权利意识增长及诉讼文化发达的伴生物。基于此,无论是中国,还是英国,抑或是德国等世界上已建立专利制度的国家,专利劫持行为都有其衍生的可能性。而在我国,专利劫持行为已经有鲜活的事实,专利劫持行为者将我国作为理想的目标市场已成为一种不可逆转的发展态势。

(一)国家鼓励专利权运营采用新的商业模式

在我国,加强专利权的创造、管理、保护、运用是制定和推行国家知识产权战略的重要内容。为此,我国颁布了一系列加强专利权保护、运用的政

[①] 张雪莲:《维护企业形象,反击国外"专利流氓"》,《中国制笔》2015 年第 2 期。

策,鼓励专利权商业化,倡导努力建成专利强国,创建自主创新型国家。专利权商业化有利于实现专利的价值,其路径包括专利的许可、转让、质押融资、作价入股等。创建新的专利运营商业模式,有助于专利运营,确保专利价值的实现。欧洲委员会前秘书长提莫斯(Paul Timmers)将商业模式界定为"产品、服务和信息流的架构,内容包含对不同商业参与主体及其作用、潜在利益和获利来源的描述"[1]。由此可见,商业模式是一种运营策略。专利劫持行为是专利权人在追求专利商业价值最大化的过程中的专利许可异象,有其独特的商业运行轨迹和商业模式:购买专利→寻找目标公司→发送律师函或者直接提起专利侵权诉讼→寻求和解或者判决→获得超额许可费。作为一种运营策略,专利劫持行为的不法性也被专利劫持行为者的商业模式表象所掩盖,难以辨认,从而增加了专利劫持行为发生的可能性,也为其留下了生存空间。

(二)丰富的专利资源与大量存在的"问题专利"带来的隐患

近年,我国提出的专利申请和授予专利的数量有了大幅提高,呈现"爆炸式增长"。根据国家知识产权局的统计,截至2015年8月,我国专利申请的数量总共达到5865327件,授权量总计1770925件。[2] 其中,在2015年1—8月,我国提交了发明专利申请609331件,实用新型专利申请677851件,外观设计专利申请337434件。

表6—1　　　　　　2015年1—8月三种专利申请受理量　　　(单位:件)

发明	实用新型	外观设计	合计
609331	677851	337434	1624616

自2012年起,我国专利申请量已经连续三年跃居全球第一。但是数量急剧增长的同时却可能滋生大量的"问题专利"。在我国,实用新型和外观设计专利申请并不像发明专利申请那样需要进行实质审查,只需要进行形式审查,导致已获得授权的实用新型专利和外观设计专利存在"问题"的可

---

[1] Timmers, Paul, "Business Models for Electronic Markets", *Journal on Electronic Markets*, Vol. 8, No. 2, 1998, pp. 3 – 8.
[2] 数据来源于国家知识产权局的统计信息,参见 http://www.sipo.gov.cn/tjxx/tjyb/2015/201509/P020150915524813031750.pdf(最后访问日期:2015 – 09 – 02)。

能性比发明专利更大。而这些"问题专利"可能成为专利劫持行为者的"最爱",他们以尽可能低的价格获得这些"问题专利"的专有权后,很可能将这些专利作为攻击企业并获得超额许可费的不二选择。这种推测并非没有根据。表6—2为2008—2015年专利申请量和侵权案件量的变化。这说明,中国的专利资源丰富,专利数量逐年上升,专利质量尽管取得了长足进步,但质量依然堪忧,①专利诉讼呈现较大幅度增长。②

表6—2　　　　2008—2015年专利授权量和侵权案件量③　　　（单位:件）

年份	专利授权量	专利侵权诉讼量
2015	1718192	11607
2014	1302687	9648
2013	1313000	9195
2012	1255138	9680
2011	960513	7819
2010	814825	5785
2009	581992	4422
2008	411982	4074

（三）专利侵权救济制度的"助推"

1. 过度适用停止侵权责任规则

停止侵权责任是一种典型的民事责任。我国学者认为,专利法领域的停止侵权责任是法院判令侵权者承担的永久停止非法实施专利权行为的责任,是一种针对被告在未来可能继续发生侵权行为的预防性救济。④ 停止侵权责任与美国的永久禁令有相似之处。但在我国,获得"停止侵权责任"的

---

① 在《世界知识产权管理》杂志发布的关于经理人对用户的调查显示,我国国家知识产权局的专利审查质量指数仅为美国专利商标局、英国专利局和欧洲专利局的一半。参见宋河发《从问题到措施——思考我国知识产权政策的走向》,《科技与管理》2015年第4期。
② 朱雪忠:《辩证看待中国专利的数量与质量》,《中国科学院院刊》2013年第4期。
③ 数据来源于国家知识产权局"专利统计年报",参见 http://www.sipo.gov.cn/tjxx/jianbao/year2013/b/b1.html;最高人民法院《中国法院知识产权司法保护状况（白皮书）》(2009—2015),参见 http://www.court.gov.cn/zscq/bhcg/;国家知识产权局"2008年中国知识产权保护状况",参见 http://www.nipso.cn/onews.asp?id=9481（最后访问日期:2017-09-02）。
④ 和育东:《专利法上的停止侵权救济探析》,《知识产权》2008年第6期。

·187·

判决似乎比在美国获得"永久禁令"更加的"自然",近乎"全自动"。在专利侵权纠纷诉讼中,如果被告人败诉,法院一般当然判令被告承担停止侵权责任。有学者曾做过统计,在我国专利侵权案件中,发明专利权人胜诉率高达71.5%,实用新型专利权人胜诉率为67.5%,而外观设计专利权人胜诉率最高为80.4%。从中可以看出,专利权人的胜诉率较高。而法院一旦确认侵权事实成立,几乎在99%的案件中都判令侵权人承担"停止侵权责任",要求其停止侵权行为。①"停止侵权责任"作为专利劫持行为最有力的制度武器,其近乎自动适用的原则为专利劫持行为的发生预留了足够的空间。

2. 多样化的专利侵权赔偿计算方式

我国《专利法》第六十五条规定了专利侵权损害赔偿的四种计算方法,需要说明的是,这四种方法不能由当事人自由选择,应按照先后顺序排列:

专利权人的实际损失 ⟶ 侵权人的获益 ⟶ 专利许可费的倍数 ⟶ 法定赔偿

图6—1　专利侵权损害赔偿的计算方式选择路线图

在该路线图所列的计算方法中,专利权的实际损失并不适用于专利劫持行为人提起的诉讼,这是因为他们只是专利授权商,并不实际生产产品,所以无法计算销售产品的损失。对于后面的三种方法,专利劫持行为者虽然均可能采用,但相比较而言,第二种方法即侵权人的获益=销售的侵权产品数×产品单价,可以采用。第三种方法要求专利权人证明其专利已经许可使用,并且还要证明被许可方已经支付了许可费。一般来说,专利劫持行为人的目的在于获取高额许可费用,在发现目标前常常隐藏其专利,如此,运用该规则计算赔偿额就缺乏基础。第四种计算方式,人民法院判定的法定赔偿一般来说比较低,中南财经政法大学的詹映副教授完成的关于近五年来知识产权司法侵权赔偿研究课题成果表明,法定赔偿的平均数额仅为8万元,这样的赔偿金额只占到起诉人诉求赔偿额的1/3甚至更低。② 因此,

---

① 贺宁馨、袁晓东:《专利钓饵对中国专利制度的挑战及其防范措施研究》,《科学学与科学技术管理》2013年第1期。
② 张维:《97%专利侵权案判决采取法定赔偿 平均赔偿额只有8万元》,《法制日报》2013年4月16日第6版。

被专利劫持行为利用的可能性很小。专利劫持行为人一般精于诉讼,一定会花费大量的精力取证、举证,从而以"侵权人的获益"规则计算赔偿额,获得远超过平均水平的巨额赔偿金。①

3. 如果引入专利侵权惩罚性赔偿

目前,我国专利侵权赔偿与其他民事侵权赔偿一样实行补偿性原则或者填平原则。然而,补偿性的专利侵权损害赔偿未能有效遏制专利侵权行为。基于此,部分学者和实务界人士开始把目光投向源于英、美、法的专利侵权惩罚性赔偿制度。② 专利侵权惩罚性赔偿是专利侵权人给付专利权人超过其实际损害数额的一种金钱赔偿,具有惩罚、补偿等功能。在国家知识产权局2015年4月1日向社会公布的《专利法(征求意见稿)》中,起草者拟在《专利法》第六十五条增设专利侵权惩罚性赔偿制度并作为该条的第三款。根据此款规定,人民法院可以对故意侵犯专利权的行为,根据其情节、规模、损害后果等情形,将侵权行为人承担的损害赔偿数额提高至二到三倍。③ 但是对于如何认定故意,《专利法(征求意见稿)》并未做出相应规定,这为专利劫持行为人要求法院认定被指控人在主观上是否具有故意留下了余地,从而为专利劫持行为人威吓被指控人提供了法律依据,助推专利劫持行为的肆意横行。

(四)我国专利交易市场尚不发达

我国于1984年建立专利法律制度,而专利交易市场在20世纪90年代才逐渐形成,虽经20多年的发展,但至今仍不够发达。与国外成熟的专利交易市场相比,还存在很大差距。其中,主要表现为大多数专利中介的法律地位不清、信誉差、服务种类单一、专利交易额很小、专利中介体系不完善等。我国专利交易市场的不成熟导致企业的专利权交易不顺畅,不利于企业直接防范专利劫持行为。在目前的专利交易市场中,没有出现类似于美国RPX公司等为企业提供防范专利劫持行为服务的中介,也使企业在面对

---

① 在2015年的中国知识产权法学年会中,部分专家和实务界人士在会上认为,中国的专利侵权赔偿数额远远低于美国,因此,不会诱使专利劫持行为的发生。本书对此持有不同的观点。本书认为,中国专利侵权赔偿数额诚然远远低于美国,但对于在中国实施专利劫持行为的主体而言,其赔偿数额应与在中国不同的时间获得的赔偿数额进行比较。

② 李晓秋:《专利侵权惩罚性赔偿:引入抑或摒弃》,《法商研究》2013年第4期。

③ 《专利法征求意见稿》第六十五条第三款:"对于故意侵犯专利权的行为,人民法院可以根据侵权行为的情节、规模、损害后果等因素,将根据前两款所确定的赔偿数额提高至二到三倍。"

专利劫持行为时处于孤立无援的被动防范状态,不利于迎接专利劫持行为的挑战。另外,不成熟的专利交易市场难以向企业提供充足的、有价值的专利情报信息,致使企业的技术研发目标不明,未能打通研发与商业化的连接渠道,势必导致专利侵权行为的发生。

(五)国内理论界和实务界对专利劫持行为的认识不一

专利劫持行为在美国早已产生,但是引起我国关注却为时不久。在产业界,一些国内企业近几年已经不断遭遇专利劫持行为,并尝尽苦头,如今已开始重视这个问题。一些大企业如华为公司、中兴公司、深圳市朗科科技股份有限公司(简称朗科公司)等极为重视专利申请,并注重保证专利质量,但我国部分企业申请专利是为了完成政府科研指标或项目要求,或者说是为了参评高新技术企业,极个别的还是为了获得政府财政资助。对申请专利的初衷存在误解,甚至有意曲解,导致不少企业仍然自缚手脚,不愿申请专利保护,或者已经申请专利,却没能转化成生产力,导致授权专利被"悬置尘封"。国内理论界对这个问题尽管有所研究,但表述不一、分析支离破碎、论证还不够深入,且未全面揭示专利劫持行为的真相,总体来说人们对专利劫持行为这一词汇的接受是比较被动的,对中国是否存在、是否需要防范专利劫持行为存在根本不同的观点甚至误区。有人主张"反击专利流氓应出台国家战略"[1],也有人认为我国根本不存在"专利流氓"的生存土壤。[2] 然而,对专利劫持行为的歧见可能影响到企业积累防范经验,影响到国家相关部门和机构制定应对方略,如果加之我国固有的一些体制弊端和漏洞,有可能促进专利劫持行为的进一步滋生。

(六)外国专利劫持行为者在我国已经开始开辟新战场

人类社会进入21世纪后,以微电子技术和纳米技术为代表的高新技术正引领技术的发展,这些技术具有复杂性的特点。由于法律的滞后性,专利法一时出现了真空地带,遭遇了空前的挑战。相比较起来,一些发达国家的专利经营理念浓厚,专利保护力度大,专利保护水平高,为专利劫持行为孕育了土壤,比如美国。这些专利劫持行为不仅在美国"横行",而且随着经济全球化这一不可阻挡的态势,不断向国外延伸。延伸地主要集中在那些正

---

[1] 张维:《反击"专利流氓"亟待出台国家战略》,《法制日报》2013年4月26日第6版。
[2] 董涛、贺慧:《中国专利质量报告——实用新型与外观设计专利制度实施情况研究》,《科技与法律》2015年第2期。

在致力于推进高科技的发展,但是法律制度和技术交易市场还不是很发达的国家。比如,美国高智公司成立于 2000 年,其总部设在美国华盛顿州的贝尔维尤,是全球最大的专门从事发明投资和专利授权的公司。该公司 2008 年低调进驻中国,主要以发明开发基金(Invention Development Fund, IDF)进行运营,向我国排名前 20 的高校和研发机构提供资金,回报则是获取这些专利权或全球独占许可权。2010 年其与华东理工大学合作,设立"国际发明联合创新基金",并签署"华理—高智亚洲国际发明合作计划";2010 年 3 月,其与上海交通大学共同签署合作实施备忘录。这些都是高智公司进行"专利劫持行为"运营的第一步,即进行特定技术领域专利收购布局,为未来可能实现的专利劫持行为储备专利资源。再比如,部分生产性跨国公司可能蜕变为专利劫持行为者或者与专利劫持行为者紧密合作,诺基亚公司和爱立信公司都是典范。2013 年 9 月,微软公司宣布斥资 71.6 亿美元收购诺基亚公司的手机部门,微软公司获得诺基亚公司手机部门拥有的实用新型专利的 10 年许可使用权、诺基亚商标的 10 年许可使用权,以及超过 8500 件外观设计专利,此次专利交易让诺基亚公司从手机制造公司转变为专利授权公司,欧洲委员会为此警告诺基亚公司不要成为"专利劫持行为人"。爱立信公司曾在 2013 年 1 月将自己的 2185 份专利(其中包括 1922 件获权专利,263 件专利申请)授权给美国著名的专利劫持行为人连线星球公司(Unwired Planet Co.),并从这些专利获取的营收中抽取提成。此外,爱立信公司还自 2014 年起,每年为连线星球公司额外提供 100 份专利,直至 2018 年。[1] 这些公司的转型,实际上为向包括中国企业等在内的企业发起专利劫持行为做好了准备,为中国企业进入海外市场制造了潜在危机。为此,有人预测,DVD 滑铁卢将再现中国手机行业。[2]

三 专利劫持行为与创新驱动战略扞格不入

2008 年 6 月 5 日,国务院公布了《国家知识产权战略纲要》。2012 年 7

---

[1] Savitz, Eric, "Litigation Ahead! Unwired Planet Buys 2,185 Ericsson Patents", Availble at http://www.forbes.com/sites/ericsavitz/2013/01/14/litigation-ahead-unwired-planet-buys-2185-ericsson-patents/(最后访问日期:2015 - 07 - 26)。
[2] 《21 世纪经济报告:DVD 滑铁卢将再现 中国智能手机或遭遇专利陷阱》,网址为 http://www.199it.com/archives/342029.html(最后访问日期:2015 - 07 - 26)。

月5—6日,全国科技创新大会在北京召开。在此次会议上,创新驱动发展的伟大设想首次得以提出,要求将科技创新"必须摆在国家发展全局的核心位置",该战略已被写入党的十八大报告。创新驱动发展战略是党和国家做出的重要战略抉择,其核心思想在于提升自主创新的能力,充分重视科学技术在经济社会中的支撑作用,提高科技进步对经济的贡献率。可见,追求科学技术的创新是我国创新驱动发展战略的根本。2015年3月13日,中共中央、国务院联合发布了《关于深化体制机制改革加快实施创新驱动发展战略的若干意见》(以下简称《若干意见》)。可见,创新承载了中国科技进步、经济发展、民族复兴的梦想。

就专利劫持行为而言,正如本书在第二章中所述,它有一定的正效应:通过专利诉讼可以进一步明晰产权;在一定程度上推动我国专利交易市场的发展,鼓励专利商业化,增进专利的活化,发挥技术要素的配置作用;加快我国专利中介体系的完善,促进一些专利评估、专利检索等专利中介机构与专利劫持行为者接触并逐渐发展自己的业务;推动我国企业在借鉴专利劫持行为者模式的基础上成立类似的专利授权许可公司或专利运营公司;强化我国企业在拓展国内外业务时的知识产权意识,提前制定包括专利权在内的知识产权应对策略;加强我国企业在国际专利诉讼中的能力,在总结经验教训的基础上逐渐学习如何运用国外的专利法律法规维护自身合法权益等。

但专利劫持行为造成的负面影响更应引起国家、企业以及社会各界的重视。我们在本书的前面已经分析了专利劫持行为整体上所表现出来的负面影响,这些影响无论是对美国还是对中国,都具有同一性。本书在此处还想着重强调专利劫持行为对中国企业造成的危害:

第一,导致国内企业需要支付更多的费用以获得专利许可或者应对专利诉讼,对企业的正常经营活动造成严重影响,同时增加的交易成本最终将转嫁给消费者,企业所获利润也随之减少。据统计,就一部售价150美元的国产智能手机而言,生产商需要缴纳的专利许可费用包括:高通公司收取手机售价的4%—5%,爱立信公司收取手机售价的3%,诺基亚公司收取手机售价的2%—3%,微软公司向安装了Android系统的手机、平板电脑分别收取5美元、10美元。而一份由两位智能手机诉讼案件律师和一位英特尔公司高管共同撰写的长达66页的"智能手机累积许可费"("Smartphone Royalty Stack")报告显示,一部售价400美元的智能手机,需要支付的专利许可费用总计120美元左右,甚至超过了设备的零部件成本。这些专利许可费用不仅包括移动技术如基带或 LTE 的使用费用,而且包括文件格式技术,如 JPEG、MP4 和 AAC、Wi-Fi、蓝牙和 GPS、RAM 和 SD 内存卡、DLNA 和 NFC 以及操作系统的使用费用。在智能手机专利许可费中,有相当大一部分费用产生于使用标准手机基带芯片技术(50 美元)、802.11 Wi-Fi 标准技术(50 美元),以及 H.264 视频标准技术(10.60 美元)、MP3 标准技术(0.95 美元)、AAC 标准技术(0.2 美元)和操作系统技术(5—8 美元)。[①]清单如表 6—3 所示。

表 6—3　　　　　　　智能手机专利授权使用费清单

公司	专利授权使用费(售价 400 美元的手机)	每单位产品授权使用费(美元)
朗讯科技公司	10000 美元加每台产品售价的 5%(要求费率)	20
Agere	每台产品售价的 5%(要求费率)	20
摩托罗拉公司	0.008 美元(法院裁定费率); 0.03 美元(法院对 X-box 裁定的费率)	9
Innovatio IP Ventures	3.39—36.9 美元(要求费率); 每个 Wi-Fi 芯片 0.0956 美元	7.2
Sisvel 专利池	每单位产品 0.71 美元(如果被许可方授予 Nokia802.11 标准必要专利的许可,要求费率); 每单位产品 0.86 欧元(被许可方不授予 Nokia802.11 标准必要专利的许可,要求费率)	1.18
Via Licensing	基于销量的每单位产品滑动费率,从 0.05—0.55 美元不等(要求费率)	0.55
爱立信公司	0.5 美元(要求费率); 每项专利每台产品 0.05 美元(法院裁定费率)	0.5
合计		50.23

第二,国内企业发展海外市场受阻。国内企业在"走出去"的过程中遭受"专利流氓"攻击后,或基于成本考虑选择主动放弃该国或该地区的市场,或可能最后因败诉而导致该企业产品甚至同行业相关产品都无法再进入该

[①]《一部智能手机要支付多少专利费　超过零部件成本》,元器件交易网(http://news.cecb2b.com/info/20141118/2872092.shtml/,最后访问日期:2015-07-02)。

国或该地区,或者企业的国际信誉受到巨大打击,造成非常不利的国际影响。如我国企业近年在德国的国际展会上,从汉诺威通信和信息技术博览会展(CeBIT)到德国柏林国际消费电子展(IFA)再到科隆国际五金展,屡遭意大利 Sisvel 公司①的知识产权投诉和德国海关、德国警察等的查处。2007年3月15日,CeBIT开展仅数个小时,包括北京纽曼公司、华旗资讯公司等国内知名厂商在内的12家中国公司便因涉嫌侵犯意大利 Sisvel 公司的 MP3 专利而遭到德国海关查抄。2008年3月5日,Sisvel 公司在 CeBIT 上又开展了更大规模的剑指中国参展商的查抄行动。2008年9月8日,在 IFA 开展当天,德国海关突袭了包括海尔集团、海信集团在内的69家企业展位。② 这些行动让中国的在外企业危机重重。

第三,有可能导致本国的专利技术外流,影响国家安全。这主要表现在:(1)发明专利的权利人和使用人的完全脱节,会引发发明专利权人对生产企业形成控制的隐患。尤其是如果外国专利授权公司大量持有我国的发明专利,那么我国的自主创新之路将步履维艰,难以突破重围。比如,高智公司通过提供发明基金的方式获得我国发明创造人的专利技术或该专利的独占许可权,这些技术是我国特定技术领域内具有市场前景和科技前沿的专利技术,而外国"专利劫持行为人"握有这些技术,有可能在未来掌控我国该技术领域的技术发展动向,控制相关市场,从而让中国企业的发展受阻,甚至影响国家安全。(2)国外专利劫持行为者常常设立众多空壳公司,并操纵空壳公司购买专利技术,而自己隐藏在背后,无法让人辨识,长此以往,日积月累,必将影响我国技术的进步、经济的发展、国家的安全。

综上可以看出,专利劫持行为与我国的创新目标相悖。《若干意见》指出"破除一切制约创新的思想障碍和制度藩篱,激发全社会创新活力和创造潜能"。党和国家对创新寄予深切厚望,任何与创新相违背的行为都应予以矫正。基于此,我国应对专利劫持行为予以关注,这不仅关系着现在,更重要的是关系着未来。

---

① 该公司成立于1982年,创始人为 Rhoe Ort Dini,目前在全球多个地区设有分支机构,包括意大利、美国、英国、德国、日本和中国香港。Sisvel 公司的专利主要涉及电视、音视频如 MP3/MPEG 技术,其对于专利的运用应当说是相当娴熟,诸如 PhiliPs、TDF 和 IRT 等知名企业都是其专利许可客户,而在有影响力的展会上进行所谓的知识产权主张(主要就是专利权利主张),是 Sisvel 公司的惯用手段。
② 张琦:《远赴重洋后的展会知识产权尴尬》,《中国知识产权》2010年第10期。

第六章　专利劫持行为法律规制的中国化

第二节　我国专利劫持行为法律规制的现状及面临的问题

专利劫持行为是专利劫持行为人利用专利权要挟他人以获取超高额许可费的行为,这是一种滥用专利权的行为,是一种违法行为。针对我国实践中已经出现的专利劫持行为,现行立法、司法和行政执法可以从不同的角度对之进行处理,确保专利制度功能的正常发挥。

一　主要现行法律

在我国现行的法律体系下,《民法通则》《合同法》《专利法》《反垄断法》《对外贸易法》《民事诉讼法》等不同的法律可以对专利劫持行为进行一定程度的规制。

(一)《民法通则》

《民法通则》确立的诚实信用原则和禁止权利滥用原则是对专利劫持行为进行规制的主要法律依据,其中权利不得滥用是诚实信用原则的本质要求,二者具有一致性。该法第四条规定民事主体在进行民事活动时,应当遵循自愿、公平、等价有偿、诚实信用的基本原则。同时,该法第七条进一步规定民事主体在进行民事活动时,还应当尊重社会公德,不得损害社会公共利益,破坏国家经济计划,扰乱社会经济秩序;第五十八条规定违反法律或者社会公共利益的民事行为属于无效行为。此外,第五十九条规定对于显失公平的行为,无过错一方当事人有权请求人民法院或者仲裁机关予以变更或者撤销。专利权属于民事权利的一种,其权利的行使属于一种民事行为,此种民事活动理应遵循《民法通则》的相应规定。再者,第一百〇六条规定了违反合同义务和违反法定义务的民事责任,第一百三十四条规定了承担民事责任的形式,包括停止侵害、赔偿损失等。所以,前述条文的规定同样适用于对专利劫持行为的规制。

(二)《合同法》

该法第五十二条规定:"一方以欺诈、胁迫的手段订立合同,损害国家利益或者以合法形式掩盖非法目的或者损害社会公共利益的合同无效。"第五十三条则规定对于一方以欺诈、胁迫的手段或者乘人之危订立的合同,如若没有损害国家利益或者社会公共利益,受损害方有权请求人民法院或者仲裁机构变更或者撤销。基于此,被专利劫持行为人可以主张与专利劫持行为人签订的专利许可合同无效,或者请求人民法院或仲裁机构加以变更或者撤销。《合同法》第十八章规定了与技术有关的合同,包括技术转让合同、技术开发合同、技术咨询和服务合同。立法者对于非法垄断技术、妨碍技术进步或者侵害他人技术成果的技术合同的态度非常明确,均规定为无效。① 技术合同包括了专利技术合同,由此可见在涉及专利技术的合同中,只要存在非法垄断技术、妨碍技术进步或损害他人利益的行为,都可以适用此法条。该条还规定,技术转让合同可以约定让与人和受让人实施专利或者使用技术秘密的范围,但要求不得限制技术竞争和技术发展。② 据此,专利劫持行为者实施专利劫持行为,如造成非法垄断技术、妨碍技术进步或者损害生产者利益,双方签订的合同将被认定为无效合同。

(三)《专利法》

1984年制定的《专利法》在吸收国际上专利立法最新经验的基础上,经过三次修正后,逐步完善了各项法律制度,包括专利权的客体制度、授予制度、无效制度、先使用权制度、非自愿许可制度指定许可制度、强制许可制度、侵权救济制度、确认不侵权之诉制度等。其中,无效制度、先使用权制度、非自愿许可制度对规制专利劫持行为可以起到一定的作用。2008年修订的《专利法》第四十五条规定了专利无效制度,包括专利无效提起的主体、提起的时间、提起的事由、接受该请求的机关。③ 在专利劫持行为者提起的专利侵权纠纷诉讼中,特别是部分与软件、商业方法有关的专利,它们的保护范围较宽且模糊,造成专利权的不确定性,为此,被指控侵权人可以以此请求宣告该专利无效。第六十九条第一款第二项规定了先用权制度,即一方当事人如果在他人提起专利申请日前,已经制造了或者正在制造相同产品,使用或者正在使用相同方法或者已经做好制造、使用的必要准备,并且仅在原有范围内继续制造、使用的,该方当事人的行为就不应被视为侵犯专

---

① 参见《合同法》第三百二十五条。
② 参见《合同法》第三百三十四条。
③ 《专利法》第四十五条:"自国务院专利行政部门公告授予专利权之日起,任何单位或者个人认为该专利权的授予不符合本法有关规定的,可以请求专利复审委员会宣告该专利权无效。"

利权的行为,而是一种合法行为。因此,生产商可以基于先用权对专利劫持行为提出抗辩,直接对抗专利劫持行为人的主张。此外,《专利法》第四十八条、第四十九条、第五十条规定了强制许可制度适用的不同情形:(1)依申请的强制许可;(2)国家基于公共利益给予的强制许可;(3)从属专利的强制许可。另外,第十四条还规定了针对国有企事业单位的发明专利的指定许可。①

(四)《反垄断法》

对于滥用市场支配地位的专利权不当行使行为,可通过这部法律来调整。该法对包括专利权在内的知识产权滥用行为做出了原则性规定。根据该法的第六条,具有市场支配地位的经营者如果滥用市场支配地位,排除、限制竞争,将承担相应的法律责任。第五十五条被称为"知识产权滥用"专用条款,该条规定经营者如果实施滥用知识产权、排除和限制竞争的行为,要受到反垄断法的规制。专利劫持行为是一种滥用专利权的行为,如该种行为具有排除、限制竞争的效应,则可以据此进行识别,要求专利劫持行为人承担反垄断法律责任。

(五)《对外贸易法》

对于专利权人滥用专利权实施强制性一揽子许可的行为,可在此部法律中找到规制的法律依据。《对外贸易法》在2004年获得修订通过,并于同年7月1日开始施行。修订后的《对外贸易法》增设了"与对外贸易有关的知识产权保护"内容,并将其作为第5章。根据该法的规定,国务院对外贸易主管部门针对专利权利人以下三种危害对外贸易公平竞争秩序的行为,可以采取必要措施进行防止:(1)专利权人阻止被许可人对许可合同中的知识产权的有效性提出质疑;(2)专利权人强迫被许可人接受强制性一揽子许可;(3)专利权人在许可合同中规定排他性返授条件。② 该条针对专利权人在国际专利许可合同中利用市场垄断优势的滥用行为进行了原则性的限制,有助于减少专利劫持行为。

---

① 《专利法》第十四条:"国有企事业单位的发明专利,对国家利益或者公共利益具有重大意义的,国务院有关主管部门和省、自治区、直辖市人民政府报经国务院批准,可以决定在批准的范围内推广应用,允许指定的单位实施,由实施单位按照国家规定向专利权人支付使用费。"
② 《对外贸易法》第三十条:"知识产权权利人有阻止被许可人对许可合同中的知识产权的有效性提出质疑、进行强制性一揽子许可、在许可合同中规定排他性返授条件等行为之一,并危害对外贸易公平竞争秩序的,国务院对外贸易主管部门可以采取必要的措施消除危害。"

(六)《民事诉讼法》

我国《民事诉讼法》第十三条规定民事诉讼应当遵循诚实信用原则。这就要求当事人在民事诉讼中，应当遵循诚实信用原则，根据具体、真实的情况表达自己的诉讼主张，在法律允许的范围内处分自己的民事权利和诉讼权利。如果当事人违背诚实信用原则而不根据真实的情况进行有效的诉讼，不仅将破坏诉讼制度定分止争的功能，而且将损害司法权威，浪费司法资源，损害他人利益。专利劫持行为人常以提起诉讼获取高额许可费作为要挟的手段，是一种滥用诉讼程序的行为，可以据此进行规制。

除了以上规定，还有一些法律法规也可以适用于专利劫持行为的规制，比如《侵权责任法》《标准化法》《反不正当竞争法》《技术进出口管理条例》《专利法实施细则》。此外，我国签订的国际公约，如《知识产权保护协定》《巴黎公约》等也可以适用于专利劫持行为的规制。

二 既有司法实践

在我国，专利劫持行为虽然尚未像在美国一样四处蔓延，提起诉讼的行为还不多见，但是已有少量案件拒绝适用停止侵权责任，而是以司法中的强制许可代替专利权利人的自愿许可。这为遏制专利劫持行为人要挟生产者，获取高额许可费提供了样本。此外，我国最高人民法院发布的相应司法解释也为专利劫持行为的法律规制提供了依据。

(一) 限制停止侵权请求权的典型司法案例

1. 晶艺玻璃工程有限公司诉北方国际合作股份有限公司和深圳机场股份有限公司等侵犯玻璃幕墙连接装置专利权纠纷案

该案中的原告珠海市晶艺玻璃工程有限公司（以下简称晶艺玻璃公司）于1997年8月27日向国家知识产权局申请名称为"一种幕墙活动连接装置"的实用新型专利，于1999年5月19日获得专利号为ZL97240594.1的实用新型专利，至起诉时，原告是合法的专利权人。被告北方国际合作股份有限公司（以下简称北方公司）根据中标文件负责为深圳宝安国际机场B号楼安装玻璃幕墙，被告深圳市机场股份有限公司（以下简称机场公司）是经营性质的企业。原告向深圳市中级人民法院提起诉讼，请求法院判令两被告停止侵权行为，赔偿经济损失，支付专利技术使用费。法院经审理后认为，侵权事实成立，被告北方公司应立即停止侵权并赔偿原告经济损失，被告机场公司向原告支付专利使用费。法院何以没有支持原告请求机场公司停止侵权的诉求？法院在判决意见中指出："考虑深圳机场的特殊性,停止使用不符合实际。因为,如果判令机场公司停止侵权,意味着将要拆除已经建好的工程,使社会利益蒙受巨大损失。而同时对原告晶艺玻璃公司来说,这种处理结果亦并未使其获得任何利益,从而两败俱伤。因此本院责令被告深圳机场向原告支付合理的使用费。"①机场公司、北方公司不服该判决,上诉至广东省高级人民法院。经法院调解,各方当事人自愿达成协议。②

此外,原告在广州市中级人民法院还起诉了其他的专利技术使用者。法院的判决思路与深圳市中级人民法院基本一致:对于未经许可使用他人专利技术的使用者,此种行为应被认定为侵权行为,依照法律规定本应判令停止侵权行为。但如果侵权人具有特殊性,让其承担停止侵权法律责任并不符合社会公共利益,可以不判令停止侵权,但可判决侵权人支付使用费。③

2. 武汉晶源环境工程有限公司诉日本富士化水工业株式会社等侵犯发明专利权纠纷案

武汉晶源环境工程有限公司(以下简称晶源环工)是"曝气法海水烟气脱硫方法及一种曝气装置"(专利号:ZL95119389.9)发明专利的专利权人,该专利的申请日为1995年12月22日,授权日为1999年9月25日。1997年,华阳电业有限公司(以下简称华阳公司)使用日本富士化水工业株式会社(以下简称富士化水)的相关设备进行电厂脱硫,但效果并不好。1997年4月3日,华阳公司请求晶源环工许可其使用专利技术方案。后获得批准。然而同年9月,华阳公司宣称富士化水已经掌握该技术。自1999年7月26日至2001年4月,晶源环工向华阳公司发送了《关于漳州后石电厂烟气脱硫装置知识产权的函》等函件,要求华阳公司商谈专利许可事宜,但未果。由于晶源环工与华阳公司未达成专利许可协议,且华阳公司和富士化水一直在使用该技术,因此,晶源环工在2001年9月以专利侵权为由向福建省高级人民法院提起诉讼,要求华阳公司和富士化水赔偿3100万元人民币。

---

① 参见"珠海市晶艺玻璃工程有限公司诉北方国际合作股份有限公司等专利侵权纠纷案",深圳市中级人民法院(2004)深中法民三初字第587号。
② 参见"珠海市晶艺玻璃工程有限公司诉北方国际合作股份有限公司等专利侵权纠纷案",广东省高级人民法院民事调解书(2005)粤高法民三终字第129号。
③ 参见"珠海市晶艺玻璃工程有限公司诉广州白云国际机场股份有限公司等专利侵权纠纷案",广东省广州市中级人民法院民事判决书(2004)穗中法民三知初字第581号。

一审中,富士化水于2004年向国家知识产权局专利复审委员会提出涉案专利无效宣告的请求,该请求历经复审程序[1]和行政诉讼的一审程序[2]及二审程序[3],均被驳回,最后确认专利有效。2007年12月6日,晶源环工向所诉法院提出追加损失的请求。2008年5月12日,法院做出一审判决,判令被告富士化水赔偿原告经济损失5061.24万元人民币;被告华阳公司按实际使用年限向原告支付专利使用费,每台机组每年24万元。[4] 晶源环工不服,向最高人民法院提起上诉。最高人民法院在2009年12月21日发布了终审判决意见,其中维持了福建省高级人民法院一审判决意见的第一项、第三项、第四项,变更了第二项,要求两被告共同承担侵权责任。[5]

在此案中,对于为何在认定华阳公司侵权后未判定其承担停止侵权责任,福建省高级人民法院在判决书中指出:"由于火力发电厂配备烟气脱硫设施,符合环境保护的基本国策和国家产业政策,有利于建设环境友好型社会,具有很好的社会效益,且电厂供电情况将直接影响地方的经济和民生。在本案中,如果华阳公司停止烟气脱硫设备的使用,将对当地经济和民生产生不良的效果。为平衡权利人利益及社会公众利益,晶源公司要求华阳公司停止侵权的诉讼请求,本院不予支持。"二审法院在这一点上持完全赞同意见,也认为在考虑到烟气脱硫系统已被安装在被告华阳公司的发电厂,并且已实际投入运行,若责令其停止侵权行为,则会直接对当地的社会公众利益产生重大影响。

(二)技术分摊规则在专利侵权赔偿数额计算中的尝试

从司法实践层面看,法官在一些具体案件审理中已经运用了技术分摊规则来确定专利侵权赔偿数额,减少赔偿数额的不确定性。如在日本本田技研工业株式会社与五羊—本田摩托(广州)有限公司专利侵权纠纷案中,原告日本本田技研工业株式会社(以下简称日本本田公司)拥有专利号为ZL95104356.0、名称为"小型车辆座下方收纳盒的支承结构"的发明专利,五

---

[1] 参见国家知识产权局第8408号无效宣告请求审查决定。
[2] 参见北京市第一中级人民法院(2006)一中行初字第1245号行政判决。
[3] 参见北京市高级人民法院(2007)高行终字第67号行政判决。
[4] 参见武汉晶源环境工程有限公司诉日本富士化水工业株式会社、华阳电业有限公司侵犯发明专利权纠纷案,福建省高级人民法院民事判决书(2001)闽知初字第4号。
[5] 参见武汉晶源环境工程有限公司诉日本富士化水工业株式会社、华阳电业有限公司侵犯发明专利权纠纷案,中华人民共和国最高人民法院民事判决书(2008)民三终字第8号。

羊—本田摩托(广州)有限公司(以下简称五羊—本田公司)经日本本田公司授权在中国境内实施该发明专利。法院经审理,认定被告生产的 LF125T－2D 型摩托车侵犯了原告的发明专利权。针对如何确定赔偿数额,法院首先指出,在此案前的另一案中,法院已经根据该原告持有的外观设计专利遭到被告生产的同一种产品侵权的事实,判定被告承担侵权赔偿责任,其中考虑了涉案专利在整个产品中的价值比重。[①] 就此案而言,法官同样根据涉案专利在此种产品中的价值比重,来确定力帆公司的侵权获利。而对于如何确定价值比重的问题,法院需要充分考虑原被告双方提出的证据。[②]

另外,上海市第一中级人民法院在"本田技研工业株式会社诉宗申产业集团有限公司小型摩托车外观设计专利侵权纠纷案"的判决中也指出,应考虑"专利占整个产品的价值比重"来确定赔偿金额。[③] 在浙江省高级人民法院审理的"金童公司诉金鹿日化蚊香盒实用新型专利侵权纠纷案"中,虽然原告坚持认为被告的获利应为整个产品的利润,但并未获得法院支持。[④] 在所失利润计算中,法院同样考虑了技术分摊规则,例如在"中集通华专用车公司与环达汽车装配公司车辆运输车上层踏板举升结构实用新型专利侵权案"中,原告主张按照自己销售运输车的利润×被告销售的侵权运输车的总和,计算其所失利润。北京市第一中级人民法院在认可该计算方法的同时指出,由于涉案专利产品并非运输车,而是运输车上装置的上层踏板举升结构,所以在计算赔偿额时要考虑"本专利产品在整个车辆运输车中所占的价值比例",进而应根据"涉案专利在实现车辆运输车用途中所起到的作用,以及安装本专利产品的车辆运输车相对于其他车辆运输车而言具有的市场竞争优势"加以评估,最后确定因诉争专利所增加的利润占运输车利润的三分之一。[⑤]

(三)实施标准必要专利的法律救济:从绝对限制到合理限制

2008 年 7 月 8 日,最高人民法院在回复来自辽宁省高级人民法院报请的一份函件中指出:"鉴于目前我国标准制定机关尚未建立有关标准中专利

[①] 参见日本本田公司诉力帆公司、文安公司外观设计专利侵权纠纷一案,(2003)沪二中民五(知)初字第 225 号案。
[②] 参见上海市第二中级人民法院民事判决书(2004)沪二中民五(知)初字第 89 号判决。
[③] 参见上海市第一中级人民法院民事判决书(2004)沪一中民五(知)初字第 31 号判决。
[④] 参见浙江省高级人民法院(2005)浙民三终字第 150 号判决。
[⑤] 参见北京市第一中级人民法院(2006)一中民初字第 8857 号判决。

信息的公开披露及使用制度的实际情况,专利权人参与了标准的制定或者经其同意,将专利纳入国家、行业或者地方标准的,视为专利权人许可他人在实施标准的同时实施该专利,他人的有关实施行为不属于专利法第 11 条所规定的侵犯专利权的行为。专利权人可以要求实施人支付一定的使用费,但支付的数额应明显低于正常的许可使用费;专利权人承诺放弃专利使用费的,依其承诺处理。"[1]由此可以看出,最高人民法院对标准必要专利权人的司法救济持绝对限制态度,认为专利权人如果参与了标准制定,或者经专利权人同意将其专利技术纳入国家、行业或者此类地方标准的,应视为专利权人许可他人在实施标准的同时实施该专利。因此,任何其他第三人的实施行为并不构成专利侵权。标准专利权利人以他人未经许可实施其专利为由提起诉讼,要求标准必要专利技术使用者支付高额许可费的,法院不应予以支持。

在最高人民法院 2014 年审结的提审案件"衡水子牙河建筑工程有限公司与张晶廷等侵犯发明专利权纠纷案"[2]中,法院首先认定:"对个案的答复,不应作为裁判案件的直接依据予以援引。"法院接着指出,该案中张晶廷履行了专利信息的披露义务,但披露信息并不表明专利权人有向公众开放免费的专利使用许可的意图。实施标准必要专利技术,应当获得专利权人的许可,根据公平、合理、无歧视的原则支付许可费。法院进而认为,"在未经专利权人许可使用,拒绝支付许可费的情况下,专利权人请求专利侵权救济原则上不应当受到限制"。这体现了法院对标准必要专利权人的司法救济立场从"绝对限制"转变为"合理限制"。这一精神也体现在华为公司诉美国 IDC 公司滥用市场支配地位案中。

(四)标准必要专利使用费的司法测量:华为公司诉美国交互数字集团公司标准必要专利使用费纠纷案

华为公司是世界上知名的电信设备提供商,被告美国交互数字集团公司是世界上著名的专利许可商,原被告均是欧洲电信标准化协会(ETSI)成员,其中被告拥有数量众多的无线通信技术领域的标准必要专利,这些专利也是中国电信领域中移动终端和基础设施的标准必要专利。但多年以来,

---

[1] 参见最高人民法院(2008)民三他字第 4 号:《最高人民法院关于朝阳兴诺公司按照建设部颁发的行业标准〈复合载体夯扩桩设计规程〉设计、施工而实施标准中专利的行为是否构成侵犯专利权问题的函》。
[2] 参见最高人民法院(2012)民提字第 125 号。

双方对于专利许可未达成一致。2011年7月,被告在美国提起诉讼,同时向美国国际贸易委员会提出申请,以迫使原告签订不公平的专利许可协议。2011年12月6日,华为公司以被告滥用市场支配地位、实施垄断侵权为由向深圳市中级人民法院提起诉讼。原告认为,被告违背了其承诺的FRAND义务,请求法院判令:被告按照FRAND条件确定被告就其标准必要专利许可给华为公司的许可费率或费率范围。深圳市中级人民法院经审理认为,被告是中国电信领域(移动终端和基础设施)技术标准的必要专利权人,根据我国法律,被告应将其标准必要专利以FRAND原则授权给原告使用。法院结合相关证据,考虑被告的标准必要专利数量、质量、价值、已许可情况等因素,依据法律的规定,判决被告给予原告华为公司合适的许可费率。[1] 一审宣判后,被告不服提起上诉。广东省高级人民法院二审终审后,做出判决:驳回上诉,维持原判。[2]

(五)最高人民法院发布的司法解释和相关意见

1. 初步提出技术分摊规则:《关于审理侵犯专利权纠纷案件应用法律若干问题的解释》

为正确审理侵犯专利权纠纷案件,最高人民法院根据《专利法》《民事诉讼法》等有关法律规定,结合审判实际,在2009年12月21日由审判委员会讨论并通过了《关于审理侵犯专利权纠纷案件应用法律若干问题的解释》。其中规定,在确定侵权人因侵权所获得的利益时,应当仅限于侵权人因侵犯专利权行为所获得的利益,而对于其他权利所产生的利益,人民法院在确定赔偿数额时应当合理扣除。与此同时,该解释还对侵犯发明、实用新型专利权的产品系另一产品的零部件以及侵犯外观设计专利权的产品为包装物的赔偿数额做了规定。对于前者,人民法院应当根据该零部件本身的价值及其在实现成品利润中的作用等因素合理确定;对于后者,人民法院应当按照包装物本身的价值及其在实现被包装产品利润中的作用等因素合理确定。[3] 一般认为,此项规定表明我国法院已经意识到如果涉诉专利只是产品的零部件、外包装时,需要考虑它们在整个产品中的价值比重,而不能以产品的全部价值作为计算的依据。这给专利劫持行为人期冀获得超过一般赔偿费

---

[1] (2011)深中法知民初字第857号判决。
[2] (2013)粤高法民三终字第305号判决。
[3] 参见《最高人民法院关于审理侵犯专利权纠纷案件应用法律若干问题的解释》第十六条。

用的策略实施增加了障碍。

2. 妥善适用停止侵权责任:最高人民法院《关于当前经济形势下知识产权审判服务大局若干问题的意见》

近年来,最高人民法院有多个领导讲话和司法意见直接对责令停止侵权的自由裁量问题给予了关注。① 2009 年,为落实国家知识产权战略、促进经济平稳较快发展,最高人民法院针对当时知识产权审判工作的若干问题,提出了《关于当前经济形势下知识产权审判服务大局若干问题的意见》(以下简称《意见》)。该《意见》对法院是否判令知识产权侵权人承担停止侵害责任表明了态度,要求法院考虑停止侵害的有关行为是否会造成当事人之间重大利益失衡,或者是否有悖于社会公共利益,或者是否实际上无法执行。如果是,人民法院可以仅判决侵害人承担赔偿责任。而对于权利人的懈怠诉讼,最高人民法院要求人民法院可以审慎地考虑不再责令停止行为,但可以依法给予合理的赔偿。② 所以,在专利劫持行为人提起的诉讼中,尤其是标准必要专利侵权诉讼中,如若判决停止侵害会导致当事人之间重大利益失衡,或者不符合社会公共利益,甚至侵权行为早已停止,可以根据案件具体情况进行利益衡量,不判决停止行为。

3. 采用优势证据规则和举证妨碍规则:《最高人民法院关于民事诉讼证据的若干规定》

根据《最高人民法院关于民事诉讼证据的若干规定》(以下简称《民事诉讼证据若干规定》)的相关规定,法官在审理案件的过程中,发现一方当事人提供的证明某一事实存在或不存在的证据的分量与证明力比反对的证据更具有说服力,或者说可靠性更高,则有权采用具有优势的一方当事人所举示的证据来认定案件事实。③ 这表明我国法院开始认同在专利侵权民事纠纷中引入优势证据规则。与此同时,《民事诉讼证据若干规定》第七十五条还

---

① 李晓秋:《论自由裁量权在停止专利侵权责任适用中的法度边界》,《重庆大学学报》(社会科学版)2014 年第 4 期。
② 参见最高人民法院《关于当前经济形势下知识产权审判服务大局若干问题的意见》第四部分第十五条。
③ 参见《民事诉讼证据若干规定》第七十三条。

确认了举证妨碍规则①,当有证据证明一方当事人持有证据,但该方当事人无正当理由拒不提供时,若对方当事人主张该证据的内容不利于证据持有人,则法院可以推定该主张成立。这两个规则的采用有利于保护专利权。此外,最高人民法院在《意见》中也要求各级人民法院在确定损害赔偿时要善用证据规则,应采取优势证据标准认定损害赔偿事实。② 这表明,优势证据规则和举证妨碍证据规则已经得到司法的认可。重要的问题在于,如何运用这两个规则对所举示证据的真实性、合法性和关联性进行综合审查判断以更准确地确定赔偿数额,在充分保护专利权的同时又不损害社会公众的利益。

4. 明确不提供实用新型专利和外观设计专利权评价报告需承担不利后果:《关于修改〈最高人民法院关于审理专利纠纷案件适用法律问题的若干规定〉的决定》

最高人民法院审判委员会于2001年6月19日第1180次会议通过了《关于审理专利纠纷案件适用法律问题的若干规定》(以下简称《专利纠纷案件若干规定》),其中第八条第一款规定原告负有出具检索报告的义务。③ 2008年修改后的《专利法》则将检索报告改为专利权评价报告,并拓宽至外观设计专利。④ 为了与现行专利法保持一致,最高人民法院审判委员会于2015年1月19日通过了《关于修改〈最高人民法院关于审理专利纠纷案件适用法律问题的若干规定〉的决定》(以下简称《修改决定》或者法释〔2015〕

---

① 举证妨碍规则是指民事诉讼过程中,一方当事人通过一定的行为阻碍另一方当事人对其事实主张的证明,应就其妨碍行为承担相应法律后果的诉讼制度。它滥觞于德国,是该国通过判例确定的解决医疗纠纷中当事人举证困难的一种制度。因该制度有可以合理减轻特殊案件当事人举证困难的固有优势,在实践中很快被推广并运用于其他类型的诉讼案件中。
② 参见最高人民法院《关于当前经济形势下知识产权审判服务大局若干问题的意见》第十六条:"在确定损害赔偿时要善用证据规则,全面、客观地审核计算赔偿数额的证据,充分运用逻辑推理和日常生活经验,对有关证据的真实性、合法性和证明力进行综合审查判断,采取优势证据标准认定损害赔偿事实。对于难以证明权利受损或侵权获利的具体数额,但有证据证明前述数额明显超过法定赔偿最高限额的,应当综合全案的证据情况,在法定最高限额以上合理确定赔偿额。"
③ 提起侵犯实用新型专利权诉讼的原告,应当在起诉时出具由国务院专利行政部门做出的检索报告。
④ 《专利法》第六十一条第二款:专利侵权纠纷涉及实用新型专利或者外观设计专利的,人民法院或者管理专利工作的部门可以要求专利权人或者利害关系人出具由国务院专利行政部门对相关实用新型或者外观设计进行检索、分析和评价后作出的专利权评价报告,作为审理、处理专利侵权纠纷的证据。

4号),《修改决定》对《专利纠纷案件若干规定》进行了修改,规定人民法院在案件审理过程中,可以要求原告提交检索报告或者专利权评价报告。如果原告无正当理由不提交,该案将被裁定中止诉讼或者原告被判令承担可能的不利后果。[①] 基于此,对于专利劫持行为者提起的诉讼,如果所涉专利是实用新型或者外观设计,人民法院可以根据案件审理需要要求专利劫持行为者提供专利权评价报告。由于我国的实用新型和外观设计在授予专利期间只进行形式审查,可能导致部分不具有新颖性、创造性、实用性、美感的实用新型和外观设计获得专利授权,因此,专利权评价报告在人民法院判定是否支持专利劫持行为人的诉讼请求时是非常重要的证据。如果专利劫持行为人不提供专利权评价报告,根据《修改决定》的规定,人民法院可以裁定专利劫持行为人承担不利法律后果。

三 已有的行政管理和执法经验

专利劫持行为在我国尚不具有规模,但专利劫持行为所产生的负效应已波及部分创新企业。加之我国具备专利劫持行为形成的土壤和条件,这就决定了规制专利劫持行为的必要性和重要性。专利劫持行为的法律规制不仅需要立法、司法,而且也需要行政执法。近年,我国行政管理和执法部门积极关注专利劫持行为,已无可避免地介入专利劫持行为的管理和调控中,并逐渐积累执法经验,出台了相关的政策以预防专利劫持行为的发生。

(一)国务院公布《国家知识产权战略纲要》

《国家知识产权战略纲要》于2008年4月9日经由国务院常务会议审议并通过,2008年6月5日正式向社会各界公布。《国家知识产权战略纲要》是我国运用知识产权促进经济、社会全面发展的重要国家战略,也是指导我国知识产权事业发展的纲领性文件。《国家知识产权战略纲要》的核心内容是提升我国创新主体的知识产权创造、运用、保护和管理能力,努力建设创新型国家,实现全面达到小康社会的目标。在这份纲领性文件中,"战略措施(四)"部分规定有关部门应制定相应的法律法规,为知识产权划定相应的界限,确保知识产权人合法行使权利,构建良好的竞争环境,保障社会

---

① 参见最高人民法院《关于审理专利纠纷案件适用法律问题的若干规定》第八条。

公众利益;①"专项任务(一)专利"部分中的第十九条要求按照授予专利权的条件,完善专利审查程序,提高审查质量,防止非正常专利申请;第二十条进一步提出要正确处理专利保护和公共利益的关系。在依法保护专利权的同时,完善强制许可制度,发挥例外制度作用。除此之外,这份纲领性文件还鼓励知识产权的转化运用以及发展知识产权服务行业。这对于专利劫持行为的法律规制无疑具有奠基作用,提供了法律规制的依据,指明了法律规制的方向和路径。

(二)国家知识产权局印发《关于进一步提升专利申请质量的若干意见》

近年,我国发明专利申请数量快速增长,已经连续三年处于世界领先水平。但专利申请的质量也暴露出一些亟待解决的问题,比如缺乏核心技术,部分申请中的发明创造无益于市场竞争力的提升,申请文件撰写水平低,相关政策出现"重数轻质"的倾向。这些问题已成为中国自主创新之路上的拦路虎。为此,国家知识产权局为回应现实需求,于2013年年底印发了《关于进一步提升专利申请质量的若干意见》。其中要求"严控专利审查质量",具体保障措施包括:完善专利审查业务指导体系和审查质量保障体系,加强专利审查能力建设,提高专利检索水平,严格执行专利审查标准,强化对明显不具备新颖性的实用新型专利申请和明显属于现有设计的外观设计专利申请的审查,严把专利审查质量关等。该意见的实施不仅对于提升专利质量有重要意义,对于消除专利劫持行为的隐患同样有重要作用。

(三)国家知识产权局进一步明确商业方法相关发明专利申请的审查方式

商业方法相关发明并非纯粹的商业方法,它是指在信息技术时代背景下,与数据处理系统有关的用于商业特定领域的方法。② 自1996年起,美国花旗银行先后向我国提出了19项与其金融产品有关的商业方法专利申请。2003年6月,国家知识产权局对其中两项发明专利申请先后授权。但在2004年以前,国家知识产权局的审查实践总体上尝试以"智力活动的规则和方法"将此类发明申请排除在专利权保护客体之外。国家知识产权局在2004年10月发布了《商业方法相关发明专利申请的审查规则(试行)》,要求"采用客观性的判断方式认定技术三要素的性质"。2006年,《中华人民共和国专利审查指南》(以下简称《专利审查指南》)再次修改,第二部分的

---

① 参见《国家知识产权战略纲要》中的"战略措施(四)"部分的第十四条。
② 李晓秋:《信息技术时代的商业方法可专利性研究》,法律出版社2012年版,第66页。

第九章也进行了修改,将判定可专利主题时采取的"技术贡献"要件删除,吸收技术三要素(解决的问题、采用的手段和获得的效果)的判断方式,但不再要求对现有技术进行检索。2008年以后,国家知识产权局进一步明确了涉及商业方法的发明专利申请的审查方式,提出了三种审查路径:(1)直接根据说明书中描述的背景技术或公知常识,判断是否属于专利法中的保护客体;(2)根据检索结果,引证对比文件后判断是否属于专利法中的保护客体;(3)可以依据检索到的现有技术判断新颖性或创造性。2014年5月1日新修订实施的《专利审查指南》明确软件界面可受到外观设计专利保护,同时规定了受保护的条件。[1] 商业方法专利是专利劫持行为的重要源泉,国家知识产权局对于商业方法类专利申请的审查方式的廓清,有利于提升商业方法专利的质量。

(四)国家标准化管理委员会和国家知识产权局联合发布《国家标准涉及专利的管理规定(暂行)》

为鼓励创新,推动标准化工作的开展,保护不同主体的合法权益,国家标准化管理委员会和国家知识产权局依据《标准化法》《专利法》等相关法律法规和规章,共同制定了《国家标准涉及专利的管理规定(暂行)》,并于2013年12月19日向社会发布。根据该规定,任何组织或者个人在参与标准制订或者修订的过程中,负有向特定机关或者机构披露其拥有和知悉的必要专利信息的义务。此项义务还包括提供相应的真实的证明材料。如果未履行此项义务,违反诚实信用原则的,需要承担相应的法律责任。[2] 据此,专利劫持行为人的专利如果是标准必要专利,如果其在参与标准制定过程中,未按要求披露其拥有和知悉的必要专利,应当承担法律上的不利后果,比如违约责任或者缔约过失责任。

(五)国家工商总局出台《关于禁止滥用知识产权排除、限制竞争行为的规定》

近年来,滥用知识产权排除、限制竞争问题越来越受到关注。滥用知识产权排除、限制竞争行为会阻碍创新和损害竞争,背离了知识产权保护的宗旨,容易引发垄断问题。为了引导经营者行使知识产权行为合规,区分合法的权利行使行为和非法的排除、限制竞争行为之间的界限,国家工商总局于

---

[1] 参见《专利审查指南》第一部分第三章。
[2] 参见《国家标准涉及专利的管理规定(暂行)》第五条。

2015年4月7日公布了中国第一部专门针对知识产权滥用方面的反垄断规则,即《关于禁止滥用知识产权排除、限制竞争行为的规定》。该规定已于2015年8月1日施行,它是2007年《反垄断法》通过后由国家工商总局出台的第六个配套规章,承载了社会各界的较高期望。虽然只适用于国家工商总局所管辖的垄断行为案件,不适用于国家发展和改革委员会(以下简称国家发改委)所管辖的价格垄断案件和国家商务部所管辖的经营者集中申报案件,但这标志着国家工商总局在涉及知识产权领域的反垄断立法方面迈出了一大步,同时也意味着国家工商总局的反垄断执法将在知识产权领域逐步展开。《关于禁止滥用知识产权排除、限制竞争行为的规定》第十三条就标准必要专利的定义和标准必要专利持有人的义务进行了具体规定,尤其明确了此前执法实践中已经采用的标准必要专利应该遵循的公平、合理和无歧视许可的原则。该条第二款第(一)项禁止具有市场支配地位的经营者没有正当理由故意不披露或者在明确放弃其权利后又在专利被标准组织采纳后向标准使用者主张权利。[1] 除此之外,该规定还对搭售行为、必需设施、垄断协议及其安全港原则、附加不合理限制条件的行为、专利联营等做出了规定。这为国家工商总局规制专利劫持行为提供了指引。

(六)我国首个滥用知识产权垄断执法案:高通垄断案

成立于1985年的美国高通公司是全球3G技术、4G技术和下一代移动技术的佼佼者。该公司在CDMA技术领域拥有3000多项专利及专利申请,在4G、LTE标准领域更是主要的核心专利拥有者之一。高通公司的专利许可模式包括:(1)手机生产商缴纳1亿元人民币左右的标准授权费作为"入门费";(2)CDMA手机生产商需按销售的每台手机售价的6%作为技术使用费支付给高通公司;(3)CDMA手机生产商如升级支持芯片的软件,需向高通公司支付额外的"授权费";(4)高通公司与中国企业还签订了"免费反许可"协议。近年,该公司因其独特的专利许可模式涉嫌垄断,不断遭到欧盟、日本、韩国等地区和国家的反垄断部门的调查。在欧洲,因争议双方和解、起诉方撤诉,欧盟委员会针对高通公司的垄断高价调查目前已终止;在日本,公平贸易委员会做出决定,要求高通公司限期改正滥用专利权的行

---

[1] 《关于禁止滥用知识产权排除、限制竞争行为的规定》第二款第(一)项:"在参与标准制定的过程中,故意不向标准制定组织披露其权利信息,或者明确放弃其权利,但是在某项标准涉及该专利后却对该标准的实施者主张其专利权。"

为,包括滥用市场支配地位,迫使日本公司签署交叉授权许可协议,阻止专利持有人维权等;在韩国,公平贸易委员会已经认定高通公司滥用市场支配地位、收取歧视性差别许可费,并对高通公司处以罚款。纵观这家公司在中国的经历,也早已是跬步之积,遭到反垄断调查亦是必然事件。2013年11月,负责反垄断的执法机构——国家发改委根据《反垄断法》对高通在北京和上海的办公地进行调查。2014年2月19日,国家发改委确认其在华市场的垄断地位、过度收取专利费和搭售的行为,对高通公司进行反垄断调查。2014年7月11日,国家发改委发布信息,通告高通公司新到任总裁阿伯利(Derek Aberle)等人到中国就反垄断调查的有关问题交换意见并接受调查询问,同时概述了高通公司涉嫌的滥用知识产权行为,包括将标准必要专利与非标准必要专利捆绑许可;要求中国企业免费反许可;继续收取已过期或已失效专利的许可费;为专利许可合同的签订附加不合理的交易条件;拒绝芯片生产企业的专利许可请求等。同月,国家发改委确定了高通公司垄断的事实。2015年2月10日,国家发改委公布了向高通公司罚款的具体数额为60.88亿元的信息,该案否认了高通公司依靠其市场支配地位向标准用户强力推动"免费反向授权"的专利许可模式。该案的终结表示我国反垄断进入新常态。这对国内市场竞争环境的改善和提升有着深远的影响。在技术标准化背景下,专利劫持行为人实施的专利劫持行为如违反《反垄断法》的相关规定,应承担相应的法律责任。

除此之外,专利劫持行为也受到我国商务部、海关总署、科技部、工业和信息化部、财务部等部门的关注。这些部门曾于2012年4月28日共同发布了《关于加强战略性新兴产业知识产权工作的若干意见》。由于专利劫持行为频发于战略新兴产业,如电子信息技术产业、新能源产业、医药产业等,该意见对于遏制专利劫持行为,促进战略性新兴产业的发展具有指示意义。

四 面临的主要问题

(一)与美国的比较

专利劫持行为是一种专利权滥用行为,这种违法行为应受到法律规制。结合美国和中国对于专利劫持行为的法律规制状况,下面将对两国在专利劫持行为法律规制方面的差异进行阐述。

第六章　专利劫持行为法律规制的中国化

1. 专利劫持行为产生的现实条件

美国曾是专利劫持行为的"福地",这主要源自20世纪80年代以来美国法院和政府奉行的"亲专利政策"。"亲专利政策"曾为当时美国的科技优势向竞争优势的转化提供了制度保障。就法院系统而言,美国联邦巡回法院自1982年成立以来最突出的特点就是执行"亲专利"路线。正如美国学者之言,"不管有意无意,联邦巡回上诉法院的设立无疑会被将来研究专利制度的历史学家们视为一起分水岭事件"[1]。美国联邦最高法院也以新的态度对待专利。在政府方面,主要表现为里根政府削减了司法部的反垄断部门,反托拉斯执法被要求与新经济结构相适应。[2] 专利商标局也倾向于对申请专利予以授权的制度性偏好。这些因素促成了专利劫持行为的生长。随着经济全球化以及知识经济的到来,专利权的价值越来越大,专利权的利用形式越来越丰富,这也助推了专利劫持行为的进一步繁荣。我国目前与美国当年致力于科技发展的现实具有相似性,出台《国家知识产权战略纲要》、成立知识产权专门法院等,表明了我国对于知识产权保护的重视,专利权保护自应在其中。虽然,我国与美国在专利劫持行为产生的条件上存在较大差异,但不可忽视的是,由于经济全球化和知识经济时代将我国推向了世界的中央,专利劫持行为者也不可避免地将触角延伸至我国,我国本土的专利经营者也可能在利益的驱动下变异为专利劫持行为者,向中国企业实施专利劫持行为。所以,专利劫持行为在我国的出现并非是不可预测的未来,恰好相反,它已经显山露水。

2. 专利劫持行为的立法规制

多年以来,美国经济发展深受专利劫持行为的困扰。《美国专利法》《谢尔曼法》《美国合同法》等可以在一定程度上为规制专利劫持行为提供法律资源,但仍然显得捉襟见肘。为此,美国国会自2003年开始了历史上最重要的一次专利法改革,《美国发明法》历时八年终于得以通过。但该法案并未成功抑制专利劫持行为,于是国会委员们又开始了新一轮的立法活动,各州国会也参与其中,议员们提出了诸多针对专利劫持行为的法案,比如《创新法案》《SHIELD法案》等,但大部分法案都胎死腹中。从总体上看,美国

---

[1] [美]威廉·M.兰德斯、理查德·A.波斯纳:《知识产权法的经济结构》,金海军译,北京大学出版社2005年版,第425页。
[2] 宁立志、胡贞珍:《美国反托拉斯法中的专利权行使》,《法学评论》2005年第5期。

· 211 ·

国会已经开始并且还在持续进行大量的立法活动以寻求最妥当的立法法案来规制专利劫持行为。我国《专利法》《反垄断法》《民事诉讼法》等法律也可以在一定程度上作为规制专利劫持行为的法律依据,但较为分散,加之条款本身的概括性强,增添了实践中可操作的难度。我国目前亦在进行《专利法》的修改,但其重点并不在于专利劫持行为的法律规制。

3. 专利劫持行为的司法规制

在美国,几乎所有涉及专利的争端都在联邦司法系统中处理。联邦地区法院享有诉讼一审的管辖权,案件判决后,一方或多方可以就一审判决结果向上诉法院提起上诉。1982年以前,专利上诉案件由12个巡回上诉法院中的某一个法院处理;1982年以后,专利上诉案件则由联邦巡回上诉法院审理。该法院的建立产生了预料之外的结果——强化了专利持有者的利益保护,而且对美国知识产权政策的剧烈变化有着深远影响。[①] 2005年以前,美国最高法院较少对专利案件进行提审,但自2005年开始,最高法院对联邦巡回上诉法院审理的部分上诉案件进行了提审,通过重新阐释永久禁令核发的条件、商业方法可专利性标准、FRAND原则的适用等来控制专利劫持行为,为下级法院决定是否授予原告永久禁令提供准则,亦为专利商标局的专利审查提供最新标准。我国法院在少量案件中裁决侵权人是否承担停止专利侵权责任时已经采用自由裁量权,对标准必要专利许可中的FRAND原则进行了厘定,同时对使用标准必要专利是否侵权的认识发生了由绝对限制到合理限制的转变,司法解释中也已经承认技术分摊规则。然而这些实践并未真正指向专利劫持行为。

4. 专利劫持行为的行政规制

近十多年来,专利劫持行为成为美国高科技企业的"痛中之痛"。它提高了科技研发与产品生产的成本,阻碍了创新的可持续发展,损害了社会公众的利益,让整个专利法律制度和政策的设计所预期的目标与成果荡然无存。鉴于专利劫持行为对经济、科技、社会带来日益严重的影响,美国的行政部门,从白宫政府到国家专利商标局、联邦贸易委员会、国际贸易委员会、司法部等都对此保持了高度的警惕,试图对症下药,尽快提出有效的方案和措施。我国行政部门对专利劫持行为有一定的认识,已有文件对专利劫持行为表达了关心,但并未采取特别行动,也尚无特别的行政举措。

[①] 丁道勤:《美国亲专利政策的司法变迁及其启示》,《云南大学学报》(法学版)2014年第5期。

（二）存在的主要不足

从前面的论述来看，尽管我国的立法、司法和行政执法可以在一定程度上规制专利劫持行为，但规制的法律资源、司法实践经验和行政举措也还存在不足。在立法方面，我国《专利法》没有直接规定专利劫持行为及其法律规制，也无有关专利权滥用的法律规定，此外，强制许可制度的规定还不够细化；《反垄断法》虽涉及专利权滥用，但条款内容较为粗放，轮廓不清；《民事诉讼法》虽要求在民事诉讼过程中应遵循诚实信用原则，而且专门规定恶意诉讼，但恶意诉讼仅仅针对诉讼双方当事人恶意串通的情形，并不适用于专利劫持行为人提起的专利侵权诉讼。在司法实践方面，我国法院对于停止侵权责任的裁量还稍显僵硬，对于损害赔偿的计算更是备受困扰。在行政举措和执法经验方面，我国尚无专门的反垄断执法机构，对于与商业方法相关的发明专利申请的审查经验存在不足等。这些不足的存在，将有可能诱使专利劫持行为的产生，促使专利劫持行为的进一步繁荣，严重阻碍中国企业的创新，破坏专利制度的功能，损害社会公众的福祉。

1. 规制专利劫持行为的法律资源不敷使用

（1）《专利法》中的强制许可制度规定不够细化

强制许可制度作为专利权人非自愿许可专利的方式，是立法者为保护专利权人与社会公众利益设计的一种利益平衡机制。我国于1992年制定《专利法》时引入该制度，但至今尚未在实践中运用。现行《专利法》第四十八条规定了依申请的强制许可[1]，第四十九条[2]、第五十条[3]是基于公共利益，国家可以依职权给予强制许可。此外，《专利法》还规定了从属专利的强制许可，即国家基于前后两项发明或者实用新型在技术上存在从属关系的事实，根据改进发明专利权利人的申请，可以给予其实施前一发明专利的强

---

[1] 《专利法》第四十八条："有下列情形之一的，国务院专利行政部门根据具备实施条件的单位或者个人的申请，可以给予实施发明专利或者实用新型专利的强制许可：（一）专利权人自专利权被授予之日起满三年，且自提出专利申请之日起满四年，无正当理由未实施或者未充分实施其专利的；（二）专利权人行使专利权的行为被依法认定为垄断行为，为消除或者减少该行为对竞争产生的不利影响的。"

[2] 《专利法》第四十九条："在国家出现紧急状态或者非常情况时，或者为了公共利益的目的，国务院专利行政部门可以给予实施发明专利或者实用新型专利的强制许可。"

[3] 《专利法》第五十条："为了公共健康目的，对取得专利权的药品，国务院专利行政部门可以给予制造并将其出口到符合中华人民共和国参加的有关国际条约规定的国家或者地区的强制许可。"

制许可。①

专利强制许可制度可用于防止专利权的滥用,因此,能在一定程度上规制专利劫持行为。但事实上,我国的强制许可制度很难发挥其矫正作用,其中主要原因包括:第一,规定模糊。没有明确"无正当理由"的具体范围,也缺乏对"显著经济意义"和"重大技术进步"的量化指标提取,且仍然未对"具备实施条件"加以释明,这为专利劫持行为的实施留下了一定空间。第二,规定略显苛刻,超出国际水平。《知识产权协定》第三十一条(b)项仅规定了"拟使用者"(proposed user),未对申请人的包括是否应具备实施条件在内的资格做出任何要求。第三,规定三年的等待期太长。在复杂技术时代中,专利获得产业化的时间很短,技术寿命也很短,特别是在互联网技术和手机技术领域,有的只有几个月,所以三年的时间规定有可能变得毫无意义,无法阻止专利劫持行为的来袭。第四,规定的强制许可申请理由过于僵硬。我国仅规定了未充分实施、专利权人垄断、公共利益需要、紧急状态和非常情况、从属专利等几种情况,这虽然与《知识产权协定》中所列举的事由相同,但实际上《知识产权协定》并未限定理由。② 第五,没有规定专利强制许可的专利使用费最高限额,导致该制度形同虚设。根据我国《专利法》,强制许可申请人负有支付专利许可费的义务,其数额多少应与专利权人协商,如协商不成,则由国家相关部门裁决。③ 但无论是哪种方式,都没有规定专利强制许可使用费的确定原则,这样就给专利劫持行为的实施提供了可能性,即使专利行政部门进行裁决也无法否决专利权人提出的高额权利金要求。第六,强制许可程序复杂。根据我国《专利法》的规定,强制许可决定与强制许可使用费裁决并不会同时进行。这要求申请人只有在获得强制许可后,才能与专利权人协商确定使用费;若协商不成,要交由主管机关裁决。如不服决定或者裁决结果,可以在收到通知之日起三个月内向人民法院起诉。在科技变革日新月异的今天,如此繁琐的程序规定,对于申请人而言,

---

① 《专利法》第五十一条:"一项取得专利权的发明或者实用新型比前已经取得专利权的发明或者实用新型具有显著经济意义的重大技术进步,其实施又有赖于前一发明或者实用新型的实施的,国务院专利行政部门根据后一专利权人的申请,可以给予实施前一发明或者实用新型的强制许可。在依照前款规定给予实施强制许可的情况下,国务院专利行政部门根据前一专利权人的申请,也可以给予实施后一发明或者实用新型的强制许可。"
② 林秀芹:《中国强制许可制度的完善》,《法学研究》2006 年第 6 期。
③ 《专利法》第五十四条:"取得实施强制许可的单位或者个人应当付给专利权人合理的使用费,其数额由双方协商;双方不能达成协议的,由国务院专利行政部门裁决。"

即使获得了强制许可,也并不一定能够实现自己的目的。我国强制许可的规定缺乏灵活性,这也为部分专利劫持行为人的"逃脱"提供了路径。

(2)《专利法》尚未设置禁止专利权滥用和诚实信用条款

专利权是民事主体依法享有的一种独占权,但民事主体行使专利权并非不受任何限制。专利权的行使应当遵循诚实信用原则,在法律允许的范围内,以法律允许的方式进行。滥用专利权损害公共利益,妨碍技术进步,应当受到禁止。现行专利法已经包含了对专利权行使进行限制的制度,例如强制许可、不视为侵权的规定等,但缺乏统领上述规定的基本原则,导致法院在审理某些案件及行政机关在制定相关下位规范时缺乏足够的法律依据。比如,在司法实践中,法院一般不支持对专利权人滥用专利权的指控。即使下级法院在个别专利侵权诉讼案件中援引了《民法通则》的禁止权利滥用条款,其做法也并未受到上级法院的肯定。[1] 禁止专利权滥用原则旨在弥补成文法的不足,具有使权利范围的外在表述与内在价值体系相一致的兜底作用。[2] 专利劫持行为人违反诚实信用原则行使专利权,属于一种专利权滥用行为,应受到禁止,但我国现行《专利法》并未设计相应的禁止专利权滥用条款和诚实信用条款来规制专利劫持行为,以平衡专利权人利益与社会公共利益,促进创新。

(3)《反垄断法》中的"知识产权滥用"条款过于粗疏

专利权的垄断性与反垄断法鼓励的市场充分竞争之间,既有同质性,又有异质性。这种异质性,集中体现为专利权人滥用专利权——不正当行使合法垄断权。专利劫持行为,特别是标准化中的专利劫持行为是一种专利权滥用行为,它妨碍技术标准化的推行,限制市场竞争,损害消费者利益,因此,有必要对其进行反垄断法规制。根据我国《反垄断法》第五十五条规定,经营者依照有关专利法律法规的规定行使专利权的行为,应该受到《反垄断法》的豁免;但是,经营者滥用知识产权,排除、限制竞争的行为,应受到《反垄断法》的调整。但是该条规定具有很强的原则性,缺乏足够的针对性和可操作性。对于专利劫持行为是否属于《反垄断法》中的知识产权滥用行为的认定,还缺乏指引。

---

[1] 例如,2011 年"邱则有与上海灵拓建材有限公司等侵害发明专利权纠纷上诉案"中,上海市高级人民法院认为上海市第一中级人民法院"在没有明确认定邱则有的行为属于专利权滥用行为、属于恶意诉讼的情况下,援引《民法通则》第 7 条不妥,予以纠正"。

[2] 张吉豫:《禁止专利权滥用原则的制度化构建》,《现代法学》2013 年第 4 期。

(4)《民事诉讼法》中的"恶意诉讼"条款适用范围太窄

民事诉讼是公民、法人和其他组织等平等主体间因人身关系或者财产关系纠纷依法向人民法院提起的诉讼,旨在解决民事纠纷、维护民事权益。随着依法治国之理念在我国民众间的树立和传播,通过诉讼方式解决法律纠纷无疑成为争议当事人的重要选择。但是,诉讼机制总有罅隙,这决定了诉讼方式也存在消极性,会给法律纠纷解决诉讼化带来诸多难题。滥用诉权是其典型症结之一。近几年,专利劫持行为人充分利用诉讼制度规则谋取不正当利益,属于广义的恶意诉讼,它既包括串通型与欺诈型虚假诉讼,也包括滥用诉讼权利的一般情形。我国《民事诉讼法》仅规定了串通型诉讼行为的恶意诉讼。专利劫持行为属于诉讼权利的滥用,但专利劫持行为的当事人之间不存在串通,故《民事诉讼法》的规定并不适用于专利劫持行为。除此之外,《民事诉讼法》中的诚实信用原则缺乏规定和判例机制。2015年公布的《最高人民法院关于适用〈中华人民共和国民事诉讼法〉的解释》第一百一十九条至一百二十条对诚实信用原则进行了更为清晰的阐释,但有学者早前曾不无疑虑地提出,诚实信用原则条款难免成为"睡眠"条款。[①]

2. 规制专利劫持行为的司法实践尚为缺乏

(1)停止侵权责任的判定存在当然化

专利权是权利主体对特定的发明创造在一定期限内依法享有的一种专有性权利。作为一种专有权,任何单位或者个人未经权利人许可而实施其专利的行为都应被认定为侵权行为。在民法理论中,侵害他人权利的行为必须停止,这几乎成为不言而喻、无须证明的公理。有学者进一步指出,只要有侵权事实,就必须负"停止侵害"责任,不需要考察行为人主观上是否存在过错。[②] 实务界也持有这样的观点,即在专利侵权诉讼中,只要认定侵权行为成立,均应判决侵权人立即停止侵害。[③] 可见,责令停止侵害作为专利侵权民事责任的承担方式,是一种最常见的救济措施,适用停止侵权被认为是理所当然,所以在中国法院的判决中已经普遍存在。[④] 这与最高人民法院在2010年发表的《中国法院知识产权司法保护状况(2009年)》的结论是一

---

① 张卫平:《民事诉讼中的诚实信用原则》,《法律科学》(西北政法大学学报)2012年第6期。
② 郑成思:《知识产权法:新世纪初的若干研究重点》,法律出版社2004年版,第13页。
③ 张晓都:《专利侵权诉讼中的停止侵权与禁止双重赔偿原则》,《知识产权》2008年第6期。
④ 李晓秋:《论自由裁量权在停止专利侵权责任适用中的法度边界》,《重庆大学学报》(社会科学版)2014年第4期。

致的。① 不难看出，在专利侵权诉讼中，停止侵害责任出现当然化的趋势。在复杂技术时代，由于专利组成构件细化，停止侵权责任当然化的财产权规则可能为专利劫持行为实施者提供了便利和保障，带来了"福音"。

（2）侵权损害赔偿计算的范围有待厘清

我国《专利法》第六十五条规定了侵权损害赔偿数额的四种计算方法：（1）权利人的损失；（2）侵权人所获利润；（3）许可使用费的合理倍数；（4）法定赔偿。尽管这四种方法在适用方面有着严格的先后顺位规定：实际损失→违法所得→合理许可使用费→法定赔偿，但对于专利劫持行为人而言，通常会依据侵权人的违法所得要求生产者进行赔偿。根据最高人民法院在2015年1月发布的《关于审理专利纠纷案件适用法律问题的若干规定》，专利侵权损害赔偿计算采用了变通的方法，即在计算权利人的损失时，由于难以确定权利人销售量减少的总数，可以把侵权产品在市场上销售的总数与每件专利产品的合理利润之积，视为权利人因被侵权受到的损失。可问题在于：其一，此种计算方法与最高人民法院发布的、依然有效的法释〔2009〕21号存在逻辑上的不一致，后者基本上肯定了在计算专利侵权损害赔偿时应考虑技术分摊规则，而前者采用全部市场价值规则，两种方法相互冲突，计算结果存在差异，未加限制的全部市场价值规则的适用无疑有助于专利劫持行为人获得高额赔偿。其二，"违法所得"究竟指毛获利还是纯获利，素有争议，这也为专利劫持行为人获得高额赔偿提供了可能性。

3. 规制专利劫持行为的行政举措和执法经验不够丰富

（1）反垄断执法机构的设置不科学

对于专利劫持行为，虽然《民法通则》《合同法》《专利法》《民事诉讼法》等的规制措施可以在一定程度上发挥作用，然而这些措施存在一定缺陷，需要借力《反垄断法》有效规制专利劫持行为。反垄断法的组织体制建设是反垄断法制度完善的核心环节，然而我国反垄断执法机构体系的设置并不科学。首先，从机构设置来看，国家发改委、商务部、国家工商总局均有一定的

---

① "30年来，人民法院知识产权司法保护力度不断加大。人民法院严格依法判令侵权人承担侵权责任，努力降低维权成本，加大侵权成本。在认定侵权成立的情况下，一般都会判令侵权人立即停止侵害，同时确保权利人获得足够的损害赔偿，依法适当减轻权利人的赔偿举证责任。"参见《中国法院知识产权司法保护状况（2009年）》，新华网（http://news.xinhuanet.com/legal/2010-04/21/c_1246383.htm，最后访问日期：2015-07-22）。

执法权限,但具体职责分工并不相同。① 可见,我国并无专门的反垄断执法机构。这种分散式的执法模式虽然符合当时的现实选择,但在日益发展中也暴露出反垄断执法机构权威性较低、"三驾马车"统一性不足、彼此推诿以及效率低下等弊端。如国家工商总局在 2015 年 4 月 7 日发布被称为"中国首部知识产权垄断执法规则"的《关于禁止滥用知识产权排除、限制竞争行为的规定》,国家发改委价格监督检查与反垄断局于 6 月 4 日启动了《滥用知识产权反垄断规制指南》的制定工作。国务院反垄断委员会在国家发改委、商务部、工商总局、知识产权局各自起草的《关于滥用知识产权的反垄断指南(草案建议稿)》基础上,会同委员会专家咨询组研究后,于 2017 年 3 月 23 日提出了新的《关于滥用知识产权的反垄断指南(征求意见稿)》。② 然而,这两个规章是否统一、如何确定适用范围、如何协调等问题也随之而来。其次,当前我国商务部、工商行政总局、国家发改委的具体反垄断执法部门并不是专职的反垄断执法机构,而仅仅是隶属于各个不同机构的不同职能部门,进而呈现出我国目前的反垄断执法机构级别较低、权力受限、独立性弱等问题。再次,我国反垄断执法机构主要负责组织、协调、指导反垄断工作,并没有被赋予美国执法机构享有的那种准司法权、决策权等实质性的权力,其作用有限。最后,我国反垄断法执法机构缺乏监督机制。良好的监督能让权力更好地实施。当前对我国反垄断执法机构的监督几乎是空白,缺乏一个包括外部监督和内部监督在内的科学、合理、有效的监督机制。③ 基于此,反垄断法专家盛杰民教授指出,"重组现有的执法机构,使之成为独立、权威和专门的执法机构有必要提上议事日程"④。

---

① 参见第十一届全国人民代表大会第一次会议批准的国务院机构改革方案和《国务院关于机构设置的通知》(国发[2008]11 号)。根据规定,这三大机构的职责分工为:国家发改委拥有依法查处价格违法行为和价格垄断行为的职责,商务部负责经营者集中的反垄断审查等工作,并承担国务院反垄断委员会的具体工作,国家工商总局则负责垄断协议、滥用市场支配地位、滥用行政权力排除限制竞争方面的反垄断执法工作,价格垄断行为除外。
② 《关于滥用知识产权的反垄断指南(征求意见稿)》,参见 http://fldj.mofcom.gov.cn/article/zcfb/201703/20170302539418.shtml(最后访问日期:2017-08-08)。
③ 孟雁北:《我国反垄断执法机构与政府产业规制部门的关系》,《中国人民大学学报》2015 年第 2 期。
④ 盛杰民:《完善〈反垄断法〉实施之我见》,《中国物价》2013 年第 12 期。

（2）部分授权专利质量依然较低

专利质量问题是关涉专利制度能否实现其初始目标价值的核心问题。[①] 近年,我国专利申请和授权的数量出现了快速增长。国家统计局于 2015 年 3 月 2 日发布了《中国创新指数研究》报告,该报告的研究结论指出:"我国每万名 R&D 人员专利授权数为 3477 件,发明专利授权数占专利授权数的 11.7%,每万名科技活动人员技术市场成交额分指数的增幅为 8.91%,这表明我国专利质量逐步提升。"[②] 但是"美国之音"电台网站曾发表了题为《中国专利发展的"蛮力"战略》的报道,认为中国把实用新型专利当成武器,用来对付海外的竞争对手。基于美国参议院财经委员会的要求,美国国际贸易委员会于 2011 年 5 月发布了《中国的知识产权侵权与自主创新政策对美国经济的影响》报告,该报告通过分析,将美国企业处于竞争劣势归咎于中国的自主创新政策,从而大张挞伐。[③] 其后,中国欧盟商会(The European Union Chamber of Commerce in China,简称 EUCCC)在 2012 年 8 月 21 日发布了名为《创新迷途:中国的专利政策与实践如何阻碍了创新的脚步》的报告。该报告对中国的专利质量问题和创新生态系统进行了系统研究,指出"中国在专利质量方面取得的进展落后于其专利申请量的发展速度"[④]。不管这些报道或者报告是否言过其实、客观合理,不可否认的是,我国的发明专利申请和授权数量虽然在世界上名列前茅,但是授权专利和申请专利的质量却不令人乐观,这主要表现在专利技术"创造性"不高、发明专利授权率低、实施效果不明显、无效专利比例高、国际竞争力十分薄弱等方面。[⑤] 而低质量的授权专利、丰富的专利资源都是专利劫持行为滋生的土壤,遗患无穷。

[①] 董涛、贺慧:《中国专利质量报告——实用新型与外观设计专利制度实施情况研究》,《科技与法律》2015 年第 2 期。

[②] 国家统计局社科文司《中国创新指数研究》课题组:《中国创新指数研究》,2015 年 3 月 2 日发布。参见 http://www.stats.gov.cn/tjsj/zxfb/201503/t20150302_687853.html(最后访问日期:2015-07-21)。

[③] U.S. International Trade Commission, China: Effects of Intellectual Property Infringement and Indigenous Innovation Policies on the U.S. Economy, 2011, Available at http://www.usitc.gov/publications/332/pub4226.pdf(最后访问日期:2015-07-22).

[④] Prud'homme, Dan, "Dulling the Cutting-Edge: How Patent-Related Policies and Practices Hamper Innovation in China", 2012, Available at http://www.europeanchamber.com.cn/documents/confirm/56064a0c9562d/en/pdf/14(最后访问日期:2015-07-22)。

[⑤] 朱雪忠、万小丽:《竞争力视角下的专利质量界定》,《知识产权》2009 年第 7 期。

第三节　我国专利劫持行为法律规制的完善建议

如前面论及,美国近年深受专利劫持行为困扰。为此,美国采用了修改专利法、重视司法实践、出台行政举措、加强行政执法等综合性措施来规制专利劫持行为,确保美国企业的创新。但规制之路,并不是一蹴而就的,且时时伴随不同声音,它需要更全面的考量。而今,专利劫持行为正在向国际化、全球化发展。不管我国政府、相关产业、理论研究人员对专利劫持行为持有何种态度,专利劫持行为已在我国显山露水。它已经不再仅仅是一个有趣的关于美国创新的学术话题,而是一个迫切需要政府和相关产业采取应对措施的实务操作问题。任何消极等待或者漠然视之的态度都将适得其反:撕裂利益衡平之价值理念,扭曲专利制度创新之功能,戕害创新驱动发展之战略、毁损创新国家之中国梦。但面对专利劫持行为,中国的问题与美国并不完全相同,主要表现为两面性,也即一种双重困境:一是要降低维权的相对成本,加大赔付额度,保护专利权;二是要警惕专利权人利用制度规则获取不正当利益,增加社会成本。[①] 为此,以美国为鉴,结合我国国情,提出以下完善建议。

一　观念维度

法律规制的观念是一种高度系统化、抽象化的终极意识,是对作为社会控制手段之一的法律的本质的一种深刻反映,是法律的生命之所在,正所谓"法律制度乃运用之最高原理,为之法律之理念"[②]。法律规制观念的树立在于为法律规制路径选择和对策设置提供思想引导。任何法律规制观念的提炼、厘定和形成不仅仅受制于法律规制的宗旨,更依赖于特定的社会经济发展背景。在我国,专利劫持行为尚为一个新鲜的议题,正因如此,论及专

---

① 易继明:《遏制专利蟑螂——评美国专利新政及其对中国的启示》,《法律科学》(西北政法大学学报)2014年第2期。
② 史尚宽:《法律之理念与经验主义之综合》,载刁荣华主编《中西法律思想论集》,(台北)汉林出版社1984年版,第259页。

利劫持行为的法律规制首应关注"中国问题",体现"中国元素"。专利劫持行为是专利制度的衍生物,它与一国创新有关,关涉产业利益和国家利益,这就要求专利劫持行为的法律规制应考量创新之目标、利益衡平之原则和产业、国家利益之维护等因素。

(一)选择适合中国国情的法律规制专利劫持行为之立场

专利劫持行为是专利权人利用专利权,以提起诉讼或者发送律师函等方式要挟生产者,试图获取高额许可费的行为。尽管专利劫持行为具有一定的合法性基础,但其行为可能构成专利权滥用。此种滥用行为会增加社会成本、阻碍市场竞争、妨碍技术进步,导致专利法律制度"危机重重",利益平衡呈现"断裂"之真空状态。美国有着滋生专利劫持行为的特殊土壤:亲专利政策的导向性。它不仅影响司法,而且实际上也指导了专利商标局的审查,甚至还在立法中加以呈现,正如美国最高法院曾在"戴尔蒙德诉查克拉巴蒂"案[①]中所说的"任何阳光下的人造的事物都可以专利"。美国的专利权二级市场甚是发达,专利权交易非常活跃。但任何事物物极必反,当专利权不再仅仅是一种技术能力的彰显,而是一种获取财富的手段时,隐藏在专利权交易背后的专利劫持行为就会随之而生。美国企业目前受困于专利劫持行为,创新之瓶颈难以破除,而我国的情况并非完全相同。目前我国的专利权交易和二级市场还未形成,亟须培植;专利劫持行为早已显现,但数量还不多;外来专利劫持行为和本土专利劫持行为将同时并存。因此,我国专利劫持行为法律规制的制度设计应依据"中国国情"量身定做,切忌盲目跟从他国。

(二)秉持增进创新的理念

创新是指人类以现有的知识和物质,通过改进或创造,获得新物质、新思想的各种活动。创新存在于社会的各个方面,比如理论创新、制度创新、经营创新、教育创新等。在理论上,一般根据创新的领域不同,将其分为技术创新、管理创新与制度创新等。[②] 无论是哪一种创新,其本质在于"突破",目的在于追求"新":或者是技术,或者是产品,或者是工艺,或者是管理形式,或者是制度设计。但专利劫持行为会带来诸多负效应,这些负效应不仅增加生产者的成本,阻止竞争,抑制创新特别是技术创新,而且减损了

[①] "Diamond v. Chakrabarty",447 U. S. 303,309(1980).
[②] 李晓秋:《信息技术时代的商业方法可专利性研究》,法律出版社2012年版,第12页。

消费者的福祉。美国立法、司法和执法合力剑指专利劫持行为,旨在促进创新。在这一点上,我国也概莫能外。在设计法律规制专利劫持行为的各项制度时,立法者、司法者和执法者应始终贯穿创新之理念。

(三)遵循利益平衡原则

利益平衡是指在一定的利益格局和体系下出现的利益体系相对和平共处、相对均衡的状态。但利益平衡不仅是一种状态,它还是一种过程,是知识产权法律价值二元取向的内在要求。对此,国内外学者已有共识。[①] 专利权是一种受保护的法律意义上的垄断权,但这种垄断权的行使容易僭越权利界限异化为权利的滥用。因此,有必要建立一种利益平衡机制,确保专利权人和使用人,以及社会公共利益之间维系一种平衡状态。另外,有观点认为还应包括发达国家与发展中国家之间利益的平衡,以及价值与实现法律公平正义的平衡,财产权属性与人的生命健康权的平衡。[②] 不过在这些层面的利益平衡中,最主要的依然是专利权人的利益和社会公众利益之间的平衡,它是平衡的支点。可见,利益平衡是专利法律制度存在的基石。在政策科学学者看来,制定一项政策的艰难之处在于确认受益者和受损者。[③] 因此,制定公共政策时常常需要考虑如何在各种冲突利益间寻求平衡,以求公共政策能符合最大多数人的要求。专利法律制度属于政府的一种公共政策,二者的功能和基质完全契合。专利劫持行为打破了专利权人和社会公众的利益平衡,规制专利劫持行为旨在恢复利益平衡,实现公共政策的调节作用。

(四)维护产业利益和国家利益

从产业角度来看,"专利法既是激励技术创新之法,也是促进产业发展之法"[④]。据此解读,专利权不仅是权利人所享有的一项财产权,而且是企业提升竞争力的有力工具,它还是国家维护产业利益和国家利益,提高世界"话语权"的重要法宝。美国学者的研究结果表明,专利劫持行为者提起的诉讼多集中在目前发展迅猛的高科技产业,尤其是软件产业、金融产业、手

[①] 吴汉东:《知识产权法的平衡精神和平衡理论——冯晓青教授〈知识产权法利益平衡理论〉评析》,《法商研究》2007年第5期。
[②] 黄玉烨:《知识产权利益衡量论——兼论后TRIPs时代知识产权国际保护的新发展》,《法商研究》2004年第5期。
[③] 吴鸣:《公共政策的经济学分析》,湖南人民出版社2004年版,第3页。
[④] 吴汉东:《设计未来:中国发展与知识产权》,《法律科学》(西北政法大学学报)2011年第4期。

机产业。大量的专利劫持行为严重阻碍了美国企业的创新,基于此,美国联邦和各州的国会、美国各级法院、美国政府共同"发声",为"美国回归世界创新中心"铺平法律的道路。另一方面,专利劫持行为是专利运营异化的一种表现,它在一定程度上能推动专利服务业的发展,实现专利最大化的价值,促进专利法律制度和与此相关的法律制度的完善。我国建构合理的专利劫持行为法律规制制度,有利于高科技产业能力和专利权服务产业能力的培育和提升,防止创新的"锁定状态",也有利于提高我国竞争力,增强国际话语权。

二 模式选择

美国行为主义法学代表人物布莱克(Donald J. Black)说:"法律是政府的社会控制,是国家和公民的规范性生活,包括立法、诉讼和审判等。"[①]在这里,法律是政府采用的一种用于社会控制的行为。何谓社会控制?一般认为,社会控制是指对越轨行为或者偏离行为的约束和限制。在布莱克看来,法律就是政府对不轨行为加以界定和反应的一种方式。需要强调的是,法律作为政府的一种社会控制行为的方式,仅仅是诸多社会控制方式之一种,除此之外,还存在国家政权、宗教、道德、习俗、纪律、社会舆论等多种社会控制行为方式。法律如何实现社会控制?布莱克认为主要通过规范性的立法、诉讼和审判方式来实现。换言之,法律的内部制度化运作能从制度建构的立法、执法、司法层面规范不轨行为,即任何一种违法行为均可以采用立法、司法和执法加以规制。从规制的主体来看,规制的路径有立法规制、司法规制和行政规制或者共同规制模式。共同规制模式是指:(1)立法规制是指立法机关通过对专利权主体、专利技术使用主体和其他社会公众的权利、义务和责任进行事前配置,并通过确立专利劫持行为的含义及其裁判规则,赋予被专利劫持行为人适宜的法律救济手段,以此来实现立法规制的目的;(2)司法规制是司法机关在裁判专利劫持行为诉讼案件过程中遵循既有的法律规则的约束,充分运用裁判权,在保护专利权人和专利技术使用者、社会公众之间寻求恰当的平衡,确保司法的裁决结果达到法律效果与社会效

---

① [美]唐纳德·J. 布莱克:《法律的运作行为》(修订版),唐越、苏力译,中国政法大学出版社2004年版,第2页。

果的统一,以此来实现对专利劫持行为的规制目的;(3)行政规制是指特定的行政主体运用行政权力,针对专利劫持行为主体或者专利劫持行为进行规范和限制,并以此来实现规制目的。再从部门法的角度来看,规制的路径可从实体规则和程序规则,或者二者的合作规制入手来构建对专利劫持行为的法律规制体系。部门法规制体系和不同的机关规制模式,这二者须臾不可分离,前者为后者提供适用的法律基础,后者为前者确定不同的适用主体。

美国采用的是立法规制、司法规制和行政规制共同规制模式,本书以为此种模式可为我国所用。这是因为:

(1)专利劫持行为是一种具有合法外观的复杂性现象,其产生的负效应是多方面的,所以对专利劫持行为进行法律规制的目标应当是多元的,即对专利劫持行为进行法律规制的目标既要重视事前预防,又要力求事中发现,还要关注事后救济。

(2)任何法律制度与社会需求之间总是存在紧张关系。由立法者及时修订立法是实现法律规则变迁的理想方案,但这往往是不现实的。这种障碍同样存在于专利劫持行为的立法规制中。美国阻击专利劫持行为的多部法案无疾而终,综合性法案——《创新法案》的一波三折、命运未卜诠释了单纯的立法控制面临的窘境。

(3)实践中真正发挥作用的法律规则并不都是立法者制定的,其中相当一部分是由司法机关通过法律适用的;加之"政府存在着比市场更为严重的缺陷,政府干预往往非但不能弥补市场缺陷,反而带来更多更大的问题",由此,法官的司法行为往往可以发挥关键作用,司法控制因而产生。这对于专利劫持行为亦然。但司法控制也存在如下缺点:第一,当没有足够的激励来保证被劫持行为人提起诉讼,就意味着部分专利劫持行为将有机会逃脱追诉,从而激发更多的潜在专利劫持行为;第二,当专利侵权人责任财产不足以用来支付权利人的损失时,完全执行司法判决必然困难重重。依此来看,此种规制方式尚不能对受害人提供有效预防的激励,也不能有效提升加害人的谨慎程度。

(4)对行政规制而言,著名经济学家庇古(Arthur C. Pigou)说过:"在任何产业中,如果有理由相信,自利的自由运行将会导致实际使用的资源数量不等于能带来国民所得最大化所需的数量时,那么,从表面上看就有理由进行政府干预。"[1]专利劫持行为破坏了创新和市场自由竞争秩序,有必要导入行政规制。但行政规制也存在致命缺点:行政规制主体掌握的信息不完全,也不对称。在专利劫持行为发生过程中,专利权人和专利技术使用者往往直接接触,信息流通快。行政机关掌握的关于专利劫持行为的信息显著不足,根据经济学中的交易费用理论,信息的搜集又需要雇佣大量的人力、耗费不少财力,而这些都不是免费的午餐,相反,成本巨大。以此来看,昂贵的成本必将严重影响行政规制的实施效果。

综上所述,对专利劫持行为的法律规制属于综合治理的范畴,任何单一的法律规制路径都难以实现对专利劫持行为进行法律规制的多元目标,最终也难以有效遏制或者消减专利劫持行为这种异象。基于此,对专利劫持行为的规制应当选择多渠道的、并行使用且交替演化的法律规制之路径,这已成为世界上其他国家应对专利劫持行为的惯常做法,也应是我国的选择。

三 具体对策

根据前文阐述,我国的立法资源、司法实践和行政举措在规制专利劫持行为时还存在不足,亟待完善。因此,下面针对这些既存问题,以专利劫持行为的违法性为切入点,着力创新,恒守利益平衡之精神,心系产业发展和国家安全,论述我国法律规制专利劫持行为的具体制度构造。

(一)立法精进

1. 进一步完善强制许可制度

强制许可是立法者设计的防止滥用专有权、维护公共利益的重要制度安排,知识产权国际公约和世界上众多国家的专利法都对此进行了规定。此项制度对防止专利权人不合理、不合法地行使其专有权,维护国家和社会公众的利益,增进社会公共福利具有突出的现实意义。[2]专利劫持行为是一种专利权滥用行为,在符合法律规定的条件下,可以运用强制许可制度来规制专利劫持行为,它是阻遏专利劫持行为的重要措施。作为我国专利

---

[1] [英]亚瑟·庇古:《福利经济学》,何玉长、丁晓钦译,上海财经大学出版社2009年版,第172—174页。
[2] 国家知识产权局条法司:《强制许可制度的完善》,《电子知识产权》2010年第4期。

法律制度中的平衡机制,虽几经修改,但仍有亟待改进之处。改进建议如下:

第一,具体、明确相关术语的确切含义。立法者设计具有透明性、具体性和准确性的法律规定,有利于保证相关公众知悉其内涵,正确行使权利,全面履行义务。据此,有必要对强制许可制度中的"正当理由""合理条件""合理时间""紧急状态""非常情况"等术语给予准确的界定。目的在于通过办法、实施细则或者司法解释对涉及实质问题的内容进行明确的解释,如《涉及公共健康问题的专利实施强制许可办法》第三条将"公共利益"解读为"传染病在我国的出现、流行,以及治疗传染病",将"紧急状态"指向由传染病在我国的出现、流行所导致的公共健康危机,这有利于我国积极预防和有效控制传染病的出现和流行,保障公共健康。此外,"正当理由"可从不可抗力、政策性限制、实施能力欠缺、破产等方面进行规定,"非常情况"可从公共健康危机、战争、骚乱、严重自然灾害等情形加以规定,"合理条件"可以参照许可使用费或专利评估机构的评估结果,"合理时间"可以在考虑技术周期、研发难度和专利类型等基础上做出判断。

第二,扩大申请人主体范围。目前,英国、印度、加拿大等国家的专利法规定强制许可的申请人可以是"任何人",包括个人、企业、政府部门等,可为我国借鉴。在未来的专利法修改中,建议直接取消申请人必须"具备实施条件"这一限制,并且将"单位和个人"也扩大,修改成"申请人"。在我国,《专利法》还规定了国家依职权颁发的强制许可。换句话说,这种强制许可不能依据他人申请得以启动,这在一定程度上剥夺了他人申请强制许可的权利,特别是为了公共健康目的。这不仅缩小了申请强制许可的范围,同时被许可人只能被动地接受强制许可并加以实施,不利于反映社会发展情况、满足人们的需求。建议增设"根据有关申请人的申请给予制造并将其出口到符合中华人民共和国参加的有关国家条约规定的国家或地区的强制许可"。

第三,增加申请强制许可的事由类型。《专利法》以列举方式规定了强制许可的申请事由,然而此种方法难免挂一漏万,且与《知识产权协议》规定不一致。为更好地处理我国新出现的包括专利劫持行为在内的专利权纠纷,平衡不同利益主体的利益,建议设置一个兜底条款,即"根据国际公约或者其他法律法规可以申请强制许可的情形"。与此同时,半导体技术专利的强制实施许可仍然仅限于"公共利益的目的和实施垄断的情形",范围太狭窄,这不利于克服半导体行业的专利劫持行为问题,相反,专利劫持行为在半导体领域最为活跃、最为典型。因此,建议将半导体技术专利强制实施许可的范围从"公共利益的目的和实施垄断的情形"扩大到"公共利益的目的、无正当理由未实施或者未充分实施其专利、实施垄断的情形"。

第四,细化使用费的计算标准和方法,规定最高限额。专利劫持行为旨在获取高额许可费。而如何确定强制许可的使用费数额,各国对此非常关注,但争论不断,分歧颇多。为了避免出现专利劫持行为的专利使用费叠加问题,建议我国借鉴他国经验,结合自身实际,精心设计相应的计算标准,比如采用"下降型专利使用费规则"[①]。除此之外,还可以根据专利权人所作的技术贡献与他们所获得的回报大致相等的原则,明确规定专利强制实施许可使用费的最高限额。

第五,简化使用费的支付等程序。为了提高强制许可的实施效率,简化强制许可生效时间的程序和使用费的支付程序,化繁为易,建议立法机关将颁发强制许可的决定与强制许可使用费的决定进行合并处理,从而最大限度地简化法律规定的程序,便利专利技术的推广与应用,促进社会发展,维护社会公共利益。

第六,缩短申请开始的等待时间。在我国,申请强制许可至少要等三年,这主要是考虑到专利的产业化需要合理时间。但问题在于,目前技术发展迅猛,竞争不断加剧,专利产业化时间已大为缩短。因此,建议将专利强制许可的申请时间起点根据各自产业的不同,由三年缩短为二年或一年,以此加速我国专利转化为生产力,推动产业化进程。

第七,恰当设置强制许可终止期。《专利法》第五十五条第二款规定了如何终止强制许可。[②] 然而,强制许可中的被许可人为了获批强制许可并实施强制许可,必然投入了大量资金、人力与技术,因此,当不再适用强制许可时,建议国务院专利行政部门应被许可人的请求,考虑并审查被许可人的投资与成本回收情况,做出是否立即终止强制许可的决定。对于立即终止强

---

① 下降型专利使用费规则就是根据重要专利披露的先后顺序来确定专利使用费的比例,越往后披露的专利,其专利使用费所占的比例越小。
② 《专利法》第五十五条第二款:"当强制许可的理由消除并不再发生时,国务院专利行政部门应当根据专利权人的请求,经审查后作出终止实施强制许可的决定。"

制许可的情形,也应为被许可人设置一定的宽惠期,在此期间被许可人生产、制造、销售、进口等实施专利权的行为不应被认定为侵权行为,不承担侵权法律责任。

第八,增设司法强制许可制度。专利劫持行为通常以专利侵权诉讼来达到目的,因此,为救济被"专利劫持行为"要挟的被告,可规定法院有权签发强制许可,但该强制许可只能依据个案中被告的主动请求签发,法院不得主动颁发强制许可。

2. 在《专利法》中增设权利不得滥用条款——兼议《专利法修改草案(征求意见稿)》(2015)第十四条

在专利法领域,专利权的保护方式造成了权利滥用的可能性,但是我国《专利法》通篇并未采用"专利权滥用"措辞。[1] 尽管我国《民法通则》已经明确规定诚实信用原则,一般也认为相当于在立法中设定了权利不得滥用条款,加之强制许可制度的存在为滥用专利权设定了法律后果,因而可以推导出专利权不得滥用。但事实上,在专利侵权诉讼中,法官直接援引《民法通则》中的权利不得滥用原则来进行裁决的案件尚未出现,即使有,也被上级法院裁定驳回。而强制许可至今也未真正适用。然而,随着经济和技术的发展、专利权价值的提升,包括专利劫持行为在内的专利权滥用行为越来越凸显,因此有必要增设"专利权不得滥用"之条款。

禁止专利权滥用条款的设置旨在弥补成文法的不足,具有使权利范围的外在表述与内在价值体系相一致的"兜底"作用,这对于规制专利劫持行为等专利权滥用行为具有重要意义。[2] 在2015年12月2日公布的《专利法修订草案(送审稿)》中,新增设X1条作为第十四条,即"申请和行使专利权应当遵循诚实信用原则,不得滥用专利权损害公共利益或者不合理地排除、限制竞争"。此项规定体现了规制专利权滥用、平衡专利权人利益与社会公共利益的基本立场,有利于更好地阻止专利劫持行为等滥用专利权行为的产生。

需要提及的是,"禁止专利权滥用"条款曾在我国《专利法》第三次修改过程中出现在修改草案版本里,但2008年《专利法》通过时该条款最终被移

---

[1] 尹新天:《滥用专利权的内涵及其制止措施》,《知识产权》2012年第4期。
[2] 张吉豫:《禁止专利权滥用原则的制度化构建》,《现代法学》2013年第4期。

除。其中的原因之一在于,尽管禁止滥用专利权条款有重要的功能价值,但也容易被滥用,进而可能损害专利权人的合法权利,削弱专利制度推动技术创新和应用的功能。这就要求只有在确实没有具体法律规范来为案件判决提供依据时,或者有相关依据但不足以解决问题时,才考虑适用禁止专利权滥用的一般条款,且在适用过程中必须考量是否满足禁止专利权滥用的条件:行为人是专利权人,并且行为方式是行使专利权;该行为违反了专利权设置的目的。任何扩大化或者随意化的适用,都将减损该项制度的功能,不利于对专利劫持行为的有效规制。

3. 暂缓引入惩罚性赔偿——兼议《专利法修订草案(送审稿)》(2015)第六十八条第一款

惩罚性赔偿(punitive damages)又称示范性赔偿(exemplary damages)、报复性赔偿(vindictive damages),它与补偿性损害赔偿相对,属于英美法中的侵权责任形式。自设立惩罚性赔偿制度以来,关于其"存废"之争一直存在,这也反映在专利法领域。目前的国际条约、各国和地区的专利法对于是否设立惩罚性赔偿表现出不同的态度。[1] 近年来,不少人士主张引入源于英美法的专利侵权惩罚性赔偿制度,主要理由有:(1)专利侵权行为复杂,比如故意侵权、反复侵权等现象越发频繁;(2)侵权赔偿"低",不能有效遏制侵权行为;(3)惩罚性赔偿能够鼓励诉讼、激发创新;(4)立法者已在部分立法中设置了惩罚性赔偿制度,如我国《消费者权益保护法》第五十五条[2];(5)国外立法实践可资借鉴,如《美国专利法》第二百八十四条[3]。2014年11月,我国启动了《专利法》第四次全面修改研究工作,并于2015年12月2日向

---

[1] 李晓秋:《专利侵权惩罚性赔偿制度:引入抑或摒弃》,《法商研究》2013年第4期。
[2] 《消费者权益保护法》第五十五条:"经营者提供商品或者服务有欺诈行为的,应当按照消费者的要求增加赔偿其受到的损失,增加赔偿的金额为消费者购买商品的价款或者接受服务的费用的三倍;增加赔偿的金额不足五百元的,为五百元。法律另有规定的,依照其规定。经营者明知商品或者服务存在缺陷,仍然向消费者提供,造成消费者或者其他受害人死亡或者健康严重损害的,受害人有权要求经营者依照本法第四十九条、第五十一条等法律规定赔偿损失,并有权要求所受损失二倍以下的惩罚性赔偿。"
[3] 《美国专利法》第二百八十四条第一款:当法院认定被告之行为确实对原告之专利权构成侵害时,应判令被告给予原告足够填补所受损害之赔偿,而此数额无论如何均不得少于被告使用该发明所应支付之合理权利金,并且应加上法院所定之利息及费用。第二款:当陪审团未就数额多少做出决定时,法院应评估这个数额。不论损害赔偿数额由陪审团决定或系法院评估,法院可以将它提高至实际所认定之数额的三倍。

社会公布了《专利法修订草案(送审稿)》。此次修改以"保护创新者的合法权益,促进专利实施与应用,充分激发全社会的创新活力"为核心,拟在《专利法》第六十八条增设专利侵权惩罚性赔偿制度并作为第一款中的内容,以期解决专利维权"赔偿低"的现状。

  专利惩罚性赔偿具有激励维权和创新的先天功能。诚然,诉讼是实现公民权利最终和最重要的手段,但激发更多的专利侵权诉讼可能会"使许多令人尊重的职业蒙受耻辱,毁掉有价值的企业……"。[①] 美国在这方面是我们的前车之鉴。以"兴讼"(或以之作为劫持)为获利手段的"专利劫持行为"已经成为社会各界深感忧虑的棘手问题。我国如若引入专利侵权惩罚性赔偿,势必让专利劫持行为"如虎添翼"。另一方面,对于科技创新主体,专利权保护是一把利弊兼备的双刃剑,尤其是在高科技领域。由于许多技术领域已经形成"专利丛林",专利组合、专利竞赛愈演愈烈,专利权人和侵权人的角色难免会相互转化,比如正在进行的美国苹果公司与韩国三星公司(Samsung Electronics Co.,Ltd.)的世纪专利战。可见,惩罚性赔偿有可能促成"争讼",阻碍创新特别是后续创新。进一步说,对于严重的恶意侵犯专利权行为,如果既有的民事制裁、行政处罚以及刑罚尚不足以发挥功效,引入惩罚性赔偿也未必能如愿。

  4. 完善反垄断法律制度——兼议《关于禁止滥用知识产权排除、限制竞争行为的规定》和《滥用知识产权反垄断规制指南》

  第一,明确反垄断规制的专门执法机关。我国现实的反垄断执法体系,呈现出"三权(国家发改委、商务部、国家工商总局三大执法机构)分立"及其执法不平衡推进、执法机构与相关机构职能关系不明等问题,这势必影响到对构成垄断的专利劫持行为等的规制效果。目前,世界上的反垄断执法机构模式有三种:(1)美国的行政主管机关与法院协调运作型;(2)德国的行政主管机关、顾问机构与法院协调运作型;(3)日本的专门的单一机关与法院协调运作型。借鉴西方经验,结合我国国情,本书亦认为有必要积极推动全国统一的反垄断执法机构的建立,该机构应直接隶属于国务院,以确保该执法机构的权威性、独立性、专门性和精干高效性。

[①] Olson, Walter K., *The Litigation Explosion: What Happened When America Unleashed the Lawsuit*, Dutton: Truman Talley Books, 1991, p. 339.

第二,协调《关于禁止滥用知识产权排除、限制竞争行为的规定》和即将出台的《滥用知识产权反垄断规制指南》。对于专利权利人利用专利实施劫持行为,排除、限制竞争,可以依据我国《反垄断法》第五十五条加以调适。但是《反垄断法》调整专利劫持行为需要同时满足经营者滥用专利权和达到排除、限制竞争行为的效果,而何为滥用专利权的行为,目前《反垄断法》和《专利法》都无明确规定。针对知识产权滥用行为的反垄断法规制,美国出台了《知识产权许可反托拉斯指南》,日本也出台了《知识产权利用的反垄断法指南》,欧盟出台了《欧共体技术许可协议集体豁免条例》,这些知识产权领域的反垄断规则是规制专利劫持行为的重要依据,确保专利权保护和规制的平衡。2015年8月1日,我国国家工商总局制定的《关于禁止滥用知识产权排除、限制竞争行为的规定》正式实施。但此项规定仅适用于国家工商总局所管辖的垄断行为案件。2015年6月,国家发改委价格监督检查与反垄断局组织正式启动了《滥用知识产权反垄断规制指南》的制定。2017年3月23日,国务院反垄断委员会办公室公布了《关于滥用知识产权的反垄断指南(征求意见稿)》。这意味着在知识产权领域,今后将存在两个反垄断规则。为确保这两个规则对专利劫持行为等知识产权滥用行为的适用,必须对它们加以协调。

5. 重新塑造专利恶意诉讼制度

恶意诉讼来源于英美法,这些国家的学者普遍认为,它是指原告提起一个缺乏事实和理由根据的诉讼,其目的在于对他人的财产权或人身权造成损害,但其诉求最后并未获得法院支持。专利恶意诉讼是恶意诉讼在专利法领域的延伸。专利劫持行为者实施劫持行为所用的专利既可能是高质量的专利,也有可能是低质量的专利。一般来说,技术标准中标准必要专利的质量较高。但前文曾述及,专利劫持行为主要发生在商业方法软件领域,而这些专利存在边界模糊、保护范围过宽等问题。因此,对于这部分专利劫持行为者,他们提起的诉讼有可能符合恶意诉讼的条件。但我国现行《专利法》并未对此加以规定,唯一可借助的是《侵权责任法》的规定。但是,《侵权责任法》第二条[①]的规定具有一般性,在实践中适用时可能会遭遇困难。

---

① 《侵权责任法》第二条:"侵害民事权益,应当依照本法承担侵权责任。本法所称民事权益,包括生命权、健康权、姓名权、名誉权、荣誉权、肖像权、隐私权、婚姻自主权、监护权、所有权、用益物权、担保物权、著作权、专利权、商标专用权、发现权、股权、继承权等人身、财产权益。"

为此,有必要在未来《专利法》的修改中增设"专利恶意诉讼反赔"制度①。在程序法上,《民事诉讼法》中的"恶意诉讼"指的是双方当事人共谋损害案外第三人的利益,并不包含专利劫持行为人针对专利实施者提起的诉讼。基于此,有必要拓宽《民事诉讼法》关于恶意诉讼的认定,从而将"原告恶意提起,缺乏事实和理由根据,目的是使他人的财产或人身权益受到损害,而其诉求并未获得法院支持的诉讼"认定为恶意诉讼,以有效遏制专利劫持行为以提起诉讼要挟生产者,损害生产者的利益和社会公众的利益的现象。

6. 制定《专利交易市场法》

专利劫持行为是专利许可过程中的一种"异象"。专利劫持行为人往往需要出资向他人购买专利权或是取得独占的专利许可权。毫无疑问,专利劫持行为人与专利权人达成的专利权交易协议,带动和激活了专利技术交易市场,保证了专利发明人拥有创造热情,开展研究与创造活动。由此可见,规制专利劫持行为不能只依赖"围堵"方式,还要运用"疏导"方式,制定相关政策,改善专利交易与许可的市场环境,建立一个专利商业化畅通的渠道,打造公平、自由、有效率的专利权二级交易市场,真正推动专利价值的实现。美国长期注重对专利交易市场的培育,所以,在企业遭遇专利劫持行为时,可以便利地获得用于防范的专利资源和诉讼服务。与美国相比,我国的专利交易还不活跃,专利交易中介体系还不完善,专利交易市场还不健全,专利劫持行为带来的负面影响难以短时间内消除。2015 年 8 月 29 日,《关于修改〈中华人民共和国促进科技成果转化法〉的决定》已由第十二届全国人民代表大会常务委员会第十六次会议通过,这对于专利交易市场的法治化有重要的意义。但从整体上看,我国专利交易市场还不够成熟,专利交易的法律法规还比较缺乏。因此在立法层面,有必要制定一部《专利交易市场法》,其中包括专利交易市场主体的准入资格,专利交易主体的分类,专利交易的客体制度,专利价值的评估制度,专利交易应遵循的法则,不当专利交

---

① 实际上,我国曾在 2006 年公布的《中华人民共和国专利法》第三次修改征求意见稿中首次规定"专利恶意诉讼反赔制度",即《中华人民共和国专利法(第三次修改征求意见稿)》第 A10 条:"审理或者处理专利侵权纠纷的人民法院或者专利行政管理部门依据当事人提供的证据,认定被控侵权人实施的技术或者设计是现有技术或者现有设计的,应当认定该实施行为不构成侵犯专利权的行为。专利权人明知其获得专利权的技术或者设计属于现有技术或者现有设计,恶意指控他人侵犯其专利权并向人民法院起诉或者请求专利行政管理部门处理的,被控侵权人可以请求人民法院责令专利权人赔偿由此给被控侵权人造成的损失。"

易的法律责任,尤其注意设置对大规模专利收购或者转让的审查机制,国内高校、研发机构与国外专利经营公司之间的专利权转让,专利权许可等专利行为的监督与审查制度,重大专利技术对外许可制度,对外国专利经营公司集中专利行为的监督机制等。此部法律的制定,有助于厘清正常的专利交易与违法的专利交易,避免专利劫持行为的发生。

(二)司法改进

1. 重视停止侵权责任的自由裁量权

在美国,专利劫持行为的发生、发展、发达与禁令制度特别是与中国"停止侵权责任制度"相类似的"永久禁令"密切相关。有学者为此指出,"禁令"为专利劫持行为的产生提供了"温床"。[①] 为遏制专利劫持行为,美国联邦最高法院通过对2006年eBay案的审理,重新强调永久禁令的颁发应遵循"四要素测试法"。美国最高法院对核发禁令的审慎态度对遏制专利劫持行为产生了重要影响。

根据《专利法》第五十七条的规定,专利权人或者利害关系人可以基于专利侵权行为向法院提起诉讼。虽然,法院在认定专利侵权行为成立后,侵权人应当承担侵权责任,包括停止侵害、排除妨碍、消除危险、赔偿损失等。但是,停止侵害并非我国法院判决中的当然救济方式,法院享有选择的权力,可依情势做出责令立即停止或不停止侵权行为的判决。这体现了专利权原权和专利救济权的分野,也为法院自由裁量权预留了空间。[②] 在当前的形势下,应适当限制停止侵权责任的适用,削弱专利劫持行为者在许可费谈判中的优势地位。但这并不意味着自由裁量权就可以随意行使,因为绝对的不受任何限制的法官自由裁量权,必然会造成司法之随意性,进而膨胀为司法专横,直接损害专利权人和社会公众的利益,破坏法治原则,有悖于司法机关的性质和宗旨。为此,本书建议参照美国"四要素测试法"对停止侵权的适用进行一定的限制,使停止侵权的适用标准更加合理。

[①] Chien, Colleen V., Reducing Litigation Abuse by Reducing the Government's Role in the Patent System, Testimony for Subcommittee on Courts, Intellectual Property and the Internet on April 16, 2013, Available at http://judiciary.house.gov/hearings/113th/04162013/Chien%2004162013.pdf(最后访问日期:2015 - 06 - 22)。

[②] 李晓秋:《论自由裁量权在停止专利侵权责任适用中的法度边界》,《重庆大学学报》(社会科学版)2014年第4期。

2. 完善专利侵权赔偿的计算规则和举证责任

有学者说:"知识产权赔偿难的问题,本质上是一个由于实践中的困难而肇致理论贫困化、实体法与诉讼法相交织的问题。"[1]在损害赔偿数额的确定问题上,细化裁判规则来规范法官自由裁量远比立法的调整来得更重要。[2] 专利劫持行为主要以高科技领域的生产企业为诉讼目标,这些领域的产品通常需要覆盖多项专利技术,专利劫持行为人主张的赔偿金额实际上超过了涉诉专利技术对专利产品的真正贡献,因为产品的价值是涉诉专利与其他技术共同创造的。技术分摊规则可在一定程度上防止被侵权人因损害赔偿不当获利。在美国,侵权赔偿数额的计算并非均以整个产品为标准,特别是对于非单个专利的产品而言,更是如此。专利持有人的损害赔偿额,应严格依据被告使用涉诉专利获得的实际经济价值计算。[3] 在具体操作过程中,法院需要调查侵权产品中发明专利带来的实际利润,或者侵权产品中包含等同替代技术时的实际利润,这样既符合公平正义要求,又可以减少专利劫持行为人寻租的可能性。

目前,我国的专利侵权赔偿采用填平原则,其赔偿数额尚未像在美国一样成为专利劫持行为的重要经济诱因,但这不能阻止侵权损害赔偿制度成为专利劫持行为的威胁手段。专利劫持行为人由于没有从事专利技术的实际生产制造,即无利润损失一说,故在侵权诉讼中一般采用侵权所得来计算赔偿数额。而侵权人侵权所得相对于许可使用费合理倍数和法定赔偿而言,特别是在大型企业或者专利产品占有很大市场份额的情况下,能够保证其获得高额利润。我国在司法解释中确认了技术分摊规则,即 2009 年《司法解释》第十六条:侵权人所获收益应限于因侵权行为所获收益,不包括因行使其他合法权利获得的收益;如果侵犯发明、实用新型专利权的产品系另一产品的零部件的,法院应照零部件本身的价值和其在整个产品中所起到的作用合理判断。该规则符合民事侵权损害赔偿的填平原则,尤其适用于侵权专利产品作为整个产品的零部件或产品备件的情形。但在司法实践

---

[1] 唐力、谷佳杰:《论知识产权诉讼中损害赔偿数额的确定》,《法学评论》2014 年第 2 期。
[2] 洪颠雅:《事实和规范之间:举证妨碍规则在知识产权诉讼赔偿中的应用》,载《诉讼赔偿中的适用全国法院第二十六届学术讨论会论文集:司法体制改革与民商事法律适用问题研究》,2015 年,第 1173 页。
[3] Phillips, Eric, and David Boag, "Recent Rulings on the Entire Market Value Rule and Impacts on Patent Litigation and Valuation", *Les Nouvelles*, Vol. 48, 2013, p. 1.

中,有时适用侵权损害赔偿的填平原则会过于简单、随意。为此,本书建议我国在专利劫持行为的诉讼中借鉴美国的经验,结合技术分摊规则,合理分配举证责任,明确举证妨碍责任中的"正当理由",将专利权人在专利诉讼中的举证责任明细化,即要求其提供明确详细的侵权产品销售量、净利润、市场占有率等证据,以增加其诉讼成本,使损害赔偿额的计算更为科学、精确。

此外,为了鼓励专利转化,杜绝专利囤积,可以借鉴《商标法》第六十四条[①]的规定,对于专利权人在规定期限内无正当理由不实施,或者实施并未满足社会公众需要的,也不能提供实际使用过该专利技术的证据,同时也不能证明自己因侵权行为受到其他损失的,可以判决侵权人的侵权行为成立,但并不承担赔偿责任,从而将民法中的填平原则贯彻始终。

3. 细化和完善反垄断民事责任制度

专利权人利用专利实施劫持行为,排除限制竞争,可以由《反垄断法》加以规制。而反垄断法规制是否有效,主要依赖于法律责任的设计。我国《反垄断法》规定了民事损害赔偿制度[②],不过该规定过于粗疏,欠缺指导性。[③] 在最高人民法院于2012年1月30日颁布的《关于审查因垄断行为引发的民事纠纷案件应用法律若干问题的规定》中,重点阐述了举证责任的分配、责任的承担方式、归责原则的确定、损害赔偿数额的计算等内容,这对于完善反垄断民事责任制度具有重要意义。但遗憾的是,该司法解释还存在诸多方面的不足。在反垄断民事损害赔偿诉讼中,原告难以获取证据,这是因为经营者的垄断行为一般非常隐秘,不易察觉,所以,要求原告对垄断行为及其损害后果承担举证责任,无疑将使该制度的目的落空。专利劫持行为人往往利用"空壳公司"进行经营,致使被劫持行为人收集专利劫持行为人的垄断证据难上加难。为了解决举证难问题,我们建议,在反垄断民事侵权损害赔偿诉讼中改变原告承担举证责任的分配机制,实行举证责任倒置原则,减轻原告的举证责任。当然,减轻并不等于不承担举证责任。本书以为,原告尚需承担提供因被告反垄断行为导致损害的初步证据的责任。

---

① 《中华人民共和国商标法》注册商标专用权人请求赔偿,被控侵权人以注册商标专用权人未使用注册商标提出抗辩的,人民法院可以要求注册商标专用权人提供此前三年内实际使用该注册商标的证据。注册商标专用权人不能证明此前三年内实际使用过该注册商标,也不能证明因侵权行为受到其他损失的,被控侵权人不承担赔偿责任。
② 《反垄断法》第五十条:"经营者实施垄断行为,给他人造成损失的,依法承担民事责任。"
③ 郑鹏程、肖小梅:《如何完善反垄断法律责任制度》,《光明日报》2014年5月31日第5版。

4. 适度限制诉的合并审理

在民事诉讼法中,针对两个或两个以上相互独立却彼此关联的诉讼,或者是基于相同法律关系或同一事实基础的诉讼,人民法院可以将它们合并到同一法院管辖、适用同一诉讼程序进行审判,此过程被称为诉的合并审理。① 我国《民事诉讼法》的第五十二条(共同诉讼)、第五十三条(代表人诉讼)、第五十六条(第三人参加诉讼)、第一百四十条(原告增加诉讼请求,被告提出反诉,第三人提出与本案有关的诉讼请求)均属于诉的合并审理制度的范畴。诉的合并审理旨在便利当事人诉讼和法官审理,减轻诉讼参与人不必要的讼累,从而节省成本。与此同时,诉的合并审理能确保法院在处理类似案件时做出一致的裁判,从而保证法院裁判的权威性和统一性。根据合并的主体和客体标准不同,诉的合并审理又分为诉的主体合并审理与诉的客体合并审理;根据法院是否享有自由裁量权,决定是否合并审理的权限标准;诉的合并审理又分为法院必须合并审理和自由裁量的合并审理,如为必要共同诉讼,法院必须合并审理,而其他诉的合并形式可由法院自由裁量。②

专利劫持行为者为降低自身诉讼成本,通常将多个互不相关的被告放入同一个诉讼案件。同时,专利劫持行为者还利用"管辖地选择权",向最有利于自己的法院提起诉讼,增加被告诉讼成本。针对此种倾向,《美国发明法》规定合并审理必须满足相应条件:(1)诉讼请求需针对共同的交易行为或由同一交易行为引起;(2)基于共同的事实。此种做法可为我国借鉴,如果诉讼当事人提起的诉讼不是基于"共同的交易行为或由同一交易行为引起",则不合并审理,从而增加诉讼成本,阻止专利劫持行为者提起滋扰诉讼。

5. 确立败诉方承担合理开支规则

依据我国相关法律和司法解释的规定③,法院在审理专利侵权案件时,可以在判决侵权人承担的赔偿数额之外,要求侵权人承担权利人因调查、制止侵权所支付的合理支出,包括权利人调查侵权、聘请律师所产生的合理费用等。此规定未提及法院认定被告为非侵权人时,被告所产生的合理

---

① 张晋红:《诉的合并之程序规则研究》,《暨南学报》(哲学社会科学版)2012年第8期。
② 田平安:《民事诉讼法原理》,厦门大学出版社2007年版,第314—315页。
③ 参见《专利法》第六十五条、《最高人民法院关于审理专利纠纷案件适用法律问题的若干规定》(2015)第二十二条。

费用由谁承担。实践中,法院基本上只支持胜诉原告获得因调查、制止侵权所支付的合理费用的赔偿,至于胜诉的被告却不能获得相关费用的赔偿。[①]显然,此种做法不利于规制专利劫持行为者的滥诉、恶意诉讼等行为。具有借鉴意义的是,《美国专利法》第二百八十五条规定:"在特殊情形下,法院可以判决败诉方支付合理律师费给胜诉方。"尽管该法条自设立以后,美国法院适用的案例甚少,但随着2014年美国最高法院对奥克滕健康有限责任公司案的审结,胜诉方律师费移转的例外情形被放宽,这有利于遏制专利劫持行为。判令专利劫持行为人承担律师费用等合理开支,提高了专利劫持行为人的诉讼风险,迫使其更加谨慎地提起侵权诉讼。同时,也可以免去涉诉企业尤其是中小型企业承担高昂律师费的后顾之忧,勇于维护自己的合法权益。

(三)行政增进

1. 提升授权专利质量

低质量专利或者问题专利是专利劫持行为实施的重要"宝藏"之一。我国的实用新型和外观设计审查标准低,只进行形式审查,而不进行实质审查,容易成为专利劫持行为的武器。另外,含有功能性限定特征[②]的权利要求本身具有一定的普遍性,也导致权利要求具有一定的宽泛性。再者,与计算机软件有关的发明专利权界限模糊。因此,提高专利审查标准、提升专利质量,能从源头上阻止专利劫持行为的产生。具体措施包括:一是扩展现有技术的范围,确保授权专利的新颖性和创造性,提升专利授权质量;二是提高实用新型和外观设计等发明创造申请获得专利权的门槛,适当控制实用新型和外观设计的授权数量,促进国内企业加强研发力量,申请核心技术专

[①] 张体锐:《专利海盗投机诉讼的司法对策》,《人民司法》2014年第17期。

[②] 关于什么是功能性限定特征,目前还没有明确的定义。该术语在专利的审查和司法保护领域已被广泛应用,但表述不一,争议不断。比如《专利审查指南》第二部分第二章3.2.1"以说明书为依据"中的规定。例如,"通常,对产品权利要求来说,应当尽量避免使用功能或者效果特征来限定发明"以及"只有在某一技术特征无法用结构特征来限定,或者技术特征用结构特征限定不如用功能或效果特征来限定更为恰当,而且该功能或者效果能通过说明书中规定的实验或者操作或者所属技术领域的惯用手段直接和肯定地验证的情况下,使用功能或者效果特征来限定发明才可能是允许的"。《最高人民法院关于审理侵犯专利权纠纷案件应用法律若干问题的解释》(以下简称司法解释)第四条规定,对于权利要求中以功能或者效果表述的技术特征,人民法院应当结合说明书和附图描述的该功能或者效果的具体实施方式及其等同的实施方式,确定该技术特征的内容。即将功能性限定特征的保护范围解释为仅涵盖"该功能或者效果的具体实施方式及其等同的实施方式"。

利,提升真实的技术水平;三是修改《专利审查指南》,针对权利要求中包含有功能性限定特征的申请的授权审查或有效性审查,《最高人民法院关于审理侵犯专利权纠纷案件应用法律若干问题的解释》与《专利审查指南》在规定内容上还存在差异①,后者的规定更加严格,因此应予以修改,确保功能性限定特征在审批中的范围与在诉讼中的保护范围相一致,以提高此类专利质量;四是细化《专利审查指南》,增强与计算机软件发明有关的商业方法专利申请审查的可操作性②;五是借鉴美国采用多种形式的复审制度,以提高专利审查的效率;六是加强专利专业培训,注重人才队伍建设,提升审查员的业务能力素质和提高专利代理服务水平等;七是以《专利审查指南》为基础,制订审查业务指导体系,进一步统一审查标准;八是顺应科技发展,及时修改《专利审查指南》,调整审查标准及分类体系。

2. 建立诉讼风险预警机制

已于 2015 年年初逝世的德国社会学学者贝克(Ulrich Beck)在其著名的《风险社会》一书中强调,工业化过程中出现的一些问题导致全球性风险开始出现,各种全球性风险对人类的生存和发展存在着严重威胁。人类日益"生活在文明的火山口上"③。在风险社会语境中,专利法律制度作为一种制度文明,也可能存在制度风险。④ 比如专利权运营中的劫持行为风险,这种风险主要表现为专利权利人以提起诉讼或者发送律师函威胁技术使用者,干扰生产,破坏竞争。为此,建议国家知识产权局、商务部等相关部门建立诉讼风险预警机制,定时、定期对相关行业,尤其是电子技术、材料技术等领域的专利布局、技术发展态势进行分析,对行业可能面临的诉讼风险发出警报,提醒行业做好应对的准备。此外,还应建立健全高诉讼风险专利识别机制以防止诉讼风险,比如分析诉讼专利具有的专利家族数、专利引用数和权利要求数⑤以及专利权人的变更次数、专利被引数、专利维护费等⑥。诉讼风

---

① 党延斌:《专利权利要求中功能性限定特征的审查标准及对策建议》,《知识产权》2011 年第 1 期。
② 更多内容请参见李晓秋《信息技术时代的商业方法可专利性研究》,法律出版社 2012 年版,第 279 页。
③ [德]乌尔里希·贝克:《风险社会》,何博闻译,译林出版社 2004 年版,第 13 页。
④ 吴汉东:《知识产权的制度风险与法律控制》,《法学研究》2012 年第 4 期。
⑤ Allison, John R., and Lemley, Mark A. & Joshua Walker, "Extreme Value or Trolls on Top-The Characteristics of the Most—Litigated Patents", *U. Pa. L. Rev.*, Vol. 158, No. 1, 2009, pp. 26 – 63.
⑥ Chien, Colleen, "Predicting Patent Litigation", *Texas L. Rev.*, Vol. 90, 2011, pp. 283 – 329.

险预警机制的建立,有助于生产型企业及时调整产品生产和销售方案,避免专利诉讼风险,降低专利纠纷的发生率,减少不必要的损失,有效应对专利劫持行为。

3. 要求披露真正的专利权利主体

在美国白宫公布的专利新政中,美国专利商标局计划启动制定一项"专利权人透明度"规则,即要求专利申请人和专利持有人定期更新专利权利主体的信息。这让目前专利劫持行为人常用"空壳公司"、隐藏真正的利益主体、增加社会公众对其识别难度之策略难以继续,值得我国借鉴。对于申请后获得批准的专利,如果在一定期限内没有实施和转化,国家知识产权局可以要求专利持有人披露真正的利益主体。对于任何提起无效请求或者提起专利侵权诉讼的当事人,必须保证透明度,让隐藏的专利权人无处遁形。

4. 开展专利服务业建设

在知识产权时代,人们越来越重视专利资源的价值。专利服务业有利于合理有效地开发与利用专利技术,确保专利资源价值的最大化。专利服务业通过为发明创造人或者专利申请人提供"获权—用权—维权"的相关服务来促进发明创造法律权利化、生产商用化、服务产业化,是现代服务业尤其是知识产权服务业的重要组成部分,是高技术服务业优先发展的重点方向。发展专利服务业,对于自主创新的效能与水平的提高、经济发展的质量和效益的提升有重要作用,还可以形成符合社会需求的现代产业体系。[①] 国家知识产权局等相关职能部门在专利服务业建设中担任顶层设计者和分类指导者。专利劫持行为是专利权人运用专利过程中出现的一种异象,这是专利服务业的伴生物,它与专利实施不足并行存在于我国的专利服务业中。根据《关于加快培育和发展知识产权服务业的指导意见》,我们建议可从以下四方面推进专利服务业建设:一是加强专利技术转让平台建设,建立和完善技术转让机制,促进专利技术市场化;二是积极培育本土的专利运营企业,鼓励企业、大学及研究机构等从事专利经营业务;三是进一步开发专利信息资源及专利检索平台,做好专利资源服务、政府服务和增值服务;四是鼓励和规范专利运营活动。专利运营活动的具体模式包括专利的许可、转让、融资、产业化、作价入股、专利池集成运作等,涵盖价值评估、交易经纪以及专利分析服务。《深入实施国家知识产权战略行动计划(2014—2020

---

① 毛昊、毛金生:《对我国知识产权服务业发展的思考》,《知识产权》2013年第12期。

年)》提出:"建立具有产业特色的全国专利运营与产业化服务平台。"为此,各级专利行政部门有责任采取措施,鼓励和规范专利运营活动,促进专利的实施和运用。

5. 适时介入对技术标准化中专利信息不披露行为的反垄断审查——兼议《专利法修订草案(送审稿)》第八十五条

当下,技术标准与专利权的结合已成为企业竞争的有力武器、国家话语权的保障。二者的结合有利于统一技术规范、促进技术创新,但也会提高使用其他可替代技术的成本,进而产生阻碍效应,减少企业和消费者的选择机会。部分专利权人甚至故意隐藏专利技术,或者利用标准必要专利挟持标准实施者,导致专利劫持行为频频发生。为减少专利技术标准化中的负效应,专利标准组织一般设定了专利信息披露政策,要求专利权人在标准制定或实施过程中披露其知悉的有关专利信息。专利信息披露义务本质上属于一种合同义务,对于专利信息不披露行为的规制,《合同法》《专利法》《竞争法》(包括《反不正当竞争法》和《反垄断法》)等都可以从各自的角度发挥一定作用。2015年12月2日公布的《专利法修订草案(送审稿)》中,第八十五条(新增X9条)规定,参与国家标准制定的专利权人在标准制定过程中不披露其拥有的标准必要专利的,视为其许可该标准的实施者使用其专利技术。许可使用费由双方协商;双方不能达成协议的,可以请求国务院专利行政部门裁决;当事人对裁决不服的,可以自收到通知之日起十五日内向人民法院起诉。该条规定被称为"专利默示许可制度"。这与国家知识产权局和国家标准化委员会2013年12月19日共同颁布的《国家标准涉及专利的管理规定(暂行)》第五条规定的参与标准制修订的组织或者个人的专利信息披露义务有较大差异,后者并未明确规定不披露的法律责任。作为一种合同义务,我国《专利法修改草案(征求意见稿)》的规定值得商榷。实际上这也并非各国专利法或者标准化法的范式。相反,我国目前的规定遗留了国家公权太早介入私权的痕迹。"沉默是金",但技术标准化过程中专利权人的"沉默"并非专利权的当然许可。如果被控侵权人对于专利权人以默示形式做出的行为,产生了允许使用专利权人的专利技术的合理信赖利益,而且专利权人并未反对许可其专利技术时,能够适用专利默示许可的规则。[①]

[①] 袁真富:《专利默示许可制度研究》,载国家知识产权条法司《专利法研究(2010)》,知识产权出版社2011年版,第458页。

就反垄断审查而言,对于技术标准中专利信息不披露行为是刻意捕获市场份额并且可能这么做的情形,也可能构成垄断而承担反垄断法律责任。① 在美国,对于此种行为,通常由联邦贸易委员会依据《联邦贸易委员会法》进行反垄断调查和起诉。标准制定组织的专利权政策在处理标准与专利关系时扮演着重要角色。美国反垄断部门对此进行的实践可资借鉴:一方面有利于增强标准制定组织相关政策的安全性、稳定性和可预期性,有利于市场竞争的开展;另一方面有利于加强对标准制定组织相关政策的监督和引导,有利于对消费者和公共利益的维护。按照我国《标准化法》的有关规定,标准制定组织具有行政机关性质,这意味着反垄断执法机构不宜对其知识产权政策直接、主动地进行反垄断审查,一般仅能够向其上级机关提出依法处理的建议,而此"建议"的影响和效果并不令人乐观。② 然而,不管我国《反垄断法》在行政性垄断规制方面存在何种不足,我们认为,无论是国家标准、地方标准,还是行业标准、企业标准,都存在标准制定组织滥用行政权力,实施排除、限制竞争行为的可能性。因此,增强标准制定组织的反垄断意识,建立主动寻求反垄断执法机构对其知识产权政策进行反垄断审查的机制,仍具有可行性。③

本章小结:"中国问题"的共识与期冀

随着经济全球化的发展和技术复杂化的纵深推进,专利劫持行为不再仅仅是美国所独有的社会现象,它已经国际化、全球化。我国虽非专利劫持行为的重灾区,但我国企业在"外"早已遭遇专利劫持行为,而"内"也并非

---

① 孙南申、徐曾沧:《美国对技术标准中专利信息不披露行为的反垄断措施》,《华东政法大学学报》2009年第1期。
② 《反垄断法》第五十一条:"行政机关和法律、法规授权的具有管理公共事务职能的组织滥用行政权力,实施排除、限制竞争行为的,由上级机关责令改正;对直接负责的主管人员和其他直接责任人员依法给予处分。反垄断执法机构可以向有关上级机关提出依法处理的建议。法律、行政法规对行政机关和法律、法规授权的具有管理公共事务职能的组织滥用行政权力实施排除、限制竞争行为的处理另有规定的,依照其规定。"根据此规定,反垄断执法机构对标准化组织的滥用行政权力排除、限制竞争行为的规制有特别规定。
③ 王记恒:《技术标准中专利信息不披露行为的反垄断法规制》,《科技与法律》2010年第4期。

专利劫持行为的沉寂之地。专利劫持行为与创新驱动战略扞格不入。可见,我国法律规制专利劫持行为是回应现实之需,契合国家发展之计。

针对我国实践中已经出现的专利劫持行为,现行立法,包括《民法总则》《民法通则》《合同法》《专利法》《反垄断法》《对外贸易法》《民事诉讼法》等可以对其进行一定程度的规制。与此同时,我国司法实践中的部分典型案例或者发布的司法解释和意见也对规制专利劫持行为有指向作用。在行政管理和执法经验层面,国务院公布的《国家知识产权战略纲要》、国家工商总局出台的《关于禁止滥用知识产权排除、限制竞争行为的规定》以及国家发改委针对高通公司的滥用知识产权垄断执法案等,表明了国家职能部门对专利权滥用的高度关注和积极介入态度,但是与美国相比还存在较大差距。由于专利劫持行为产生的条件相异,无论是美国的立法规制还是司法规制,甚或行政规制,均表现出典型的"专门性""及时性"。而我国却仍存在规制专利劫持行为的法律资源不敷使用、司法实践尚为缺乏、行政举措和执法经验不够丰富等明显不足,这将阻碍我国创新驱动战略的实施、专利制度功能的实现。鉴于此,有必要完善专利劫持行为的法律规制制度建设,积极推动专利劫持行为的法律规制实践。

我国法律规制专利劫持行为首先应确立基本的观念维度:应考量创新之目标、利益衡平之原则和产业、国家利益之维护。其次,我国应借鉴美国模式,采用立法规制、司法规制和行政规制三元联动规制模式规制专利劫持行为。最后,在设计具体对策的框架中,应从立法精进、司法改进、行政增进入手,为专利劫持行为设定"层层路障",从而有效消解专利劫持行为带来的负效应,充分发挥专利制度的"正能量",认真讲述专利大国成长的"中国故事"。[①]

[①] 吴汉东:《专利法实施的目标与保障体系》,《知识产权》2015年第4期。

第七章　结语:专利劫持行为的衰微
——专利法律制度的祛魅与复魅

> 在我们面前,有两种未来,可以成就的未来和我们正在成就的未来。①
> ——[美]劳伦斯·莱斯格

这是一个知识经济时代,这也是一个复杂技术时代,这更是一个"专利凶猛"② 的时代。近年来,专利法领域、反垄断法领域、经济学领域、诉讼法领域等卷帙浩繁的研究文献似乎都表明,专利劫持行为是最令人沉迷的法学难题之一。实际上,专利劫持行为早已初露端倪。在 1877 年,专利律师塞尔登(George Selden)就开始利用汽车基本概念的发明每年从美国生产的汽车中收取 2.5%—5% 不等的专利许可使用费,但其本人并没有将该专利技术运用在生产实践中。此外,由于法院在判定专利权人是否被侵权时存在诸多不确定因素,有关农业装置和铁路设备的专利也曾陷入类似性质的专利劫持行为纠纷。③ 可见,专利劫持行为的存在及其如何求解早已横亘在理论界和实务界的面前。这也印证了杰夫(Adam B. Jaffe)教授所言:"专利制度总是在不断寻找专利权人与公众利益之间的平衡点,像钟摆一样,周期性地从一侧摆到另一侧,却似乎永远无法一劳永逸地停留在平衡点上。"④ 只是此处需要强调,随着第三次工业革命的到来,专利

---

① [美]劳伦斯·莱斯格:《思想的未来》,李旭译,袁泳审校,北京中信出版社 2004 年版,第 7 页。
② 黄晶、卢学红:《专利凶猛》,企业管理出版社 2014 年版,扉页。
③ Exec. Office of the President, Patent Assertion & U. S. Innovation, Available at http://www.whitehouse.gov/sites/default/files/docs/patent report.pdf (quoting statements made by President Obama on February 14, 2013)(最后访问日期:2015-08-20)。
④ [美]亚当·杰夫,乔希·勒纳:《创新及其不满:专利体系对创新与进步的危害及对策》,罗建平、兰花译,中国人民大学出版社 2007 年版,第 79—82 页。

劫持行为更加勃兴，专利制度正遭遇前所未有的巨大挑战。

专利劫持行为是专利制度的衍生品，它是指行为主体利用自己研发申请获得的专利，或从破产公司及个人等发明人处购买专利，以向技术使用者提起专利侵权诉讼相威胁等手段主张高额专利许可费的行为。尽管专利劫持行为在一定程度上促进了市场交易，整合了市场资源，把专利权的价值推向了极致，但此种行为是专利权交易中的"乱象"，是一种专利权滥用行为，它严重损害了科技创新、市场竞争、社会公众福祉，打破了利益平衡机制，加剧了专利危机，动摇了专利制度存在之根基。

"法律的作用和任务在于承认确定实现和保障利益，或者说以最小限度的阻碍和浪费来尽可能满足各种相互冲突的利益。"[1] 法律应时而变，法律应势而变，立法者、司法者和执法者应通过在不断变动生成的新型利益关系中构建一种精巧而微妙的平衡，实现有效的社会控制。针对专利劫持行为，有必要寻求恰当的法律规制路径。专利劫持行为是一个"跨界"问题，既可以用《民法总则》《民法通则》《合同法》《侵权责任法》《专利法》《反垄断法》《对外贸易法》规制，也可以用民事诉讼程序规则规制，但由于单一法律的调控难免会产生"罅隙"，本书认为综合的立体法体系路径无疑是最优选择，可以有效地阻遏专利劫持行为。

美国是专利劫持行为的发生地、繁荣地、困扰地和规制典范地。当前，美国国会、最高法院、联邦巡回上诉法院及各级法院、白宫政府、联邦贸易委员会、国际贸易委员会、专利商标局、司法部等正对专利劫持行为进行合力规制，其影响不仅在美国经济和科技创新中发酵，而且也随着经济全球化、科技全球化、法律制度全球化、政治全球化而扩及至世界各国。

我国并非专利劫持行为的重灾区，但亦非专利劫持行为的"沉寂之地"。实际上，专利劫持行为不仅早已袭击我国在"外"企业，而且在"内"业已存在，并有进一步滋生繁荣的可能性和现实性。面对专利劫持行为，我国现行法律资源、既有司法实践、行政执法经验还捉襟见肘。我国法律规制专利劫持行为应在国家创新驱动战略背景下，以美国为镜鉴，结合中国语境，执持创新理念，遵循利益平衡原则，凸显产业利益和国家利益，采用立法、司法、行政三者相结合的模式，精心设计专利劫持行为

---

[1] [美] 罗斯科·庞德：《通过法律的社会控制》，沈宗灵译，商务印书馆2010年版，第33页。

的法律规制对策。

综上所述,"专利劫持行为"既是一个法律问题,也是一个经济问题,还是一个社会学问题;既是一个老问题,又是一个新问题。它与专利法律制度相伴而生。在政府公共政策的体系中,专利法律制度无疑具有重要地位。作为一项公共政策,其功能在于维护专利权利的正义秩序和实现知识进步的效益目标。[①] 然而,在风险社会中,专利法律制度同样不可避免地会遭遇风险。为化解风险,专利法律制度需要有所作为。而此种作为应是专利法律制度的立法者、司法者和执法者之间的良性互动。"专利劫持行为的法律规制"正是检验这种良性互动的开始。美国如此,中国及其他国家也是如此。

---

① 吴汉东:《利弊之间:知识产权制度的政策科学分析》,载吴汉东《知识产权多维度解读》,北京大学出版社2008年版,第375页。

参考文献

一 中文类

（一）专著

［1］程燎原、王人博：《赢得神圣——权利及其救济通论》，山东人民出版社1998年版。

［2］傅家骥：《技术创新学》，清华大学出版社1998年版。

［3］冯晓青：《知识产权法利益平衡理论》，中国政法大学出版社2006年版。

［4］冯晓青：《企业知识产权管理》，中国政法大学出版社2012年版。

［5］费安玲：《防止知识产权滥用法律机制研究》，中国政法大学出版社2009年版。

［6］范长军：《德国专利法研究》，科学出版社2010年版。

［7］何勤华主编：《西方法律思想史》，复旦大学出版社2005年版。

［8］和育东：《美国专利侵权救济》，法律出版社2009年版。

［9］胡波：《专利法的伦理基础》，华中科技大学出版社2011年版。

［10］黄晶、卢学红：《专利凶猛》，企业管理出版社2014年版。

［11］康树华、张小虎主编：《犯罪学》（第3版），北京大学出版社2011年版。

［12］梁慧星：《民法总论》，法律出版社1996年版。

［13］刘春田主编：《知识产权法》（第3版），高等教育出版社2007年版。

［14］刘银良：《知识产权法》（第2版），高等教育出版社2014年版。

［15］刘强：《交易成本视野下的专利强制许可》，知识产权出版社2010年版。

［16］林秀芹：《TRIPs体制下的专利强制许可制度研究》，法律出版社2006年版。

［17］吕明瑜：《知识产权垄断的法律控制》，法律出版社2013年版。

［18］卢现祥、朱巧玲主编：《新制度经济学》（第2版），北京大学出版社2012年版。

［19］李建伟：《创新与平衡：知识产权滥用的反垄断法规制》，中国经济出版社2008年版。

［20］李晓秋：《信息技术时代的商业方法可专利性研究》，法律出版社2012年版。

［21］齐爱民、朱谢群、李晓秋等：《知识产权法新论》，北京大学出版社2008年版。

［22］石元康：《从中国文化到现代性：典范转移？》，生活·读书·新知三联书店2000年版。

［23］孙国华主编：《法理学教程》，中国人民大学出版社1994年版。

［24］田平安：《民事诉讼法原理》，厦门大学出版社2007年版。

［25］陶鑫良、袁真富：《知识产权法总论》，知识产权出版社2005年版。

［26］吴汉东主编：《中国知识产权制度评价与立法建议》，知识产权出版社2008年版。

［27］吴汉东主编：《知识产权法学》（第5版），北京大学出版社2011年版。

［28］吴太轩：《技术标准化的反垄断法规制》，法律出版社2011年版。

［29］吴广海：《专利权行使的反垄断法规制》，知识产权出版社2011年版。

［30］吴鸣：《公共政策的经济学分析》，湖南人民出版社2004年版。

［31］王保树主编：《经济法原理》，社会科学文献出版社1999年版。

［32］王先林：《知识产权滥用及其法律规制》，中国法制出版社2008年版。

［33］王先林：《知识产权法与反垄断法》，法律出版社2001年版。

［34］王利明：《侵权行为法归责原则研究》，中国政法大学出版社1992年版。

［35］王路：《"是"与"真"——形而上学的基石》，人民出版社2003年版。

[36] 王海明：《伦理学原理》（第3版），北京大学出版社2009年版。
[37] 王泽应编著：《伦理学》，北京师范大学出版社2012年4月版。
[38] 徐孟洲、孟雁北：《竞争法》（第2版），中国人民大学出版社2014年版。
[39] 杨桢：《英美契约法》，北京大学出版社1997年版。
[40] 杨紫烜主编：《经济法》，北京大学出版社1999年版。
[41] 郑成思：《知识产权论》，法律出版社2003年版。
[42] 郑成思：《知识产权法：新世纪初的若干研究重点》，法律出版社2004年版。
[43] 张五常：《经济解释》，商务印书馆2000年版。
[44] 张文显主编：《法理学》，高等教育出版社、北京大学出版社1999年版。
[45] 张玉敏主编：《知识产权法》，法律出版社2005年版。
[46] 张乃根：《法与经济学》，中国政法大学出版社2003年版。
[47] 张明楷：《刑法学》（第4版），法律出版社2011年版。
[48] 张伟君：《规制知识产权滥用法律制度研究》，知识产权出版社2008年版。
[49] 张晓薇：《民事诉权正当性与诉权滥用规制研究》，法律出版社2014年版。
[50] 朱雪忠主编：《知识产权管理》，高等教育出版社2010年版。
[51] 曾德国主编：《知识产权管理》，知识产权出版社2012年版。
[52] 种明钊主编：《竞争法学》，高等教育出版社2002年版。

（二）译著

[1] ［美］格伦顿·戈登·奥萨魁：《比较法律传统》，米健、贺卫方、高鸿钧译，中国政法大学出版社1993年版。
[2] ［德］路德维希·艾哈德：《来自竞争的繁荣》，祝世康、穆家骥译，商务印书馆1983年版。
[3] ［德］乌尔里希·贝克：《风险社会》，何博闻译，译林出版社2004年版。
[4] ［美］唐纳德·J. 布莱克：《法律的运作行为》（修订版），唐越、苏力译，中国政法大学出版社2004年版。
[5] ［英］伯纳德·鲍桑葵：《关于国家的哲学理论》，汪淑钧译，商务印

书馆 1995 年版。

[6]［美］丹·L. 伯克、［美］马克·A. 莱姆利：《专利危机与应对之道》，马宁、余俊译，中国政法大学出版社 2013 年版。

[7]［美］博登海默：《法理学：法律哲学与法律方法》，邓正来译，中国政法大学出版社 1999 年版。

[8]［美］E. 博登海默：《法理学——法律哲学与法律方法》，邓正来译，中国政法大学出版社 2004 年版。

[9]［古希腊］柏拉图：《理想国》，郭斌和、张竹明译，商务印书馆 1986 年版。

[10]［英］边沁：《道德与立法的原理绪论》，罗也明译，载周辅成编《西方伦理学名著选辑》（下卷），商务印书馆 1987 年版。

[11]［美］A. 米切尔·波林斯基：《法和经济学导论》，郑戈译，法律出版社 2009 年版。

[12]［德］克里斯蒂安·冯·巴尔：《欧洲比较侵权责任法》（下卷），焦美华译，张新宝校，法律出版社 2004 年版。

[13] 白绿铉编译：《日本新民事诉讼法》，中国法制出版社 2000 年版。

[14]［日］川岛武宜：《现代化与法》，王志安等译，中国政法大学出版社 1994 年版。

[15]［德］K. 茨威格特、H. 克茨：《比较法总论》，潘汉典、米健、高鸿钧、贺卫方译，法律出版社 2003 年版。

[16]［美］杰克·D. 道格拉斯、弗兰西斯·C. 瓦克斯勒：《越轨社会学概论》，张宁、朱欣民译，河北人民出版社 1987 年版。

[17]［美］彼得·德鲁克：《管理：使命、责任、实务（使命篇）》，王永贵译，机械工业出版社 2009 年版。

[18]［德］奥特费利德·德赫费：《政治的正义性——法和国家的批判哲学之基础》，庞学铨、李张林译，上海世纪出版集团 2005 年版。

[19]［澳］彼得·达德沃斯、约翰·布雷斯韦特：《信息封建主义》，刘雪涛译，知识产权出版社 2005 年版。

[20]［日］谷口安平：《程序的正义与诉讼》（增补本），王亚新、刘荣军译，中国政法大学出版社 2002 年版。

[21]［法］雅克·盖斯旦、吉勒·古博、缪黑埃·法布赫-马南协：《法国民法总论》，陈鹏等译，法律出版社 2004 年版。

[22] ［英］哈耶克：《个人主义与自由秩序》，邓正来译，生活·读书·新知三联书店2003年版。

[23] ［英］哈特：《法律的概念》，张文显等译，中国大百科全书出版社2003年版。

[24] ［德］尤尔根·哈贝马斯：《作为"意识形态"的技术与科学》，李黎等译，学林出版社1999年版。

[25] ［德］尤尔根·哈贝马斯：《交往行为理论：行政合理性与社会合理化》（第1卷），曹卫东译，上海人民出版社2004年。

[26] ［美］亚当·杰夫、［美］乔希·勒纳：《创新及其不满：专利体系对创新与进步的危害及对策》，罗建平、兰花译，中国人民大学出版社2007年版。

[27] ［德］康德：《实践理性批判》，邓晓芒译，杨祖陶审校，人民出版社2003年版。

[28] ［美］科斯、诺思、威廉姆森等著，［法］克劳德·梅纳尔编：《制度、契约与组织——从新制度经济学角度的透视》，刘刚、冯健等译，经济科学出版社2003年版。

[29] ［美］罗伯特·考特、托马斯·尤伦：《法和经济学》（第五版），史晋川、董学兵等译，格致出版社、上海三联书店、上海人民出版社2010年版。

[30] ［美］罗伯特·考特、托马斯·尤伦：《法和经济学》，张军等译，上海人民出版社1999年版。

[31] ［美］劳伦斯·莱斯格：《思想的未来：网络时代公共知识领域的警世喻言》，李旭译，袁泳审校，中信出版社2004年版。

[32] ［德］拉德布鲁赫：《法学导论》，米健、朱林译，中国大百科全书出版社1997年版。

[33] ［德］卡尔·拉伦茨：《德国民法通论》，王晓晔译，法律出版社2003年版。

[34] ［美］约翰·罗尔斯：《正义论》，何怀宏、何包钢、廖申白译，中国社会科学出版社1988年版。

[35] ［美］斯蒂芬·P.罗宾斯、玛丽·库尔特：《管理学》（第7版），孙健敏、黄卫谓等译，中国人民大学出版社2004年版。

[36] ［美］威廉·M.兰德斯、理查德·A.波斯纳：《知识产权法的经济

结构》，金海军译，北京大学出版社 2005 年版。
[37] [美] 里斯本小组：《竞争的极限——经济全球化与人类的未来》，张世鹏译，中央编译出版社 2000 年版。
[38] [法] 孟德斯鸠：《论法的精神》（上），商务印书馆 1982 年版。
[39] [美] 贾尼斯·M. 米勒：《专利法概论》，中信出版社 2003 年版。
[40] [美] 道格拉斯·诺斯、罗伯斯·托马斯：《西方世界的兴起》，厉以平、蔡磊译，华夏出版社 2009 年版。
[41] [美] 罗斯科·庞德：《法理学》（第 3 卷），廖德宇译，法律出版社 2007 年版。
[42] [美] 罗斯科·庞德：《通过法律的社会控制》，沈宗灵译，商务印书馆 2010 年版。
[43] [英] 亚瑟·庇古：《福利经济学》，何玉长、丁晓钦译，上海财经大学出版社 2009 年版。
[44] [美] 斯科奇姆：《创新与激励》，刘勇译，上海人民出版社 2010 年版。
[45] [美] 保罗·萨缪尔森、威廉·诺德豪斯：《宏观经济学》（第 16 版），萧琛等译，华夏出版社 1999 年版。
[46] [英] 彼得·斯坦、约翰·香德：《西方社会的法律价值》，王献平译，郑成思校，中国人民公安大学出版社 1990 年版。
[47] [德] 伯恩·魏德士：《法理学》，丁小春等译，法律出版社 2003 年版。
[48] [美] 奥利弗·E. 威廉姆森：《资本主义经济制度》，段毅才、王伟译，商务印书馆 2002 年版。
[49] [美] 约瑟夫·熊彼特：《经济发展理论》，何畏等译，商务印书馆 1990 年版。
[50] [美] 约瑟夫·阿洛伊斯·熊彼特：《经济发展理论：对利润资本信贷利息和经济周期的探究》，叶华译，中国社会科学出版社 2009 年版。
[51] [英] 休谟：《道德原则研究》，曾晓平译，商务印书馆 2004 年版。
[52] [古希腊] 亚里士多德：《形而上学》，吴寿彭译，商务印书馆 1997 年版。
[53] [古希腊] 亚里士多德：《尼各马克伦理学》，廖申白译注，商务印书馆 2003 年版。

（三）期刊论文

[1] 程永顺、吴莉娟：《"专利地痞"在中国的现状评述及对策研究》，《知识产权》2013 年第 8 期。

[2] 丁道勤、杨晓娇：《标准化中的专利挟持问题研究》，《法律科学》（西北政法大学学报）2011 年第 4 期。

[3] 戴菊贵：《敲竹杠问题的本质及其解决方法》，《中南财经政法大学学报》2011 年第 4 期。

[4] 胡鸿高：《论公共利益的法律界定》，《中国法学》2008 年第 4 期。

[5] 冯晓青：《专利法利益平衡机制之探讨》，《郑州大学学报》（哲学社会科学版）2005 年第 3 期。

[6] 管育鹰：《专利侵权损害赔偿额判定中专利贡献度问题探讨》，《人民司法》2010 年第 23 期。

[7] 高鸿钧：《比较法研究的反思：当代挑战与范式转换》，《中国社会科学》2009 年第 6 期。

[8] 郭羽佼、闫文军：《eBay 案与美国专利制度改革》，《科技与法律》2012 年第 2 期。

[9] 黄文艺：《法哲学解说》，《法学研究》2000 年第 5 期。

[10] 黄玉桦：《知识产权利益衡量论——兼论后 TRIPs 时代知识产权国际保护的新发展》，《法商研究》2004 年第 5 期。

[11] 和育东：《专利法上的停止侵权救济探析》，《知识产权》2008 年第 6 期。

[12] 和育东：《专利侵权赔偿中的技术分摊难题——从美国废除专利侵权"非法获利"赔偿说起》，《法律科学》（西北政法大学学报）2009 年第 3 期。

[13] 黄国群：《专利鲨鱼及其专利挟持问题研究》，《情报杂志》2012 年第 8 期。

[14] 姜伟、赵露泽：《专利海盗现象引发的思考》，《知识产权》2012 年第 9 期。

[15] ［德］伽达默尔：《效果历史的原则》，甘阳译，《哲学译丛》1986 年第 3 期。

[16] 梁慧星：《诚实信用原则与漏洞补充》，《法学研究》1994 年第 2 期。

[17] 李龙：《民事诉权论纲》，《现代法学》2003 年第 2 期。

[18] 李龙、刘连泰：《法学的品格》，《华东政法大学学报》2003年第1期。
[19] 梁上上：《利益的层次结构和利益衡量的展开——兼评加藤一郎的利益衡量论》，《法学研究》2002年第1期。
[20] 柳经纬、李茂年：《论欺诈、胁迫之民事救济——兼评〈合同法〉之二元规定》，《现代法学》2000年第6期。
[21] 刘彬、粟源：《Intellectual Ventures 是机会还是威胁——关于"高智发明"现象引发的思考》，《中国科技产业》2009年第5期。
[22] 林秀芹：《中国强制许可制度的完善》，《法学研究》2006年第6期。
[23] 李扬、刘影：《FRAND标准必要专利许可使用费的计算——以中美相关案件比较为视角》，《科技与法律》2014年第5期。
[24] 廖志刚：《专利侵权损害赔偿研究》，《重庆大学学报》（社会科学版）2007年第3期。
[25] 梁志文：《反思知识产权请求权理论——知识产权要挟策略与知识产权请求权的限制》，《清华法学》2008年第4期。
[26] 梁志文：《论专利制度的基本功能》，《吉首大学学报》（社会科学版）2011年第3期。
[27] 梁志文：《论专利危机及其解决路径》，《政法论丛》2011年第3期。
[28] 卢海君、邢文静：《知识产权禁令救济：法理解析、制度创新与立法完善》，《电子知识产权》2013年第3期。
[29] 李秀君：《评美国Uniloc USA案中重要规则法适用的转变》，《知识产权》2011年第5期。
[30] 刘叶深：《法律概念分析的性质》，《法律科学》（西北政法大学学报）2011年第1期。
[31] 刘春英：《诚实信用原则综论》，《河北法学》2006年第5期。
[32] 李晓秋：《〈美国拜杜法案〉的重思与变革》，《知识产权》2009年第3期。
[33] 李晓秋：《未决之命题：规制专利恶意诉讼的"路"与"困"——兼评新〈专利法〉第23条、第62条》，《学术论坛》2010年第2期。
[34] 李晓秋：《析商业方法的可专利性》，《政法论坛》2011年第2期。
[35] 李晓秋：《现实的需要还是立法者的游戏：〈美国发明法〉第18条评介及其启示》，《青海社会科学》2012年第3期。

[36] 李晓秋：《危机抑或机遇：专利经营实体是非置辩》，《中国科技论坛》2012年第11期。

[37] 李晓秋：《专利侵权惩罚性赔偿制度：引入抑或摒弃》，《法商研究》2013年第4期。

[38] 李晓秋：《论自由裁量权在停止专利侵权责任适用中的法度边界》，《重庆大学学报》（社会科学版）2014年第4期。

[39] 孟雁北：《我国反垄断执法机构与政府产业规制部门的关系》，《中国人民大学学报》2015年第2期。

[40] 宁立志、胡贞珍：《美国反托拉斯法中的专利权行使》，《法学评论》2005年第5期。

[41] 聂辉华、李金波：《资产专有性、敲竹杠和纵向一体化——对费雪—通用汽车案例的全面考察》，《经济学家》2008年第4期。

[42] 邱本：《论市场竞争法的基础》，《中国法学》2003年第4期。

[43] 任亮：《社会转型期的社会失范行为——基于社会共享价值观的分析》，《理论学刊》2007年第6期。

[44] 盛杰民：《完善〈反垄断法〉实施之我见》，《中国物价》2013年第12期。

[45] 孙远钊：《专利诉讼"蟑螂"为患？——美国应对"专利蟑螂"的研究分析与动向》，《法治研究》2014年第2期。

[46] 施高翔、齐树洁：《我国知识产权禁令制度的重构》，《厦门大学学报》（哲学社会科学版）2011年第5期。

[47] 唐力、谷佳杰：《论知识产权诉讼中损害赔偿数额的确定》，《法学评论》2014年第2期。

[48] 吴汉东：《知识产权保护论》，《法学研究》2000年第1期。

[49] 吴汉东：《知识产权法的平衡精神和平衡理论——冯晓青教授〈知识产权法利益平衡理论〉评析》，《法商研究》2007年第5期。

[50] 吴汉东：《设计未来：中国发展与知识产权》，《法律科学》（西北政法大学学报）2011年第4期。

[51] 吴汉东：《知识产权的制度风险与法律控制》，《法学研究》2012年第4期。

[52] 吴汉东：《专利法实施的目标与保障体系》，《知识产权》2015年第4期。

[53] 文正邦：《论法哲学的基本问题与法的基本矛盾》，《云南法学》2001年第1期。

[54] 文希凯：《"专利蟑螂"的反垄断法规制》，《知识产权》2014年第6期。

[55] 王晓晔：《违反〈反垄断法〉的法律责任——〈反垄断法〉释义之九》，《中国商界》2008年第7期。

[56] 王泽鉴：《诚实信用与权利滥用——我国台湾地区"最高法院"九一年台上字第七五四号判决评析》，《北方法学》2013年第4期。

[57] 汪太贤：《权利的代价——权利限制的根据、方式、宗旨和原则》，《学习与探索》2000年第4期。

[58] 王先林：《知识产权滥用及其法律规制》，《法学》2004年第3期。

[59] 王先林、潘志成：《反垄断执法与知识产权保护之间的平衡——美国〈反托拉斯执法与知识产权：促进创新和竞争〉报告述评》，《知识产权》2007年第6期。

[60] 王先林：《从个体权利、竞争工具到国家战略——关于知识产权的三维视角》，《上海交通大学学报》（哲学社会科学版）2008年第3期。

[61] 吴广海：《标准设立组织对专利权人劫持行为的规制政策》，《江淮论坛》2009年第1期。

[62] 王活涛、郑友德：《专利恶意诉讼及其法律应对》，《知识产权》2009年第5期。

[63] 王艳平、肖延高、陆璐：《专利劫持形成机理与规制研究述评》，《管理观察》2015年第15期。

[64] 王毅：《复杂技术创新研究的回顾与前瞻》，《科学学与研究》2007年第1期。

[65] 吴清旺、贺丹青：《利益衡平的法学本质》，《法学论坛》2006年第1期。

[66] 巫晓倩：《对标准专利信息披露制度的思考》，《电子知识产权》2014年第11期。

[67] 王记恒：《技术标准中专利信息不披露行为的反垄断法规制》，《科技与法律》2010年第4期。

[68] 谢望原、刘艳红：《论劫持航空器罪及其惩治》，《法制与社会发展》2003年第1期。

[69] 谢鸿飞：《违约责任与侵权责任的再构成》，《环球法律评论》2014年第6期。

[70] 徐国栋：《诚实信用原则二题》，《法学研究》2002年第4期。

[71] 徐棣枫：《权利不确定性和专利法制度创新初探》，《政治与法律》2011年第10期。

[72] 徐棣枫、郐志勇：《美国专利案件中的律师费承担规则及其发展》，《知识产权》2014年第10期。

[73] 余翔、张玉蓉：《金融专利新战略："专利钓饵"及其防范》，《研究与发展管理》2008年第3期。

[74] 易军：《法律制度的伦理基础》，《中国社会科学》2004年第6期。

[75] 易军：《"法不禁止皆自由"之私法精义》，《中国社会科学》2014年第4期。

[76] 易继明：《禁止权利滥用原则在知识产权领域中的适用》，《中国法学》2013年第4期。

[77] 易继明：《遏制专利蟑螂——评美国专利新政及其对中国的启示》，《法律科学》（西北政法大学学报）2014年第2期。

[78] 尹新天：《滥用专利权的内涵及其制止措施》，《知识产权》2012年第4期。

[79] 杨立新：《中国合同责任研究（上）》，《河南省政法管理干部学院》2000年第1期。

[80] 杨斌、曹新明：《美国先发明主义制度的改革与启示》，《法治研究》2012年第4期。

[81] 袁晓东、孟奇勋：《专利集中战略：一种新的战略类型》，《中国科技论坛》2011年第3期。

[82] 袁晓东、高璐琳：《美国"专利主张实体"的经营模式、危害及其对策》，《情报杂志》2015年第2期。

[83] 阳东辉：《专利阻滞的负效应及其法律规制》，《知识产权》2008年第4期。

[84] 郑成思：《网络盗版与"利益平衡"》，《韶关学院学报》（社会科学版）2005年第2期。

[85] 张文显、于莹：《法学研究中的语义分析方法》，《法学》1991年第10期。

[86] 张玉敏、杨晓玲:《美国专利侵权诉讼中损害赔偿金计算及对我国的借鉴意义》,《司法适用》2014 年第 8 期。

[87] 张平:《技术标准中的专利权限制——兼评最高法院就实施标准中专利的行为是否构成侵权问题的函》,《电子知识产权》2009 年第 2 期。

[88] 张卫平:《民事诉讼中的诚实信用原则》,《法律科学》(西北政法大学学报) 2012 年第 6 期。

[89] 张里安、胡振玲:《略论合同撤销权的行使》,《法学评论》2007 年第 3 期。

[90] 张玲:《论专利侵权赔偿损失的归责原则》,《中国法学》2012 年第 2 期。

[91] 张玲、金松:《美国专利侵权永久禁令制度及其启示》,《知识产权》2012 年第 11 期。

[92] 张玲、张楠:《侵权损害赔偿额计算中的技术分摊规则》,《天津法学》2013 年第 1 期。

[93] 张志成:《专利形态及许可方式演变对创新的影响及政策应对——兼论 NPE 等现象的发生》,《电子知识产权》2014 年第 6 期。

[94] 张韬略:《美国 IT 产业"专利流氓"诉讼的制度根源和最新发展趋势》,《中国知识产权》2014 年第 3 期。

[95] 张吉豫:《禁止专利权滥用原则的制度化构建》,《现代法学》2013 年第 4 期。

[96] 张吉豫:《标准必要专利"合理无歧视"许可费计算的原则与方法——美国"Microsoft Corp. v. Motorola Inc."案的启示》,《知识产权》2013 年第 8 期。

[97] 张晋红:《诉的合并之程序规则研究》,《暨南学报》(哲学社会科学版) 2012 年第 8 期。

[98] 张晓都:《专利侵权诉讼中的停止侵权与禁止双重赔偿原则》,《知识产权》2008 年第 6 期。

[99] 张体锐:《专利海盗投机诉讼的司法对策》,《人民司法》2014 年第 17 期。

[100] 朱雪忠、万小丽:《竞争力视角下的专利质量界定》,《知识产权》2009 年第 7 期。

[101] 朱雪忠、漆苏:《美国专利改革法案内容及其影响评析》,《知识产

权》2011年第9期。
[102] 周永坤：《诉权法理研究论纲》，《中国法学》2004年第5期。
[103] 周春慧：《高智发明："创新天使"还是专利"魔鬼"》，《电子知识产权》2011年第6期。
[104] 祝建军：《标准必要专利使用费条款：保密抑或公开——华为诉IDC标准必要专利案引发的思考》，《知识产权》2015年第5期。
[105] 赵启杉：《论对标准化中专利权行使行为的反垄断法调整》，《科技与法律》2013年第4期。

（四）学位论文

[1] 王晨：《技术标准中"专利劫持"的法律问题研究》，华中科技大学硕士毕业论文，2013年。
[2] 肖文祥：《专利投机行为的法律规制研究》，中南大学硕士毕业论文，2011年。
[3] 张儒雅：《论技术标准化中的专利劫持》，重庆大学硕士毕业论文，2012年。

（五）报纸类

[1] 蔡长春：《吴汉东：知识产权新常态的三大构想》，《法治周末》2014年12月24日头版。
[2] 李步云：《法哲学为法学研究提供智慧》，《人民日报》2014年6月20日第7版。
[3] 李扬：《如何应对"FRAND劫持"》，《中国知识产权报》2015年6月10日第11版。
[4] 刘晓春：《从Vringo商战看"专利流氓"的去标签化》，《中国贸易报》2014年8月21日第5版。
[5] 吴汉东：《知识产权的无形价值及经营方略》，《中国知识产权报》2014年1月29日第8版。
[6] 吴汉东：《论知识产权事业发展新常态》，《中国知识产权报》2015年7月3日第8版。
[7] 张维：《97%专利侵权案判决采取法定赔偿 平均赔偿额只有8万元》，《法制日报》2013年4月16日第6版。
[8] 张维：《反击"专利流氓"亟待出台国家战略》，《法制日报》2013年4月26日第6版。

（六）电子文献

[1] 宋海宁：《近年全球专利交易的统计和趋势分析》，网址：http：//www.sipo.gov.cn/zlssbgs/zlyj/201507/t20150723_1148810.html，最后访问日期：2017-07-16。

（七）论文集

[1] 樊延霞：《试论技术标准中专利信息不披露行为的规制》，载国家知识产权局编《专利法研究2013》，知识产权出版社2015年版。

[2] 和育东：《专利渔翁现象引发的思考》，载国家知识产权局编《专利法研究2010》，知识产权出版社2011年版。

[3] 洪颠雅：《事实和规范之间：举证妨碍规则在知识产权诉讼赔偿中的应用》，载《诉讼赔偿中的适用全国法院第二十六届学术讨论会论文集：司法体制改革与民商事法律适用问题研究》，2015年4月。

[4] ［德］T.W.舒尔茨：《制度与人的经济价值的不断提高》，载［美］科斯、［美］阿尔钦、［美］诺斯《财产权利和制度变迁——产权学派与新制度学派译文集》，刘守芳等译，上海人民出版社2004年版。

[5] 吴汉东：《利弊之间：知识产权制度的政策科学分析》，载吴汉东《知识产权多维度解读》，北京大学出版社2008年版。

[6] 尹新天：《美国专利政策的新近发展动向》，载刘春田主编《中国知识产权评论》（第三册），商务印书馆2008年版。

[7] 袁真富：《专利默示许可制度研究》，载国家知识产权条法司《专利法研究（2010）》，知识产权出版社2011年版。

二 外文类

（一）专著

[1] Bessen, James, and Michael J. Meurer, *Patent Failure*：*How Judges, Bureaucrats, and Lawyers Put Innovators at Risk*, Princeton, PA：Princeton University Press, 2008.

[2] Burk, Dan L., and Mark A. Lemley, *The Patent Crisis and How the Courts Can Solve It*, Chicago：University Of Chicago Press, 2009.

[3] Carrier, Michael A., *Innovation for the 21st Century：Harnessing the Power of Intellectual Property and Antitrust Law*, Oxford：Oxford University

Press, 2011.

[4] Dworkin, Ronald, *Taking Rights Seriously*, Harvard: Harvard University Press, 1978.

[5] Garner, Bryan A., ed., *Black's Law Dictionary* (8th Edition), St. Paul, MN: Thomson West, 2004.

[6] Olson, Walter K., *The Litigation Explosion : What Happened When America Unleashed the Lawsuit*, Dutton: Truman Talley Books, 1991.

[7] Shapiro, Carl, "Navigating the Patent Thicket: Cross Licenses, Patent Pools", and Standard-Setting, In Jaffe, Adam B., et. al., *Innovation Policy and the Economy I*, Cambridge: MIT Press, 2000.

[8] Stone, Deborah, *Policy Paradox, The art of Political Decision Making*, New York : W. W. Norton & Company, 2001.

[9] Twain, Mark, *Charpter 9: The Tournament From A Connecticut Yankee In King Arthur's Court*, New York: Random House, 1983.

(二) 期刊论文

[1] Allison, John R., and Lemley, Mark A. & Joshua Walker, "Extreme Value or Trolls on Top— The Characteristics of the Most-Litigated Patents", *U. Pa. L. Rev.*, Vol. 158, No. 1, 2009.

[2] Allison, John, and Mark A. Lemley & Joshua Walker, "Patent Quality and Settlement Among Repeat Patent Litigants", *Georgetown Law Journal*, Vol. 99, No. 3, 2011.

[3] Andrews, Damon C., "Why Patentees Litigate", *Colum. Sci. & Tech. L. Rev.*, Vol. 12, 2011.

[4] Baker, Scott, "Can the Courts Rescue Us from the Patent Crisis", *Texas L. Rev.*, Vol. 88, 2010.

[5] Bessen, James, "Holdup and Licensing of Cumulative Innovations with Private Information", *Economics Letters*, Vol. 82, No. 3, 2004.

[6] Bessen, James, and Jennifer Ford, and Michael J. Meurer, "The Private and Social Costs of Patent Trolls", *Regulation*, Vol. 34, No. 4, 2011.

[7] Bessen, James, and Michael J. Meurer, "The Direct Costs from NPE Disputes", *Cornell Law Review*, Vol. 99, No. 2, 2014.

[8] Bruce H., Joshua D. Wright, "The Limits of Antitrust and Patent Holdup:

A Reply to Cary Et Al. ", *Antitrust Law Journal*, Vol. 78, No. 2, 2012.

[9] Burk, Dan L., Mark A. Lemley, "Policy Levers in Patent Law", *Va. L. Rev.*, Vol. 89, 2003.

[10] Calabresi, Guido, and A. Douglas Melamed, "Property Rules, Liability Rules, and Inalienability— One View of the Cathedral", *Harv. L. Rev.*, Vol. 85, 1972.

[11] Cary, George S., and Larry C. Work-Dembrowski & Paul S. Hayes, "Antitrust Implications of Abuse of Standard-Setting", *GEO. MASON L. Rev.*, Vol. 15, 2008.

[12] Cary, George S., and Mark W. Nelson & Steven J. Kaiser, et. al., "The Case for Antitrust Law to Police the Patent Hold-up Problem in Standard Setting", *Antitrust Law Journal*, Vol. 77, No. 3, 2011.

[13] Chien, Colleen V., "Of Trolls, Davids, Goliaths, and Kings: Narratives and Evidence in the Litigation of High-Tech Patents", *North Carolina Law Review*, Vol. 87, No. 1, 2009.

[14] Chien, Colleen V., "From Arms Race to Marketplace: The Complex Patent Ecosystem and Its Implications for the Patent System", *Hastings L. J.*, Vol. 62, 2010.

[15] Chien, Colleen V., "Protecting Domestic Industries at the ITC", *Santa Clara Computer & High Tech. L. J.*, Vol. 28, 2011

[16] Chien, Colleen, "Predicting Patent Litigation", *Texas L. Rev.*, Vol. 90, 2011.

[17] Chien, Colleen V., "Reforming Software Patents", *Hous. L. Rev.*, Vol. 50, 2012.

[18] Chien, Colleen V., and Mark A. Lemley, Patent Holdup, the ITC, and the Public Interest, *Cornell Law Review*, Vol. 98, No. 1, 2012.

[19] Chien, Colleen V., "Startups and Patent Trolls", *Stan. Tech. L. Rev.*, Vol. 17, 2014.

[20] Chien, Colleen V., "Holding Up and Holding Out", *Mich. Telecomm. L. Rev.*, Vol. 21, No. 1, 2014.

[21] Coase, Ronald H., "The Nature of the Firm", *Economica (Blackwell Publishing)*, Vol. 4, No. 16, 1937.

[22] Coase, Ronald H., "The Problem of Social Cost", *Journal of Law and Economy*, Vol. 3, No. 5, 1960.

[23] Cotropia, Christopher A., and Jay P. Kesan &David L. Schwartz, "Unpacking Patent Assertion Entities (PAEs)", *Minnesota Law Review*, Vol. 99, 2014.

[24] Cotter, Thomas F., "Patent Holdup, Patent Remedies, and Antitrust Responses", *Iowa J. Corp. L.*, Vol. 34, 2009.

[25] Dreyfuss, Rochelle C., "Are Business Method Patents Bad for Business?", *Santa Clara Computer & High Tech L. J.*, Vol. 16, 2000.

[26] Duffy, John, "Innovation and Recovery", *Intellectual Property Law Review*, Vol. 14, No. 2, 2010.

[27] Epstein, Richard A., and F. Scott Kieff & Daniel F. Spulber, "The FTC, IP, and SSOs: Government Hold-Up Replacing Private Coordination", *Journal of Competition Law & Economics*, Vol. 8, No. 1, 2012.

[28] Elhauge, Einer, "Treating RAND Commitments Neutrally", *Journal of Competition Law and Economics*, Vol. 11, No. 1, 2015.

[29] Farrell, Joseph, John Hayes, Carl Shapiro, & Theresa Sullivan, "Standard Setting, Patents, and Hold-Up", *Antitrust L. J.*, Vol. 74, No. 3.

[30] Fauver, Cole M., "Compulsory Patent Licensing in the United States: An Idea Whose Time Has Come", *NW. J. INT' L L. & BUS.*, Vol. 8, 1988.

[31] Feldman, Robin, and Thomas Ewing & Sara Jeruss, "The AIA 500 Expanded: The Effects of Patent Monetization Entities", *UCLA Journal of Law & Technology*, Vol. 17, No. 2, 2013.

[32] Geradin, Damien, and Miguel Rato, "Can Standard-Setting Lead to Exploitative Abuse: A Dissonant View on Patent Hold-Up, Royalty Stacking and the Meaning of Frand", *European Competition J.*, Vol. 3, No. 1, 2007.

[33] Geradin, Damien, and Anne Layne-Farrar & Jorge Padilla, "Elves or Trolls? The Role of Non-Practicing Patent Owners in the Innovation Economy", *Industrial and Corporate Change*, Vol. 21, No. 1, 2011.

[34] Geradin, Damien, "The Meaning of 'Fair and Reasonable' in the Context of Third-Party Determination of FRAND Terms", *George Mason Law Re-*

view, Vol. 21, 2014.

[35] Golden, John M., "Patent Trolls and Patent Remedies", *Texas Law Review*, Vol. 85, 2007.

[36] Janis, Mark D., "Patent Abolitionism", *BERKLEY TECH. L. J*, 2002.

[37] Kash, Don E., and Robert W. Rycroft, "Technology Policy in the 21st Century: How Will We Adapt to Complexity", *Science and Public Policy*, Vol. 25, No. 2, 1998.

[38] Klein, Benjamin, "Fisher—General Motors and the Nature of the Fisher", *Journal of Law and Economics*, Vol. 43, No. 1, 2000.

[39] Kobayashi, Bruce H., and Joshua D. Wright, "Substantive Preemption, and Limits on Antitrust: An Application to Patent Holdup", *Journal of Competition Law and Economics*, Vol. 5, 2009.

[40] Lee, Peter, "Patent Law and the Two Cultures", *Yale L. J.*, Vol. 120, No. 2, 2010.

[41] Lemley, Mark A., "Ex Ante versus Ex Post Justifications for Intellectual Property", *U. Chi. L. Rev*, Vol. 71, No. 1, 2004.

[42] Lemley, Mark A., and Carl Shapiro, "Patent Holdup and Royalty Stacking", *Tex. L. Rev.*, Vol. 85, 2007.

[43] Lemley, Mark A., "Ten Things to Do about Patent Holdup of Standards (And One Not to)", *Boston College Law Review*, Vol. 48, 2007.

[44] Lemley, Mark A., and Pilip J. Weiser, "Should Property or Liability Rules Govern Information?", *Texas Law Review*, Vol. 85, No. 4, 2007.

[45] Lemley, Mark A., "Is Universities are Patent Trolls?", *Frodham Intell. Prop. Media & Ent. L. J.*, Vol. 18, 2008.

[46] Lemley, Mark A., "Faith-based in Intellectual Property", *Ucla L. Rev.*, Vol. 62, No. 5, 2015.

[47] Lessig, Lawrence, "The Death of Cyberspace", *Wash & Lee L. Rev.*, Vol. 57, 2000.

[48] Lim, Lily E., and Sarah E. Craven, "Injunctions Enjoined; Remedies Restructured", *Santa Clara Computer & High Tech. L. J*, Vol. 25, No. 4, 2008.

[49] Lubar, Steven, "The Transformation of Antebellum Patent Law", *Tech &*

Culture, Vol. 32, 1991.

[50] Merges, Robert P., and Richard Nelson, "On the Complex Economics of Patent Scope", *Colum. L. Rev.*, Vol. 90, 1990.

[51] Meurer, Michael J., "Business Method Patents and Patent Floods", *Wash. U. J. L. & Pol' Y.*, Vol. 8, 2002.

[52] McDonough Ⅲ, James F., "The Myth of The Patent Troll: An Alternative View of The Function of Patent Dealers in an Idea Economy", *Emory Law Journal*, Vol. 56, 2006.

[53] McNeill, Rebecca M., and Erika H. Arner & Philippe K. Edouard, "Treatment of Business Method Patents in Pending Patent Reform Legislation: Bilski Backlash?", *BNA's Patent, Trademark & Copyright Journal*, July 15.

[54] Mossoff, Adam, "Patent Licensing and Secondary Markets in the Nineteenth Century", *George Mason Law Review*, Vol. 22, No. 4, 2015.

[55] Niro, Raymond P., "Who is Really Undermining the Patent System—'Patent Trolls' or Congress?", *Marshall Rev. Intell. Prop. L.*, Vol. 6, 2007.

[56] Osenga, Kristen J., "Formerly Manufacturing Entities —Piercing the 'Patent Troll' Veil", *Connecticut Law Review*, Vol. 47, No. 2, 2014.

[57] O' Byrne, Stephanie E., and Jeffrey T. Castellano, "On Trend: Rule 12 Dismissals Based on Patent Ineligibility under § 101", *Fed. Cir. B. J.*, Vol. 23, 2014.

[58] Phillips, Eric, and David Boag, "Recent Rulings on the Entire Market Value Rule and Impacts on Patent Litigation and Valuation", *Les Nouvelles*, Vol. 48, 2013.

[59] Pohlmann, Tim, and Marieke Opitz, "Typology of the Patent Troll Business", *R&D Management*, Vol. 43, No. 2, 2013.

[60] Risch, Michael, "Patent Troll Myths", *Seton Hall Law Review*, Vol. 42, 2012.

[61] Risch, Michael, "Framing the Patent Troll Debate", *Expert Opinion*, Vol. 24, No. 2, 2014.

[62] Sidak, J. Gregory, "Patent Holdup and Oligopsonistic Collusion in Standard-Setting Organization", *Journal of Competition Law & Economics*, Vol. 5, No. 1, 2009.

[63] Schwartz, David, and Jay P. Kesan, "Analyzing the Role of Non-Practicing Entities in the Patent System", *Intellectual Asset Management*, Vol. 11, 2012.

[64] Schwartz, David L., and Jay P. Kesan, "Analyzing the Role of Non-Practicing Entities in the Patent System", *Cornell Law Review*, Vol. 99, No. 2, 2014.

[65] Scotchmer, Suzanne, "Standing on the Shoulders of the Giants: Cumulative Research and the Patent Law", *Journal of Economic Perspectives*, Vol. 5, No. 1, 1991.

[66] Siebert, Ralph, and Georg Von Graevenitz, "Jostling for Advantage or Not: Choosing Between Patent Portfolio Races and Ex Ante Licensing", *Journal of Economic Behavior & Organization*, Vol. 73, No. 2, 2010.

[67] Timmers, Paul, "Business Models for Electronic Markets", *Journal on Electronic Markets*, Vol. 8, No. 2, 1998.

[68] Torti, Valerio, "IPRs, Competition and Standard Setting: In Search of a Model to Address Hold-Up", *European Competition Law Review*, Vol. 33, No. 9, 2012.

[69] Watanabe, Yuichi, "Patent Licensing and the Emergence of a New Patent Market", *Hous. Bus. & Tax L. J.*, Vol. 9, No. 9, 2009.

[70] Wright, Joshua D., and Aubrey N. Stuempfle, "Patent Holdup, Antitrust and Innovation: Harness or Noose?", *Alabama Law Review*, *Vol. 61*, 2010.

（三）电子文献

[1] Armstrong, Ann, and Joseph J. Mueller & Timothy D. Syrett, "The Smartphone Royalty Stack: Surveying Royalty Demands for the Components within Modern Smartphones", 2014, Available at https://www.wilmerhale.com/uploadedFiles/Shared_Content/Editorial/Publications/Documents/The-Smartphone-Royalty-Stack-Armstrong-Mueller-Syrett.pdf（最后访问日期：2015 – 02 – 08）.

[2] Becker, Gary, "On Reforming the Patent System", The Becker-Posner Blog（July 21, 2013, 2:38 PM）, Available at http://www.becker-posner-blog.com/2013/07/on-reforming-the-patent-system-becker.html（最后访

问日期：2015 – 01 – 22）.

[3] Boldrin, Michele, and David K. Levine, "The Case Against Patents (Fed. Reserve Bank of St. Louis Research Div. Working Paper Series", Paper No. 2012 – 035A, 2012), Available at http：//research. stlouisfed. org/wp/2012/2012 – 035. pdf（最后访问日期：2015 – 06 – 23）.

[4] Bramble, Curt (2013), Patent Trolls, "Spell Trouble for America's Economy", November 18, 2013, Available at http：//blogs. reuters. com/great-debate/2013/11/18/patent-trolls-spell-trouble-for-americas-economy/（最后访问日期：2015 – 05 – 21）.

[5] Chien, Colleen V., "Patent Assertion Entities: Presentation to the Dec. 10, 2012 FTC/DOJ Hearings on PAEs", Available at http：//ssrn. com/abstract = 2187314（最后访问日期：2015 – 01 – 26）.

[6] Chien, Colleen V., Patent Trolls by the Numbers, 2013, Available at http：//digitalcommons. law. scu. edu/facpubs/609（最后访问日期：2015 – 01 – 25）.

[7] Chien, Colleen V., and Aashish R. Karkhanis (April 16, 2013), Comment to PTO -P – 2012 – 0052/Request for Comments and Notice ofRoundtable Events for Partnership for Enhancement of Quality of Software-Related Patents, Available at http：//www. uspto. gov/patents/law/comments/ sw-f_ chien_ 20130416. pdf（最后访问日期：2015 – 02 – 22）.

[8] Chien, Colleen V., Reducing Litigation Abuse by Reducing the Government's Role in the Patent System, Testimony for Subcommittee on Courts, Intellectual Property and the Internet on April 16, 2013, Available at http：//judiciary. house. gov/hearings/113th/04162013/Chien% 2004162013. pdf（最后访问日期：2015 – 06 – 22）.

[9] Cotropia, Christopher A., and Jay P. Kesan & David L. Schwartz (2013), NPE Patent Data Program, Available at http：//npedata. com/（最后访问日期：2015 – 03 – 22）.

[10] Cukier, Kenneth, A Market for Ideas, 2005, Available at http：//www. economist. com/node/5014990（最后访问日期：2015 – 02 – 22）.

[11] Executive Office of the President: Patent Assertion and U. S. Innovation, Available at https：//www. whitehouse. gov/sites/default/files/docs/patent_

report. pdf（最后访问日期：2015 – 01 – 20）.

[12] Fung, Brian, A Key Bill Cracking Down on Patent Trolls Just Got Closer to Becoming Law , 2015, Available at https：//www. washingtonpost. com/news/the-switch/wp/2015/06/04/a-key-bill-cracking-down-on-patent-trolls-just-got-closer-to-becoming-law/（最后访问日期：2015 – 06 – 04）.

[13] Galetovic, Alexander, and Stephen Haber & Ross Levine, Patent Hold-up: Do Patent Holders Holdup Innovation? 2 – 3（Hoover IP2, Working Paper Series No. 14011, 2014, Available at http：//faculty. haas. berkeley. edu/ross_ levine/Papers/PatentHoldup_ 7may2014. pdf（最后访问日期：2015 – 01 – 22）.

[14] Galetovic, Alexander, and Stephen Haber & Ross Levine, No Empirical Evidence that Standard Essential Patents Hold-Up Innovation, 2015, Available at http：//papers. ssrn. com/sol3/papers. cfm? abstract _ id = 2588169（最后访问日期：2015 – 05 – 26）.

[15] Geradin, Damien, Reverse Hold-Ups: The（Often Ignored）Risks Faced by Innovators in Standardized Areas, 2010, Available at http：//www. konkurrensverket. se/globalassets/english/research/presentation-by-damien-geradin-reverse-hold-ups-theften-ignored-risks-faced-by-innovators-in-standardized-areas. pdf（最后访问日期 2015 – 2 – 26）.

[16] Goldman, Eric, Vermont Enacts The Nation's First Anti-Patent Trolling Law, Available at http：//www. forbes. com/sites/ericgoldman/2013/05/22/vermont-enacts-the-nations-first-anti-patent-trolling-law/（最后访问日期：2015 – 02 – 22）.

[17] Griffin, Jonathan, 2014 Patent Trolling Legislation, Available at http：//www. ncsl. org/research/financial-services-and-commerce/patent-trolling-legislation. aspx（最后访问日期：2015 – 02 – 22）.

[18] Griffin, Jonathan, 2015 PatentTrolling Legislation, Available at http：//www. ncsl. org/research/financial-services-and-commerce/patent-trolling-legislation. aspx（最后访问日期：2015 – 08 – 22）.

[19] Gross, Grant, FTC Will Target Patent Trolls, Commissioner Says, 2014, Available at http：//www. itworld. com/article/2858395/ftc-will-target-patent-trolls-commissioner-says. html（最后访问日期：2015 – 02 – 22）.

［20］Kwon, Seokbeom, and Kazuyuki Motohashi, Effect of Non-Practicing on Innovation Society and Policy: An Agent Based Model and Simulation, 2014, Available at http://pari.u-tokyo.ac.jp/unit/iam/outcomes/pdf/papers_140526.pdf（最后访问日期：2015-07-22）.

［21］Leahy, Patrick, Comment on the Supreme Court's Decision In Bilski v. Kappos, 2010, Available at http://leahy.senate.gov/press/press re-leases/release/? id = 9577014F-32D2-41A8-B189-AC07D86CC336（最后访问日期：2015年3月22日）.

［22］Meyer, David L., "How to Address Hold Up in Standard Setting Without Deterring Innovation: Harness Innovation by SDOs", 2008, Available at http://www.justice.gov/atr/speech/how-address-hold-standard-setting-without-deterring-innovation-harness-innovation-sdos（最后访问日期：2015-01-22）.

［23］Nocera, Joe, The Patent Troll Smokescreen, 2015, Available at http://www.nytimes.com/2015/10/24/opinion/the-patent-troll-smokescreen.html（最后访问日期：2015-10-29）.

［24］Prud'homme, Dan, Dulling the Cutting-Edge: How Patent-Related Policies and Practices Hamper Innovation in China, 2012, Available at http://www.europeanchamber.com.cn/documents/confirm/56064a0c9562d/en/pdf/14（最后访问日期：2015-07-22）.

［25］Rader, Randall R., and Colleen V. Chien & David Hricik, Make Patent Trolls Pay in Court, *N. Y. Times* (*June* 4, 2013), Available at http://www.nytimes.com/2013/06/05/opinion/make-patent-trolls-pay-in-court.html?_r=0（最后访问日期：2015-08-22）.

［26］RPX Corporation: 2014 NPE Litgation Report, Available at http://www.rpxcorp.com/wp-content/uploads/2014/12/RPX_Litigation_Report_2014_FNL_03.30.15.pdf（最后访问时间2015-01-26）.

［27］Savitz, Eric, Litigation Ahead! Unwired Planet Buys 2185 Ericsson Patents, 2013, Availble at http://www.forbes.com/sites/ericsavitz/2013/01/14/litigation-ahead-unwired-planet-buys-2185-ericsson-patents/（最后访问日期：2015-07-08）.

［28］Schaerr, Gene C., and Loshin Jason, Doing Battle With "Patent

Trolls": Lessons from the Litigation Front Lines, 2010, Available at http://www.wlf.org/Upload/misc/pressclips/101210ForbesOTD.pdf（最后访问日期：2015-08-05）.

[29] Sichelman, Ted M., "Are Patent Trolls 'Opportunistic'?", 2014, Available at http://papers.ssrn.com/sol3/papers.cfm?abstract_id=2520125（最后访问日期：2015-01-22）.

[30] Swisher, Kara, "Nathan Myhrvold Will Not Apologize for Patent Trolling: The Full D10 Interview", 2012, Available at http://allthingsd.com/20120614/nathan-myhrvold-will-not-apologize-for-patent-trolling-the-full-d10-interview-video/（最后访问日期：2015-05-22）.

[31] Time to fix patents, The Economist, August 6, 2015, Available at http://www.economist.com/news/leaders/21660522-ideas-fuel-economy-todays-patent-systems-are-rotten-way-rewarding-them-time-fix（最后访问日期：2015-08-08）.

索 引

B

保护功能 59
保护期限 99
被许可方 44,131,188,193
标准 2-9,12-15,17,19-23,26-28,31,32,34,36,39,41-44,47-51,57,58,61,62,68,72-79,85,95,96,101,102,104-108,111,112,117,119,120,125,126,134,135,141-143,152,155,156,159-162,165,166,169,172-174,176,179,181,183,193,198,201-205,207-210,212,215,227,231,233,234,236-238,240,241
不当利益 5,53,92,118,134
不法垄断行为说 48
不实施专利 49,55,56,67

C

财产权 69,84,86,120,136,151,167,217,222,231
产品制造商 46,62
超额的许可使用费 5

诚实信用原则 8,53,90,91,93-96,107,110,111,127,130,134,136,137,195,197,198,208,213,215,216,228

D

独占权 1,9,29,53,59,60,87,99,103,112,114,137,142,215

E

恶意诉讼 2,3,7,16,31,32,65,69-71,77,129,213,215,216,231,232,237

F

发明专利权人胜诉率 188
法律定性 34,46,132
法律规制 6,8-15,17,26-33,42,60,71,78,82,83,86,87,89,90,92,93,95-97,100-102,107,109,129,130,134-137,139,148,174-181,183,194,198,206,207,210,212,213,219-225,242,

244,245

法律救济 12,110,126,201,223

反垄断法规制 14,16,17,109,123-125,133,215,231,235,241

反专利劫持行为 19,21,23,27,43,44,64,65,135,136,151,178

非正当诉权行使行为 133

复杂技术 2,5,9,57,106,118,134,180,214,217,243

FRAND 条款 12

G

公共利益 8,23,48,58,61,62,77,81,88,91-93,97,99-102,110,116,117,119,124,153,154,170-172,181,195-197,199,204,207,213-215,222,225-228,241

公共领域 99,112

公开 13,45,51,52,58,59,99,141,142,152,162,165,169,202

公平竞争 10,103,105,124,126,171,197

公平正义 29,31,81-83,107,109,122,222,234

规制模式 10,11,15,27,32,67,136,137,178,223,224,242

国家利益 2,16,32,40,90,91,131,177,195-197,221,222,242,244

过度赔偿 21

过高定价条款 105

H

合法垄断 49,103,108,116,124,215

合法权益 10,53,69,91,112,126,128,131,192,208,229,237

合同行为 93

J

技术创新 1,9,11,16,23,27,45,57,60,63,67,76,102,104,177,221,222,228,240

技术分摊原则 123,158

劫持 6,9,10,14,15,20,21,23,24,27,33-36,38,39,41,43,44,47,48,65,81,85,132,135,137,145,148,161,164,177,178,183,230

劫持行为 6,14,19,21,23,33-44,46,47,50,58,71,75,76,85,86,93,105-107,111,112,122,131,224,230,231,235,238

禁令 7,14,16,20-22,43,46,47,49-51,53-56,61,62,72,75,76,102,105,109,118-120,126,128,132,135-137,152,154,170,171,174,233

竞争法 20-23,26,27,61,104,124,198,240

拒绝许可 5,49,50,124
绝对自由 48

L

滥发警告函 49
滥用诉权 49,53,127-129,133,134,136,216
立体化体系 109,129,134-136
利益平衡原则 32,90,96,100,117,222,244
垄断 4,11-13,16,17,22,27,31,32,42,47,49,50,52,59-61,77,78,83,90,92,93,95,97,99,101-109,115-118,123-126,129,130,132-137,143,161,167-169,174,178,179,183,195-197,203,208-215,217,218,222,227,230,231,235,240-244
伦理 28,29,31,64,66,78-81,86,107,108,110,131

P

排他性权利 56

Q

强制许可 14,32,81,99,102,109,115-118,132,136,137,196-198,207,213-215,225-228
敲竹杠 36,37,42,102,154,252,254
侵权行为 22,41,50,65,101,112,118-122,126,130,152,154,178,187-190,198-200,204,216,228,229,233-235
权利不得滥用原则 111,135,228
权利滥用说 48
权利限制原则 90-92
全球化 5,8,30,32,46,56,76,103,116,140,159,182,184,190,211,220,241,244

S

善意 53,91,93,96,110
社会成本 5,10,14,22,24,30,58,60,61,77,100,107,134,220,221
实体企业 11
司法成本 23,60
司法规制 13,101,152,212,223,224,242
诉讼平均费用 53
损害赔偿 14,20,54-56,96,111,120-123,126,129-131,136,145,152,154,157-159,170,176,188,189,205,213,216,217,229,234,235
锁定效应 37,58,62

T

停止侵权 7,16,32,119,187,188,

198-200,204,213,216,217,233

W

违法行为　31,46-48,50,58,82,87,89,100,125,126,131,137,156,169,178,195,210,217,223

违约说　48

X

许可方　16,44,53,56,95,102,171

许可协议　20,26,72,74,75,87,104,116,161,169,170,199,203,210,231

Y

永久禁令　5,6,20,54,55,102,118-120,152-155,170,176,178,181,187,188,212,233

有效竞争　106,124,125,134

Z

正当民事诉权　133

正当性　10,15,27,28,53,64,66,78,81-83,90,92,106-109,127,136

知识财产　1,29,132

智能手机　2,57,74,160,191-193

中国本土化　9,27

专利交易　3,4,24,32,64,65,149,189-192,232,233

专利劫持行为　1,5-24,26-34,41-56,58-73,75-78,81-83,85-90,92,93,95-115,117-120,122-137,139-142,144-152,154,155,157-169,171-192,194-198,204,206-217,219-237,239-245

专利经营实体　13,15-18,25,26,65,67-69,77

专利强制实施许可　14,227

专利权　2-10,12,14,17-23,25,26,30-32,41-53,55-62,64,65,67,69,71-77,81-83,85,87,89,92,93,95-97,99-103,105-113,115-127,129-138,141-145,149-154,157-163,165,166,168-174,176-181,184-189,191,192,194-203,205-207,209,211,213-216,220-223,225-235,237-241,243-245

专利权保护　49,52,93,177,185,207,211,230,231

专利权的不确定性　17,196

专利权滥用　5,7,10,17,31,48,49,69,70,87,99,103,106,115,116,124,132,133,140,176,210,213,215,221,225,228,229,242,244

专利权实施　197

专利权运营　7,182,183,185,238

专利使用费叠加　14,227

专利危机　1,4,5,8－10,17,26,31,176,244

专利信息披露义务　49,240

专利许可费　1,2,8,13,31,43,45,55,62,71－73,75,76,100,105,111,113,120,127,130,136,144,158,159,161,170,192,193,214,244

专利许可合同　19,48,52,93,95,96,104,110,111,131,160,196,197,210

专利运营异化　223

专利战略　9,88,89

自由裁量权　23,32,94,119,120,132,156,157,165,204,212,216,233,236

自由竞争　13,49,102,105,106,178,225

后　记

　　世界上唯有两样东西能让我们的内心受到深深的震撼，一是我们头顶上灿烂的星空，一是我们内心崇高的道德法则。①

　　　　　　　　　　　　　　　　　　——［德］伊曼努尔·康德

　　本书是在我博士后出站报告《专利劫持行为的法律规制》基础上修改而成的。

　　今夜，一如既往地跪在木地板上，丝丝秋雨溅落在细密的纱窗上，习习秋风不时掠过空隙拂在我脸上，淡淡晨曦依然躲在静谧的黑夜中。这一刻，4点28分！疲惫浑然不觉，思绪在脑中飞扬，情愫在心间涌动。这一隅，感恩的情怀充溢文字，谦卑的写作尽释我心语。

　　至今难忘2011年的夏天，当我满怀求知的渴望，兴奋而又忐忑不安地来到美丽的晓南湖畔，独自见到中国知识产权事业的见证者、推动者、传播者、先行者——导师吴汉东教授时，我紧张得快要蹦出的心居然一下平静了，那是恩师的人格之魅和学术之美带给我的巨大震撼！恩师师德高尚、睿智豁达，给我深刻印象，追随他犹如与仙人相遇，引我进入人生中最奢望之致臻境界。师恩似海，学生没齿难忘！是您，在我人到中年之时，不弃我禀赋不高，欣然允我忝列门墙、驻足南湖，开始在知识产权教学和研究重镇终生难忘的博士后工作经历；是您，为我打开知识产权法研究的大门，引领我进入知识产权法之殿堂，为我提供宝贵的学术发言与交流良机；是您，为我获得国家社科基金、国家知识产权领军人才、中国博士后科学基金面上资助项目、中国博士后科学基金特别资助项目等饱蘸心血；是您，为我出站报告的选题、内容设计、基本观点的形成指点迷津；是您，对我"延留"服务站不

---

① ［德］康德：《实践理性批判》，邓晓芒译，杨祖陶审校，人民出版社2003年版，第220页。

催、不责,尽是包容,令我感怀。这些,纵是千言万语也无法表达我的深深谢意和崇高敬意!又怎么一个"谢"字了得!但是,老师您,请相信,您就是我今生头顶上那片最灿烂的星空,照亮我前进的方向,指引我努力的未来!

对中南财经政法大学知识产权学院副院长、博士生导师黄玉烨教授的感激之情早已沉积在心,无以言表!蕙质兰心的玉烨师姐曾是我博士论文的评阅人和答辩人,她让我知道,学术中的女性,原来可以那样温婉、柔美、优雅、知性、聪慧和富有魄力!遇见她,是我不曾有过的幸运。没有她,我的学术人生必将留下更多的遗憾。

我永远惦念2012年年初春获准参加曹新明教授的《知识产权法前沿理论》博士生课程,那是我在法学的学习道路上印象最深刻的课堂之一:步步设问、旁征博引,时而宁静、时而群声奋起,总是那样跌宕起伏、让人流连忘返!每每想起赵家仪教授,愧疚常袭心头,只因承诺未兑。博士后学习乍初,家仪教授说:"晓秋一定能按期出站。"虽铭记在心,未曾忘记,持续努力,但终因自己的无力和外在的不能,在中国财经政法大学从事博士后研究的三年半的日子里把他的深情鼓励和莫大信任湮没其中。同时,还要感谢国家知识产权局前局长、中南财经政法大学知识产权学院院长、博士生导师王景川教授,他的顶层设计视野为我等在此重镇研学之人打开了层层窗口;中南财经政法大学知识产权研究中心两位副主任、同为博士生导师的胡开忠教授和彭学龙教授对学术的孜孜不倦追求和精深造诣为我树立了榜样。此外,亦感谢知识产权法领域的青年才俊肖志远副教授、詹映副教授、熊琦副教授等,你们在我在站期间给予的惠助难以忘记。再者,感谢与我一起从事博士后研究的邓社民副教授、黄汇教授、徐元副教授、王敏敏博士、徐红菊副教授、赵双阁副教授等,共同的研究旨趣和人生目标让我们在此相遇,没有比这更好!

武汉注定是我生命中最重要的城市之一,在这里,我还有幸到武汉大学法学院知识产权法研究所担任访问学者,接受知识产权法和竞争法的"跨界"学者、研究所所长宁立志教授的指导。宁教授不仅才思敏捷而深邃、学术深厚而专一,而且文辞华丽而细腻、表达幽默而风趣、逻辑缜密而严谨,他的悉心点拨与适时督促,为我打开了知识产权法和竞争法交叉视域研究的一片新天地。

感谢参加博士后开题的宁立志教授、张德淼教授、曹新明教授、赵家仪教授、胡开忠教授。正是您们对报告选题的充分认可、热情鼓励和不吝指

后 记

导,我才得以进一步凝聚信心和储备勇气,"沉迷"于卷帙浩繁的文献研读和梳理之中。无比感激评阅我出站报告和参加我博士后出站答辩的各位专家:宁立志教授、刘华教授、曹新明教授、黄玉烨教授、彭学龙教授!您们的惠荐和智者之言,将在我的学术之路上留下深深的印记,镌刻在心!

感谢在我在站期间,中南财经政法大学研究生院相关领导、博士后管理办公室的徐良生主任等以及知识产权学院的各位老师对我的关心和对诸多问题不厌其烦的解答。永远温暖我的是孙松、刘星等众多师弟师妹以及王娟博士对我所付出的毫无怨言的辛劳,谢谢你们!

回望重庆,这里固定地连接着我的博士后经历,是我这近四年或者整个人生中不可分离的地域。衷心感谢我的博士生导师齐爱民教授,是他的鼓励和支持,我才得以斗胆滋生博士后学习之念,实现向中南出发的梦想。老师举重若轻驾驭学术的能力、年年新作不断的写作气象令无数学人自叹弗如,堪称"齐迹"。自从有幸成为老师的开门弟子以来,追随的脚步从未停止。每每想到我的硕士生导师——张玉敏教授,心中油然而生满满的敬意,不,那应是人生的敬仰!老师引我入门学习民法、知识产权法,其豁达之人生态度、对学术的忠贞和挚爱无疑是我等为人师、为人母、为人妻、为人女的榜样,虽然那不可逾越!感谢对我已有十三年栽培之恩的宋宗宇教授,从进入法学院私法教研室起,十三年来,他持续关注我的成长和进步,给了我太多的教导、支持和帮助,他不仅曾是我的领导、我的同事,更是我心中的兄长。感谢我所在的重庆大学法学院各位院领导:院长黄锡生教授、书记刘西蓉副教授、副院长秦鹏教授、副院长王本存教授、原党委书记徐建华教授、原法学院院长陈忠林教授、原法学院副院长胡光志教授、原法学院副院长张舫教授等,以及程燎原教授、曾文革教授、陈伯礼教授、杨春平教授等各位学术前辈和同事,还有相关部门的领导和朋友,您们见证岁月对我的改变和历练。多年以来,您们的肯定、支持、提携、包容,让我不仅顺利而且较为出色地完成了教学和科研任务,而且获得职称晋升、获聘博士生导师、荣获"宝钢优秀教师奖""唐氏奖教金""重庆大学教学优秀工作教师"等众多荣誉。这让我知道,当我从行政工作中抽身时,"不后悔"从此填满我的心房。然而,没有你们,我的一切皆无可能!

感谢我的大师兄——重庆市知识产权局副局长、西南政法大学知识产权中心主任、博士生导师李雨峰教授。他的一贯信任让我如此眷恋、热爱西南知识产权平台。也感谢重庆理工大学知识产权学院院长苏平教授,这四年时时为我提供学习良机,让我开始并逐步丰富学者的担当。还要感谢才华横溢的周清林副教授,他一直以来是我的拙作的最重要的读者。

言语再怎么美妙至极,都无法清楚表达我对父母和家人无尽的爱!但我却想要在这里、在这时、以这种方式让你们知道,我有多爱你们!时光像细沙一般不知不觉从指缝中溜走,一晃竟几近五年。2014年9月13日,我终于从被抢救的产床上苏醒,缓缓睁眼望及大家,个个满是泪痕,我是向死而生!我的母亲70余高龄,三年多以来,不能与我的父亲相伴相随,在我"入驻"法学院后,更是毅然承担了白天、夜晚照顾小儿的重任,个中艰辛,从未表露。还有不时来帮助我们照料小儿的父亲、承担了繁琐家务的先生的父母,这四个可爱、可亲、可敬的高龄老人无疑是家中最独特的风景线,最不可或缺的重要成员!我的先生,一如既往默默陪伴在我的左右,在工作和孩子之间不停忙碌,毫无怨言。没有他宽厚的肩膀支撑着我的天空,我想我不可能在几近不惑之年全身心地投入到博士后研究中。我聪慧可人的宝宝和贝贝,是我的才思和感悟人生真谛的源泉,是我心中最耀眼的星星,填满了我的心房,以至于我连自己也无法找到!然而,数月以来,夜晚里早已不再有妈妈的陪伴,尽管妈妈的牵挂和惦念没有一刻远离你们!我的哥哥和姐姐时时的关心和从未间断的鼓励,让我庆幸和感谢父母把我带到这个温馨的大家庭中。

必须要感谢的是导师吴汉东教授和中国知识产权法学研究会常务副会长、中国社会科学院研究生院博士生导师、现任职同济大学的李明德教授的倾力惠荐,让我有勇气将出站报告申请参加"第六批中国社会科学博士后文库"的评选!特别感谢参与本次文库评选的各位专家,谢谢您们的不吝信任和认可!

与此同时,必须要感谢中国博士后科学基金会,感谢参与中国博士后科学基金面上资助项目和特别资助项目的匿名评审专家和会审专家,是您们的肯定,让我对专利法领域的研究有了更多的责任和信心。在此谨表深深的谢意!

还要感谢重庆市高级人民法院和重庆大学,让我有幸被遴选为"国家双千计划人选"并被指派至重庆市高级人民法院民三庭担任庭长助理。期间所做、所听、所看、所思,于现在和未来的法学教育、科研和实践之路影响深远,定当珍惜,不忘初衷!

感谢中国社会科学出版社为本书的出版提供宝贵的机会与学术展示的

平台,感谢重大项目出版中心的王琪编辑等老师为本书的出版付出的辛勤劳动!

感谢帮助校正书稿的李婉婉、孙炜两位姑娘!在酷暑难耐的日子,抱歉占用你们与家人相聚的难得时刻,让你们如此辛苦!我更想说的是,你们所表现出来的学术素养和展示的无尽智慧让我知道能有幸成为你们的导师,有多骄傲和自豪!谢谢你们!

最后,感谢书后附录参考文献中所有的著译者。如果抽取了他们的研究成果,本书将所剩无几。

从春至夏,从秋至冬,在这近三年的夜晚,常常在安抚好两个孩子、轻倚门框、享受他们慢慢入睡的短暂时光后,无论刮风下雨、无论酷暑凉秋,无论节日与否,无论有多晚,我都会快步跑向学院开始每天的"第三班"工作。在跑动的路上,迎着不太明亮的灯光,偶遇稀疏的夜行人,我的心从未惧怕、动摇、畏缩过,这是因为,我知道,上天馈赠给了我如此之多美好的人、事、物,已经让我如此幸福!而我要做的是,以感恩之心,循着灿烂的星空,在未来的道路上稳步前进。

谨以此书献给恩师吴汉东教授和亲爱的师母钱锦芬女士!

李晓秋
初稿成于 2015 年 10 月 31 日清晨 5:48 于重庆大学法学楼
修改稿成于 2017 年 8 月 22 日清晨 6:26 于重庆大学法学楼

第六批《中国社会科学博士后文库》专家推荐表1				
推荐专家姓名	吴汉东		行政职务	主任
研究专长	知识产权法、民商法理论研究		电话	
工作单位	中南财经政法大学知识产权学院		邮编	430073
推荐成果名称	专利劫持行为的法律规制			
成果作者姓名	李晓秋			

（对书稿的学术创新、理论价值、现实意义、政治理论倾向及是否达到出版水平等方面做出全面评价，并指出其缺点或不足）

　　李晓秋博士后的书稿《专利劫持行为的法律规制》是在同名出站报告的基础上修改而成。该书稿坚持正确的政治理论方向，其题名和内容均不涉及政治敏感问题，不存在违反马克思主义基本原理和违反党中央现行的各项方针政策的言论。

　　专利劫持行为是专利制度的伴生物，是一种滥用专利权行为。它严重损害了科技创新能力、市场竞争秩序、社会公众福祉，加剧了专利危机，动摇了专利制度存在之根基，打破了利益平衡之机制，需要矫正。如何运用法律规制"专利劫持行为"，消解技术创新与专利制度之间的"摩擦"，这是国内外学术界和实务界共同关注的重要问题。迄今为止，鲜见有对专利劫持行为的法律规制研究的体系化论述。李晓秋博士后将"专利劫持行为的法律规制"作为出站报告的论题，体现了她的学术勇气、学术敏锐和学术担当。

　　本书稿紧扣时代发展脉搏，以"解决中国问题"为依归，紧紧围绕"专利劫持行为"这一核心概念，采用伦理分析法、法经济学分析法、比较分析法、案例分析法等研究方法，主要以美国实践为研究样本，系统地阐述了专利劫持行为的法律规制问题。在本书稿中，作者针对知识经济时代出现的专利危机或者专利失灵现象，解析作为专利危机或者专利失灵典型现象的专利劫持行为的法律内涵，论证专利劫持行为法律规制的正当性，探究专利劫持行为的法律规制路径；同时，在考察域外实践的基础上，结合我国实际提出完善专利劫持行为法律规制的重要构想。作者研读了大量中外有关专利劫持行为的法律规制的学术文献和实践案例，思路开阔，立意高远，行文流畅，逻辑演绎严谨，分析论证有力，结论合理可信，富有创新性，是目前国内研究专利劫持行为的法律规制的第一部专著。

在当今时代条件下，技术标准与知识产权，特别是专利权不可避免地走向结合。专利劫持行为不仅有一般的表现形式，还有特别的表现形式，这种形式主要存在于技术复杂化和标准化环境中。从学术研究的持续性、广阔性、深度性和高标准来看，李晓秋博士后的后续研究还可以在此领域加以拓展，以取得更加丰富的成果，作出更大的学术贡献，确立其在本领域研究的"学术品牌"。

总体而言，李晓秋博士后的书稿《专利劫持行为的法律规制》的政治理论方向正确，学术创新价值明显，是一部优秀的书稿，已经达到出版水平。

同意推荐。

签 名：

2016年10月08日

说明：该推荐表由具有正高职称的同行专家填写。一旦推荐书稿入选《博士后文库》，推荐专家姓名及推荐意见将印入著作。

第六批《中国社会科学博士后文库》专家推荐表 2

推荐专家姓名	李明德	行政职务	
研究专长	新闻学教授	电话	
工作单位	中国社会科学院新闻与传播研究中心	邮编	100720
推荐成果名称	煽动他人犯罪行为的法律规制		
成果作者姓名	李晓秋		

（对书稿的学术创新、理论价值、现实意义、政治理论倾向及是否达到出版水平等方面做出全面评价，并指出其缺点或不足）

书稿以"煽动他人犯罪行为的法律规制"为视角，从社会、经济及政治法律的角度，深入分析了煽动犯罪的现象，并且结合中国之现实，提出了一些解决和防治的措施，具有重要的理论意义和现实意义。本稿的不足之处是在选题上还是在论述上都还有一定的创新，政治理论倾向上没有任何问题。建议在进一步修改以后，予以出版。

签字：李明德
2017年 1月 3日

说明：该推荐表由具有正高职称的同行专家填写。一旦推荐书稿入选《博士后文库》，推荐专家姓名及推荐意见将印入著作。